# 易林本節用集漢字語彙索引

今西浩子［編］

和泉索引叢書48

# 目次

凡例
漢字語彙索引……一
あとがき……三一七
部首検索表……左開1
総画別検字表……左開3

# 凡　例

一　本索引は、原刻易林本節用集の「伊」から「寸」の部に至る全ての掲出語（見出し語）の漢字索引である。したがって、いわゆる付録に当たる部分の語は含まない。

二　本索引の底本は、天理大学附属天理図書館蔵本（天理図書館善本叢書21）である。

三　本索引は、掲出語の冒頭の漢字を部首・画数順に配列してあるが、その配列は諸橋徹次著『大漢和辞典』の配列に従い、かつ『大漢和辞典』の各見出し漢字に付けられている通し番号を頭に付けて参照できるようにした。したがって、本索引で、頭に番号がなく＊印になっているものは、その漢字を『大漢和辞典』の中に見出すことができないものである。但し、ここでいう『大漢和辞典』とは修訂版を指し、『大漢和辞典補巻』をも含む。

四　底本には、同一漢字で異った字体になっているものがあるが、それらは底本通りの字体にそろえるように心がけた。特に親字について注意した。ただし、草冠と示偏については、底本はすべて「艹」と「ネ」であるが、それらの中には『大漢和辞典』に「艹」と「示」でしか載っていない文字が多く、これについては『大漢和辞典』の字体に改めた。また、ごく稀ではあるが、特殊な異体字も見られ、それは通常の漢字、異体字の範囲のものに改めた。

五　本索引は掲出語の付訓を記載するが、注記・釈文は省いているので、これについては底本に当たって見られたい。

六　節用集では、掲出語の付訓が前項と同一の場合は「同」と記されているが、本索引では付訓を記す。また付訓のない掲出語についても、訓を推定できる場合は記し、傍線を施した。

七　付訓の片仮名の字体は通行の字体に改めた。また踊り字は仮名に改めた。

八　付訓は原則として右訓であるが、左訓のあるものについては㊧として示す。

九　本索引では語の所在を、天理図書館善本叢書本の頁番号と行数とで示す。行数は掲出語の書かれている行のみを数え、間に「伊、呂……」といった部名が入っている場合はその行を数えない。

# 一部

1 一


一口（イモアラヒ）355-4
一品（イツホン）356-1
一門（イチモン）356-3
一族（イチソク）356-3
一家（イチカ）356-3
一色（イツシキ）358-1
一轍（イツテツ）358-6
一級（イツキフ）358-6
一獻（イツコン）358-6
一階（イツカイ）358-6
一喉（イツコン㊧コウ）358-6
一貫（イツクワン）358-6
一服（イツフク）358-7
一幅（イツフク）358-7
一腹（イツフク）358-7
一生（イツシヤウ）358-7
一姓（イツシヤウ）358-7
一唱（イツシャウ）358-7
一聲（イツセイ）358-7
一足（イツソク）359-1
一束（イツソク）359-1
一行（イツカウ）359-1
一向（イツカウ）359-1
一種（イツシユ）359-1
一朱（イツシユ）359-1
一炷（イツシユ）359-1
一脚（イツキヤク）359-2
一杯（イツハイ）359-2
一端（イツタン）359-2
一旦（イツタン）359-2
一瓶（イツヘイ）359-2
一張（イツチヤウ）359-2
一挺（イツテイ）359-2
一丁（イツチヤウ）359-3
一揆（イツキ）359-3
一騎（イツキ）359-3
一匹（イツしキ㊧ヒツ）359-3
一斤（イツキン）359-3
一本（イツホン）359-3
一段（イツタン）359-3
一柄（イツヘイ）359-4
一冊（イツサツ）359-4
一撮（イツサツ）359-4
一通（イツツウ）359-4
一炊（イツスイ）359-4
一對（イツツイ）359-4
一跡（イツセキ）359-4
一戰（イツセン）359-5
一酌（イツシヤク）359-5
一滴（イツテキ）359-5
一説（イツセツ）359-5
一切（イツサイ㊧セツ）359-5
一偏（イツヘン）359-5
一片（イツヘン）359-5

―篇（イツヘン）359-5
―統（イツトウ）359-6
―見（イツケン）359-6
―籠（イツロウ）359-6
―身（イツシン）359-6
―心（イツシム）359-6
―荷（イツカ）359-6
―會（イツクワイ）359-6
―回（イツクワイ）359-6
―句（イツク）359-7
―黨（イツタウ）359-7
―盞（イツサン）359-7
―宿（イツシク）359-7
―興（イツケウ）359-7
―笑（イツセウ）359-7
―間（イツケン）359-7
―方（イツハウ）359-7
―石（イツセキ）359-7
―雙（イツサウ）360-1

―處（イツシヨ）360-1
―所懸命（イツシヨケンメイ）360-1
―騎當千（イツキタウセン）360-1
―國平均（イツコクヘイギン）360-1
―天四海（イツテンシカイ）360-2
―簞食（イツタンノシ）360-2
―瓢飲（イツヘウノイン）360-2
―文不通（イツモンフツウ）360-2
―大事（イツダイジ）360-2
―事兩様（イツジリヤウヤウ）360-3
―業所感（イツゴフシヨカン）360-3
―把（イツワ）360-3

―兩（イツリヤウ）360-3
―輛（イツリヤウ）360-3
―枚（イツマイ）360-3
―斛（イツコク）360-3
―帖（イツデフ）360-4
―疊（イツデフ）360-4
―粒（イツリフ）360-4
―流（イツリウ）360-4
―腰（イツヨウ）360-4
―物（イツモツ）360-4
―倍（イツバイ）360-5
―管（イツクワン）360-5
―巻（イツクワン）360-5
―駄（イツダ）360-5
―様（イツヤウ）360-5
―往（イツワウ）360-5
―巡（イツジユン）360-5
―味（イツミ）360-6
―連（イツレン）360-6

｜劑（イツザイ）　360-6
｜期（イツゴ）　360-6
｜類（イツルイ）　360-6
｜部（イツブ）　360-6
｜途（イツヅ）　360-6
｜具（イツグ）　360-6
｜隅（イツグ）　360-7
｜番（イツバン）　360-7
｜重（イツヂウ）　360-7
｜役（イツヤク）　360-7
｜圓（イツエン）　360-7
｜臈（イツラフ）　360-7
｜言（イツゲン、㊧ゴン）　360-7
｜面（イツメン）　360-7
｜力（イツリキ）　360-7
｜覧（イツラン）　361-1
｜同（イツドウ）　361-1
｜里方歩祭（イツリハウホサイアレ）　361-1

｜昨日（ヲトトヒ）　415-3
｜二（ツマヒラカ）　459-5
｜切衆生（サシモグサ）　541-7
｜飾（ヒトカザリ）　584-7
｜要（ヒトコシ）　584-7
｜振（ヒトフリ）　584-7
｜對（ヒトクタリ）　584-7
｜羽冑（ヒトハネカブト）　584-7
｜刎（ヒトハネ）　584-7
｜番鳥（ヒトツガヒハトリ）　584-7
｜懸（ヒトカケ）　584-7
｜途（ヒトミチ）　585-1
｜聡鷹（ヒトモトタカ）　585-1
｜本草木（ヒトモトサウモク）　585-1
｜繙（ヒトヒロ）　585-1
｜尋（ヒトヒロ）　585-1
｜揉（ヒトモミ）　585-1
｜結（ヒトムスビ）　585-1

｜攻（ヒトヒメ）　585-1
｜比（ヒトコロ）　585-1
｜行（ヒトツラ）　585-1
｜頭（ヒトカシラ）　585-1
｜回（ヒトメグリ）　585-1
｜入（ヒトシホ）　585-1
｜色（ヒトイロ）　585-1
｜筋（ヒトスヂ）　585-1
｜莊（ヒトカザリ）　585-1
｜夜（ヒトヨ）　585-1
｜聲（ヒトコエ）　585-1
｜向（ヒトムキ）　585-1
｜疊（ヒトタタミ）　585-1
｜切（モロモロ）　590-3
｜（モツハラ）　591-3


**［一画］**


2 丁
｜子（チヤウジ）　403-6
｜香皮（チヤウカウヒ）　403-7

6 七
—年（テイネン） 526-1
—夕（タナバタ） 441-6
—（ナナツ） 466-2
—月（シチクワツ） 570-2
—賢（シチゲン） 570-6
—星（シツシヤウ） 571-1
—衆（シツシユ） 571-1
—難（シチナン） 571-2
—福（シツフク） 571-3
—佛（シツブツ） 571-4
—書（シチシヨ㊧シツ） 571-4
—高山（シチカウザン） 571-5
—死脉（シチシノミヤク） 571-6
—寶（シツホウ） 575-6

【二画】

10 万
—機（バンキ） 369-5
—端（バンタン） 375-3
—邦（ハンハウ） 375-3
—民（ハンミン） 375-4
—事（ハンシ） 375-4
—歳楽（ハンゼイラク） 375-4
—病圓（マンヒヤウヱン） 499-3

11 丈
—尺（ヂヤウジヤク） 405-4
—六（ヂヤウロク） 407-6
—間（ヂヤウマ） 407-6

12 三
—従兄弟（マタイトコ） 498-6
—位（サンミ㊧ヰ） 535-7
—銖衣（サンジユゴロモ） 537-1
—峯膳（サンボウゼン） 537-4
—皇（サンクワウ） 537-6
—世（サンゼ） 537-6
—家（サンケ） 537-6
—國（サンゴク） 537-6
—聖（サンセイ） 537-7
—教（サンゲウ） 537-7
—寶（サンボウ） 537-7
—業（サンゴフ） 537-7
—途（サンヅ） 538-1
—才（サンサイ） 538-1
—毒（サンドク） 538-1
—明（サンミヤウ） 538-2
—界内諸天（サンガイナイシヨテン） 538-2
—禮（サンライ） 539-4
—拜（サンハイ） 539-4
按二—天一（サンデンヲモム） 542-7
—井寺（ミヰデラ） 556-7
—笠山（ミカサヤマ） 556-7
—保杣木（ミホノソマギ） 556-7
—稜草（ミクリ） 558-4
—目錐（ミツメギリ） 559-1
—股戟（ミツマタノホコ） 559-1
—尋木（ミイロギ） 559-2
—浦（ミウラ） 559-4
—宅（ミヤケ） 559-4

13 上

- ―雲（ミクモ）　559-4
- ―好（ミヨシ）　559-4
- ―五月（モチヅキ）　588-2
- ―（ホトリ）　388-3
- ―（カミ）　436-7
- ―無調（カミムデウ）　438-3
- ―（タテマツル）　449-6
- ―帯（ウハオビ）　472-5
- ―（ノホル）　478-2
- ―巻（アゲマキ）　530-4
- ―座（ジヤウザ）　562-5
- ―方（ジヤウハウ）　562-6
- ―臈（ジヤウラフ）　563-4
- ―戸（ジヤウゴ）　563-4、574-7
- ―宰（ジヤウサイ）　564-6
- ―裁（ジヤウサイ）　574-7
- ―根（ジヤウコン）　574-7
- ―代（ジヤウダイ）　574-7
- ―分（ジヤウブン）　574-7
- ―品（ジヤウボン）　574-7
- ―足（ジヤウソク）　574-7
- ―手（ジヤウズ）　574-7
- ―首（ジヤウシユ）　574-7
- ―意（ジヤウイ）　574-7
- ―智（ジヤウチ）　574-7
- ―堂（ジヤウダウ）　574-7
- ―古（ジヤウコ）　574-7
- ―覧（ジヤウラン）　574-7
- ―表（ジヤウヒヤウ）　574-7
- ―聞（ジヤウブン）　574-7

14 下

- ―手（ヘタ）　392-1
- ―學集（カカクシフ）　437-1
- ―重（ソビ）　453-6
- ―（クダル）　488-7
- ―界（ゲカイ）　502-7
- ―臈（ゲラフ）　503-5
- ―人（ゲニン）　503-5
- ―女（ゲヂヨ）　503-5
- ―司（ゲシ）　503-5
- ―輩（ゲハイ）　503-5
- ―風（ゲフウ）　503-7
- ―焦（ゲセウ）　503-7
- ―血（ゲケツ）　503-7
- ―水（ゲスイ）　504-5
- ―行（ゲキヤウ）　504-6
- ―賤（ゲセン）　504-6
- ―根（ゲコン）　504-6
- ―知（ゲチ）　504-6
- ―國（ゲコク）　504-6
- ―馬（ゲバ）　504-6
- ―座（ゲサ）　504-6
- ―戸（ゲコ）　504-6
- ―用（ゲヨウ）　504-6
- ―品（ゲホン）　504-6
- ―向（ゲカウ）　504-6
- ―劣（ゲレツ）　504-6
- ―剋上（ゲコクシヤウ）　504-6

—直（ゲヂキ）　504-6
—火（アコ）　532-3
—鞘（サゲザヤ）　539-2
—部（シモベ）　563-5
—男（シモヲトコ）　564-2
—簾（シモスダレ）　567-2
—襲（シモガサネ）　567-2
—間（シモツマ）　569-7
—笠（シモガサ）　569-7
—無（シモム）　576-5
—（シタ）　578-5
—（ヒキシ）　587-2
—（モト）　591-1
—濃（スソゴ）　598-4

**[三画]**

19 不
—久（トコメヅラシ）　399-5
—分（ネタイカナ）　462-5
—盡（フシ）　507-2
—死（フシ）　507-2
—律（フデ）　509-5
—審（フシン）　509-7
—儀（フギ）　509-7
—信（フシン）　509-7
—便（フビン）　509-7
—法（フホ□）　509-7
—淨（フジヤウ）　509-7
—祥（フシヤウ）　509-7
—説（フセツ）　509-7
—調（フデウ）　509-7
—堪（フカン）　509-7
—運（フウン）　509-7
—増（フゾウ）　510-1
—減（フゲン）　510-1
—退（フタイ）　510-1
—通（フツウ）　510-1
—姪（フイン）　510-1
—忠（フチウ）　510-1
—安（フアン）　510-1
—出（フシユツ）　510-1
—熟（フジク）　510-1
—孝（フカウ）　510-1
—定（フヂヤウ）　510-1
—實（フジツ）　510-1
—慮（フリヨ）　510-1
—覺（フカク）　510-1
—闕（フケツ）　510-1
—快（フクワイ）　510-1
—犯（フボン）　510-1
—断（フダン）　510-1
—動（フダン）　510-1
—當（フタウ）　510-1
—日（フジツ）　510-1
—具（フグ）　510-1
—易（フエキ）　510-1
—辨（フベン）　510-1
—敵（フテキ）　510-1

—參（フサン）510-1
—如意（フニヨイ）510-1
—知案内（フチアンナイ）510-1
—思議（フシギ）510-1
—得心（フトクシム）510-2
—圖（フト）510-5

**［四画］**

29 且
—開（カツサク）437-6
—々（カツカツ）437-6
—以（カツモテ）437-6
—千（シナシナ）577-2

31 世
—擧（ヨコゾル）440-7
—（ヨ）441-5
—界（セカイ）591-4
—渡扉（セドヒ）592-7
—俗（セゾク）592-7、595-5
—人（セジン）592-7
—話（セワ）595-5
—諦（セタイ）595-5
—聞（セブン）595-5
—上（セジヤウ）595-5
—知辨（セチベン）595-5
—流布（セルフ）595-5
—熊（セタイ）595-5

35 丙
—丁（ヒノエヒノト㊧ヒヤウチヤウ）580-7

**［五画］**

40 丞
—（ゼウ）592-4

**［七画］**

54 並
—居（ナミヰル）465-2
—（ナラブ）466-1

## ｜部

**［三画］**

73 中
—元（チウゲン）402-3
—秋（チウンウ）402-3
—間（チウゲン）402-7
—將（チウジヤウ）403-2
—納言（チウナゴン）403-3
—書（チウシヨ）403-3
—人（チウニン）403-5
—風（チウフ）404-1
—酒（チウシユ）404-5
—書君（チウシヨクン）405-1
—央（チウアウ）405-1
—陰（チウイン）405-6
—興（チウコウ）405-6
—問口（チウモンクチ）406-4

｜庸（チウヨウ）406-4
｜半（チウハン）406-4
｜天（チウヨウ）406-4
｜古（チウコ）406-4
｜有（チウウ）406-5
｜分（チウフン）406-5
｜道（チウタウ）406-5
｜媒（チウバイ）406-5
｜途（チウト）406-5
｜絶（チウゼツ）406-5
｜務（ナカヅカサ）463-5
｜島（ナカシマ）464-4
｜絶（ナカタエ）465-1
｜比（ナカゴロ）465-1
｜媒（ナカウド）465-1
｜（ナカ）466-1

【六画】

80 串｜（ツラヌク）461-2

｜柹（クシカキ）485-2


## 丶部


【二画】

94 丸｜（タマトル）450-1
｜根（マロネ）500-3
｜雪（アラレ）526-3

【三画】

99 丹｜（ニ）380-7
｜（タン）446-6
｜練（タンレン）447-3
｜志（タンシ）447-3
｜菓脣（タンクワノクチビル）451-3
｜（アカシ）530-7

【四画】

100 主｜殿司（トノモノツカサ）394-5
｜（ヌシ）412-6
｜計頭（カズエノカミ）425-6
｜（ツカサドル）460-3
｜（アルジ）527-5
｜殿（シユデン）562-3
｜上（シユシヤウ）562-5
｜君（シユクン）562-5
｜人（シユジン）562-5
｜翁（シユヲウ）562-5
｜従（シユジウ）562-5
｜膳（シユゼン）565-2
｜馬（シユメ）565-2
｜氷（モンドノカミ）588-3
｜鈴（ス、ノツカサ）597-5

## ノ部

［一画］

113 乃
- ―（イマシ） 364-2
- ―（スナハチ） 601-5

［二画］

118 久
- ―遠（クヲン） 486-6
- ―執（クシフ） 486-6
- ―住（クヂユ） 486-6
- ―世舞（クセマヒ） 486-6
- ―我（コガ） 512-4
- ―（ヒサシ） 587-2

［三画］

125 之
- ―（ユク） 554-2

［四画］

130 乍
- ―（タチマチ） 451-1
- ―（ナガラ） 465-6

131 乎
- ―都頭礼山（ヲトヅレヤマ） 415-2

133 乏
- ―（カ） 436-7
- ―少（ボウセウ） 386-5
- ―（トモシ） 401-3
- ―（マツシ） 502-3

［七画］

149 乖
- ―（ソムク） 456-1

［八画］

153 乗
- ―物（ノリモノ） 477-6
- ―鞍（ノリクラ） 477-6
- ―替（ノリガヘ） 478-1
- ―打（ノリウチ） 478-1
- ―合（ノリアヒ） 478-1
- ―（ノル） 478-3

## 乙部

［一画］

167 九
- ―品浄土（クホンノジヤウド） 481-6
- ―獻（クコン） 485-1
- ―重（クヂウ） 487-2
- ―相（クサウ） 487-2
- ―夏（キウカ） 543-7
- ―棘（キウキヨク） 544-4

［二画］

170 乞
- ―食（コツジキ） 513-3
- ―（コフ） 520-2
- ―功冥（キツカウテン） 550-3

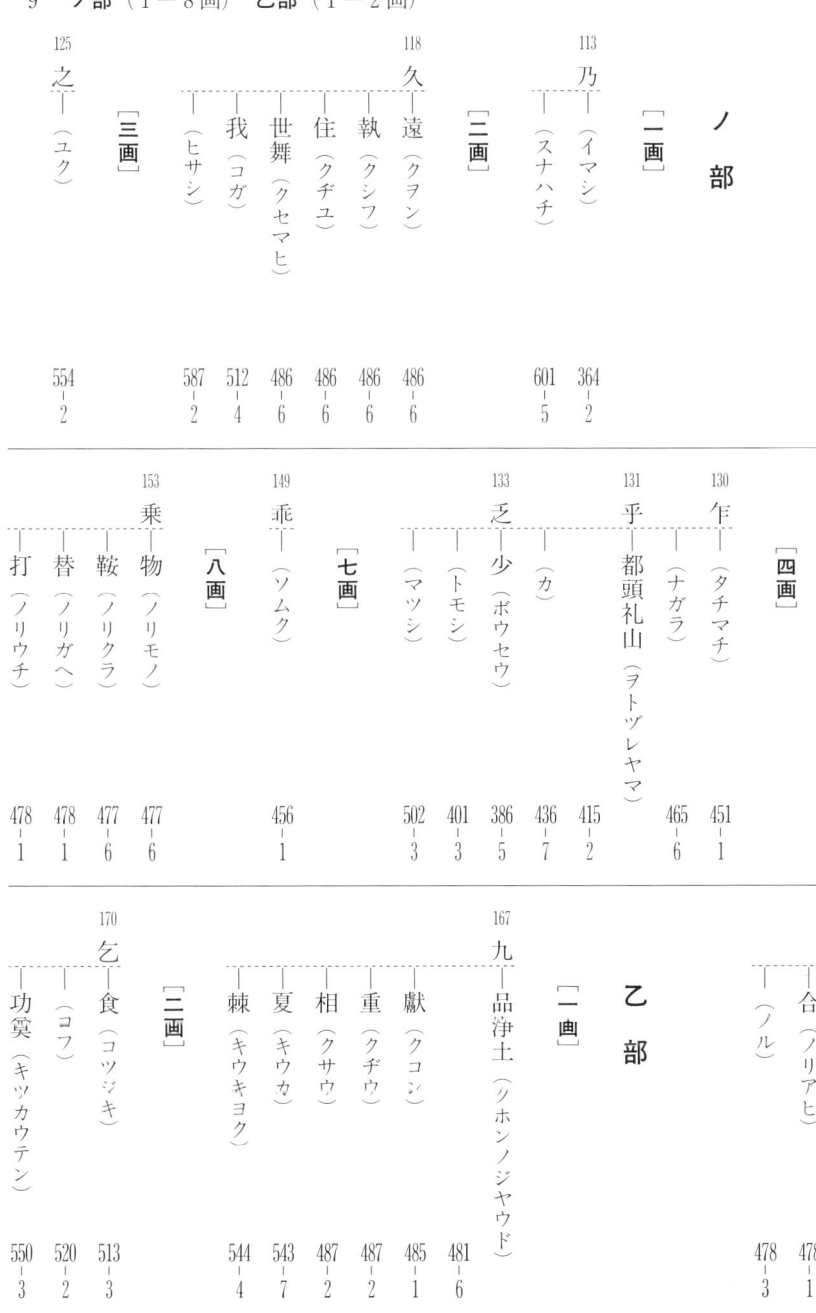

171 也
—（マタ） 502-5

［六画］

187 乱
—逆（ランゲキ） 467-3
—行（ランキヤウ） 467-3
—訴（ランソ） 467-3
—酒（ランシユ） 467-3
—国（ランコク） 467-3
—妨（ランハウ） 467-3
—入（ランニフ） 467-3
—心（ランシン） 467-3
—世（ランセイ） 467-3
—望（ランハウ） 467-3
—中（ランチウ） 467-3
—顛（ランテン） 467-3
—髪（ミダレガミ） 560-4

［七画］

190 乳
—味（ニウミ） 380-6
—房（チブサ） 404-1
—隱（チガクシ） 404-4
—柑子（カウジ） 426-6
—牛（ウナジ） 471-6
—揆藻（テカイサウ） 523-7
—母（メノト） 554-6
—牛（メウジ） 555-1

［十画］

204 乾
—（イヌヰ） 355-1
—（ホス） 388-3
—（カハク） 436-3
—鵲（マラフトカラス） 498-6
—坤（ケンコン） 502-6

［十二画］

214 亂
—脱（ランダツ） 467-3
—髪（ミダレガミ） 557-6
—（ミダル） 560-5

## 亅部

［一画］

226 了
—簡（リヨウケン） 412-4
—（ヲハリ） 418-2
—簡（レウケン） 452-5
—（サトル） 542-1

［三画］

231 予
—（ワレ） 419-6

［七画］

241 事
—（ワザ） 422-4
—（ツカフマツル） 460-5
—柄（コトカラ） 518-6
毎レ—（コトコトニ） 518-6
—外（コトノホカ） 518-6

—一敷（コトコトシク） 518-6
—舊（コトフリ） 518-6
—繁（コトシゲシ） 518-6


## 二部


247 二

—十（ハタチ） 372-5
—階（ニカイ） 379-2
—月（ニクワツ） 381-1
—十八宿（ニジフハツシウ） 381-1
—階堂（ニカイダウ） 381-4
—（フタツ） 509-1
—度（フタタビ） 511-3
—心（フタココロ） 511-3
—面（フタヲモテ） 511-3
—道（フタミチ） 511-3


［二画］


254 云

—（イフ） 364-4
—（ノタマフ） 478-4
—為（シワザ） 576-7

255 互

—（タガヒ） 450-6

257 五

—百川（イスズガハ） 355-2
—十嵐（イカラシ） 358-1
—十棲（イヲスミ） 358-1
—倍子（フシ） 508-3
—更（ゴカウ） 511-7
—夜（ゴヤ） 511-7
—位鷺（ゴヰサギ） 513-7
—葉松（コエフマツ） 514-4
—味子（コミシ） 514-4
—茄（コカ） 514-4
—倍參（コバイシン） 514-4
—色（コシヨク） 515-1
—丁（コチヤウ） 515-1
—味粥（コミシク） 515-1
—帝（ゴテイ） 515-4
—経（ゴキヤウ） 515-4
—常（ゴシヤウ） 515-4
—行（ゴキヤウ） 515-4
—躰（ゴタイ） 515-5
—臟（ゴザウ） 515-5
—色（ゴシキ） 515-5
—味（ゴミ） 515-6
—戒（ゴカイ） 515-6
—逆（ゴキヤク） 515-6
—衰（ゴスイ） 515-7
—悪趣（ゴアクシユ） 515-7
—音（ゴイン） 516-1
—山（ゴサン） 516-1
—穀（ゴコク） 516-1
—辛（ゴシン） 516-2
—濁（ゴヂヨク） 516-2
—種不（ゴシユフ） 516-3
—刑（ゴケイ） 516-3
—明（ゴメイ） 516-6

258 井
- ―六（コロク） 516-7
- ―輪（コリン） 516-7
- ―鈷（ココ） 516-7
- ―月雨（サミダレ） 534-6
- ―筒（ヰヅツ） 475-1
- ―手玉川（ヰテノタマガハ） 475-2
- ―垣（ヰツツ） 475-3
- ―上（ヰネヰ㊧ヰノウヘ） 475-7

［四画］

262 亘―（ワタル） 422-3

［六画］

274 亞―相（アシヤウ） 527-3

## 亠部

［一画］

287 亡―（ニグル） 382-6
- ―（ホロブ） 388-4
- ―跡（ナキアト） 465-4
- ―（ウシナフ） 474-2
- ―靈（マウリヤウ） 498-4
- ―者（マウジヤ） 498-4

［四画］

291 交
- ―野郡（カタノノコホリ） 423-1
- ―尾（ツルム） 460-1
- ―（クム） 489-3
- ―（マシワル） 501-6
- ―易（ケウヤク） 505-6
- ―乱（ケウラン） 505-6

293 亦
- ―接（ケウセツ） 505-6
- ―名（ケウミヤウ） 505-6
- ―（マタ） 502-5

［六画］

298 享―（ウクル） 474-6

299 京
- ―兆（ケイテウ） 503-2
- ―都（キヤウト） 543-2
- ―中（キヤウヂウ） 543-3
- ―三棲（キヤウサンレウ） 546-2
- ―著（キヤウチヤク） 549-4
- ―進（キヤウシン） 549-4
- ―中（キヤウヂウ） 549-4
- ―上（キヤウジヤウ） 549-4
- ―成（キヤウセイ） 549-4
- ―（ミヤコ） 556-5

［七画］

303 亭―（チン） 401-6

―（デイ） 522-7
―主（テイシユ） 523-3

304 亮
―（スケ） 597-6

## 人部

344 人
―間界（ニンゲンカイ） 379-3
―工（ニンク） 379-4
―師（ニンシ） 379-5
―形（ニンギヤウ） 379-5
―神（ニンジン） 379-5
―身（ニンジン） 379-5
―民（ニンミン） 379-5
―足（ニンソク） 379-5
―情（ニンジヤウ） 381-7
―愛（ニンアイ） 381-7
―數（ニンジユ） 381-7
―給（ニンキウ） 381-7
―間万事塞翁馬（ニンゲンバンジサイヲウガムマ） 381-7
―跡（ジンセキ） 575-4
―氣（ジンキ） 575-4
―口（ジンコウ） 575-4
―力（ジンリキ） 575-4
―仁也（ジンハシン） 575-4
―（ヒト） 581-6
―前（ヒトマヘ） 585-2
―數（ヒトカズ） 585-2
―目（ヒトメ） 585-2
―並（ヒトナミ） 585-2
―繁（ヒトシゲク） 585-2
―等（ヒトビトシ） 585-2
無二―望一（スゲナシ） 600-4

【二画】

348 什
―物（ジフモツ） 568-1

349 仁
―木（ニツキ） 381-3
―科（ニシナ） 381-3
―符（ニンノ） 382-4
―義（ジンギ） 575-5
―政（ジンセイ） 575-5
―（ヒト） 581-6

354 仆
―（タヲル、） 449-6

355 仇
―（タグヒ） 450-6
―（アタ） 534-2

358 今
―河（イマガハ） 358-1
―更（イマサラ） 362-1
―來（イマコン） 362-1
于―（イマ一） 362-1
―般時（イマハノトキ） 362-1
―様（イマヤウ） 362-2
―（イマ） 364-5
―朝（ケサ） 502-7
―日（ケフ） 502-7
―朝（コンテウ） 512-1
―夜（コンヤ） 512-1
―夕（コンセキ） 512-1

—日（コンニチ） 512-1
—月（コンクワチ） 512-1
—宵（コンセウ） 512-1
—年（コトシ） 512-2
—度（コンド） 518-2
—時（コンジ） 518-2
—古（コンコ） 518-2
—世（コンゼ） 518-2
—生（コンシヤウ） 518-2
—案（コンアン） 518-2

359 介
—錯（カイシヤク） 437-4
—（スケ） 597-6

361 仍
—（ヨツテ） 441-4
—（スナハチ） 601-4

［三画］

367 仔
—細（シサイ） 576-6

368 仕
—（ツカフル） 460-5
—過（シスゴシ） 573-3

370 他
—國（タコク） 442-3、447-7
—所（タシヨ） 442-3
—山（タサン） 442-3
—人（タニン） 444-2
—行（タギヤウ） 447-6
—流（タリウ） 447-6
—院（タヰン） 447-7
—腹（タフク） 447-7
—郷（タキヤウ） 447-7
—門（タモン） 447-7
—所（タシヨ） 447-7
—家（タケ） 447-7
—方（タハウ） 447-7
—言（タコン） 447-7
—念（タネン） 447-7
—筆（タヒツ） 447-7
—事（タシ） 447-7
—偸草（エビネ） 521-3
—（アタリ） 534-4

373 付
—蟬（ヨメ） 439-6
—屬（フゾク） 510-6

374 仙
—洞（セントウ） 591-4
—家（センカ） 591-4
—翁花（センヲウケ） 593-6
—術（センジユツ） 594-6
—道（センダウ） 594-6

376 任
—美（タクミ） 445-6
—傺（タクサイ） 447-6

382 仡
—向上（キツトミアグ） 550-3

386 代
—（カハル） 435-1
—（ヨ） 441-5
—官（ダイクワン） 447-6
—物（ダイモツ） 447-6
—指（ツマバラミ） 457-3

387 令
—（セシム） 596-6

388 以
—後（イゴ） 361-3
—上（イジヤウ） 361-3
—下（イゲ） 361-3

—達（イタツ） 361-3
—來（イライ） 361-3
—往（イニシヘ） 362-5
—為（オモハク㊧オモヘラク） 480-4
—（オモンミレバ） 480-5
—來（コノカタ） 519-2
—降（コノカタ） 519-2
—往（アナタ） 532-3
—下（シモツカタ） 577-1
—外（モツテノホカ） 590-3
—（モツテ） 591-2

## ［四画］

400 仰
—而唾（アホヒデツバキハク） 531-7
—願（アヲギネガハクハ） 532-7
所レ—（アヲグトコロ） 533-1
—天（ギヤウテン） 549-4
—崇（ギヤウソウ） 549-4

403 仲
—尼（チウヂ） 403-1
—人（ナカウド） 465-1

410 件
—（クダン） 489-5

416 任
—運（ニンウン） 382-1
—料（ニンレウ） 382-1
—（マカス） 502-1
—他（サモアラバアレ） 541-4

422 企
—（クハタツ） 489-4

429 役
—（オホセ） 480-5
—行者（エンノギヤウジヤ） 520-7

431 伉
—儷（カウレイ） 426-1

432 伊
—羅胡崎（イラゴサキ） 355-2
—奘諾尊（イザナギノミコト） 357-7
—奘冊尊（イザナミノミコト） 357-7
—藤（イトウ） 358-2
—庭（イバ） 358-2
—駒（イコマ） 358-2
—美（イミシク） 361-6
—鬱（イウツ） 361-6
—達（ダテ） 445-6
—（コレ） 520-4

435 伍
—子胥（ゴシシヨ） 513-2

436 伎
—樂（ギガク） 549-1
—藝（ギゲイ） 549-1
—倆（ギリヤウ） 550-2

438 伏
—犧（フツキ） 507-5
—生（フクセイ） 507-6
—兎（ブト） 508-7
—（ソス） 511-6

439 伐
—（ウツ） 474-6
—（キル） 550-7

440 休
—（イコフ） 364-3
—（ヤスム㊧ヤム） 497-6
—息（キウソク） 549-1

**[五画]**

466 伯
- —樂（ハクラク） 369-1
- —父（ヲヂ） 415-6
- —母（ヲバ） 415-6
- —勞（モズ㊧ハクラウ） 588-6

475 伴
- —僧（バンノソウ） 369-4
- —侶（バンリヨ） 369-4
- —類（バンルイ） 375-5
- —黨（バンタウ） 375-5
- （トモ） 395-4、400-7

478 伶
- —人（レイジン） 451-6
- —利（レイリ） 452-7

481 伸
- （ノビスル） 478-4

483 伺
- （ウカガフ） 474-1
- —候（シコウ） 573-3

485 似
- —不二—付一（ニツカズ） 382-2
- —合（ニアヒ） 382-3
- （ニタリ） 382-7
- （アヤカル） 533-2
- —指（シジ） 565-4
- —我（ジガ） 565-7

486 伽
- —藍（ガラン） 423-2
- —鳥（ガテウ） 428-3
- —陀（カダ） 438-2
- —羅（キヤラ） 547-7

492 佃
- （ツクダ） 456-6

495 但
- （タダ） 450-3

496 佇
- —立（タタズム） 448-7

503 位
- —階（ヰカイ） 476-4
- —上（ヰシヤウ） 476-4
- —牌（ヰハイ） 476-4
- （クラヰ） 489-4

504 低
- （カタフク） 436-2
- （タルル） 449-7
- （ウナタル） 474-4
- （ヒキシ） 587-2

505 住
- （トドム） 401-2
- —宅（ヂウタク） 402-2
- —屋（ヂウヲク） 402-2
- —處（ヂウシヨ） 402-2
- —持（ヂウヂ） 402-5
- —侶（ヂウリヨ） 403-5
- —人（ヂウニン） 403-5
- —民（ヂウミン） 403-5
- —吉（スミヨシ） 597-1

506 佐
- —保姫（サホヒメ） 536-2
- —目（サメ） 536-4
- —々木（ササキ） 538-4
- —分（サフリ） 538-4
- —竹（サタケ） 538-4
- （スケ） 597-6

507 佑
- （ゼウ） 592-4

511 何
- —為（イカガセン） 363-1
- —篇（イヅレヘン） 363-1
- （イヅレ） 364-6
- —不別（ヲシナヘテ） 418-4

―様（ナニサマ）464-7
―條（ナニデウ）464-7
―等（ナニラ）464-7
―年（ナンネン）464-7
―時（ナントキ）464-7
―事（ナンゴト）464-7
―月（ナンクワツ）464-7
―（ナニ）466-2
―方（アナタ）532-3

513 佗
―（タ）451-2

515 余
―（ワレ）419-6

517 佛
―子（ホツス）385-5
―（ホトケ）388-5
―殿（ブツデン）507-3
―壇（ブツダン）507-3
―祖（ブツソ）507-7
―師（ブツシ）507-7
―勝花（フツセウケ）508-4
―餉（ブツシヤウ）508-7
―供（ブツク）508-7
―事（フツジ）511-1
―説（フツセツ）511-1
―語（フツゴ）511-1
―詣（フツケイ）511-1
―像（フツサウ）511-1
―教（フツケウ）511-1
―陀（フツダ）511-1
―後（フツゴ）511-1
―性（フツシヤウ）511-1
―物（フツモツ）511-1
―法（フツホフ）511-1
―知（フツチ）511-1
―恵（フツヱ）511-1
―慧（フツヱ）511-1
―前（フツゼン）511-1
―具（フツグ）511-1
―心（フツシム）511-1
―果（フツクワ）511-1
―意（フツイ）511-1
―祖不傳（フツソフデン）511-1
―恩（フツイン）511-1

518 作
―（ハグ）378-3
―（タツ）450-1
―（ツクル）460-4
―法紗（サハシヤ）537-2
―職（サクンキ）540-7
―意（サクイ）540-7
―病（サクじヤウ）540-7
―毛（サクモウ）540-7
―者（サクンヤ）540-7
―文（サクブン）540-7
―事（サクジ）540-7
―法（サクホフ）540-7
―例（サクレイ）540-7
―善（サクゼン）540-7
―業（サクゴフ）540-7
―乱（サクラン）540-7

―忙（サクマウ） 540-7

521 佞
―（ヘツラフ） 392-7
―人（ネイジン） 461-7
―臣（ネイシン） 461-7
―者（ネイシヤ） 461-7

［六画］

543 佩
―帯（ハイタイ） 368-7
―楯（ハイダテ） 373-1
―（オモノ） 479-7

557 佳
―例（カレイ） 434-6
―遊（カイウ） 434-7
―慶（カケイ） 434-7
―名（カメイ） 434-7
―節（カセツ） 434-7
―辰（カシン） 434-7
―（ヨシ） 441-2

561 併
―（シカシナガラ） 578-6

563 佷
―（モドル㊧コン） 590-7

573 使
―（ツカヒ） 461-5
―節（シセツ） 563-3
―廳（シチヤウ） 563-5
―者（シシヤ） 564-2
―君子（シクンシ） 566-7
―（セシム） 596-6

581 來
―年（ライネン） 466-3
―月（ライクワチ） 466-3
―迎（ライカウ） 467-5
―臨（ライリン） 467-5
―往（ライワウ） 467-5
―頭（ライトウ） 467-5
―縁（ライエン） 467-5
―話（ライワ） 467-5
―納（ライナフ） 467-5
―去（ライキヨ） 467-5
―入（ライニフ） 467-5
―集（ライシフ） 467-5
―生（ライシヤウ） 467-5
―世（ライセ） 467-5
―歴（ライレキ） 467-5
―駕（ライカ） 467-5
―々（クルクル） 484-2
―居（キヰル） 550-1
―（キタル） 551-1

583 侈
―（ホコル） 388-2
―（ヲゴル） 418-3

587 例
―年（[レ]イ[ネ]ン） 451-4
―日（レイジツ） 451-4
―證（レイセウ） 452-3
―式（レイシキ） 452-3

589 侍
―（ハンヘル） 377-6
―従（ヲモトヒト） 416-2
―者（オモトビト） 479-3
―所（サブラヒドコロ） 535-3
―（サブラヒ） 536-3
―（サブラフ） 542-2
―者（ジシヤ） 562-7

—従（ジジウ）　564-6
—中（シチウ）　565-2
602 侘
—事（ワビコト）　422-1
605 供
—御（グゴ）　485-2
—米（グマイ）　485-2
—具（ググ）　485-2
—華（グゲ）　485-2
—饗（クギヤウ）　486-2
—養（クヤウ）　486-6
—物（クモツ）　486-6
—給（クキフ）　486-6
—奉（クブ）　486-6
—供菜（キウビサイ）　546-5
607 依
—（ヨル）　441-2
—怙（エコ）　522-2
—所（エシヨ）　522-2
—用（エヨウ）　522-2


［七画］


646 侵
—（ヲカス）　418-3
647 侶
—（トモ）　400-7
659 便
—痢（ベンリ）　390-3
—（タヨリ）　450-1
—船（ビンセン）　585-5
—風（ビンフウ）　585-5
—宜（ビンギ）　585-5
—路（ビンロ）　586-6
—（スナハチ）　601-4
663 係
—（カカル）　435-3
664 促
—織（ハタヲリ）　371-3
—（ツヅマヤカ）　460-7
—（ウナカス）　474-6
—（モヨヲス）　590-6
665 俄
—（ニハカ）　382-6
674 俊
—士（スベラギ）　597-6
679 俎
—机（マナイタ）　500-1
—（マナイタ）　500-2
—筋（マナバシ）　500-2
695 俗
—躰（ゾクタイ）　453-6
—人（ゾクジン）　453-6
—姓（ゾクシヤウ）　455-5
—縁（ゾクヱン）　455-5
—諦（ゾクタイ）　455-5
—塵（ゾクヂン）　455-5
—名（ゾクミヤウ）　455-5
—在出家（ソクザイシユツケ）　455-5
702 保
—（ホウ）　383-2
—養（ホウヤウ）　387-2
—護（ホウゴ）　387-2
—（タモツ）　450-1
705 俟
—（マツ）　502-4
707 信
—（ノブル）　478-5
—（マコト）　502-3
—夫（シノブ）　569-7
—太（シダ）　569-7
—用（シンコウ）　575-4

—解（シンゲ） 575-4
—仰（シンガウ） 575-4
—知（シンチ） 575-4
—心（シンジム） 575-4
—疑（シンギ） 575-4
—受（シンジユ） 575-4
—力（シンリキ） 575-4

［八画］

721 修
—（ヲサム） 418-5
—造司（シユザウシ） 563-1
—理大夫（シユリノダイブ） 564-7
—禅寺（シユゼンジ） 569-1
—行（シユギヤウ） 573-7
—造（シユザウ） 573-7
—理（シユリ） 573-7
—覆（シユフク） 537-7

722 俯
—（フス㊧フ） 511-7

724 倶
—（トモ） 395-4
—（トモニ） 395-4
—生神（クシヤウジン） 483-1

726 俳
—諧（ハイカイ） 377-1

734 俸
—禄（ホウロク） 386-5
—物（ホウモツ） 386-5
—（ササク） 542-5

756 倉
—（クラ） 482-3

760 倍
—増（バイゾウ） 377-5
—（マス） 501-7

767 倒
—（タヲルル） 449-6
—（サカサマ） 542-6

775 候
—（ウカカフ） 474-1
—（サブラフ） 542-2

776 倚
—蘭（イラン） 356-5
—子（イス） 358-5
—頼（イライ） 361-6
—掛（ヨリカカリ） 440-1

781 借
—（カル） 435-3
—物（シヤクモツ） 576-2
—状（シヤクジヤウ） 576-2
—用（シヤクヨウ） 576-2
—銭（シヤクセン） 576-2
—銀（シヤクギン） 576-2

783 倡
—行（イザナフ） 363-4

786 値
—遇（チグ） 408-5

788 倦
—（タユム） 450-6
—（ツカル） 460-4
—（ウム） 474-4

791 倩
—（ツラツラ） 461-5
—（ヤトフ） 497-6

793 倫
—（トモカラ） 395-4

796 倭
—國（ワコク） 418-6
—言（ヤマトコトバ） 497-2
—歌（ヤマトウタ） 497-2

797 倮
—（ハダカ） 370-1

［九画］

830 偃
—息（エンソク） 522-3

835 假
―屋（カリヤ） 423-3
―山（カサン） 423-6
―（カリニ） 436-6
―名（カナ） 438-3
―借（カリソメ） 438-3
―令（タトヒ） 449-1
―使（タトヒ） 449-1
―寐（ウタタネ） 473-6
―粧（ケシヤウ） 505-1
―相（ケサウ） 505-1
―令（ケ[リ]ヤウ） 505-1
―装（ケソウ） 505-2
―名（ケミヤウ） 505-2

848 偏
―頗（ヘンバ） 391-7
―執（ヘンシフ） 391-7
―氣（ヘンキ） 391-7
―念（ヘンネム） 391-7
―急（ヘンキフ） 391-7
―身（ヒトミ） 581-7
―（ヒトエ） 587-4

855 偕
―老同穴（カイラウトウケツ） 438-1

864 停
―（トドム） 401-2
―止（チヤウジ） 407-5
―廢（チヤウハイ） 407-5
―（ヤム） 497-6
―滞（テイタイ） 525-6

875 健
―氣（ケナゲ） 506-5
―（シタタカ） 578-4
―（スクヤカ） 601-4

897 側
―（ホノカ） 388-4
―（カタハラ） 436-5
―素材（ソバジラキ） 454-5
―（ソバム） 456-2

899 偶
―（タマタマ） 451-2
―（ヒトカタ） 587-6

901 偸
―盗（チウタウ） 408-5
―兒（ヌスビト） 412-6
―（メスム） 414-1
―間（アカラサマ） 532-5
―（ヒソカニ） 587-6

927′ 偽
―（イツハリ） 363-7

［十画］

928 傀
―儡師（クワイライシ） 483-3
―儡（テクグツ） 523-4

939 傅
―大士（フタイジ） 507-6

948 傍
―例（ハウレイ） 375-1
―若無人（バウジヤクブジン） 375-1
―正（ハウセイ） 375-1
―涼（カタエスズシ） 424-7
―（カタハフ） 436-5
―（ソフ） 455-7
―夫（マヲトコ） 498-5

967 備
―（ソナフ） 455-7
―（ツブサ） 461-4

〔十一画〕

1005 催
—馬樂（サイバラ） 540-3
—勤（サイキン） 540-3
—促（サイソク） 540-3
—（モヨヲス） 590-6

1015 傲
—（ホコル） 388-2

1019 傳
—聞（ツタヘキク） 459-7
—（ツタフ） 460-7
—馬（テンマ） 523-5
—教（テンゲウ） 523-7
—語（デンゴ） 525-1
—持（デンヂ） 525-1
—授（デンジユ） 525-1
—達（デンタツ） 525-1
—説（デンゼツ） 525-1
—心（デンシム） 525-1
—來（デンライ） 525-1
—宣（デンセン） 525-1
—受（デンジユ） 525-1

1020 傴
—（クグマル） 488-7
—（コシヲレ） 513-6

1029 傷
—（イタム） 364-2
—（ヤフル） 497-6

1038 傾
—（カタフク） 436-2
—城（ケイセイ） 503-5

1045 僂
—（カガム） 435-7

1048 僅
—（ワヅカニ） 422-4

1054 僉
—（ミナ） 560-7
—議（センギ） 595-7

1055 僊
—人（センニン） 592-5

〔十二画〕

1084 像
—（カタチ） 426-2
—（カタドル） 435-3
—（ウツス） 474-6

1094 僕
—（ボク） 383-5

1100 僚
—（トモカラ） 395-4

1105 僞
—引（ヲビク） 418-4
—寄（スカス） 600-4

1117 僧
—坊（ソウバウ） 453-3
—堂（ソウダウ） 453-3
—厠（ソウシ） 453-3
—都（ソウヅ） 453-3、453-4
—正（ソウジヤウ） 453-4
—綱（ソウカウ） 453-4
—俗（ソウゾク） 453-6
—侶（ソウリヨ） 453-6
—徒（ソウト） 453-6
—衆（ソウシユ） 453-6
—寶（ソウボウ） 455-1
—籍（ソウセキ） 455-1
—家（ソウゲ） 455-1

1132 僮
—僕（ヤツコ） 495-6

1155 傘
—張（カサハリ） 425-5
—（カラカサ） 430-4

**［十三画］**

1158 僵 ―（タヲルル） 449-6

1163 價 ―直（ケヂキ） 506-5
―（アタヒ） 534-2

1166 僻 ―案（ヘキアン） 392-4
―（ヨコシマ） 441-4
―事（ヒガコト） 586-5

1172 儀 ―同三司（ギドウサンシ） 544-3
―式（ギシキ） 549-1

1188 儇 ―（ケン、サトシ） 542-1

1190 儉 ―約（ツヅマヤカ） 460-2

**［十四画］**

1220 儒 ―者（ジユシヤ） 563-6、574-1
―道（ジユタウ） 574-1

1234 儘 ―（ママ） 502-1

**［十五画］**

1245 償 ―（ツクノフ） 460-6

1261 優 ―曇華（ウドンゲ） 471-1
―（ヤサシ） 497-5
―（マサル） 501-7
―長（ユウチヤウ） 553-3
―游（ユウイウ） 553-3
―艶（ユウエン） 553-3
―會（ユウクワイ） 553-3
―美（ユウビ） 553-3
―恕（ユウジヨ） 553-3
―免（ユウメン） 553-3
―劣（ユウレツ） 553-3
―（スグレタリ㊧イウ） 601-3

**［十六画］**

1284 儲 ―君（チヨクン） 402-5
―君（マフケノキミ） 498-5
―（マフク） 502-2

**［二十画］**

1323 儻 ―偶（タバカリゴト） 449-4

## 儿部

**［二画］**

1338 允 ―（ゼウ） 592-4

1340 元 ―三（クワンサン） 482-4
―日（クワンニチ） 482-4
―來（グワンライ） 488-6
―服（ゲンブク） 506-3
―來（モトヨリ） 590-2
自―（モトヨリ） 590-2

**［三画］**

1343 兄 ―（コノカミ） 513-2
―部（コノカフベ） 513-3

―（アニ） 527-5
―弟（キヤウダイ） 545-1
―弟衆（ヒンデイシユ） 581-3
―鷹（セウ） 593-4

［四画］

1345 充
―行（アテヲコナフ） 531-6
―（ミツ） 560-6
―満（ジウマン） 574-3
―盛（ジウジヤウ） 574-3
―上（ジウジヤウ） 574-3

1347 兆
―土（デウヅ） 524-4
―（テウ） 526-1
―（キザシ） 551-3

1349 先
―（マヅ） 502-4
―懸（サキガケ） 541-5
―（サキ） 542-6
―年（センネン） 592-1
―日（センジツ） 592-1
―夜（センヤ） 592-1
―刻（センコク） 592-1
―帝（センテイ） 592-5
―皇（センクワウ） 592-5
―王（センワウ） 592-5
―君（センクン） 592-5
―哲（センテツ） 592-5
―師（センジ） 592-5
―祖（センソ） 592-5
―生（センジヤウ） 592-5
―考（センカウ） 592-5
―達（センダツ） 592-6
―妣（センヒ） 592-7
―徳（センドク） 594-7
―度（センド） 594-7
―條（センデウ） 594-7
―代（センダイ） 594-7
―例（センレイ） 594-7
―規（センキ） 594-7
―陣（センヂン） 594-7
―約（センヤク） 594-7
―蹤（センセウ） 594-7
―非（センヒ） 594-7
―途（センド） 596-5

1350 光
―彩（イロドル） 363-3
―明皇后（クワウミヤウクワウコウ） 483-2
―臨（クワウリン） 487-6
―儀（クワウギ） 487-6
―降（クワウカウ） 487-6
―彩（クワウサイ） 487-6
―明（クワウミヤウ） 487-6
―幸（クワウカウ） 487-6
―賁（クワウフン） 487-6
―（テル） 525-7
―（ミツ） 560-6
―（ヒカリ） 586-7

**［五画］**

1355 克

―（ヨク） 441-5

不―（アタハズ） 532-2

1358 免

―（マヌカル） 501-6

―（ユルス） 554-3

―僧（メンノソウ） 554-7

―除（メンヂヨ） 555-7

―許（メンキヨ） 555-7

**［六画］**

1365 兒

―（チゴ） 403-5

―部子（ワキモコ） 419-5

―手柏（コノテガシハ） 513-4

―鷂（コノリ） 513-6

―玉（コダマ） 516-4

―童（ジドウ） 563-7

―女（ジヂヨ） 563-7

1368′ 兔

―絲子（トシシ） 395-6

―毫（トカウ） 397-3

―穎（トヱイ） 397-3

―裘之地（トキウノチ） 400-2

**［十画］**

1393 兜

―羅綿（トロメン） 396-7

# 入部

1415 入

―（ハムル） 378-2

―道（ニフダウ） 379-4

―麪（ニフメン） 380-6

―堂（ニフダウ） 381-5

―寺（ニフジ） 381-5

―壇（ニフダン） 381-5

―閒（ニフカン） 381-5

―勘（ニフカン） 381-6

―唐（ニフタウ） 381-6

―定（ニフヂヤウ） 381-6

―滅（ニフメツ） 381-6

―閒河（ヰルマカハ） 475-2

―鹿大臣（イルカノダイジン） 475-4

―子（ヰレコ） 476-1

―（ヰリ） 476-7

―逢（ヰリアヒ） 476-7

―目（ヰリメ） 476-7

―院（ジユヱン） 572-6

―御（ジユギヨ） 572-6

―眼（ジユガン） 572-6

―洛（ジユラク） 572-6

―魂（ジユコン） 572-6

―輿（ジユケウ） 572-6

―風（スキカゼ） 597-4

**［二画］**

1418 内

―裏（ダイリ） 442-7

―府（ダイフ） 443-4

—匠頭（タクミノカミ）　443-5
—侍處（ナイシドコロ）　463-4
—大臣（ナイダイジン）　463-4
—記（ナイキ）　463-4
—供奉（ナイグブ）　463-4
—親王（ナイシンワウ）　463-5
—方（ナイハウ）　463-6
—藥（ナイヤク）　464-2
—補散（ナイフサン）　464-2
—外（ナイゲ）　465-1
—證（ナイセウ）　465-1
—談（ナイダン）　465-1
—検（ナイケン）　465-1
—通（ナイツウ）　465-1
—縁（ナイエン）　465-1
—戚（ナイシヤク）　465-1
—者（ナイシヤ）　465-1
—心（ナイシム）　465-1
—義（ナイギ）　465-1

—典（ナイデン）　465-1
—訴（ナイソ）　465-1
—弓（ウチユミ）　472-6
—方（ウツロ）　473-4
—藏頭（クラノカミ）　482-5

**【四画】**

1424 全
—（マツタシ）　502-2
—輪敷（モドカワシク）　590-3
—盛（ゼンセイ）　594-6
—備（ゼンビ）　594-6
—躰（ゼンタイ）　594-6

**【六画】**

1436 兩
—舌（イツハル）　362-7
—樣（リヤウヤウ）　411-6
—種（リヤウシユ）　411-6
—輪（リヤウリン㊧ワ）　411-6
—方（リヤウバウ）　411-6

—篇（リヤウヘン）　411-7
—（フタツ）　509-1


## 八部


1450 八
—荒（ハツクワウ）　367-5
—專（ハツセン）　367-5
—朔（ハツサク）　367-6
—風（ハツフウ）　368-4
—木（ハチボク）　372-2
—月（ハチグワチ㊧ケツ）　372-3
—虐（ハチギヤク）　372-3
—苦（ハチク）　372-4
—代集（ハチダイシフ）　372-5
—講（ハツカウ）　372-5
—千味（ハツセンマイ）　372-5
—坂（ヤサカ）　495-2
—十島（ヤソシマ）　495-2
—瀬（ヤセ）　495-2

—乙女（ヤヲトメ）　495-5
—女仕（ヤヲトメ）　495-5
—百万代（ヤヲヨロツヨ）　496-4
—幡（ヤハタ）　496-4
—咫鏡（ヤタノカガミ）　496-5
—的（ヤツマト）　496-6
—十梟心（ヤタケゴコロ）　497-4
—道行成（ミチクラベ）　560-2

［二画］

1452 公
—（オホヤケ）　479-1
—文所（クモンシヨ）　482-2
—家（クゲ）　483-1
—文（クモン）　483-1
—卿（クギヤウ）　486-2
—物（クモツ）　486-7
—用（クヨウ）　486-7
—役（クヤク）　486-7
—庭（クテイ）　486-7
—請（クシヤウ）　468-7
—領（クリヤウ）　486-7
—務（クム）　486-7
—平（クビヤウ）　486-7
—界（クガイ）　486-7
—事（クジ）　486-7
—主（コウシユ）　513-2
—私（コウシ）　517-7
—儀（コウギ）　517-7
—文（コウブン）　517-7
—達（キンダチ）　544-4
—任（キンタフ）　545-2
—（キミ）　545-3

1453 六
—位（ロクヰ）　365-2
—親（ロクシン）　366-2
—畜（ロクチク）　366-2
—腑（ロクフ）　366-3
—根（ロクコン）　366-3
—塵（ロクチン）　366-3
—識（ロクシキ）　366-4
—通（ロクツウ）　366-4
—波羅密（ロクハラミツ）　366-5
—月（ロククワツ）　366-6
—義（リクギ）　412-4
—借（ムツカシ）　469-2
—箇敷（ムツカシク）　469-2

［四画］

1458 共
—（トモニ）　401-3
—命鳥（グミヤウテウ）　483-6

［五画］

1462 兵
—部（ヘイホウ）　389-6
—法者（ヘイハフジヤ）　390-2
—法（ヘイハウ）　392-4
—（ツハモノ）　457-5
—庫（ヒヤウゴ）　580-2
—衛督（ヒヤウヱノカミ）　581-1

―部卿（ヒヤウブキヤウ）581-1
―庫頭（ヒヤウゴノカミ）581-1
―士（ヒヤウジ）581-6
―粮（ヒヤウラウ）584-1
―革（ヒヤウカク）584-2
―亂（ヒヤウラン）585-6
―法（ヒヤウホフ）585-6
―船（ヒヤウセン）585-6
―書（ヒヤウシヨ）585-6
―具（ヒヤウグ）585-6
―人（モノノフ）588-4

［六画］

1472 其
―後（ソノノチ）455-4
―驗（ソノシルシ）455-4
―儀（ソノギ）455-4
―邊（ソノヘン）455-4
―方（ソノハウ）455-4
―（ソレ）456-3

1473 具
―（ソナフ）455-7
―（ツブサ）461-4
―足（グソク）485-5
―徳（グトク）487-2
―滿（グマン）487-2
―（ミナ）560-7

1474 典
―（ヲキノル）418-1
―（ツカサ）461-4
―（ノリ）478-3
―廐（テンキウ）523-2
―藥寮（テンヤクリヤウ）523-3
―藥頭（テンヤクカミ）523-3
―座（テンソ）523-4

［八画］

1483 兼
―（カヌル）435-2
―學（ケンガク）505-2
―約（ケンヤク）505-2
―日（ケンジツ）505-2

［十四画］

1500 冀
―（ネガフ）462-6
―（コヒネカフ）520-1

## 冂部

［四画］

1524 再
―（フタタビ㊧サイ）511-7
―進鉢（サイシンバチ）539-2
―興（サイコウ）540-3
―往（サイワウ）540-3
―住（サイヂユ）540-3
―進（サイシン）540-3
―誕（サイタン）540-3
―來（サイライ）540-3
―三（サイサン）540-3
―會（サイクワイ）540-3

—變（サイヘン） 540-3

［七画］

1538 冒
—（ヲカス） 418-3

## 冖 部

［七画］

1580 冠
—木門（カブキモン） 423-2
—板（カフリノイタ） 430-6

［八画］

1588 冥
—（クラシ） 489-3
—途（メイド） 554-5
—顯（ミヤウケン） 559-5
—加（ミヤウガ） 559-5
—助（ミヤウジヨ） 559-5
—慮（ミヤウリヨ） 559-5
—罰（ミヤウバツ） 559-5
—感（ミヤウカン） 559-5
—道（ミヤウダウ） 559-5
—鑒（ミヤウカン） 559-5

［九画］

1592 冨
—賀見（フカミ） 509-1

## 冫 部

［三画］

1610 冬
—至（トウジ） 394-3
—瓜（カモフリ） 426-7
—（フユ） 507-4

［四画］

1612 氷
—（コホリ） 512-5

1613 冱
—（サユル） 534-7

1616 冲
—（ヒイル） 587-1

1617 决
—入（サクリバメ） 535-2
—拾（ユガケ） 552-6

［五画］

1620 况
—（イハンヤ） 364-5

1621 冶
—（キタフ） 551-2

1622 冷
—麪（レイメン） 452-2
—汁（レイジフ） 452-2
—藥（レイヤク） 452-2
—（サヤカ） 534-7
—麪（ヒヤムギ㊧レイメン） 583-7
—汁（ヒヤシル） 583-7
—酒（ヒヤザケ） 583-7
—槽（ヒヤンブネ） 584-6
—（スサマジ㊧レイ） 597-5

［六画］

1637 洌
—（ハゲシ） 378-5

**［八画］**

1657 凄
—（サムシ） 534-7

1661 准
—（ヨソヘテ） 441-4
—三后（ジユンサンゴウ） 564-5
—麩（ジユンフ） 567-7
—的（ジユンテキ） 576-3
—（ジユンス） 578-2

1665 凉
—月（リヤウゲツ） 409-6
—轎（リヤウケウ） 410-7

1668 凋
—（シボム㊧テウ） 575-5

1669 凌
—（シノグ） 578-3
—逼（スズム） 600-4

1670 凍
—（コホリ） 512-5

**［九画］**

1675 減
—（ヘル） 392-7
—（ヲトル） 418-4
—（オトシム） 481-3
—少（ゲンセウ） 506-3

**［十四画］**

1720 凝
—滞（ゲウタイ） 506-6
—魚（コゴリ） 515-3

## 几部

1737 几
—帳（キチヤウ） 547-6

**［一画］**

1739 凡
—夫（ボンフ） 383-6
—下（ボンケ） 383-6
—僧（ボンソウ） 384-1
—人（ボンニン） 384-1
—心（ボンシン） 384-2
—身（ボンシン） 384-2
—卑（ボンヒ） 384-2
—慮（ボンリヨ） 386-5
—惑（ボンワク） 386-5
—河内躬恒（ヲフシカフチノミツネ） 416-2
—（ヲヨソ） 418-1
—夫（タダビト） 449-2
—俗（タダビト） 449-2
—（オホヨソ） 480-3

**［十画］**

1790 凱
—歌（トキノコエ） 399-5

## 凵部

**［二画］**

1803 凶
—事（ケフジ） 505-6
—悪（ケフアク） 505-6
—徒（ケフト） 506-7
—（アシシ） 533-6

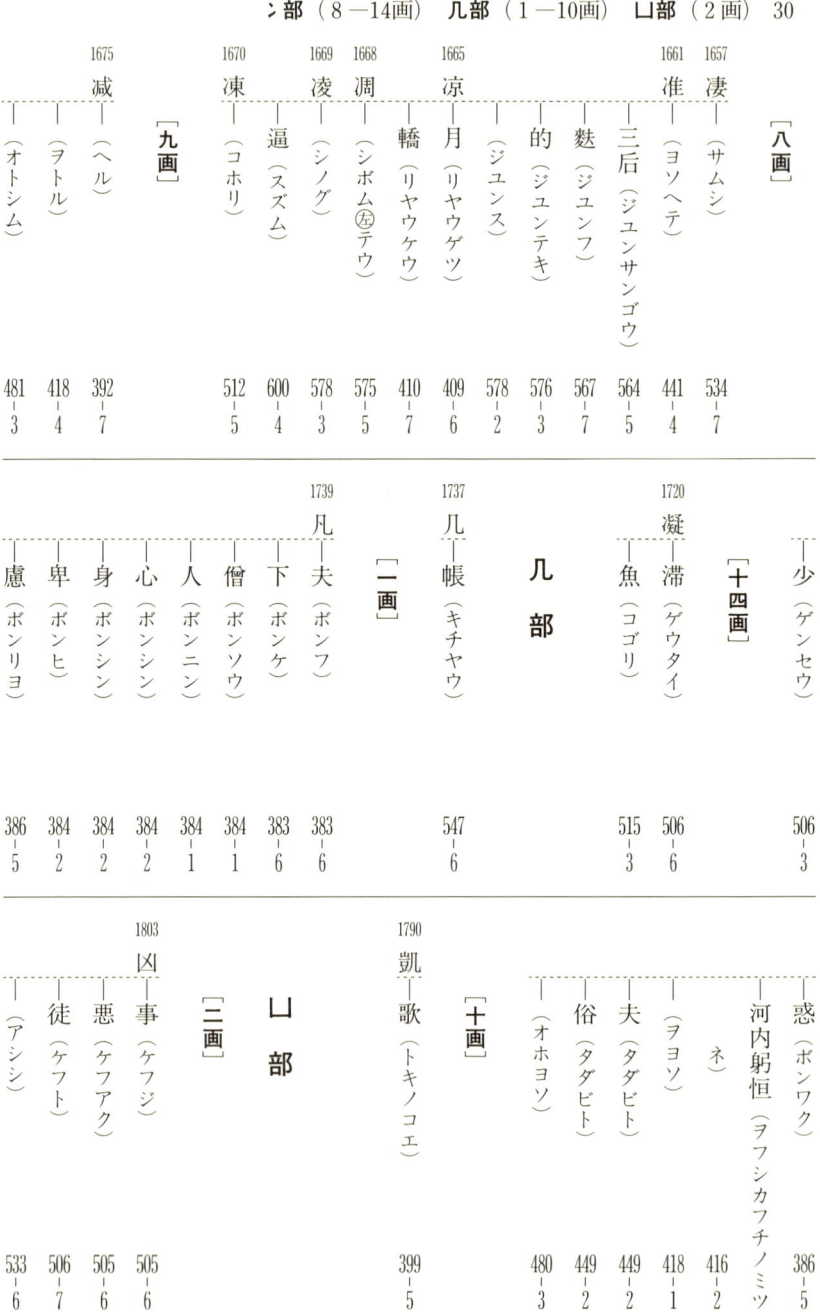

［三画］

1810 凹
—（ナカクボ） 465-7

1811 出
—（イダス） 364-5
—仕（シユツシ） 575-7
—納（シユツナフ） 575-7
—頭（シユツトウ） 575-7
—物（シユツモツ） 575-7
—世（シユツセ） 575-7
—生（シユツシヤウ） 575-7
—身（シユツシン） 575-7
—家（シユツケ） 575-7
—院（シユツエン） 578-7

［六画］

1826 函
—（ハコ） 374-2
—丈（カンヂヤウ） 423-2

## 刀部

1845 刀
—祢（トネ） 394-5
—（カタナ） 431-2
—玉（カタナタマ） 438-1

［一画］

1848 刃
—傷（ニンジヤウ） 382-3
—（ヤイバ） 496-7
—簇（ヒシ） 584-5

［二画］

1853 分
—（ワカツ） 422-3
—直（フデ） 509-5
—際（ブンザイ） 510-4
—限（ブンゲン） 510-4
—劑（ブンザイ） 510-4
—捕（ブンドリ） 510-4
—量（ブンリヤウ） 510-4
—位（ブンヰ） 510-4
—兩（ブンリヤウ） 510-4
—別（ブンハツ） 510-4
—明（ブンミヤウ） 510-4

1858 切
—（タシカニ） 450-7
—付（キリツケ） 547-5
—立（キリタチ） 547-5
—符羽（キリフノハ） 548-1
—所（セツシヨ） 591-5
—羽（セツハ） 594-4
—々（セツセツ） 595-6
—磋琢磨（セツサタクマ㊧バ） 596-3

1859 刈
—萱（カルカヤ） 426-7
—安（カリヤス） 426-7
—（カル） 435-4

［四画］

1879 刎
- ―（ハヌル） 378-4
- ―（キル） 551-1

1886 刑
- ―部（ケイホウ㊧ギヤウブ） 503-3
- ―罰（ケイバツ） 505-7
- ―戮（ケイリク） 505-7
- ―法（ケイハフ） 505-7
- ―（コロス） 519-6
- ―部卿（ギヤウブキヤウ） 544-3
- ―（キル） 551-1

1901 列
- ―祖（レツソ） 451-6
- ―參（レツサン） 452-4
- ―座（レツザ） 452-4
- ―（ツラナル） 460-4
- ―率（セコ㊧レツソツ） 593-2

［五画］

1911 初
- ―霜（ハツシモ） 368-1
- ―雪（ハツユキ） 368-1
- ―物（ハツモノ） 376-4
- ―音（ハツネ） 376-4
- ―（ハジメ） 378-4
- ―秋（ソシウ） 453-1
- ―冬（ソトウ） 453-1
- ―湯（ウブユ） 473-4
- ―行（シヨギヤウ） 573-4
- ―心（シヨシム） 573-4
- ―後（シヨゴ） 573-4
- ―番（シヨバン） 573-4
- ―念（シヨネン） 573-4
- ―重（シヨヂウ） 573-4
- ―對面（シヨタイメン） 573-4
- ―一念（シヨイチネン） 573-4
- ―中後（シヨチウゴ） 573-4

1923 判
- ―官代（ハングワンダイ） 368-6
- ―官（ハングワン） 368-6
- ―断（ハンダン） 375-6
- ―形（ハンギヤウ） 375-6
- ―帋（ハンシ） 375-6
- ―（コトハル） 519-5

1924 別
- ―都頓宜壽（ホトトギス） 384-6
- ―墅（ベツシヨ） 389-1
- ―業（ベツケフ） 389-1
- ―當（ベツタウ） 389-6
- ―足（ベツソク） 390-6
- ―格（ベツカク） 392-6
- ―段（ベツダン） 392-6
- ―腹（ベツフク） 392-6
- ―事（ベツジ） 392-6
- ―家（ベツケ） 392-7
- ―儀（ベツギ） 392-7
- ―（ワカルル） 422-3

1932 利
- ―鬼（イラク） 362-5
- ―根（リコン） 411-3
- ―鈍（リドン） 411-3
- ―錢（リセン） 411-3
- ―潤（リジユン） 411-3
- ―分（リブン） 411-3

―口（リコウ） 411-3
―養（リヤウ） 411-4
―物（リモツ） 411-4
―性（リセイ） 411-4
―發（リハツ） 411-4
―益（リヤク） 411-4
―生（リシヤウ） 411-4
―平（リビヤウ） 411-4
―勘（リカン） 412-4
―（キキ） 551-3

［六画］

1943 刮
―（コソグル） 519-5

1950 到
―（イタル） 363-6
―下（タウゲ） 442-4
―來（タウライ） 448-5

1956 刳
―（ホル） 388-2
―（クボム） 489-5

1961 制
―禁（セイキン） 595-2
―法（セイハフ） 595-2
―札（セイサツ） 595-2
―誡（セイカイ） 595-2
―止（セイシ） 595-2
―戒（セイカイ） 595-2

1964 刷
―毛（ハケ） 373-3
―（ハダクル） 378-5
―（コシラフ） 520-1

1967 刹
―（クニ） 482-3
―那（セツナ） 592-1
―塵（セツヂン） 595-6

1969 刺
―貫（サシヌキ） 537-1
―鑿（サスノミ） 539-3
―殺（サシコロス） 540-6

1970 刻
―限（コクゲン） 518-5
―内通解（コクナイツウゲ） 518-5
―付（コクヅケ） 518-5
―（キザム） 551-3

［七画］

1989 剃
―刀（カミソリ） 430-5
―除（タイヂヨ） 447-5
―（ソル） 455-6

1994 則
―（ノトル㊧ノリ） 478-3
―（スナハチ） 601-4

2000 削
―物（ケヅリモノ） 504-3
―（ケヅル） 505-6

2011 前
―後（マヘウシロ） 501-2
―端正（マユキラメク） 501-2
―追従（マユツイセウ） 501-2
―（マエ） 502-5
―（リキ） 542-6
―水（センスイ） 591-4
―栽（センザイ） 591-5
―堂（センダウ） 592-4
―司（ゼンジ） 592-4
―資（ゼンジ） 593-2

—胡（ゼンゴ）　593-7
—後（ゼンゴ）　594-6
—住（ゼンヂウ）　594-6
—世（ゼンゼ）　594-6
—業（ゼンゴフ）　594-6
—代未聞（ゼンダイミモン）　594-6
—宵（ゼンセウ）　594-6
—（ススム）　600-7

〔八画〕

2027 剕
—（ケヅル㊧ヘイ）　507-1

2031 剟
—金（チツキン）　405-2

2042 剛
—者（カウノモノ）　425-1
—（ツヨシ）　461-3
—（コハシ）　519-7

2044 剜
—（エル）　522-5

2049 剝
—（ハグ）　378-3
—（ムク）　469-6

2059 剡
—溪藤（ゼンケイトウ）　594-3

〔九画〕

2088 剪
—疵（キリキズ）　550-5

2097 副
—（ソフ）　455-7
—寺（フウス）　507-5
—（スケ）　597-5

2107 剩
—（アマサヘ）　534-4
—水（セセナギ）　591-6

〔十画〕

2112 割
—分（カツフン）　438-5
—（ソグ）　456-2
—出（サイデ）　537-1
—符（サイフ㊧ワリフ）　541-2
—（サク）　542-4
—（キリメ）　551-3

〔十三画〕

2218 劇
—（ハナハダ）　378-4

2223 劈
—（ツンザク）　461-2

〔十四画〕

2243 劔
—（ツルギ）　459-3
—鏃（ケンジリ）　504-3
—尻（ケンシリ）　504-3
—首（ケンカシラ）　504-3

2249 劓
—（ハナキル）　370-1

## 力部

2288 力
—者（リキシャ）　410-2
—（ツトム）　460-6
—（マメナリ）　501-4

〔三画〕

2295 功
—徳（クドク）　486-7
—能（クノウ）　486-7

2297 加

—力（クリキ）　486-7
—者（コウシヤ）　519-4
—作縫島（カサヌヒシマ）　423-1
—護（カゴ）　434-4
—持（カヂ）　434-4
—階（カカイ）　434-4
—増（カゾウ）　434-4
—被（カヒ）　434-5
—冠（カクハン）　434-5
—減（カケン）　434-5
—（クハフ）　489-1
—行（ケギヤウ）　506-4
—之（シカノミナラス）　576-6
—以（シカノミナラス）　576-6

**［五画］**

2313 助

—（タスク）　450-4
—老（ジヨラウ）　568-1
—成（ジヨジヤウ）　573-6
—筆（ジヨヒツ）　573-6
—言（ジヨゴン）　573-6
—業（ジヨゴフ）　573-6
—音（ジヨイン）　573-6
—鋪（ヒタキヤ）　580-5
—（スケ）　597-5
—勢（スケゼイ）　600-3
—手（スケテ）　600-3
—番（スケバン）　600-3
—（スクル）　601-2

2314 努

—力（ユメユメ）　553-7

2316 劫

—（ヲビヤカス）　418-1
—（カスム）　435-7
—奪（カスムル）　437-7
—（ウカラカス）　474-6

2317 劬

—（イタハル）　363-7

**［七画］**

2351 勃

—誇（タケル）　449-4

2360 勇

—（イサム）　364-2
—士（ヨウン）　439-3
—者（ヨウンヤ）　439-3
—（タケシ）　450-2
—猛（ユミヤウ）　553-4
—健（ユゴン）　553-4

**［八画］**

2380 勅

—使（チヨクシ）　402-5、408-2
—定（チヨクチヤウ）　405-5
—勘（チヨクカン）　405-5
—願（チヨクグワン）　408-2
—撰（チヨクセン）　408-2
—命（チヨツメイ）　408-2
—答（チヨツタフ）　408-2
—宣（チヨツセン）　408-2
—筆（チヨツヒツ）　408-2
—（ミコトノリ）　560-7

**［九画］**

2386 勒 ―（クラボネ） 486-4

2390 動 ―顚（ドウテン） 397-6
―揺（ドウヨウ） 397-6
―乱（ドウラン） 397-6
―座（ドウザ） 400-3
―轉（ドウテン） 400-3
―（ウゴク） 474-6
―（ヤヤモスレバ） 498-1
―（ユルグ） 554-2

2393 勘 ―解由（カゲユ） 425-6
―當（カンタウ） 433-2
―文（カンモン） 433-2
―氣（カンキ） 433-2
―略（カンリヤク） 433-2
―合（カンカフ） 433-2
―辨（カンベン） 433-2
―定（カンチヤウ） 433-3
―（カンカフ） 436-1
―過（カンクワ） 438-2

2394 務 ―（ツトム） 460-6

**［十画］**

2409 勝 ―劣（ヲトリマサリ） 418-1
―（カツ） 436-5
不―（タヘス） 449-2
―（マサル） 501-7
―者（ケナモノ） 506-6
不レ可二―計一（アゲテカゾフベカラス） 532-2
―曼花（ショウマンケ） 566-7
―事（ショウシ） 574-3
―軍（ショウグン） 574-3
―劣（ショウレツ） 574-3
―負（ショウブ） 574-3
―絶（ショウゼツ） 576-7
―（スグレタリ） 601-3

2410 勞 ―敷（イタハシク） 363-4
―（ネギラフ） 462-5
―々（ラウラウ） 467-4
―功（ラウコウ） 467-4
―病（ラウビヤウ） 467-6
―倦（クタビル） 488-7

**［十一画］**

2416 募 ―（ツノル） 460-4

2418 勠 ―（アハス） 533-4

2422 勢 ―（イキヲヒ） 364-6
―田（セタ） 591-4
―揃（セイゾロヘ） 595-3
―衆（セイシユ） 595-3
―兵（セイヒヤウ） 595-3
―力（セイリキ） 595-3
―遣（セイヅカヒ） 595-3

2424 勤 ―（ツトム） 460-6
―行（ゴンキヤウ） 518-4

- 修（ゴンシユ） 518-4
- 苦（ゴンク） 518-4
- 勞（キンラウ） 548-2
- 仕（キンジ） 548-2

**〔十三画〕**

2463 勳
- 功（クンコウ） 488-2
- 忠（クンチウ） 488-2

**〔十五画〕**

2472 勵
- —（ハゲマス） 377-7

**〔十八画〕**

2486 勸
- 進（クワンジン） 488-1
- 賞（クワンシヤウ） 488-1、506-3
- 學（クワンガク） 488-1
- 化（クワンケ） 488-1
- 農（クワンノウ） 488-1

- 盃（クワンハイ） 488-1
- —（ススム） 600-7

## 勹部

**〔二画〕**

2496 勻
- —（ニホフ） 382-7

2500 勾
- 引（カドフ） 438-1
- —（マガル） 501-6
- 勘（コウカン） 513-1
- 當（コウタウ） 513-1
- 踐（コウセン） 513-2
- 引（コウイン） 518-2
- 惜（コウシヤク） 518-2
- 引（ヒトカドヘ） 586-4

2501 勿
- 聽（ナユルシソ） 465-1
- 殺（ナコロシソ） 465-1
- —（ナカレ） 466-2

- 無二—躰一（モツタイナシ） 590-1
- 論（モチロン） 590-5

**〔三画〕**

2506 包
- 灸（ツツミヤキ） 458-4
- —（ツツミ） 458-5
- —（ツツム） 460-7

**〔五画〕**

2515 匉
- 訇（ノノシル） 478-1

**〔七画〕**

2527 匍
- 匐（ハラバヒ） 377-4

**〔九画〕**

2544 匏
- —（ハウ） 373-7
- 禿（ヒサコツブリ） 583-2

## ヒ部

### ［二画］

2572 化

- ―鳥（ケテウ） 503―6
- ―蝶（ケテウ） 504―4
- ―儀（ケギ） 505―1
- ―佛（ケブツ） 505―1
- ―他（ケタ） 505―1
- ―縁（ケエン） 505―1
- ―現（ケゲン） 505―1
- ―導（ケダウ） 505―1
- ―身（ケシン） 505―1
- ―度（ケド） 505―1
- ―生（ケシヤウ） 505―1
- ―用（ケヨウ） 505―1
- ―處（ケシヨ） 505―1

### ［三画］

2574 北

- 逐レ―（ニグルヲヲフ） 382―5
- ―闕（ホツケツ） 383―1
- ―辰（ホツシン） 383―2
- ―斗（ホツト） 383―2
- ―嶺（ホツレイ） 383―2
- ―狄（ホツテキ） 383―2
- ―堂（ホクダウ） 383―5
- ―面（ホクメン） 383―6
- ―絹（ホツケン） 385―3
- ―焙（ホクバイ） 385―4
- ―面（ソトモ） 453―2
- ―面（ウシロムク） 473―7
- ―風（キタカゼ） 543―5
- ―村（キタムラ） 547―2

## 匸部

### ［三画］

2598 匜

- ―盥（ハンザウダラヒ） 373―4
- ―（サカヅキ） 539―1

### ［四画］

2606 匡

- ―（タタス） 450―3

### ［五画］

2610 匣

- ―（ハコ） 374―3

### ［十三画］

2655 匳

- ―（ハコ） 374―2

## 匸部

［二画］

2673 匹
—夫（ヒツフ） 581-4

［九画］

2690 匿
—（カクス） 436-5
—所（ノクシヨ） 477-1
—路（クケヂ） 482-1

2691 區
—（マチマチ） 502-5

## 十部

2695 十
—日（トフカ） 394-3
—方（下ハウ） 398-3
—河（ソガウ） 453-4
—寸穂薄（マスホノススキ） 499-6
—寸鏡（マスカカミ） 500-3
—徳（ジツトク） 567-2
—月（シフクワツ） 570-3
—一月（シフイチクワツ） 570-3
—二月（シフニクワツ） 570-3
—悪（ジフアク） 571-5
—善（ジフゼン） 571-6
—大弟子（ジフダイデシ） 571-7
—王（ジフワウ） 572-1
—哲（ジツテツ） 572-2
—二律（シフジリツ） 572-3
—三佛（シフサンブツ） 572-4
—五月（モチヅキ） 588-2

［一画］

2697 千
—代（チヨ） 402-3
—種（チクサ） 403-6
—鳥（チドリ） 404-3
—磐破（チハヤブル） 405-5
—早振（チハヤフル） 405-5
—尋（チイロ） 408-7
—駄櫃（センダビツ） 593-1
—萬（センバン㊧マン） 594-7
—字文（センジモン） 594-7
—差万別（センシヤバンベツ） 594-7
—秋樂（センシウラク） 594-7
—變萬化（センヘンバンクワ） 594-7
—部（センブ） 596-5
—日酒（センニチノサケ） 596-5
—度（セント） 596-5

［二画］

2702 升
—麻（トリァシ） 395-7
—（ノホル） 478-2
—（マス㊧セク） 500-4

—麻（セウマ） 593-7

［三画］

2707 半

—物（ハシタモノ） 369-4
—夏草（ハンゲサウ） 370-4
—風（ハンフウ） 371-3
—臂（ハンヒ） 371-6
—首（ハツブリ） 372-7
—笛（ハンテキ） 372-7
—弓（ハンキウ） 372-7
—月（ハンゲツ） 372-7
—疊（ハンデフ） 372-7
—齋（ハンサイ） 375-5
—學（ハンガク） 375-5
—分（ハンブン） 375-5
—濟（ハンセイ） 375-5
—盞（ハンサン） 375-6
無レ—（ハシタナシ） 377-2
—天（ナカゾラ） 465-3

—（ナカバ） 466-2
—靣（サシノゾク） 541-6

［四画］

2720 卉

—（クサ） 484-6

［六画］

2739 卑

—（イヤシ） 364-1
—男（シヅノヲ） 563-5
—女（シヅメ） 563-5
—賤（ヒセン） 585-4
—劣（ヒレツ） 585-4
—下（ヒゲ） 585-4
—懐（ヒクワイ） 586-5
—詞（ヒシ） 586-5

2740 卒

—（ニハカ） 382-6
—尓（ウチツケ） 473-7
—死（マグレ） 501-5

2741 卓

—散（タクサン） 449-5

—子（ショク㊧ツクエナリ） 568-2

［七画］

2750 南

—無（ワレヲタスケタマヘ） 421-3
—斗（ナンジユ） 462-7
—呂（ナンリヨ） 462-7
—瞻部州（ナンセンブシウ） 463-1
—蠻（ナンバン） 463-1
—都（ナント） 463-1
—面（ナンメン） 463-5
—天（ナンテン） 463-7
—木香（ナンモクカウ） 463-7
—宮（ナングウ） 464-3
—條（ナンデウ） 464-4
—鐐（ナンレウ） 464-5
—（ミナミ） 556-5

［十画］

2761 博
- 陸（ハクリク） 368-7
- 士（ハカセ） 373-3
- 聞（ハクブン） 376-4
- 覧（ハクラン） 376-4
- 奕（ハクヱキ） 376-5
- 哉（オホヒナルカナ） 481-3
- —（ヒロシ） 587-2

## ト部

2774 ト
- 筮（ウラナフ） 473-7
- 治（シメヂ） 567-1
- —（シム㊧ボク） 577-5

［二画］

2778 卞
- 和（ヘンクワ） 390-1

［三画］

2780 占
- —（ウラナフ） 474-3

- —（シム㊧セン） 577-5

［六画］

2798 卦
- —（ケ） 505-4

## 卩部

［三画］

2847 卯
- 月（ウヅキ） 469-7
- 花（ウノハナ） 470-7
- 花熬（ウノハナイリ） 472-2

［四画］

2848 印
- 判（ヲシテ） 416-5
- —（カネ） 430-7
- 度（ヰンド） 475-1
- 土（ヰンド） 475-1
- 籠（ヰンロウ） 476-1

2849 危
- 判（ヰンバン） 476-1
- 金（ヰンヤン） 476-1
- 肉（ヰンニク） 476-1
- 紙（ヰンシ） 476-1
- 地（ヰンヂ） 476-3
- 可（ヰンカ） 476-3
- —（アヤフシ） 533-6

［五画］

2855 即
- —（ツク） 461-3

2856 却
- 含（ハヅム） 377-2
- —（カヘツテ） 436-6
- —（サル） 541-7
- 退（シリゾク㊧キヤクタイ）
- 576-6
- —（シリゾク） 578-3

2857 卵
- —（カイゴ） 428-1
- 塔（ランタフ） 466-4

**［六画］**

2860 巻
- —子（ヘソ） 391-3
- —頭（クワンドウ） 488-1
- —軸（クワンヂク） 488-1
- —絹（マキキヌ） 499-2
- —染（マキゾメ） 499-2

2861 卸
- —（ヌグ） 413-7

**［七画］**

2872 即
- —位（ソクヰ） 453-4
- —時（ソクジ） 455-3
- —得（ソクトク） 455-3
- —（スナハチ） 601-5

**［十画］**

2879 卿
- —相（ケイシヤウ） 503-2

## 厂部

**［二画］**

2893 厄
- —神（ヤクジン） 496-5
- —難（ヤクナン） 497-1
- —年（ヤクネン） 497-1

**［七画］**

2949 厚
- —朴（ホフノキ） 384-5
- —朴（コウボク） 514-3
- —総（アツブサ） 530-4
- —紙（アツガミ） 530-4
- —（アツシ㊧コウ） 533-5

**［八画］**

2973 原
- —（ハラ） 368-3
- —田（ハラダ） 372-6
- —（タツヌ） 451-1
- —憲（ゲンケン） 503-4

**［九画］**

2981 厠
- —（カハヤ） 424-2

**［十二画］**

3025 厭
- —（イトフ） 364-3
- —（アク㊧エン） 534-1

3033 厨
- —子（ヅシ） 457-1
- —子（ヅス） 459-1
- —女（クリヤビメ） 483-3
- —（クリヤ） 485-1

## ム部

**［三画］**

3070 去
- —（イヌル） 363-7

―年（コゾ㊧キヨネン） 512-1
―（サル） 541-7
―年（キヨネン） 543-1
―月（キヨクワツ） 543-1
―（スツ） 601-5

〔九画〕

3098
參
―差（カタチガヒ） 438-7
―（マイル） 501-6
―議（サンギ） 535-7
―會（サンクワイ） 539-4
―列（サンレツ） 539-4
―候（サンコウ） 539-4
―社（サンシヤ） 539-5
―洛（サンラク） 539-5
―仕（サンシ） 539-5
―拜（サンハイ） 539-5
―謁（サンエツ） 539-5
―賀（サンカ） 539-5
―籠（サンロウ） 539-5
―詣（サンケイ） 539-5
―内（サンダイ） 539-5
―上（サンジヤウ） 539-5
―向（サンカン） 539-5
―集（サンシフ） 539-5
―著（サンチヤク） 539-5
―宮（サングウ） 539-5
―禪（サンゼン） 542-7
―學（サンガク） 542-7
―扣（サンコウ） 542-7
―行（サンカウ） 542-7
―玄（サンゲン） 542-7
―差（シンシ） 576-5


## 又部


3115
又
―（マタ） 502-5

〔一画〕

3116
叉
―（マタブリ） 500-3
―庫（アゼツラ） 527-2

〔二画〕

3118′
及
―（ヲヨブ） 418-1
―第（キフダイ） 550-5

3119
友
―（トモ） 395-2
―逹（トモタチ） 399-5

3127
反
―首（ハンンユ） 373-5
―古（ホフグ） 385-6
―橋（ソリハシ） 453-2
―（ソル） 455-7
―轉（クルエギ） 486-1

〔六画〕

3154
叔
―父（ヲヂ） 415-6
―母（ヲバ） 415-6

｜梁紇（シクリヤウゴツ）　564-3

3158 取
｜楫（トリカヂ）　396-7
｜合（トリアハセ）　399-1
｜継（トリツグ）　399-1
｜結（トリムスブ）　399-1
｜詰（トリツメ）　399-2
｜廻（トリマハス）　399-2
｜綏（トリクム）　399-2
｜撥（トリハラフ）　399-2
｜静（トリシヅメ）　399-2
｜成（トリナシ）　399-2
｜乱（トリミタス）　399-2
｜直（トリナホス）　399-3
｜置（トリオク）　399-3
｜向（トリムカフ）　399-3
｜懸（トリカケ）　399-3
｜不敢（トリアヘス）　399-3
｜分（トリワケ）　400-2
｜除（トリノク）　400-3
｜繕（トリツクロフ）　400-3

3159 受
｜（ウクル）　474-6
｜持（ジユジ）　573-7
｜領（ジユリヤウ）　573-7
｜法（ジユホフ）　573-7
｜戒（ジユカイ）　573-7
｜用（ジユヨウ）　573-7

【七画】

3166 叛
｜逆（ホンギヤク）　387-6
｜（ソムク）　456-1

【八画】

3176 叟
｜（オキナ）　479-3

【十四画】

3214 叡
｜慮（エイリヨ）　522-3
｜感（エイカン）　522-3
｜聞（エイブン）　522-3
｜覧（エイラン）　522-3

【十六画】

3220 叢
｜祠（ソウシ）　453-7
｜林（ソウリン）　454-6
｜（クサムラ）　484-6

## 口部

3227 口
｜（クチ）　483-5
｜籠子（クツロゴ）　485-6
｜宣（クセン）　486-6
｜傳（クデン）　486-6
｜決（クケツ）　486-6
｜舌（クゼツ）　486-6
｜業（クゴフ）　486-6
｜惜（クチヲシ）　488-4
｜苔（クチゴタヘ）　488-4
｜器量（クチギリヤウ）　488-4

—堅（クチカタ）488-4
—走（クチハシル）488-4
—号（クチズサミ）488-5
—説（クドク）489-5
—論（コウロン）517-7
—状（コウジヤウ）517-7
—難（コウナン）517-7
—外（コウグワイ）517-7
—味（コウミ）517-7
—入（コウジユ）517-7
—實（コウシツ）517-7

［二画］

3233 古
—（イニシヘ）364-5
—酒（フルサケ）508-7
—（フリタリ）511-4
—茶（コチヤ）515-2
—酒（コシユ）515-2
—銅（コトウ）517-3
—則（コソク）517-5
—今（コキン）517-5
—文（コモン）517-5
—事（コジ）517-5
—躰（コテイ）517-5
—徳（コトク）517-5
—跡（コセキ）517-5
—今（ココン）517-5
—風（コフウ）517-5
—來（コライ）517-5

3234 句
—尺（カネ）430-3

3237 叨
—（ミダリ）560-5

3238 叩
—頭蟲（ヌカツクムシ）413-1
—首（ヌカヅク）413-6

3239 只
—且（カクハカリ）438-6
—州（タタス）442-2
—今（タダイマ）449-3
—（タダ）451-2

3240 叫
—（サケブ）542-5

3241 召
—人（メシウト）554-6
—継（メシツギ）554-7
—捕（メシトル）556-2
—仕（メシツカフ）556-2
—次（メシツギ）556-2
—符（メシフ）556-2
—文（メシブミ）556-2
—籠（メシコムル）556-2
—具（メシグ）556-2
—（メス）556-3

3244 叮
—嚀（テイネイ）525-6

3245 可
—（ベシ）393-1
—（カナリ）435-5
—否（ヨシアシ）441-1
—愛（ウツクシ）473-6
—咲（オカシ）480-4
—惜（アタフコト）531-6

3248 叱
—（イサフ）364-3

3249 史
—（サツクワン）535-7

―記（シキ）　576-4

3250 右
―族（イウショク）　363-7
―衛門（ウヱモン）　470-3
―金吾（ウキンゴ）　470-3
―大辨（ウダイベン）　470-3
―中辨（ウチウベン）　470-3
―少辨（ウセウベン）　470-3
―大臣（ウダイジン）　470-3
―大將（ウダイシヤウ）　470-3
―近衛（ウコンヱ）　470-3
―京兆（ウケウテウ）　470-3
―馬頭（ウマノカミ）　470-4
―典厩（ウテンキウ）　470-4
―馬助（ウマノスケ）　470-4
―白虎（ウビヤツコ）　473-2
―流左死（ウルサシ）　473-2
―往左往（ウワウサワウ）　473-6
―（ミギ）　557-6
―巴（ミギドモエ）　559-1

3256 号
―（ナヅク）　465-6
―（スサム㊧カウ）　600-7

3257 司
―（ツカサ）　461-4
―暦（シレキ）　565-1

【三画】

3275 吁
―誕（ウタン）　473-3

3280 吃
―（トモル）　395-3、401-1

3281 各
―々（ヲノヲノ）　418-3
―別（カクヘツ）　434-1
―隔（カクカク）　434-1
―盞（カクサン）　434-1
―出（カクシユツ）　434-1

3287 合
―（ベシ）　393-1
―壁（カツヘキ）　423-2
―木（カフモク）　430-2
―食禁（カツシヨクキン）　437-2
―點（ガツテン）　437-3
―歡（ガツクワン）　437-3
―掌（ガツシヤウ）　437-3
―戦（ガツセン）　437-3
―宿（ガツシク）　437-3
―力（カフリヨク）　438-3
―歡木（ネフノキ）　462-1
―手（アヒテ）　532-1
―（アハス）　533-4
―眼（メアハス）　554-7
―交（ミトノマクバヒ）　559-7

3289 吉
―野（ヨシノ）　439-2
―（ヨシ）　441-2
―日（キチニチ）　544-2
―備大臣（キビノダイジン）　544-6
―祥草（キチシヤウサウ）　546-1
―良（キラ）　547-1
―川（キツカハ）　547-2
―慶（キツケイ）　549-7
―相（キツサウ）　549-7

｜兆（キツテウ） 549-7
｜書（キツシヨ） 549-7
｜凶（キツケウ） 549-7
｜祥（キツジヤウ） 549-7
｜事（キツジ） 549-7
｜舌（ヒナサキ） 582-2

3294 同
｜宿（ドウジユク） 395-1
｜行（ドウギヤウ） 395-1
｜朋（ドウボウ） 395-1
｜學（ドウガク） 397-5
｜心（ドウシム） 397-5
｜意（ドウイ） 397-5
｜道（ドウダウ） 397-5
｜類（ドウルイ） 397-5
｜船（ドウセン） 397-5
｜輩（ドウハイ） 397-5
｜座（ドウザ） 397-6
｜罪（ドウザイ） 397-6
｜篇（ドウヘン） 397-6

｜士討（ドシウチ） 398-1
｜士軍（ドシイクサ） 398-2
｜事（オナジコト） 480-4
｜（マシハル） 501-6

3297 名
｜越之祓（ナゴシノハラヒ） 464-3
｜張（ナハリ） 464-3
｜越（ナゴシ） 464-4
｜乗（ナノリ） 464-7
｜所（ナトコロ） 464-7
｜負（ナニシヲフ） 464-7
｜残（ナコリ） 464-7
｜惜（ナヲシ） 464-7
｜（ナヅク） 465-6
｜所（メイシヨ） 554-4
｜僧（メイソウ） 554-5
｜人（メイジン） 554-5
｜童（メイドウ） 554-5
｜醫（メイイ） 554-5

｜匠（メイシヤウ） 554-5
｜木（メイボク） 555-4
｜譽（メイヨ） 556-1
｜物（メイブツ） 556-1
｜作（メイサク） 556-1
｜望（メイハウ） 556-1
｜所（メインヨ） 556-1
｜文（メイセン） 556-1
｜句（メイク） 556-1
｜香（メイカウ） 556-1
｜筆（メイヒツ） 556-1
｜言（メイゲン） 556-1
｜田（ミヤウデン） 556-6
｜代（ミヤウダイ） 557-4
｜主（ミヤウシユ） 557-5
｜吉（ミヤウギチ） 558-2
｜聞（ミヤウモン） 559-5
｜利（ミヤウリ） 559-5
｜字（ミヤウジ） 559-5

—号（ミヤウガウ） 559-5
—帳（ミヤウチヨウ） 559-5
—詮自性（ミヤウセンジシヤウ） 559-5
3298 后 —（キサキ） 545-3
|  | 詮自性 | (ミャウセンジシャウ)

3300 吐 —（ハク） 378-1
—錦雞（トキンケイ） 396-2
—却（トキヤク） 398-7
3301 向 —顔（カウカン） 438-4
—（ナンナントス） 465-7
—（ムカフ） 469-5
—後（キヤウコウ㊧ユクヘ） 549-5
—上（ミアゲ） 560-1

**［四画］**

3323 君 —子（クンシ） 483-1
—臣（クンシン） 483-1
—（キミ） 545-2
3327 吝 —（ヤフサカ㊧ヤツサシ） 497-5
3329 呑 —（ノム） 478-4
3330 吟 —（サマヨフ） 542-6
—聲（ギンセイ） 548-3
—詠（ギンエイ） 548-3
—動（キントウ） 551-4
3331 吠 —（ホフル） 388-2
3340 否 —（イナヤ） 364-5
—（シカラザル） 577-7
3350 含 —靈（イケルモノ） 363-5
—（フ[ク]ム） 511-5
3353 吭 —（ノドブエ） 477-2
3356 吮 —（スフ） 601-3
3363 呈 —（シメス） 578-2
3365′ 呉 —羽鳥（クレハドリ） 483-6
—竹（クレタケ） 484-6
3372′ 吸 —（スフ） 601-3
3373 吹 —飯浦（フケノウラ） 507-2
—上（フキアゲ） 507-2
—（フク） 511-5
—田（スイタ） 599-7
—噓（スイキヨ） 600-2
—挙（スイキヨ） 600-2
—毛（スイモウ） 600-2
3375 吻 —（クチワキ） 483-5
3377 吼 —（ホフル） 388-2
3379 吾 —柄（ワレカラ） 419-6
3381 告 —（ツグル） 460-4

**［五画］**

3441 周 —慞（アハテ） 532-3
—（アマネシ） 533-5
—（メグル） 556-4
—公旦（シウコウタン㊧シユグ） 564-2
—慞（シウシヤウ） 574-2
3443 呪 —詛（ノロフ） 477-7
—詛（マジナフ） 501-5
—（マシナフ） 502-2

―術（シユシユツ）573-5
―咀（シユソ）573-5
―（シユ）578-6

3456 味
―（アヂハヒ）534-2
―噌（ミソ）558-6
―噌炙（ミソヤキ）558-6
―噌漉（ミソコシ）559-2

3459 呵
―責（カシヤク）438-4
―（アヤカル）533-2

3461 呷
―（スフ㊧カウ）601-3

3471 呼
―餌（ヲキヱ）416-6
―（ヨフ）441-3

3473 命
―（イノチ）356-4
―日（メイニチ）554-4
―々鳥（ミヤウミヤウテウ）557-7
―（ミコトノリ）560-7

3476 咀
―（カム）435-7
―（クラフ）489-1

3480 咄
―嗟（トツサ）400-4

---

3490 和
―尚（ヲシヤウ）415-7
―藥（ワヤク）420-4
―琴（ワゴン）421-2
―漢（ワカン）421-5
―談（ワダン）421-5
―與（ワヨ）421-5
―合（ワガフ）421-5
―讒（ワザン）421-6
―光同塵（ワクワウドウヂン）421-6
―語（ワゴ）421-7
―讃（ワサン）421-7
―歌（ワカ）421-7
―融（ワイウ）421-7
―雅（ワゲ）421-7
無二―利一（ワリナシ）421-7
―睦（クワボク）487-3
―氣（クワキ）487-3
―平（クワヘイ）487-3

---

―（ヤハラグ）497-7
―（アヘモノ）529-7
―讒（サカンフ）541-4
―布（メ）555-5

3493 咎
―（トカ）400-6

【六画】

3528 咡
―（ササヤク）542-4

3538 咨
―（アア）534-3

3542 咫
―尺（シセキ）562-1

3554 咲
―冠者（エメヒクワンジヤ）520-7
―（エム）579-7

3555 咳
―病（ガイビヤウ）425-3

3563 咸
―（コトゴトク）520-2

3577 咽
―（ムセブ）469-6
―（ノド）477-2

3579 咿
―軋（イアツ）362-5

3580 哀
―（カナシフ）435-7
―慟（アイトウ）531-2

─憐（アイレン） 531-2
─情（アイセイ） 531-2
─慼（アイセキ） 531-2
─愍（アイミン） 531-2
─察（アイサツ） 531-2
─（アハレ） 534-3
3581 品
─河（シナガハ） 569-7
─（シナ） 578-5
3583 哂
─（ワラフ） 422-3

〔七画〕

3633 員
─（カズ） 436-5
─數（ヰンジユ） 476-3
─外（ヰングワイ） 476-3
─外非分（ヰングワイヒブン） 476-7
3635 哢
─言（ロウゲン） 367-3
3658 哭
─（カナシフ） 435-7
─（ナク） 465-6
─泣（コクキフ） 519-3
3659 哮
─（ホフル） 388-2
3667 哲
─人（テツジン） 523-4
3676 哺
─（ククムル） 489-1
3680 哽
─（ムセブ） 469-5
3709 唐
─居敷（カラヰシキ） 423-3
─崎（カラサキ） 423-5
─紙師（カラカミシ） 425-2
─納豆（カラナツトウ） 428-5
─帯（カラヲビ） 429-3
─匣（カラクシゲ） 430-4
─笠（カラカサ） 430-4
─櫃（カラヒツ） 430-5
─（タウ） 443-1
─人（タウジン） 444-1
─紗（タウシヤ） 445-3
─紙（タウシ） 446-5
─音（タウイン） 447-2
─船（タウセン） 447-2
─物（タウモツ） 447-2
─（モロコシ） 588-1
─人（モロコシビト） 588-4

〔八画〕

3761 唯
─（タダ） 451-2
─願（ユイグワン） 553-4
─授一人（ユイジユイチニン） 553-5
─識（ユイシキ） 553-5
─弟（ユイテイ） 553-5
3763 啣
─（カヒツクロフ） 436-2
─（ツクロフ） 460-7
3765 唱
─（トナフ） 401-1
─門師（シヤウモンジ） 563-7
3785 唾
─（ツバキ） 457-4
3789 啀
─（イガム） 363-2
3801 啄
─木（タクボク） 445-2
─（ツイハム） 460-5

―木鳥（テラツツキ㊧タクボクテウ） 523-5

3802 啅
―（ツイハム） 460-5

3803 商
―（アキ） 527-2
―人（アキビト） 527-4
―（アキナフ） 533-3
―賣（シヤウバイ） 574-5
―賈（シヤウコ） 574-5
―客（シヤウカク） 574-5

3814 問
―屋（トヒヤ） 393-4
―（トフ） 401-1
―口（カイコウ） 432-4
―答（モンダフ） 589-7
―註（モンチフ） 589-7
―著（モンヂヤク） 590-5
―状（モンジヤウ） 590-5

3816 啐
―啄（ソツタク） 456-3

3820 啓
―（マフス） 502-1
―達（ケイタツ） 506-1
―上（ケイジヤウ） 506-1
―白（ケイハク） 506-1
―（サキガケ） 541-5
―（ヒラク） 587-4

3832 啜
―（ツツジル） 460-4
―（ススル㊧セツ） 601-2

【九画】

3886 啻
―（タダ） 451-2

3887 啼
―（ナク） 465-6
―泣（テイキウ） 525-3

3904 善
―哉（ヨキカナ） 441-1
不レ知二―惡一（アヤメモシラズ） 532-2
―人（ゼンニン） 592-6
―者（ゼンシヤ） 592-6
―縁（ゼンヱン） 594-6
―根（ゼンゴン） 594-6
―政（ゼンセイ） 594-6
―事（ゼンジ） 594-6
―因（ゼンイン） 594-6
―業（ゼンゴフ） 594-6
―惡（ゼンアク） 594-6

3913 喉
―（ノド） 477-2
―輪（ノドワ） 477-6
―痺（コウヒ） 513-5

3925 喎
―（ユガム） 554-1
―斜（スヂリユガム㊧クワシヤ） 600-6

3946 喘
―息（アヘグ） 531-7
―（アヘグ） 534-1
―息（ゼンソク） 593-3

3947 咢
―（アギト㊧ガク） 527-6

3953 喚
―叫（ワメキサケフ） 422-1
―了鳥（コブコドリ） 439-6
―次（ヨバハリツキ） 440-6

3957 喜
―（ヨロコフ） 441-1
―多野（キタノ） 547-2

—春樂（キシユンラク） 548-6
—悦（キエツ） 548-6
3960 喝 —食（カツシキ） 425-5
3961 喞 —（ネズナキ） 462-6
3979 喩 —（タトヘ） 451-2
3985 喪 —（ホロブ） 388-4
—（ウシナフ） 474-2
—禮（サウレイ） 540-1
—（モ㊧サウ） 591-2
3987 喫 —（クラフ） 489-6
3993 單 —衫（タンサン） 445-3
—衣（ヒトヘギヌ） 583-6
—（ヒトエ） 587-4

［十画］

4047 嗄 —（カル） 436-1
4074 嗔 —（イカル） 363-6
4084 嗚 —呼（オコ） 480-4
—呼（アア㊧ヲコ） 532-5

4089 嗜 —（タシナム） 450-5
4102 嗟 —（ナゲク） 465-6
4109 嗣 —法（シホフ） 578-7

［十一画］

4142 嗷 —訴（ガウソ） 431-7
—儀（ガウギ） 431-7
—々（ガウガウ） 438-5
4171 嘆 —（ナゲク） 465-6
4176 嘉 —瑞（カズイ） 434-7
—祝（カシク） 437-1
—例（カレイ） 437-1
—（ヨシ） 441-2
4200 嘔 —（ハク） 378-3
—吐（ヘドツク） 392-5
—（エヅク） 522-2
4205 嘗 —（カツテ） 436-6
4206 嘘 —（フツ） 511-5

［十二画］

4246 嘯 —（ウソブク） 474-6
4247 嘰 —（ツツジル） 460-4
4254 嘲 —哢（テウロウ） 525-6
—哢（アザケル） 531-3
—笑（アザワラフ） 531-6
4260 嘶 —（イバフ） 364-3
4264 嘷 —（サケブ） 542-5
4283 嘿 —然（モクネン） 590-4
4306 噍 —（シウシウ） 566-2

［十三画］

4350 噞 —喁（ゲンギヨウ） 503-1
4353 噠 —嚫（タツシン） 448-7
4364 噤 —（スクム㊧キン） 600-7
4372 噦 —（ムスル） 469-4
—（シャクリ） 578-1
4376 器 —量（イカメシ） 363-2

—（ウツハモノ）　472-7
—量（キリヤウ）　548-7
—物（キモツ）　548-7
—財（キサイ）　548-7
—用（キヨウ）　548-7
—具（キグ）　548-7
4381 噫—（アツ）　534-3
4409 噴—（ハク）　378-1

［十五画］

4515 嚘—（クネル）　488-7

［十六画］

4561 嚫—金（シンキン）　578-6
4562 嚬—（クチヒソム）　489-3
—（ヒソム）　587-1

［十七画］

4589 嚴—島（イツクシマ）　355-3

—頭（ゲンヂウ）　503-2
—札（ゲンサツ）　505-4
—重（ゲンヂウ）　505-4
—命（ゲンメイ）　505-4
—旨（ゲンシ）　505-4
—密（ゲンミツ）　505-4
—（キビシ）　551-2

［十八画］

4602 嚙—（カム）　435-7
4614 囀—（サヘヅル）　541-1
4616 囂—（カマヒソシ）　435-6
4619 囃—（ハヤス）　377-5

［十九画］

4631 囉—齋（ロサイ）　367-4
4633 囊—（フクロ）　508-6

［二十一画］

4654 囑—託（ソクタク）　455-6

## 囗部

［一画］

4680 囚—籠（トリコム）　400-2
—人（メシフト）　554-6
—獄司（シユゴクシ）　565-2
—[illegible]（ヒトヤ）　580-6
4682 四—時花（トコナツノハナ）　395-6
—會（ヨツツシ）　439-2
—方（ヨモ）　439-2
—極山（ヨモヤマ）　440-6
—[illegible]（ヨツ）　441-5
—阿屋（アヅマヤ）　527-2
—壁（シヘキ）　561-6
—至（シジ）　561-6
—民（シミン）　563-6

—姓（シシヤウ） 563-7、570-4
—十雀（シジフカラ） 566-1
—手山（シデノヤマ） 562-1
—至内（シギナイ） 570-1
—月（シクワツ） 570-2
—時（シシ） 570-4
—季（シキ） 570-4
—書（シショ） 570-5
—天（シテン） 570-5
—恩（シオン） 570-5
—箇本寺（シカノホンジ） 570-6
—皓（シカウ） 570-7
—教（シケウ） 570-7
—神想應（シジンサウヲウ） 572-5
—維（シユイ） 573-1
—海（シカイ） 573-1
—方（シハウ） 573-2

〔三画〕

4690 回
—廊（クワイラウ） 482-2
—禄（クワイロク） 484-2
—報（クワイホウ） 487-5
—章（クワイシヤウ） 487-5
—文（クワイフン） 487-5
—島（アザル） 531-5
—（メグル） 556-4
—向（ヱカウ） 579-6
—心（ヱシム） 579-6

4693 因
—縁（インヱン） 362-1
—果（イングワ） 362-1
—（チナム） 409-1
—（ヨル） 441-3

〔四画〕

4717 困
—（タシナム） 450-5
—（クルシム） 489-3

〔五画〕

4745 固
—（カタシ） 435-5
—辞（コジ） 519-3

〔七画〕

4774 圃
—（ハタケ） 368-3
—（ソノ） 453-2

〔八画〕

4797 圊
—（カハヤ） 424-2

4798 國
—（クニ） 482-3
—衛（コクガ） 512-4
—府（コフ） 512-5
—子殿（コクシデン） 516-4
—務（コクム） 518-5
—役（コクヤク） 518-5
—宣（コクセン） 518-5
—宰（コクサイ） 518-5

─土（コクト） 518-5
─司（コクシ） 518-5
─中（コクチウ） 518-5

［九画］

4806 圍
─（カコフ） 436-2
─爐裏（イロリ） 475-3
─繞（ヰネウ） 476-4
─（メグル） 556-4

［十画］

4818 園
─（ソノ） 453-2

4819 圓
─鮑（マロアハビ） 499-1
─（マトカ） 502-4
─清（エンセイ） 520-6
─生樹（エンシヤウジユ） 521-3
─璧（エンヘキ） 521-5
─満（エンマン） 522-2
─頓（エンドン） 522-2

─寂（エンジヤク） 522-2

［十一画］

4832 圖
─書頭（ヅシヨノカミ） 457-2

4834 團
─栗（ドングリ） 395-7
─扇（ダンセン） 446-5
─扇（ウチワ） 472-5


## 土部


4867 土
─生（ハブ） 372-6
─居（ドヰ） 393-3
─藏（ドザウ） 393-3
─用（ドヨウ） 394-3
─民（ドミン） 395-1
─瓶（ドビン） 396-4
─産（トサン） 397-2
─器（ドキ） 397-3
─拍子（ドビヤウシ） 397-3
─貢（トコウ） 398-1
─公（トコウ） 398-2
─風（トフウ） 398-2
─代（トダイ） 398-2
─器（カハラケ） 429-6
─橋（ツチハシ） 456-6
─（ツチ） 456-7
─藏（ツチクラ） 456-7
─筆（ツクヅクシ） 458-3
─産（ツト㊧トサン） 458-6
─豹（ウグロモチ） 471-4
─龍（ウグロモチ） 471-4
─掘子（フグセ） 509-2
─産（ミアゲ㊧ト口） 560-2

［三画］

4881 在
─（マシマ[ス]） 502-1
─（アリ） 534-4
─聴（ザイチヤウニン） 536-1

—國（ザイコク） 540-5
—京（ザイキヤウ） 540-5
—庄（ザイシャウ） 540-5
—處（ザイシヨ） 540-5
—家（ザイケ） 540-5

4889 圮
—（ツチハシ） 456-6
—（ヒワレ） 587-5

4890 地
—畾（ヂライ） 401-5
—獄（ヂゴク） 401-6
—震（ヂシン） 401-6
—頭（ヂトウ） 402-7、403-4
—下人（ヂゲニン） 403-4
—黄（チワウ） 403-7
—味（ヂミ） 404-5、406-1
—躰（ヂタイ） 406-1
—利（ヂリ） 406-2
—子（ヂシ） 406-2
—檢（ヂケン） 406-2
—獄（ヂゴク） 406-2

—盤（ヂハン） 408-6
—（ツチ） 456-7
—震（ナイフル） 463-2
—動（ナイフル） 463-2

［四画］

4910 坂
—東（バンドウ） 368-2
—（サカ） 535-3
—迎（サカムカヒ） 541-6

4916 均
—（ヒトシ） 587-2

4924 坊
—舎（バウシヤ） 368-4
—跡（バウセキ） 368-4
—中（バウヂウ） 368-4
—主（バウズ） 369-3
—守（バウモリ） 369-3
—（チマタ） 402-1

4926 坌
—（アクタ） 527-1

4931 坐
—作（イズマヒ） 363-5
—（ヲリ） 418-2

—（ソゾロ） 456-2
—作（ヰズマヒ） 476-5
—（ヰナガラ） 476-6
—（マシマ[ス]） 502-1
—具（ザグ） 537-1
—禅（ザゼン） 540-6
—像（ザザウ） 540-6
—（スズロ） 601-6

4932 坑
—（アナ） 534-3

4965 壯
—（サカンナリ） 542-2

［五画］

4966 坡
—（ツツミ） 456-6

4969 坤
—（ヒツジサル） 580-3

4971 坦
—然（ヤスラカナリ㊧タンネン） 497-4

4976 坪
—（ツボ） 456-6

5012 垂
—乳根（タラチネ） 443-7
—囊（タレブクロ） 446-4

―（タルル） 449-7

**［六画］**

5054 埌 ―（ホトリ） 388-3
5058 垢 ―穢（クヱ） 486-7
―障（クシヤウ） 486-7
―塵（クジン） 486-7
―離（コリ） 519-2
―（アカ） 527-7
―舐（アカネブリ） 528-3
5060 垣 ―（カキ） 424-1
―通（カキトホシ） 427-2
―通（ツボクサ㊧カキドホシ） 458-2
―衣（シノブ） 566-6
―下座（ヱンカノザ） 579-2
5061 垤 ―（ヒワレ） 587-5
5086′ 城 ―（ミヤコ） 556-5
―郭（ジヤウクワク） 561-7

―（シロ） 562-4

**［七画］**

5107 埃 ―（チリ） 402-1
5116 埋 ―（ウヅム） 474-4
5123 埒 ―（ラチ） 466-3

**［八画］**

5154 埜 ―皐（ノザハ） 477-1
5179 埭 ―堰（ヰセキ） 475-2
5193 執 ―持（トリモツ） 400-3
―事（シユジ） 563-1
―行（シユギヤウ） 563-2
―筆（シユヒツ） 563-3、574-1
―柄家（シユヘイケ） 564-5
―當（シユタウ） 565-1
―著（シフヂヤク） 574-1
―情（シフジヤウ） 574-1
―寧（シフネイ） 574-1

―心（シフシム） 574-1
5195 培 ―塿（ツムレ） 456-5
5197 基 ―（モトヒ） 591-3
5205 堀 ―（ホリ） 383-3
掘レ―（ホリヲホル） 388-1
堙レ―（ホリヲウムル） 388-1
5207 堂 ―上（タウジヤウ） 442-6
―下（タウゲ） 442-6
5210 堅 ―海苔（カタノリ） 426-7
―（カタシ） 435-5
―約（ケンヤク） 505-3
―固（ケンゴ） 505-3
5211 堆 ―（ウヅタカシ） 474-5
5215 堊 ―（シラツチ㊧ア） 562-4
5217 堋 ―（アヅチ） 526-7

**［九画］**

5239 堙 ―種（ウメッサ） 472-7
―（ウヅム） 474-4

5259 堤 —（ツツミ） 456-6
5266 堪 —否（カンフ） 433-6
—能（カンノウ） 433-6
—難（カンナン） 433-7
—忍（カンニン） 433-7
不—（タヘス） 449-2
—（タヘタリ） 450-1
5272 堯 —舜（ゲウシユン） 503-4
5274 堰 不ニ—敢一（セキアヘス） 596-1
—（セク） 596-7
5275 報 —恩（ホウヲン） 386-4
—荅（ホウタウ） 387-1
—謝（ホウシヤ） 387-1
—土（ホウド） 387-1
—（ムクフ） 469-5
5278 場 —（ニハ） 379-2

［十画］

5319 塊 —（ツチクレ） 456-7

---

5329 塒 —（トグラ） 394-2
—（ネグラ） 461-6
5332 塔 —頭（タツチウ） 442-4
—婆（タフバ） 442-4
—（タフ） 442-6
—主（タツス） 444-2
—鴿（タフノハト） 444-6
5338 塗 —垂（ヌリダレ） 412-5
—籠（ヌリゴメ） 412-5
—師（ヌツシ） 412-6
—籠藤（ヌゴメトウ） 413-5
—桶（ヌヲケ） 413-5
—足駄（ヌアシダ） 413-5
—鞘（ヌサヤ） 413-5
—箆（ヌノ） 413-5
5340 塘 —（ツツミ） 456-6
5345 塚 —（ツカ） 456-6
5349 塞 —鼻（ソクビ） 454-3
—（フサク） 511-4

---

—翁（サイヲウ） 536-2
—（セク） 596-7
5382 塩 —酢（エンソ） 521-5
—梅（エンバイ） 521-5
—消（エンセウ） 521-5
—干（シホヒ） 562-3
—屋（シホヤ） 562-3
—引（シホビキ） 566-2、567-7
—苔（シホノリ） 567-1

［十一画］

5385 塲 —騎（ニハノリ） 382-5
5388 塵 —（チリ） 402-1
—拈（チリトリ） 405-4
5404 墀 —（ニハ） 379-3
5405 墁 —（ナダラカ） 465-7
5409 境 —節（オリフシ） 480-4
—（サカヒ㊧キヤウ） 535-3
—界（キヤウガイ） 550-4

5419 墉
—（カキ） 424-1

5431 墓
—（ハカ） 368-2
无レ—（ハカナシ） 377-1
—（ツカ） 456-6
處（ムシヨ） 468-1

［十二画］

5451 墜
栗花（ツイリ） 456-4

5454 增
水（ゾウスイ） 454-2
進（ゾウシン） 455-1
減（ゾウゲン） 455-1
長（ゾウチヤウ） 455-1
—（マス） 501-7

5457 墟
—（ヰドコロ） 476-6
—（フルヤ） 507-4

5469 墨
譜（ハカセ） 376-7
蹟（ボクセキ） 385-5
流（スナガレ） 597-2
—（スミ） 599-4
斗（スミツボ） 599-6

5488 墳
—（ツカ） 456-6

［十三画］

5505 墻
—（カキ） 424-1

5516 壁
生草（イツマデグサ） 356-7
書（ヘキシヨ） 391-2
板（カベイタ） 424-3
塗（カベヌリ） 425-5

［十四画］

5557 壓
—（ヘス） 392-7

［十六画］

5586 壚
—（クロツチ） 482-3

5590 壞
—（ヤフル） 497-5
敗（ヱハイ） 580-1

## 士部

5638 士
—（サブラヒ） 536-3

［一画］

5639 壬
生（ミブ） 556-7
—（ミヅノエ） 557-3

［八画］

5657 壼
熬（ツボイリ） 458-4
炙（ツボヤキ） 458-4
鏨（ツボノミ） 458-7
—（ツボ） 459-4

［九画］

5661 壹
越（イチコツ） 362-3

［十一画］

5672 壽
- —（イノチ） 356-4
- —像（ジユザウ） 564-1
- —命（ジユミヤウ） 565-4

## 夂部

### ［七画］

5720 夏
- —珪（カケイ） 426-1
- —至（ゲジ） 502-6

## 夕部

5749 夕
- —部（ユフベ） 551-6
- —月夜（ユフヅクヨ） 551-6
- —暮（ユフグレ） 551-6
- —榮（ユフバエ） 551-6
- —去（ユフサリ） 551-6
- —立（ユフダチ） 551-6
- —食（ユフケ） 553-1
- —陽（セキヤウ） 591-7
- —天（セキテン） 591-7
- —日（セキジツ） 591-7

### ［二画］

5750 外
- —舅（ハハカタノヲヂ） 369-3
- —甥（ハハカタノヲイ） 369-3
- —（ハヅレ） 378-1
- —（ホカ） 383-3、388-4
- —居（ホカイ） 385-6
- —城（トジヤウ） 394-1
- —様衆（トサマシユ） 395-2
- —方（トザマ） 399-7
- —舅（ヲヂ） 416-1
- —面（ソトモ） 453-2
- —（ソト） 456-3
- —母（ウバ） 470-5
- —聞（グワイブン） 487-6
- —見（グワイケン） 487-6
- —戚（グワイセキ） 487-6
- —人（グワイジン） 487-6
- —面（グワイメン） 487-6
- —戚（ゲシヤク） 503-5
- —儀（ゲギ） 504-6
- —題（ゲダイ） 504-6
- —相（ゲサウ） 504-6
- —道（ゲダウ） 504-6
- —典（ゲデン） 504-6

### ［三画］

5755 夙
- —（ツト） 456-4
- —興（ツトニヲク） 460-3
- —（アシタ） 526-7
- —習（シクシフ） 578-6

5756 多
- —武峯（タフノミネ） 442-3
- —羅樹（タラジユ） 444-4
- —聞天（タモンテン） 445-5

—治見（タヂミ） 445-6
—勢（タセイ） 447-7
—年（タネン） 447-7
—少（タセウ） 447-7
—分（タフン） 447-7
—（オホシ） 481-3
—（マサル） 501-7

［五画］

5763 夜
—（ヨル） 439-1
—溲（ヨジト） 439-4
—目（ヨメ） 439-6
—討（ヨウチ） 440-4
—待（ヨマチ） 440-4
—詰（ヨツメ） 440-4
—這（ヨハヒ） 440-4
—懸（ヨカケ） 440-4
—継ㇾ日（ヨヲヒニツク） 440-4
—居（ヨズエ） 440-4
—入（ヨコミ） 440-4
—紛（ヨマキレ） 440-4
—（ヤイン） 495-1
—前（ヤゼン） 495-1
—氣（ヤキ） 495-1
—中（ヤチウ） 495-1
—半（ヤハン） 495-1
—宿（ヤシク） 495-1
—叉神（ヤシヤジン） 496-4

［十画］

5801′ 夢
—想（ムサウ） 469-2
—中（ムチウ） 469-2
—（ユメ） 554-1

［十一画］

5808 夥
—敷（オビタタシ） 481-3


## 大部


5831 大
—蔟（タイソウ） 441-7
—呂（タイリヨ） 441-7
—庾嶺（タイユレイ） 442-1
—極殿（ダイゴクデン） 442-6
—嘗會（タイシヤウエ） 442-7
—學頭（ダイガクノカミ） 443-2
—判事（ダイハンシ） 443-2
—外記（タイゲキ） 443-2
—宮司（ダイクシ） 443-2
—僧正（タイソウシヤウ） 443-2
—僧都（タイソウツ） 443-2
—政大臣（タイシヤウタイジン） 443-3
—納言（タイナゴン） 443-3
—貳（タイニ） 443-3
—宰師（ダサイノソツ） 443-3

―膳大夫（ダイゼンダイブ） 443-4
―將（タイシヤウ） 443-4
―進（タイシン） 443-5
―夫（タイフ） 443-5
―府（タイフ） 443-6
―内記（タイナイキ） 443-6
―名（タイメイ） 444-1
―工（ダイク） 444-2
―根（ダイコン） 444-4
―布（タフ） 445-2
―黒天（ダイコクテン） 445-5
―鼓（タイコ） 446-1
―嘗會（ダイジヤウヱ） 448-1
―盤若（タイハンニヤ） 448-1
―乘經（ダイゼウキヤウ） 448-2
―學（タイカク） 448-2
―事（タイジ） 448-2
―力（タイリキ） 448-2

―物（タイモツ） 448-2
―概（タイガイ） 448-2
―綱（タイカウ） 448-2
―訴（タイソ） 448-2
―數（タイスウ） 448-2
―躰（ダタイ㊧タイテイ） 448-2
―都（タイト） 448-2
―望（タイバウ） 448-2
―旨（タイシ） 448-2
―儀（タイギ） 448-2
―乱（タイラン） 448-2
―切（タイセツ） 448-2
―魁（タイクワイ） 448-2
―酒（タイシユ） 448-2
―破（タイハ） 448-2
―飯（タイハン） 448-2
―意（タイイ） 448-2
―略（タイリヤク） 448-2
―要（タイヨウ） 448-2

―慶（タイケイ） 448-2
―篇（タイヘン） 448-2
―食（タイショク） 448-2
―内（オホウチ） 478-6
―江山（オホエヤマ） 478-6
―淀渡（オホヨドワタリ） 478-6
―海（オホウミ） 478-6
―堰川（オホヰカワ） 478-7
―臣（オトド） 479-1
―政大臣（オホキオホイマウチキミ） 479-1
―炊寮（オホイレウ） 479-2
―根（オホネ） 479-5
―麥（オホムギ） 479-5
―鷹（オホタカ） 479-6
―鹿（オホシカ） 479-6
―蟻（オホアリ） 479-6
―蜂（オホハチ） 479-6
―螃蟹（オホガニ） 479-6

—総鞦（オホブサシリカヒ） 480-2
—笠（オホガサ） 480-2
—船（オホフネ） 480-2
—鋸（オガ） 480-2
—車（オホクルマ） 480-2
—鼓（オホツツミ） 480-2
—綱（オホツナ） 480-2
—緒（オホヲ） 480-2
—床（オホユカ） 480-2
—概（オホムネ） 480-2
—都（オホヨソ） 480-3
—方（オホカタ） 480-3、481-1
—路（オホチ） 480-6
—旨（オホムネ） 481-1
—様（オホヤウ） 481-1
—勢（オホセイ） 481-1
—事（オホコト） 481-1
—哉（オホヒナルカナ） 481-3
—鼠（クスネ） 486-1

—豆（オホマメ） 499-7
—白星（ユフヅキ） 551-6
—白神（ヒトヨメグリ） 582-2
—戀（ヒタフル） 586-3
—唐國（モロコシ） 587-7


【一画】


5833 天
—命（イノチカギリ） 363-4
—明（ホノボノ） 388-1
—（ソラ） 453-2
—花菜（ツクヅクシ） 458-3
—鵝（クグイ） 483-6
—鼠（クスネ） 486-1
—木蓼（マタタビ） 499-5
—竺（テンジク） 522-6
—台（テンダイ） 522-6
—井（テンジヤウ） 522-7
—氣（テンキ） 522-7
—光（テンクワウ） 522-7

—道（テンダウ） 522-7
—上（テンジヤウ） 522-7
—下（テンカ㊧テンゲ） 522-7
—中節（テンチウセツ） 523-1
—文博士（テンモンハカセ） 523-2
—章（テンドウ） 523-4
—人（テンニン） 523-4
—狗（テング） 523-4
—南星（テンナンシヤウ） 523-6
—門冬（テンモンドウ） 523-6
—蓋（テンガイ） 524-2
—冠（テンクワン） 524-2
—目（テンモク） 524-2
—性（テンセイ） 524-6
—運（テンワン） 524-6
—然（テンネン） 524-6
—骨（テンコツ） 524-6
—命（テンメイ） 524-6

—役（テンヤク） 524-6
—罰（テンバツ） 524-6
—變（テンヘン） 524-6
—當（テンタウ） 524-6
—河（アマノカハ） 526-2
—降（アマクダル） 526-3
—下（アメガシタ） 526-3
—野（アマノ） 526-6、530-2
—橋立（アマノハシダテ） 526-6
—窓（アタマ） 527-6
—羽（アマウ） 530-2
—逆杵（アマノサカホコ） 530-6
—魔草（メハジキ） 555-4
—性（ヒトトナル） 586-3
—門冬（スマフグサ㊧テンモン） 598-7

5834 太

—早（イトハヤシ） 362-6
—（ハナハタ） 377-6
—宰府（ダザイフ） 442-1

---

—山府君（タイサンフクン） 442-6
—白星（タイハクセイ） 442-6
—乙星（タイイツセイ） 442-6
—子（タイシ） 443-4
—守（タイシユ） 443-4
—刀（タチ） 446-1
—秦（ウツマサ） 470-1
—布（フトヌノ） 508-5
—（フトシ） 511-5

5835 夫

—（ソレ） 456-3
—婦（ヲトメ） 415-6
—（カノ） 436-7
—婦（フウフ） 507-6
—妻（フウサイ） 507-7
—力者（ブリキシヤ） 507-7
—賃（ブチン） 510-3
—役（ブヤク） 510-3
—婦（メヲト） 554-6

---

—妻（セナセコ㊧フサイ） 593-2

**［二画］**

5844 失

—（トガ） 401-3
—意（ココロマドヒ） 519-2
—墜（シツツイ） 575-6
—却（シツキヤク） 575-6
—念（シツネン） 575-6
—錯（シツシヤク） 578-6
—聲（ヒゴエ） 586-2

**［三画］**

5852 夷

—則（イソク） 355-1
—中（イナカ） 363-2
—（タイラク） 450-5
—島（エゾガシマ） 520-5
—（エビス㊧イ） 521-1
—[犭鬼]（エゾ） 521-2

〔四画〕

5867 夾
－鐘（カウシヤウ）　424－7

〔五画〕

5892 奇
－特（キトク）　548－5
－怪（キクワイ）　548－5
－瑞（キズイ）　548－5
－代（キタイ）　548－5
－妙（キメウ）　548－5
－異（キイ）　548－6
－麗（キレイ）　548－6

5893 奈
－何（イカン）　362－7
－（イカン）　364－6
－良（ナラ）　463－2

5894 奉
－公（ホウコウ）　386－4
－加（ホウガ）　386－4
－書（ホウシヨ）　386－7
－納（ホウナフ）　386－7
－勅（ホウチヨク）　386－7
－（タテマツル）　449－6
－（ツカフマツル）　460－5
－（ウケタマハル）　474－3
－事（ブジ）　510－3
－仕（ブシ）　510－3
－行（ブギヤウ）　510－3

〔六画〕

5915 奏
－聞（ソウモン）　454－7
－達（ソウタツ）　454－7
－覧（ソウラン）　454－7
－者（ソウシヤ）　454－7
－（マフス）　502－1

5917 契
－（チギル）　408－7
－丹（ケイタン）　502－7
－諾（ケイダク）　505－7
－約（ケイヤク）　505－7
－状（ケイシヤウ）　505－7

5921 奔
－（ハシル）　377－7
－走（ホンソウ）　386－4

〔七画〕

5930 奚
－（イヅクンゾ）　364－5
－（ノンゾ）　466－1

〔九画〕

5960 奠
－茶（テンチヤ）　524－1
－湯（テンタウ）　524－1

5964 奢
－（ヲゴル）　417－7

〔十画〕

5985 奥
－蔵（ワウザウ）　421－5

〔十一画〕

5991 奩
－（ハコ）　374－2

5994 奪
－取（ウバトトル）　473－7

# 女部


6036 女
—護島（ニヨゴノシマ） 379-1
—房（ニヨウバウ） 379-4
—姓（ニヨシヤウ） 379-4
—中（ヂヨチウ） 403-4
—色（ヂヨシヨク） 403-4
—郎花（ヲミナメシ） 415-4
—（ヲンナ） 416-1
—御（ネウゴ） 461-7
—房（ネウバウ） 461-7
—（ナンヂ） 463-6
—（ムスメ） 468-2
—童（メラフ） 554-5
—貞（ヒメツバキ） 583-4

［二画］

6039 奴
—婢（ヌビ） 412-6
—原（ヤツバラ） 495-6

［三画］

6053 好
—（イロコノミ） 363-5
—（カホヨシ） 426-4
—便（カウビン） 431-5
—物（カウブツ） 431-5
—相（カウサウ） 431-5
—惡（カウヲ） 431-5
—（ヨシ） 441-2
—（ヨシミ） 441-5
—（コノム） 519-7

6060 如
—何様（イカサマ） 362-6
—何（イカン） 362-7
—意（ニヨイ） 380-7
—法（ニヨホフ） 382-1
—狗便（ニヨクヘン） 382-1
—説（ニヨセツ） 382-2
—月（キサラギ） 544-1
—在（ジヨザイ） 577-3
—（モシ㊧ニヨ） 590-7

6061 妃
—宮（ヒメミヤ） 581-5

6063 妄
—想（マウザウ） 500-6
—語（マウゴ） 500-6
—執（マウシフ） 500-6
—念（マウネン） 500-6
—（ミダリ） 560-5

［四画］

6075 妍
—（カホヨシ） 426-4

6086 妖
—化物（バケモノ） 371-2
—（バクル） 378-2
—孽（ワザワヒ） 422-1
—快（ヨウクワイ） 439-6
—（タハコト） 449-1
—艶（エウエン） 520-7

6090 妙
—美井（イハシミヅ） 355-3
—行（メウギヤウ） 556-2

—術（メウジユツ）556-2
—經（メウキヤウ）556-2
—力（メウリキ）556-2
—法（メウホウ）556-2
—典（メウデン）556-2
—美水（シミヅ）562-2
—絶（スグルル）600-6

6096 妝
—（ヨソヲフ）441-4

6111 妨
—（サマタグ）542-4

［五画］

6121 妬
—（ソネム）456-2
—（ネタム）462-6

6125 妯
—娌（アヒヨメ）527-5

6139 妹
—（イモフト）356-4

6140 妻
—戸（ツマド）457-1
—（ツマ）457-5
—木（ツマギ）458-1
—夫（メヲト）554-6
—手（メテ）554-7
—（メアハス）556-4

6162 妳
—母（メノト）554-6

6164 姊
—（アネ㊧シ）527-5

6166 始
—（ハジメ）378-4
—爵（ウイカフリ）470-4
—終（シジウ）573-3
—中終（シチウジウ）573-3
—末（シマツ）573-3

6174 姑
—洗（コセン）512-2
—蘇城（コソジヤウ）512-3
—射山（コヤサン）512-4
—（シフトメ）563-7

6181 委
—趣（ヰシユ）476-2
—細（ヰサイ）476-2
—曲（ヰキヨク）476-2
—（クハシ）489-4
—（マカス）501-7
—（ユダヌ）554-2
—文（シトリ）562-4、570-1

［六画］

6206 姝
—（カホヨシ）426-4
—（ツルハシ）474-5

6214 姣
—（ケスラフ）507-1

6217 姦
—謀（カンボウ）433-5
—訴（カンソ）433-5
—（カタカマシ）435-5

6218 姧
—曲（カンキヨク）433-4
—詐（カンサ）433-5

6222 姨
—母（ヲバ）416-2

6226 姪
—（ヲヒ）415-6
—女（メイ）554-6

6230 姬
—君（ヒメギミ）581-3
—公（ヒメギミ）581-3

6232 姮
—娥（ゴウガ）511-7

6247 姸
—（ミメヨシ）560-5

6250 姻
—（ムコドリ）468-2

—（アヒムコ） 527-5
6257 姿 —（スガタ㊧シ） 598-1
6259 威 —（イキヲヒ） 364-6
—（ヲドス） 418-1
—徳（ヰトク） 476-2
—光（ヰクワウ） 476-2
—勢（ヰセイ） 476-2
—力（ヰリキ） 476-2
—風（ヰフウ） 476-2

【七画】
6294 娑 —婆（シヤバ） 561-3
6304 娘 —（ムスメ） 468-2
6307′ 娯 —（タノシフ） 450-5
6329 娣 —婦（オトヨメ） 479-2

【八画】
6365 娶 —（ヨメドリ） 439-4
—（メトル） 556-4
6382 婀 —娜（ナマメク） 465-2
—娜（ヤサシ㊧アナ） 497-4
—娜（アダ） 532-3
6418 婚 —（トツグ） 400-6
—（ヨメドリ） 439-4
—姻（コンイン） 513-4
6432′ 婦 —女（ブヂヨ） 507-7
6440 婬 —欲（インヨク） 356-3、361-7
—乱（インラン） 361-7
—犯（インボン） 361-7
—泆（インイツ） 361-7
—（スグル㊧イン） 601-3
6441 婭 —（アニヤケ） 527-5

【九画】
6470 婿 執—（ムコドリ） 468-2
6498 媒 —介（バイカイ） 376-5
—（ナカダチ） 466-2
6513 媚 —（コビ） 520-4

【十画】
6575 媵 —（ヨメヅカヒ） 441-4
6602 嫁 —（トツグ） 400-6
6603 嫂 —（アニヨメ） 527-5
6611 嫉 —（ソネム） 456-2
—（ネタム） 462-6
—妬（シツト） 577-3
6614 嫋 —娜（タヲヤカ） 449-1
—（タハム） 450-6
6618 嫌 —打（ウハナリウチ） 473-6
—疑（ウタカフ） 473-7
—疑（ケンギ） 506-3
—（キラフ） 551-2
—（モドク） 591-3
6626 嫐 —（ヒキシロフ） 587-5

【十一画】
6640 嫗 —（オフナ） 479-3

6655 嫠
―（ヤモメ） 495-7
―烏（ヤモメカラス） 495-7

6656 嫡
―家（チヤツケ） 402-6
―子（チヤクシ） 402-7
―男（チヤクナン） 403-4
―女（チヤクニヨ） 403-4
―孫（チヤクソン） 403-4
―妻（ウイメ） 470-6

6667 嫩
―葉（ワクラバ） 420-2
―（ワカシ） 422-3

**［十二画］**

6736 嬉
―敷（ウレシク） 473-7

6738 嬋
―娟（タヲヤカ） 449-1
―娟（センケン） 595-7

6739 嬌
―（コビ） 520-4

**［十三画］**

6782 嬛
―（スガルシ㊧ケン） 601-6

**［十四画］**

6828 嬰
―（カカル） 435-3
―孩（エイガイ） 522-4
―子（ミドリコ） 557-5

6831 嬲
―（ナブル） 465-4

**［十七画］**

6885 孀
―（ヤモメ） 495-6

## 子部

6930 子
―規（ホトトギス） 384-6
―舅（コジフト） 513-4
―等（コトモ） 513-4
―交（コアエ） 515-3
―息（シソク） 563-4
―孫（シソン） 564-2
―禽（シキン） 564-3
―游（シイウ） 564-3
―夏（シカ） 564-3
―母錢（シボセン） 568-4

**［一画］**

6933 孔
―雀（クジヤク） 483-5
―子（コウシ） 513-2
―安國（コウアンコク） 513-2
―方兄（コウハウヒン） 517-1
―（アナ） 534-3

**［二画］**

6938 孕
―（ハラム） 369-7

**［三画］**

6942 字
―（アザナ） 534-2

6943 存
―生（ゾンジヤウ） 454-7
―没（ゾンホツ） 454-7
―外（ゾングワイ） 454-7

—命（ゾンメイ） 454-7
—亡（ゾンバウ） 454-7
—知（ゾンチ） 454-7
—念（ゾンネン） 454-7
—日（ゾンジツ） 454-7
—分（ゾンブン） 454-7
—（ソンス） 456-3

［四画］

6948 孚
—（ハゴクム） 377-7

6952 孝
—子（カウシ） 425-3
—行（カウカウ） 431-4
—徳（カウトク） 431-5
—道（カウタウ） 431-5
—養（ケウヤウ） 505-5
—經（ケウキヤウ） 505-5
—子（ケウシ） 505-5

［五画］

6960 孟
—春（マウシユン） 498-2
—夏（マウカ） 498-2
—秋（マウシウ） 498-2
—冬（マウトウ） 498-2

6965 季
—指（コユビ） 513-5
—春（キシユン） 543-7
—夏（キカ） 543-7
—秋（キシウ） 543-7
—冬（キトウ） 543-7
—商（キシヤウ） 543-7
—（スエ） 601-6

6966 孤
—陋（イヤシ） 363-1
—獨（コドク） 517-6
—調（コデウ） 517-6
—陋（コロウ） 517-6
—子（ミナシゴ） 557-5
—（ヒトリ） 581-6

［六画］

6977 孩
—兒（ワランベ） 419-6

［七画］

6987 孫
—康（ソンカウ） 453-5
—（マゴ） 500-5

［八画］

6995 孰
—（イヅレ） 364-6
—（タレ） 451-1

［十三画］

7033 學
—匠（ガクシヤウ） 425-4、434-2
—問（ガクモン） 434-2
—鰹（マナカツヲ） 499-1
—（マナブ） 502-4

## 宀　部

### 〔三画〕

7064 宅
—（イエ）　355-6

7067 宇
—宙（ウチウ㊧オホソラ）　469-7
—治（ウチ）　470-1
—立（ウダチ）　470-2
—佐宮（ウサノミヤ）　472-3
—賀神（ウカノカミ）　472-3
—都宮（ウツノミヤ）　472-4
—喜田（ウキダ）　472-4
—野（ウノ）　472-4

7071 守
—瓜（ウリバエ）　471-5
—宮（ヰモリ）　475-6
—袋（マモリブクロ）　499-2
—護（シユゴ）　562-5、573-5
—宮（シユキウ）　565-2
—山（モリヤマ）　588-1
—（モル）　590-7

7072 安
—（イヅクンゾ）　364-5
—（ヤスシ）　497-5
—養（アンヤウ）　526-6
—藤（アントウ）　530-2
—穏（アンヲン）　531-4
—堵（アンド）　531-4
—居（アンゴ）　531-4
—全（アンセン）　531-4
—樂（アンラク）　531-4
—置（アンチ）　531-4
—坐（アンザ）　531-4
—否（アンフ）　531-4
—心（アンジム）　531-4
—危（アンキ）　531-4
—定（サダカ）　541-6

### 〔四画〕

7079 完
—（マタシ）　502-3
—草（シシクサ）　570-1

7086 宏
—（オホシ）　481-5

### 〔五画〕

7106 宗
—廟（ソウベウ）　453-7
—匠（ソウシヤウ）　454-7
—敬（ソウキヤウ）　454-7
—躰（シウテイ）　574-2
—門（シウモン）　574-2
—義（シウギ）　574-2
—法（シウハフ）　574-2
—旨（シウシ）　574-2

7107 官
—領（クワンレイ）　482-7
—位（クワンイ）　482-7
—途（クワント）　482-7
—爵（クワンシヤク）　482-7
—掌（クワンジヤウ）　482-7
—人（クワンニン）　483-2

―僧（クワンソウ） 483-2、488-1
―禄（クワンロク） 488-1
―仕（クワンシ） 488-1
―錢（クワンセン） 488-1
―廳（クワンチヤウ） 488-1
―府（クワンフ） 488-1
―軍（クワンクン） 488-1
―吏（クワンリ） 488-1

7109 定
―日（ヂヤウニチ） 402-4
―使（チヤウシ） 402-6
―規（チヤウギ） 405-1
―役（ヂヤウヤク） 407-5
―說（ヂヤウセツ） 407-5
―業（ヂヤウコフ） 407-5
―（サタム） 542-3
―（シカト） 578-5

7110 宛
―轉（マロバス） 501-5
―然（エンゼン） 522-1
―（アタカモ） 534-4

7111 宜
―（ヨロシ） 441-2
―哉（ムベナルカナ） 469-3

［六画］

7128 客
―作兒（ツクノヒビト） 457-4
―星（キヤクシヤウ） 543-2
―殿（キヤクデン） 543-3
―櫓（キヤクロ） 543-3
―僧（キヤクソウ） 545-1
―人（キヤクジン） 545-1

7132 宣
―（ノブル） 478-5
―（ミチビク） 560-6
―（センジ） 596-1
―下（センゲ） 596-1
―命（センミヤウ） 596-4

7136 室
―（ムロ） 468-1
―間（シツノマ） 562-3

7137 宥
―免（ユウメン） 554-1

［七画］

7156 宮
―内卿（クナイキヤウ） 482-6
―闕（キウケツ） 543-2
―中（キウチウ） 543-2
―室（キウシツ） 543-6
―女（キウヂヨ） 545-2
―城野（ミヤギノ） 557-1
―（ミヤ） 557-3
―仕（ミヤジ） 557-4
―仕（ミヤヅカヒ） 560-3

7160 宰
―府（サイフ） 535-1
―相（サイシヤウ） 535-6
―（サイ） 536-1

7165 害
―（コロス） 519-6

7166 宴
―遊（エンイウ） 522-2
―會（エンクワイ） 522-2

7168 宵
―（ヨイ） 439-1

7169 家
―（イエ） 355-5

―子（イエノコ） 356-2
―土産（イヱヅト） 363-1
―督（カトク） 425-4、434-5
―僕（カボク） 434-5
―門（カモン） 434-5
―風（カフウ） 434-6
―名（カメイ） 434-6
―人（ケニン） 503-5
―務（ケム） 505-1
―來（ケライ） 505-1
―風（ケフウ） 505-1
―業（ケゲウ） 505-1
―内（ケナイ） 505-1
―中（ケチウ） 505-1

7171
宸
―襟（シンキン） 575-1
―筆（シンヒツ） 575-1、576-5
―翰（シンカン） 575-1

7172
容
―（カタチ） 426-2
―止（カホバセ） 426-4

---

―顔（ヨウガン） 439-3
―色（ヨウショク） 439-3
―儀（ヨウキ） 440-5
―易（ヨウイ） 440-5
―愛（ヨウアイ） 440-5
―引（ヨウイン） 440-5
―躰（ヨウタイ） 440-5
―艶（ヨウエン） 440-5
―隠（ヨウイン） 440-5
―幸（ヨウカウ） 440-5
―色（ヨウショク） 440-5
―易（タヤスシ） 449-5
―（スガタ㊧ヨウ） 598-1

【八画】

7195
宿
―直衣（トノヱモノ） 396-5
―花（ヨミハナ） 439-5
―（ネトリ） 461-7
―（ムカシ） 469-5

---

―（ヤド） 495-4
―鴇毛（サビツキゲ） 536-4
―魂草（ミヅハギ） 558-3
―老（シクラウ） 563-3
―霧（シユクブ） 565-5
―病（シユクビヤウ） 565-5
―紙（シユクシ） 569-4
―習（シクシフ） 576-1
―縁（シクヱン） 576-1
―報（シクホウ） 576-1
―願（シクグワン） 576-1
―福（シクフク） 576-1
―善（シクセン） 576-1
―業（シクゴフ） 576-1
―忌（シクキ） 576-1
―直（シクチキ） 576-1
―賃（シクチン） 576-1
―徳（シクトク） 576-1
―所（シクショ） 576-1

—意（シクイ） 576-1
—因（シクイン） 576-1
—老（シクラウ） 576-1
—世（シクセ） 576-1
—殖悳本（シクシキトクホン） 576-1

7200 寂
—寥（セキレウ、シツカ） 577-1、595-5
—寞（セキバク） 595-5

7202 冤
—（シエタグ） 578-3

7203 寄
—生（ホヤ） 384-5
—子（ヨリコ） 439-3
—合（ヨリアヒ） 440-7
—生（ヤドリギ） 496-1
—（ヤド） 498-1
—進（キシン） 548-6
—附（キフ） 548-6

7204 寅
—（トラ） 396-1

7205 密
—（カクス） 436-4

—夫（マヲトコ） 498-5
—（コマカ） 520-3
—（キビシ） 551-2
—（ヒソカニ） 587-6

［九画］

7230 富
—尾（トヒノヲ） 396-5
—（トム） 400-6
—士（フジ） 507-2
—貴（フキ） 510-2
—有（フイウ） 510-2
—宥（フイウ） 510-2

7236 寐
—（イヌル） 364-1

7239 寒
—暑（カンジヨ） 424-5
—熱（カンネツ） 424-5
—天（カンテン） 424-5
—夜（カンヤ） 424-5
—食（カンシヨク） 424-7
—山拾得（カンザンジツトク） 425-6

7244 寔
—（サムシ） 534-5
—（スサマジ） 597-5
—（マコト） 502-3

［十画］

7276 寛
—（ヒロシ） 587-4

［十一画］

7283 察
—（アキラム） 533-7
—（サツス） 542-4
—（ミル） 560-4

7286 寡
—（ヤモメ） 495-6
—（スクナシ㊧クワ） 601-4

7289 寢
—（イヌル） 364-1
—（ヌル） 413-7
—殿（ネヤ） 461-6
—語（ネゴト） 462-4
—覺（ネザメ） 462-4

|殿（シンデン） 561-7

7291 寤
|（サムル） 542-3

7294 實
|（マコト） 502-3
|（ミ） 558-5
|檢（ジツケン） 575-6
|證（ジツセウ） 575-6
|語（ジツゴ） 575-6
|説（ジツセツ） 575-6
|犯（ジツボン） 575-6
|性（ジツシヤウ） 575-6
|相（ジツサウ） 575-6
|躰（ジツテイ） 575-6
|子（ジツシ） 575-6
|否（ジツフ） 575-6
|正（ジツシヤウ） 575-6

7296 寧
|（ムシロ） 469-6
|（ヤスシ） 497-5

【十二画】

7320 寫
|（ウツロフ㊧ウツス） 474-2
|眞（シヤシン） 565-3

7322 寬
|宥（クワンイウ） 486-3、488-6

7325 寮
|舍（リヨウシヤ） 409-2

【十六画】

7368 寵
|愛（イツキカシヅク） 363-3
|愛（テウアイ） 408-6、525-1
|職（テウジヨク） 525-1

【十七画】

7376 寶
|祚（ホウソ） 386-6
|（タカラ） 446-6

## 寸部

7411 寸
|斗（ヅンド） 460-3
|陰（スンイン） 597-4
|白（スンバク） 597-7
|金嚢（スンキンカン） 598-6
|銀嚢（スンギンカン） 598-6
|法（スンハフ） 600-3
|善尺魔（スンゼンシヤクマ） 600-3
|尺（スンシヤク） 600-3
|隙（スンゲキ） 600-3
|暇（スンカ） 600-3
|分（スンブン） 600-3

【三画】

7414 寺
|田（テラダ） 524-5
|井（テラヰ） 524-5
|本（テラモト） 524-5
|川（テラカハ） 524-5
|町（テラマチ） 524-5
|西（テラニシ） 524-5
|社（ジシヤ） 561-5、572-6
|官（ジクワン） 565-2

—務（ジム） 565-2
—領（ジリヤウ） 572-6
—物（ジモツ） 572-6
—役（ジヤク） 572-6
—門（ジモン） 572-6
—外（ジグワイ） 572-6
—内（ジナイ） 572-6
—中（ジチウ） 572-6
—家（ジケ） 572-6

**［六画］**

7426 封
—（トヅ） 401-4
—（フフズル） 511-4

**［七画］**

7434 射
—場（イバ） 355-3
—手（イテ） 361-5
—外（イハヅス） 361-5
—中（イアツ） 361-5

---

—籠（イコム） 361-6
—干（カラスアフギ） 427-1
—山（ヤサン） 495-3
—垜（アヅチ） 526-7

**［八画］**

7438 將
—又（ハタマタ） 376-6
—（ヰタテマツル） 476-6
—（マサニ） 502-4
—來（ユクスヘ） 553-7
—軍（シヤウグン） 562-5
—監（シヤウゲン） 564-7
—棊盤（シヤウギノバン） 568-7
—（ヒキヰル） 587-5
—（モツテ） 591-2

7439 專
—女（タヲヤメ） 443-7
—（モツハラ） 590-6
—當（センダウ） 592-2
—修（センジユ） 595-1

---

—念（センネン） 595-1
—一（センイチ） 595-1
—要（センエウ） 595-1

7440 尉
—（ゼウ） 592-4

**［九画］**

7445 尊
—（タツトシ） 450-7
—翰（ソンカン） 454-6
—札（ソンサツ） 454-6
—報（ソンホウ） 454-6
—書（ソンシヨ） 454-6
—荅（ソンタフ） 454-6
—重（ソンヂウ） 454-6
—容（ソンヨウ） 454-6
—敬（ソンキヤウ） 454-6
—像（ソンザウ） 454-6
—顔（ソンガン） 454-6
—意（ソンイ） 454-6
—号（ソンカウ） 454-6

—客（ソンカク） 454-6

7447 尋

—常（ヨノツネ） 440-7
—（タツヌ） 451-1
—常（ジンジヤウ） 577-4

［十二画］

7457 對

—屋（タイノヤ） 442-6
—治（タイヂ） 447-4
—談（タイダン） 447-4
—論（タイロン） 447-4
—揚（タイヤウ） 447-4
—捍（タイカン） 447-4
—決（タイケツ） 447-5
—面（タイメン） 447-5
—句（タイク） 447-5
—座（タイサ） 447-5

［十三画］

7465 導

—師（ダウシ） 448-5
—（ミチビク） 560-6

## 小部

7473 小

—腹（ホガミ） 384-3
—（チイサシ） 408-7
—濱（ヲハマ） 414-5
—塩山（ヲシホヤマ） 414-5
—栗栖（ヲグルス） 414-5
—笠原牧（ヲガサハラノマキ） 415-1
—倉山（ヲグラヤマ） 415-1
—篠（ヲササ） 415-5
—野篁（ヲノノタカムラ） 415-7
—野道風（ヲノノタウフウ） 415-7
—野小町（ヲノノコマチ） 416-1
—忌衣（ヲミノコロモ） 416-4
—止（ヲヤミ） 418-4
—大無（ナニトナク） 465-2
—蟬（ウツセミ） 471-4
—雨（コサメ） 512-2
—島（コジマ） 512-5
—池（コイケ） 512-5
—路（コフヂ） 512-5
—簷（コノキ） 512-6
—門（コモン） 512-6
—家（コイエ） 512-6
—宰将（コザイシヤウ） 513-1
—少将（コセウシヤウ） 513-1
—大夫（コダイブ） 513-1
—式部（コシキブ） 513-1
—督（コガウ） 513-1
—町（コマチ） 513-2
—童（コワラフベ） 513-3
—舎人（コドネリ） 513-4
—陵鳥（コガラ） 513-7
—鷹（コタカ） 513-7

—平目（コビラメ） 514-2
—枝（コエタ） 514-4
—袖（コソデ） 514-7
—御衣（コヲンゾ） 514-7
—袴（コバカマ） 514-7
—衣（ココロモ） 514-7
—箭（コヤ） 516-5
—弓（コユミ） 516-5
—矢（コヤ） 516-5
—刀（コガタナ） 516-5
—鼓（コツヅミ） 516-5
—又鍔（コゾリハ） 516-5
—福羅（コフクラ） 516-5
—舟（コフネ） 516-5
—兵（コヒヤウ） 517-7
—賢（コザカシ） 517-7
—豆（アヅキ） 529-3
—鹿（サホシカ） 536-4
—筵（サムシロ） 538-7

—便處（ショウベンジョ） 562-1
—師（ショウス） 562-7
—齋（ショウサイ） 567-3
—時（シバラク） 576-6
—瘡（セウサウ） 593-3
—機（セウキ） 595-1
—法（セウホフ） 595-1
—心（セウシム） 595-1
—智（セウチ） 595-1
—乘（セウセウ） 595-1
—事（セウジ） 595-1
—（セム） 596-6
—蛸魚（スルメ） 598-3

［一画］

7475 少
—（カクル） 435-6
—（マレナリ） 502-1
—納言（セウナゴン） 592-2
—貳（セウニ） 592-2

—將（セウシヤウ） 592-2
—輔（セフ） 592-4

［二画］

7477 尒
—許（ソコバク） 455-2
—（ソレ） 456-3
—程（サルホドニ） 542-7
—耳（シカノミナラズ） 577-1

［三画］

7480 尖
—（トガル） 401-2
—（スルド） 601-6

［五画］

7493 尚
—（ナヲ） 466-1
—書（ジヤウジヨ） 576-4
—（ヒサシ） 587-6

［十画］

7523 尠 ―（イササカ） 364-4

## 尢部

**［一画］**

7543 尤
- ―（トガムル） 400-6
- ―白衣（マツシロギヌ） 499-2
- ―赤色（マツカイロ） 499-2
- ―（アヤマチ） 533-6
- ―（マツトモ） 591-2

**［四画］**

7554 尨 ―（イヌ） 357-3

7558 尪 ―弱（ワウジヤク） 421-4

**［九画］**

7594 尰 ―（コヒアシ） 513-5

7599 就 ―（ツク） 461-4

## 尸部

7629 尸 ―位（シヰ） 563-5

7630 尸 ―（カバネ） 426-4

**［一画］**

7632 尺 ―八（シヤクハチ） 568-4

**［二画］**

7634 尻
- ―（シリ㊧カウ） 565-5
- ―籠（シコ） 568-5
- ―切（シキレ） 568-6
- ―鞘（シンザヤ） 569-2

7635 尼
- ―公（ニコウ） 379-4
- ―宗（ニシウ） 379-4
- ―師壇（ニシダン） 380-5
- ―（アマ） 527-5

**［四画］**

7650 尾
- ―（ツルム） 460-6
- ―上（オノヘ） 478-7
- ―花（オハナ） 479-4
- ―生（ビセイ） 581-2
- ―籠（ビロウ） 586-2

7651 尿
- ―（イバリ） 356-4
- ―（ユバリ） 552-3
- ―（シト㊧ネウ） 565-5

7653 局 ―（ツホネ） 457-1

**［五画］**

7663 居
- ―（ヲリ） 418-2
- ―敷（ヰシキ） 475-2
- ―鷹（ヰタカ） 476-3
- ―長（ヰダケ） 476-3
- ―（ヰル） 476-6
- ―立田子（オリタツタコ） 480-7

—宅（キヨタク） 543-4
—所（キヨシヨ） 543-4
—住（キヨヂユ） 543-4
—諸（キヨシヨ） 544-1
—（スユル） 601-2

7667 届
—（トヅク） 400-6

7669 屈
—（カガム） 435-7
—原（クツゲン） 483-1
—輪（グリグリ） 485-7
—請（クツシヤウ） 488-3
—伏（クツフク） 488-3
—（マガル） 501-6

［六画］

7684 屋
—（イエ） 355-6
—敷（ヤシキ） 495-3
—地（ヤヂ） 495-3
—形（ヤカタ） 495-4
—祢（ヤネ） 495-4
—作（ヤツクリ） 495-4

7688 屍
—（シカバネ） 565-6

7689 屎
—（クソ） 483-5

7692 屏
—重門（ヘイヂウモン） 389-1
—風草（ビヤウブグサ） 583-4
—風（ビヤウブ） 584-3

［七画］

7709 屑
—（トリヱ） 401-3
不レ—（カズナラズ） 438-6
—熬（クツイリ） 485-3
—（クヅ） 489-5
不レ—（モノノカズトモセズ） 590-2

7715 展
—（スリクヅ㊧セツ） 601-5
—轉（テンデン） 525-1

［九画］

7761 屠
—（ホフル） 388-1

［十一画］

7787 屢
—（シバシバ） 578-5

7791 屣
—（ハキモノ） 374-2

［十二画］

7799 履
—（ハキモノ） 374-2
—端（リタン） 409-5
—脱（クツヌギ） 482-3
—子（クツノコ） 486-4

［十八画］

7821 屬
—（タグヒ） 450-6
—（サツクワン） 535-7

## 屮部

［一画］

7828 屯
―（タマル） 449-6

## 山部

7869 山
―茨菰（ホフヅキ） 384-4
―葵（ワサビ） 420-3
―階（ヤマシナ） 495-2
―科（ヤマシナ） 495-2
―崎（ヤマサキ） 495-2
―隘（ヤマアイ） 495-2
―彦（ヤマヒコ） 495-2
―下（ヤマモト） 495-2
―（ヤマ） 495-4
―伏（ヤマブシ） 495-5
―臥（ヤマブシ） 495-5
―柄（ヤマガラ） 495-7
―鳥（ヤマトリ） 495-7
―鵃（ヤマガヘリ） 495-7
―芋（ヤマイモ） 496-2
―鳩色（ヤマバトイロ） 496-3
―魑（ヤマノカミ） 496-4
―榴（アキツツジ） 528-6
―城（サンジヤウ） 535-1
―上（サンジヤウ） 535-1
―下（サンゲ） 535-1
―居（サンキヨ） 535-1
―中（サンチウ） 535-1
―荘（サンザウ） 535-1
―門（サンモン） 535-1
―家（サンカ） 535-1
―徒（サント） 536-3
―梁（サンリヤウ） 536-3
―椒（サンセウ） 536-6
―薬（サンヤク） 537-2
―居（サンキヨ） 539-7
―谷（サンコク） 539-7
―門（サンモン） 539-7
―林斗藪（サンリントソウ） 539-7
―河（センガ） 591-5

[四画]

7937 岑
―（ミネ） 556-6

[五画]

7962 岡
―（ヲカ） 415-2
―玉木（ヲカタマノキ） 415-5

7985 岩
―窟（ガンクツ） 423-6

8009 岸
―（キシ） 543-2

[六画]

8053 峙
―（ソバダツ） 456-2
―（サガシ） 542-2

[七画]

8093 峯
―（ミネ） 556-6

8108 島
―（シマ㊧トウ） 562-4

―田（シマダ） 570-1

**【八画】**

8152 崇 ―（タタル） 449-7
―（タトシ） 450-7
―（アガム） 534-1
―（ミツ） 560-6

8169 崎 ―（サキ） 535-3

8172 崐 ―崘山（コンロンザン） 512-3

8212′ 崩 ―御（ホウギヨ） 386-7
―（クヅル） 488-7

**【九画】**

8289 嵐 ―（アラシ） 526-7

**【十画】**

8348 嵩 ―（ダケ） 442-5

8363 嵯 ―峨（サガ） 534-7

**【十二画】**

8482 嶝 ―（サカ） 535-3

**【十三画】**

8520 嶮 ―岨（ケンソ） 502-7
―（ケハシ） 507-1

**【十四画】**

8553 嶺 ―（ミネ） 556-6

8561 嶼 ―（コジマ） 512-5
―（シマ㊧シヨ） 562-4
―（ヒラジマ） 580-3

8566 嶽 ―（ヲカ） 415-2
―（ダケ） 442-4

**【十九画】**

8640 巒 ―（ヤマ） 495-4

8644 巓 ―（イタダキ） 355-5

**【二十画】**

8649 巖 ―倉（イワクラ） 355-2
―（イハホ） 355-5
―石（ガンセキ） 423-6

## 巛部

8673 川 ―芎（センキウ） 593-7

**【三画】**

8678 州 ―（クニ） 482-3
―崎（スサキ） 597-2
―流（スナガレ） 597-2
―苔（スノリ） 599-1

**【四画】**

8684 巡 ―（メグル） 556-4
―儀（ジユンギ） 575-1

―検（ジユンケン） 575-1
―礼（ジユンレイ） 575-1
―役（ジユンヤク） 575-1
―見（ジユンケン） 575-1
―環（ジユンクワン） 575-1
―道（ジユンダウ） 575-2

［八画］

8696 巣
―（ス㊧サウ） 597-3
―守（スモリ） 601-7

## 工部

8714 工
―匠（タクミ） 449-5
―（タクミ） 451-2
―夫（クフウ） 486-6

［二画］

8720 左
―之右之（トモカクモ） 400-1
―右（カナタコナタ㊧サイウ） 437-7
―右（タスク） 449-3
―（タスク） 450-4
―右（マテ） 501-3
―大臣（サダイジン） 535-4
―大將（サタイシヤウ） 535-4
―衛門佐（サエモンノスケ） 535-5
―中辨（サチウベン） 535-5
―大辨（サダイベン） 535-5
―小辨（サセウベン） 535-5
―京（サキヤウ） 535-5
―馬頭（サマノカミ） 535-6
―傳（サデン） 540-6
―道（サタウ） 540-6
―（ヒダリ） 582-3

8721 巧
―（タクミ） 451-2

8722 巨
―細（コサイ） 517-5
―多（コタ） 517-5
―益（コヤク） 517-5
―難（コナン） 517-5

［四画］

8728 巫
―覡（ブゲキ） 507-7

［七画］

8732 差
―（タガフ） 450-3
―別（シヤベツ） 576-1

## 己部

8742 己
―（ヲノレ） 416-1

8743 已
―前（イゼン） 361-3
―久（イクヒサシ） 363-2
―（ヤム） 497-6
―來（コノカタ） 519-2

8744 巳
—（スデニ㊧イ） 601-1
—（ミ） 557-3

［一画］

8745 巴
—豆（ハズ） 370-5
鼻（ハビ） 376-7
—（トモヱ） 397-4

［四画］

8751 卮
—（サカヅキ㊧シ） 539-1

［六画］

8756 巷
—蘆子（ハフコ） 370-3
—（チマタ） 402-1

8759′ 巻
—（マク） 502-2
餅（ケンビン） 504-2
氊（ケンセン） 504-2

［九画］

8765 巽
—（タツミ） 442-1

## 巾部

8771 巾
—（カサル） 435-1
—（ノゴフ） 478-4
—子（コジ） 517-1

［一画］

8772 市
—南野（ヰナミノ） 475-1
—（ヰチ） 475-3
—正（ヰチノカミ） 475-4
—人（ヰチビト） 475-5
女笠（ヰチメガサ） 476-1

8773 帀
—（メグル） 556-4

［二画］

8778 布
—袋（ホテイ） 384-1
衣（ホイ） 384-1
—（ヌノ） 413-3
苔（フノリ） 508-3
衣（フエ） 508-5
施（フセ） 509-1

［三画］

8787 帆
—立貝（ホタテカイ） 385-1
—（ホ） 385-7
—席（ホムシロ） 386-1

［四画］

8813 希
—（マレナリ） 502-1
望（ケマウ） 504-7
有（ケウ） 504-7
—（コヒネカフ） 520-1
代（キタイ） 550-2

**［五画］**

8846 帔
- ―（ムシ） 468-5

8851 帘
- ―（サカハタ㊧レン） 539-4

8854 帚
- ―（ハハキ） 374-2

**［六画］**

8865 帝
- ―釋（タイジヤク） 445-5
- ―王（テイワウ） 523-3
- ―徳（テイトク） 525-4
- ―都（テイト） 525-4
- ―（ミカド） 557-4

8886 帥
- ―（ソツ） 453-4
- ―（ヒキヰル㊧スイ） 587-5

**［七画］**

8916 師
- ―（イクサ） 364-6
- ―範（シハン） 562-6
- ―匠（シシヤウ） 563-2
- ―恩（シヲン） 573-1
- ―檀（シダン） 573-1
- ―説（シセツ） 573-1
- ―傳（シデン） 573-1
- ―命（シメイ） 573-1
- ―承（シゼウ） 573-1
- ―友（モロトモ） 590-4
- ―（モロモロ） 591-2
- ―兄（スヒン） 597-6
- ―弟（ステイ） 597-6
- ―叔（スシク） 597-6
- ―姪（ステツ） 597-6

8926 席
- ―田（ムシロダ） 468-1
- ―（ムシロ） 468-7
- ―（オマシ） 480-1
- ―門（セキモン） 596-1

**［八画］**

8939 帳
- ―（トバリ） 397-4
- ―臺（チヤウタイ） 401-6
- ―内（チヤウダイ） 401-6

8950 帯
- ―（タレヌノ） 445-3
- ―副（ハキゾヘ） 377-5
- ―（ハク） 378-3
- ―刀（タテハキ） 443-5
- ―佩（タイハイ） 448-6
- ―（オビ） 479-7
- ―出（オビヤイダス） 481-1
- ―入（オビヤイル） 481-1

8954 帷
- ―（トバリ） 397-4
- ―（タレヌノ） 445-3

8955 常
- ―裳（シタスダレ） 567-2
- ―磐橋（トキハノハシ） 393-5
- ―繁木（トキハギ） 395-6
- ―世（トコヨ） 399-6
- ―（トキハ） 401-4
- ―（ツネ） 461-4
- ―山（クサギ） 484-3

―陸草（ヒタチグサ）583-3

**［九画］**

8972 帽
―子（ボウシ）385-2
―（モウス）589-2

8993 幃
―（タレヌノ）445-3

8995 幅
―（ハタバリ）371-7

**［十画］**

9022 幌
―（トバリ）397-4

9025 幐
―（ツルブクロ）459-3

**［十一画］**

9050 幔
―（タレヌノ）445-3
―幕（マンマク）499-3

9051 幕
―下（バッカ）368-7
―串（マクグシ）500-1
―柱（マクグシ）500-1

**［十二画］**

9079 幞
―帊（コロモヅツミ㊧ホクハ）515-1

9080 幟
―（ハタジルシ）371-7

9086 幡
―（ハタ）371-7

9087 幢
―（ハタ）371-7

9088 幣
―帛（ヘイハク）391-2
―帛（ヌサ）413-4


## 干部


9165 干
―鮭（カラザケ）427-6
―瓢（カンヘウ）428-5
―物（カンブツ）428-7
―薑（カンキヤウ）428-7
―珠（カンジユ）430-1
―戈（カンクワ）435-1
―潟（ヒカタ）580-3
―鯛（ヒダイ）582-5
―（モトム）590-6
―烏賊（スルメ）598-3

**［二画］**

9167 平
―地（ヘイヂ）389-2、389-2
―旦（ヘイタン）389-4
―明（ヘイメイ）389-4
―家（ヘイケ）390-1
―懐（ヘイグワイ）392-2
―均（ヘイギン）392-2
―脉（ヘイミヤク）392-2
―話（ヘイワ）392-2
―臥（ヘイグワ）392-2
―外（ヘイグワイ）392-2
―生（ヘイゼイ）392-2
―愈（ヘイユ）392-3
―等（ヘイトウ）392-3
―安（ヘイアン）392-3

—絹（ヘイケン） 390-7
—生（トコトハ） 399-6
—（タイラカ） 451-1
—懐（ナグラカ） 465-3
—明（アケボノ） 526-2
—章（アキラカ） 532-1
—耳（ヒラタケ） 583-4
—江條（ヒンガウタウ） 583-5
—緒（ヒラヲ） 584-6
—包（ヒラツヅミ） 584-7
—等（ビヤウドウ） 585-6
—聲（ビヤウジヤウ） 585-6
—地（ビヤウヂ） 585-6
—調（ヒヤウデウ） 585-6
—天（ヒタソラ） 586-3
—（ヒラニ） 587-5

［三画］

9168 年
—（トシ） 394-4
—寄衆（トシヨリシユ） 395-2
—緒（トシノヲ） 398-5
—矢（トシノヤ） 398-5
—闌（トシタケテ） 398-6
—來（トシゴロ） 398-6
—甫（ネンホ） 461-6
—始（ネンシ） 461-6
—序（ネンジヨ） 461-6
—中（ネンヂウ） 461-6
—内（ネンナイ） 461-6
—首（ネンシユ） 461-6
—月（ネンゲツ） 461-6
—齢（ネンレイ） 462-3
—紀（ネンキ） 462-3
—預（ネンヨ） 462-3
—來（ネンライ） 462-3
—行事（ネンキヤウジ） 462-3
—臈（ネンラフ） 462-3
—年（ネンネン） 462-3
—貢（ネンヅ） 462-3
—号（ネンカウ） 462-3

［五画］

9175 幷
—（ナラビ一） 465-7
—（アハス） 534-3

9176 幸
—便（カウビン） 431-7
—甚（カウジン） 431-7
—（サイハイ） 542-6

［十画］

9183 幹
—（ヰツツ） 475-3
—（コアシ） 519-7


## 幺部


［一画］

9190 幻
—（マボロシ） 502-5

〔二画〕

9193 幼
- —（イトケナシ） 356-4
- —主（ヨウシユ） 439-3
- —少（ヨウセウ） 440-4
- —稚（ヨウチ） 440-5
- —敏（ヨウビン） 440-5

〔六画〕

9205 幽
- —（カスカ） 436-7
- —天（ヰウテン） 475-1
- —靈（ヰウレイ） 475-4
- —（フカシ） 511-5
- —靈（ユウレイ） 552-2
- —魂（ユウコン） 552-2
- —玄（ユウケン） 553-3
- —儀（ユウギ） 553-3
- —栖（ユウセイ） 553-3
- —虚（ユウキヨ） 553-3
- —閑（ユウカン） 553-3
- —居（ユウキヨ） 553-3
- —懷（ユウクワイ） 553-3

〔九画〕

9208 幾
- —許（イクソバク） 362-2
- —多（イクソバク） 362-2
- —回（イクタビ） 362-2
- —度（イクタヒ） 362-2
- —重（イクヱ） 362-2
- —（イクバク） 364-4

## 广部

〔四画〕

9239 庇
- —（ヒサシ） 580-3

9242 床
- —浦（トコノウラ） 393-5

9253 序
- —（ツイヅ） 461-4
- —題（ジヨダイ） 573-6
- —品（ジヨホン） 573-6
- —分（ジヨブン） 573-6
- —破急（ジヨハキフ） 573-6

〔五画〕

9262 底
- —無レ邊（ソコイナク） 455-6
- —（ソコ） 456-3

9266 庖
- —丁（ハウチヤウ） 373-3

9267 店
- —屋（テンヤ） 522-7

9278 庚
- —申（カウジン） 424-5

〔六画〕

9299 庾
- —（クラ） 482-3

9313 度
- —牒（トデフ） 393-6
- —數（ドシユ） 398-2
- —僧（ドソウ） 398-4
- —支（タクシ） 443-5
- —（タビ） 450-7

**［七画］**

9319 座
- ―（ヰドコロ） 476-6
- ―主（ザス） 536-1
- ―頭（ザトウ） 536-1
- ―牌（ザハイ） 538-6
- ―席（ザセキ） 540-6
- ―配（ザハイ） 540-6
- ―功（ザコウ） 540-6
- ―臥（ザクワ） 540-6
- ―上（ザシヤウ） 540-6

9330 庫
- ―裏（クリ） 482-1
- ―（クラ） 482-3

9337 庭
- ―（ニハ） 379-2
- ―櫻（ニハザクラ） 380-1
- ―前（テイゼン） 522-7
- ―上（テイシヤウ） 522-7
- ―訓（テイキン） 525-3
- ―儀（テイギ） 525-3
- ―中（テイチウ） 525-3

**［八画］**

9373 庶
- ―子（ソシ） 453-6
- ―幾（ソキ） 455-2
- ―品（ソホン） 455-2
- ―幾（コヒネガフ） 519-2
- ―（モロモロ） 591-2

9378 庸
- ―才（ヨウサイ） 440-6
- ―（ツネ） 461-4
- ―（モチウ） 591-1

**［九画］**

9416 廂
- ―（ヒサシ） 580-3

**［十画］**

9436 廉
- ―直（レンチヨク） 452-6

9437 廊
- ―下（ラウカ） 466-4
- ―架（ラウカ） 466-4

**［十一画］**

9454 廐
- ―（ムマヤ） 468-1

**［十二画］**

9489 廟
- ―壇（ベウダン） 389-2
- ―崛（ベウクツ） 389-2

9492 廢
- ―壞（ハイヱ） 374-5
- ―處（ハイシヨ） 375-7
- ―忘（ハイマウ） 375-7
- ―學（ハイカク） 375-7
- ―（スツ） 601-5

9493 廣
- ―原海（ワタヅウミ） 418-6
- ―博（クワウバク） 487-6
- ―大（クワウダイ） 487-6
- ―言（クワウゲン） 487-6
- ―恩（クワウヲン） 487-6
- ―智（クワウチ） 487-6
- ―澤（ヒロサハ） 580-4

—（ヒロシ）　587-2

［十三画］

9515 廩
—（クラ）　482-3

［十六画］

9535 廬
—（イホリ㊧ロ）　355-6

［二十二画］

9562 廳
—（チヤウ）　402-6
栽（チヤウサイ）　407-4
宣（チヤウセン）　407-4
庭（チヤウテイ）　407-4
—（マツリヤ）　498-3

## 廴部

［四画］

9569 延
—佇（タチドマルル）　449-4
—（ノブル）　478-5
暦寺（エンリヤクジ）　520-5
喜帝（エンギノミカド）　520-7
年（エンネン）　522-1
齢（エンレイ）　522-1
引（エンイン）　522-1
命草（ヒキオコシ）　583-3

9571 廷
—尉佐（テイイノスケ）　523-2

［六画］

9574 建
—（タツル）　450-1
溪（ケンケイ）　504-2
盞（ケンザン）　504-5
立（コンリフ）　519-4
水（ミヅコボレ）　559-2

## 廾部

［一画］

9586 廿
—（ニシフ）　381-2

［四画］

9594 弃
—捐（キエン）　548-6
捨（キシヤ）　548-6
置（ステオク㊧キチ）　600-5

9596 弄
—引（ロウイン）　367-3
—（ロウス㊧モテアソフ）　367-4
玉（シナダマ）　569-6
—（モテアソブ）　591-1

［十二画］

9644 弊
—（ヤツル）　497-6

［十三画］

＊彝―（ヲビユ）417-7

## 弋部

9656 弋―射（イソル）363-3

［二画］

9661 弍―（フタツ）509-1

［三画］

9663 式―部（シキブ）564-6
―條（シキデウ）576-3
―目（シキモク）576-3
―法（シキハフ）576-3
―三番（シキサンバン）576-3

［九画］

9680 弑―（コロス㊧シ）519-6

［十画］

9683 貳―（フタツ）509-1

## 弓部

9692 弓―箭（キウセン）548-1
―馬（キウバ）549-3
―方（キウハウ）549-3
―張月（ユミハリヅキ）551-6
―場（ユバ）551-7
―手（ユンデ）552-3
―削法皇（ユゲノホフワウ）552-4
―弦葉（ユヅリハ）552-5
―袋（ユミブクロ）552-6
―（ユミ㊧キウ）553-1
―籠手（ユゴテ）553-2
―藏（ユガクシ）553-2
―懸（ユガケ）552-6

［一画］

9698 弔―（トフラフ）400-5

9699 引―導（インダウ）361-6
―物（インブツ）361-6
―入（インニフ）361-6
―接（インセツ）361-7
―率（インゾツ）361-7
―目（ヒキメ）584-3
―兩（ヒキリヤウ）584-3
―入合子（ヒキイレガフシ）584-3
―合（ヒキアハセ）584-3
―敷（ヒキシキ）584-3
―付（ヒキツケ）584-3
―板（ヒタ）584-4
―出物（ヒキデモノ）584-4

—組（ヒツクム） 586-6
—繕（ヒキツクロフ） 586-6

**［二画］**

9709 弘
—通（グツウ） 487-2
—法（グホフ） 487-2
—宣（グセン） 487-2
—法（コウボウ） 513-2
—（ヒロム） 587-2

**［三画］**

9724 弛
—（ハヅス） 378-1

**［四画］**

9737 弟
—鷹（ダイ） 444-6

**［五画］**

9748 弢
—（ユミブクロ） 552-6

9749 弣
—（ニギリ） 380-7

9753 弥
—（ユヅカ） 553-2
—議（イヤキ） 356-1
—増（イヤマシ） 362-3
—年（イヤトシ） 362-4
—（イヨイヨ） 364-6
—生（ヤヨイ｜） 495-1
—千代（ヤチヨ） 496-4

9754 弦
—巻（ツルマキ） 459-1

9760 弩
—（ユミ㊧ド） 553-1

**［六画］**

9768 弭
—皮（ハズカハ） 373-5
—（ユハズ） 553-2

**［七画］**

9791 弱
—（ヨハシ） 441-2
—檜（サハラ） 536-6

**［八画］**

9812 張
—子（ハリコ） 373-2
—鞍（ハリクラ） 373-3
—（ハル） 378-1
—博望（チヤウハクバウ） 403-1
—良（チヤウリヤウ） 403-1
—即之（チヤウソクシ） 403-2
—芝（チヤウシ） 405-2
—行（チヤウギヤウ） 407-2
—本（チヤウボン） 407-2

9815 強
—盗（ガウダウ） 425-3
—飯（ガウハン） 428-7
—張（コウバリ） 430-5
—縁（カウヱン） 432-1
—性（カウセイ） 432-1
—敵（カウテキ） 432-1
—弱（カウニヤク） 432-1
—力（カウリキ） 432-1
—竊（カウセツ） 432-1
—盛（カウジヤウ） 432-2

勢（カウセイ）432-2
問（カウモン）432-2
義（カウギ）432-2
弓（ツヨユミ）458-7
顔（ツレナヒ）459-7
（ツヨシ）461-3
飯（コハイヒ）515-2
（コハシ）519-7
（アナガチ）533-6
（シヒル）578-4
者（スネモノ）597-7

［九画］

9826 弼
—（スケ）597-5

［十画］

9844 彀
—（ヤゴロ㊧コウ）498-1

［十二画］

9865 彈
—（ハジク）378-4
正（ダンジヤウ）443-5
指（タンジ）448-4
指（ツマハジキ）460-2
（シラブ）578-4
（ヒク）587-4

［十九画］

9904 彎
—（ヒク）587-4

## 彐部

［八画］

9927 彗
—星（ハフキボシ㊧スイ）367-5

## 彡部

［四画］

9969 形
—（カタチ）426-2、436-6
白（カタシロ）429-6
見（カタミ）437-5
如レ—（カタノコトク）437-5
（アラハス）533-4
像（ギヤウザウ）549-5
躰（ギヤウタイ）549-5
貌（ギヤウメウ）549-5
（スガタ㊧キヤウ）598-1

［六画］

9981 彦
—山（ヒコリン）580-4
根（ヒコネ）580-4
（ヒコ）581-6

【八画】

9992 彩
—色（サイシキ） 541-3

9995 彫
—（ホル） 388-2
—刻（テウコク） 525-7

【十一画】

10015 彰
—（アラハス） 533-4

【十二画】

10019 影
—（カゲ） 424-2、436-7
—向（ヤウガウ） 497-4

## 彳部

10037 彳
—亍（タタズム） 449-2
—（アヨム） 533-7

【四画】

10057 役
—者（ヤクシヤ） 495-6
—人（ヤクニン） 495-6

【五画】

10066 彼
—（カシコ） 436-7
—此（カレコレ） 437-3
—是（カレコレ） 437-3
—蒼（ヒサウ） 580-2
—岸（ヒガン） 580-2

10073 往
—古（イニシヘ） 362-5
—（トニロ） 401-4
—古（ワウゴ） 419-2
—生（ワウジヤウ） 421-3
—復（ワウフク） 421-3
—還（ワウクワン） 421-3
—代（ワウダイ） 421-3
—昔（ワウシヤク） 421-3
—詣（ワウゲイ） 421-3
—來（ワウライ） 421-4
—變（ワウヘン） 421-4
—年（ワウネン） 421-4
—（ムカシ） 469-5
—復（ユキカヘル） 553-6
—還（ユキカヘル） 553-6
—來（ユキキ） 553-6

10077 征
—（タタカフ） 450-4
—矢（ソヤ） 454-3
—（ユク） 554-3
—鼓（シヤウゴ） 568-2
—罰（セイバツ） 595-4

【六画】

10085 待
—賢門（タイケンモン） 442-7
—（マツ） 502-4

10097 律
—僧（リツソウ） 410-2
—儀（リツギ） 412-1

10098 後
—（ヲクレ） 417-6
—妻（ウハナリ） 470-5

―（ウシロ） 470-6
―詰（ウシロヅメ） 473-4
―巻（ウシロマキ） 473-4
―影（ウシロカゲ） 473-4
―（ノチ） 478-4
―朝（コウテウ） 511-7
―日（コウジツ） 511-7
―年（コウネン） 511-7、511-7
―日（コウニチ） 511-7
―苑（コクエン） 512-5
―架（コウカ） 512-7
―室（コウシツ） 513-4
―家（ゴケ） 513-4
―藤（ゴトウ） 516-5
―代（コウダイ） 518-1
―記（コウキ） 518-1
―訴（コウソ） 518-1
―證（コウシヨウ） 518-1
―悔（コウクワイ） 518-1
―便（コウビン） 518-1
―勘（コウカン） 518-1
―期（コウキ） 518-1
―顔（コウカン） 518-1
―輩（コウハイ） 518-1
―人（コウジン） 518-1
―胤（コウイン） 518-1
―音（コウイン） 518-1
―生（コウセイ㊧ゴシヤウ） 518-1
―昆（コウコン） 518-1
―參（コウサン） 518-1
―來（コウライ） 518-1
―學（コウガク） 518-1
―見（コウケン） 518-1
―陣（コウヂン） 518-1
―世（コウセ） 518-1
―津輪（シツツワ） 569-2
―（シリヘ） 578-5

［七画］

10110 徐
―（ヤフヤク） 497-7

10118 徑
―路（タダイ） 449-5
―（タダチ） 451-1

10121 徒
―（イタヅラ） 364-6
―跣（ハダシ） 369-7
―黨（トタウ） 395-2、397-7
―（トモカラ） 395-4
―然（トゼン） 397-7
―立（カチダチ） 438-6
―然（ツレヅレ） 460-2
―御（クルマゾヒ） 483-2
―膚（スハダ） 597-7

［八画］

10137 得
―業（トクゲフ） 394-6
―利（トクリ） 397-2
―分（トクブン） 398-3

—脱（トクダツ） 398-3
—法（トクホフ） 398-3
—意（トクイ） 398-3
—替（トクタイ） 398-3
—度（トクド） 398-4
—（ウル） 474-3
—（エタリ） 522-4
—不知（エゾシラズ） 522-5

10141 徘
—徊（ハイクワイ） 376-6
—徊（ヤスラフ） 497-3

10142 徙
—（ウツル） 474-3

10152 從
—弟（イトコ） 356-2
—座（ジウザ） 563-5
—儀師（ジウギシ） 565-1
—類（ジウルイ） 574-2
—（シタガフ㊧シウ） 578-1
—來（モトヨリ） 590-2

10157 御
—多羅枝（オンダラシ） 480-1
—調度（オンテウト） 480-1
—座（オハシマス） 480-3
—（オホン） 480-5
—頭梳（オンクシケツリ） 480-6
—成（オナリ） 481-2
—（マシマ[ス]） 502-1
—殿（ゴテン） 512-6
—靈（コリヤウ） 516-4
—器（ゴキ） 516-5
—領（ゴリヤウ） 517-7
—状（ゴジヤウ） 517-7
—書（ゴシヨ） 517-7
—邊（ゴヘン） 517-7
—法（ゴハフ） 517-7
—分（ゴブ） 517-7
—坐（ゴザ） 517-7
—幸（ゴカウ） 517-7
—方（ゴハウ） 517-7
—衣（ギヨイ） 546-4
—劔（ギヨケン） 547-7
—感（ギヨカン） 549-4
—遊（ギヨイウ） 549-4
—句（ギヨク） 549-4
—札（ギヨサツ） 549-4
—意（ギヨイ） 549-4
—溝（ミカハミヅ） 556-5
—菩薩池（ミゾロイケ） 556-6
—手洗河（ミタラシガハ） 557-1
—裳濯河（ミモスソガハ） 557-1
—牧（ミマキ） 557-2
—階（ミハシ） 557-3
—門（ミカド） 557-4
—内（ミダイ） 557-4
—子（ミコ） 557-4
—影供（ミエイク） 558-6
—衣木（ミソギ） 558-7
—穀（ミゴク） 558-7
—簾（ミス） 558-7
—弖（ミタラシ） 559-3

—幸（ミユキ） 559-6
—教書（ミゲウショ）
—作手（ミツクテ） 559-6
—調物（ミツキモノ） 559-6
—神樂（ミカクラ） 559-6
—正躰（ミシヤウダイ） 559-7
—方（ミカタ） 560-4

**［九画］**

10174 徧
—満（ヘンマン） 392-4

10183 復
—（マタ） 502-5

10187 循
—（シタガフ㊧シユン） 578-1

**［十画］**

10203 微
—咲（ホホヱム） 387-5
—降雨（ソボフルアメ） 453-1
—塵（ミヂン） 559-6
—細（ミサイ） 559-6
—妙（ミメウ） 559-6

---

—少（ミセウ） 559-6
—笑（ミセウ） 559-6
—運（ビウン） 585-5
—弱（ビジヤク） 585-5
—力（ビリヨク） 585-5
—服潜行（ビフクセンカウ） 586-1
—恙（ビヤウ） 586-5
—（スクナシ㊧ビ） 601-4

**［十二画］**

10239 徵
—（メス） 556-3

10243 德
—政（トクセイ） 398-4
—人（トクニン） 398-4
—役（トクヤク） 398-4
—化（トククワ） 398-4

10245 徹
—（トホル） 400-6
—到（テツタウ） 525-6

---

**［十四画］**

10267 徽
—（コトヂ㊧キ） 517-4

## 心部

10295 心
—（ソコ） 456-3
—（ナカゴ） 464-5
—（ムネ） 468-3
—太（ココロブト） 515-1
—安（ココロヤスシ） 518-7
无二—元一（ココロモトナシ） 518-7
无二—着一（ココロツキナシ） 518-7
—繫（ココロガケ） 518-7
—緒（ココロバヘ） 518-7
—見（ココロハヘ） 518-7
—寄（ココロヨセ） 518-7

—操（ココロバセ） 518-7
—強（ココロツヨシ） 518-7
—静（ココロシツカ） 518-7
—得（ココロエ） 518-7
—替（ココロカヘリ） 518-7
—計（ココロバカリ） 518-7
—故（ココロユヘ） 518-7
—地（ココチ） 519-3
—氣（シムキ） 565-5
—地（シムヂ） 575-2
—性（シムシヤウ） 575-2
—緒（シムシヨ） 575-2
—念（シムネン） 575-2
—底（シムテイ） 575-2
—中（シムヂウ） 575-2
—事（シムジ） 575-2
銘二—肝一（シムカンニメイズ） 575-2
—（シム） 578-5
—静（スズム） 600-4

［一画］

10299 必
—（カナラズ） 436-5
—定（ヒツヂヤウ） 585-7
—然（ヒツゼン） 585-7
—死（ヒツシ） 585-7

［三画］

10310 忌
—（イム） 364-3
10312 忍
—冬（ニンドウ） 380-2
—辱（ニンニク） 382-1
—著（ニンヂヤク） 382-1
—摺（シノブズリ） 567-4
—緒（シノビノヲ） 569-3
—（シノブ） 578-4
—冬（スヒカヅラ㊧ニントウ） 598-7
10331 志
—餌（クチヱ） 485-3
—（ココロザシ） 519-7
—（サツクワン） 535-7
—波（シハ） 569-7
10333 忘
—却（バウキヤク） 377-1
—憂草（ワスレグサ） 420-4
難レ—（ワスレガタシ） 422-1
—（ワスル） 422-3
—失（マウシツ） 500-6
10334 忙
—（イソガハシ） 363-6

［四画］

10348 忝
—辱（ハヅカシ） 377-4
—（カタシケナシ） 435-5
10353 忠
—仁公（チウジンコウ） 403-1
—心（チウシム） 406-5
—勤（チウキン） 406-6
—臣（チウシン） 406-6
—節（チウセツ） 406-6
—言（チウゲン） 406-6

—孝（チウカウ） 406-6
—賞（チウシヤウ） 406-6
—（コマナコ） 517-4
10358 忤 —（サカフ） 542-2
10366 忩 —忙（ソウバウ） 454-7
—劇（ソウゲキ） 455-1
10367 忪 —（ムナサハギ） 469-4
10369 快 —（タクマシ） 450-2
—樂（クワイラク） 487-4
—然（クワイゼン） 487-4
—（ココロヨシ） 519-7
10390 念 —誦（ネンジユ） 462-3
—願（ネングワン） 462-3
—珠（ネンジユ） 462-3
—想（ネンサウ） 462-3
—力（ネンリキ） 462-3
—者（ネンジヤ） 462-3
—比（ネンゴロ） 462-3
—（オモフ） 481-4

—珠（ジユズ㊧ネンジユ） 568-1
10405 忽 —緒（イルカセ） 362-7
—滑（ヌメル） 413-6
—焉（タチマチ） 448-7
—（タチマチ） 451-1
—然（コツネン） 518-7
—焉（コツエン） 518-7
10408 忿 —怒（フンド㊧ヌ） 510-5
—念（フンネン） 510-5

［五画］

10439 怒 —（イカル） 363-6
—濤（ヌタ） 413-6
10450 怖 —畏（フイ） 510-6
10462 思 —草（オモヒグサ） 479-4
—興（オモヒオコス） 480-4
—召（オホシメス） 480-5
—遣（オモヒヤル） 481-2
—殘（オモヒノコス） 481-2

—出（オモヒデ） 481-2
—分（オモヒワク） 481-2
—立（オモヒタツ） 481-2
—成（オモヒナシ） 481-2
—慮（シリヨ） 573-2
—惟（シユイ） 573-2
—量（シリヤウ） 573-2
—度（シタク） 573-2
—案（シアン） 573-2
10469 怠 —状（タイジヤウ） 447-5
—望（タイバウ） 447-5
—（タユム） 450-6
10470 怡 —（ヨロコブ） 441-1
10475 急 —（イソグ） 364-4
—雨（ムラサメ） 467-7
—時雨（ムラシグレ） 467-7
—風（ムラカゼ） 467-7
—病（キフビヤウ） 545-4
—事（キフジ） 549-3

｜用（キフヨウ） 549-3
｜度（キット） 549-3
｜速（キフソク） 549-3
｜々如律令（キフキフニヨリツリヤウ） 550-7

10478 性
｜（セイ） 593-3

10479 怨
｜敵（オンデキ） 479-3
｜靈（オンリヤウ） 480-7
｜念（オンネン） 480-7
｜（アタ） 534-2

10483 怪
｜我（ケガ） 504-7
｜異（ケイ） 504-7
不レ｜（ケシカラズ） 506-7

〔六画〕

10521 恃
｜（タノム） 450-5

10527 恒
｜（ツネ） 461-4
｜例（ゴウレイ） 518-2
｜式（ゴウシキ） 518-2

10535 協
｜（カナフ） 436-1
｜律（ケフリツ） 503-3

10546 恍
｜惚（ホレタリ） 387-6

10552 恐
｜怖（ヲソレヲソル） 417-5
｜懼（オソロシ） 480-5
｜怖（オソル） 481-3
｜惶（ケウクワウ） 505-5
｜悦（ケウエツ） 505-5
｜｜（ケウケウ） 505-5
｜惶謹言（キヤウクワウツツシンテマフス） 550-6

10560 恕
｜（オモンハカル） 480-6

10565 恙
｜蟲（ツツカムシ） 457-7
无レ｜（ツツガナシ） 460-2

10566 恚
｜（イカル） 363-6
｜（フヅクム㊧フシクル） 511-4

10576 悋
｜氣（リンキ） 411-6
｜（オシム） 481-5

10580 恣
｜（ホシヒママ） 388-4

10583 恤
｜（メグム） 556-3

10585 恥
雪レ｜（ハヂヲキヨム） 377-1
｜敷（ハヂカハシク） 377-4
｜（ハヅル） 378-1
｜辱（チジヨク） 407-2

10588 恨
｜（ウラム） 474-4
｜（クネル） 488-7

10591 恩
｜徳（ヲントク） 416-7
｜澤（ヲンタク） 416-7
｜給（ヲンキフ） 416-7
｜憐（ヲンレン） 416-7
｜賞（ヲンシヤウ） 416-7
｜愛（ヲンアイ） 416-7
｜問（ヲンモン） 416-7

10596 恭
｜（ウヤマフ） 474-2

10601 息
｜（イキ） 356-3
｜（イコフ） 364-3
｜災（ソクサイ） 455-3
｜女（ムスメ） 468-2

｜子（ムスコ｜）　468-2
｜（ヤスム）　497-6
10603 恰　｜合（カツカフ）　438-5

**［七画］**

10629 悦　｜豫（ヨロコブ）　440-6
｜預（エツヨ）　522-4
｜喜（エツキ）　522-4
10635 悉　｜（コトゴトク）　520-2
｜皆（シツカイ）　575-6
｜地（シツチ）　575-6
｜知（シツチ）　575-6
｜見（シツケン）　575-6
｜愼（シツシン）　578-6
10640 悋　｜惜（リンジヤク）　411-6
10659 悔　｜（クユ）　489-4
10661 悕　｜（ウラメシ）　474-5
｜望（ケマウ）　506-5
10663 悖　｜（ミダル）　560-5

10680 悟　｜（サトル）　542-1
10681 悠　｜｜（ユウユウ）　554-1
10691 患　｜（ウレフ）　474-2

**［八画］**

10720 悲　｜（カナシフ）　435-7
｜哉（カナシキカナ）　438-4
｜涙（ヒルイ）　585-4
｜涕（ヒテイ）　585-4
｜心（ヒシム）　585-4
｜歎（ヒタン）　585-4
｜哀（ヒアイ）　585-4、586-6
10726 悴　｜者（カセモノ）　425-1
10727 悵　｜（イタハル）　363-7
10729 悶　｜（ココロマドヒ）　520-3
｜絶（モンゼツ）　590-3
｜焦（モダヘコガル）　590-3
10733 悸　｜（ムナサハギ）　469-4
10756 情　｜（ナサケ）　466-2

｜逸（ココロヤスシ）　518-7
｜（ココロ）　520-3
｜物（アタラモノ）　532-7
10757 惆　｜（イタム）　364-2
｜悵（チウナヤウ）　408-5
10789 惑　｜乱（ワクフン）　422-1
｜（マドフ）　502-3
10809 惘　｜然（バウセン）　376-5
｜然（ホレタリ）　387-6
10814 惜　｜（オシム）　480-3
10820 惟　｜（タダ）　451-2
｜（オモンミレバ）　480-5
｜（コレ）　520-4
｜忖（ユイシユン）　553-7
10822 惠　｜（メグム）　556-3
｜慶法師（ヱキヤウホフシ）　580-1
10824 惡　所
｜（ニクマル）　382-5
｜僧（アクソウ）　527-4

─人（アクニン） 527－4
─黨（アクタウ） 527－4
─王（アクワウ） 527－4
─靈（アクリヤウ） 527－4
─友（アクイウ） 527－4
─瘡（アクサウ） 527－4
─心（アクシム） 527－4
─魔（アクマ） 527－4
─（アシシ） 533－6
無レ─（サガナシ） 541－5

【九画】

10855 惰
─鳥（ヨタカ） 439－6

10856 惱
─（ワツラフ） 422－4
─乱（ナウラン㊧ナヤマス） 465－3

10858 想
─像（オモヒヤル） 480－2
─夫戀（サウフフレン） 541－2

10885 愁
─（ウレフ） 474－2
─傷（シフシヤウ） 574－2
─歎（シウタン） 574－2
─訴（シウソ） 574－2
─鬱（シウウツ） 574－2

10904 愈
─（イユル） 364－6
─（マサル） 501－7

10919 慇
─（アハレム） 533－6

10921 意
─趣（イシユ） 361－5
─巧（イゲウ） 361－5
─念（イネム） 361－5
─業（イゴフ） 361－5
─（オモフ） 481－4

10939 愕
─（オトロク） 481－5

10946 愚
─（ヲロカナリ） 417－7
─札（グサツ） 487－1
─狀（グジヤウ） 487－1
─報（グホウ） 487－1
─拙（グセツ） 487－1
─鈍（グドン） 487－1
─暗（グアン） 487－1
─昧（グマイ） 487－1
─魯（グロ） 487－1
─詠（グエイ） 487－1
─心（グシム） 487－1
─意（グイ） 487－1
─慮（グリヨ） 487－1
─蒙（グモウ） 487－1
─者（グシヤ） 487－2
─案（グアン） 487－2
─老（グラウ） 487－2
─身（グシン） 487－2
─人（グニン） 487－2
─痴（グチ） 487－2

10947 愛
─褻（ナツカシ） 465－2
─宕岩（アタゴ） 526－6
─鴣（アイコ） 528－6
─敬（アイキヤウ） 531－2
─執（アイシフ） 531－2
─酒（アイシユ） 531－2

—憎（アイゾウ）531-2
—念（アイネン）531-2
—欲（アイヨク）531-2
—習（アイシフ）531-2
—著（アイチヤク）531-2
不レ—（スサメズ）600-2

10953 感
—状（カンシヤウ）433-3
—悦（カンエツ）433-3
—涙（カンルイ）433-3
—歎（カンタン）433-3
—心（カンシム）433-3
—應（カンヲウ）433-3
—果（カンクワ）433-3
—（カンズ）436-5

10954 慍
—（イカル）363-6

10980′ 慈
—覺大師（ジカクタイシ）564-4
—惠大師（ジエタイシ）564-4
—鎮和尚（ジチンクワシヤウ）564-4

〔十画〕

10982 愧
—（ハヅル）378-1

11024 愼
—（ツツシム）460-6

11045 慇
—懃（インギン）363-5
—懃（ネンゴロ）462-3
—懃（ヰンギン）476-5

11052 態
—（ワザト）422-4

〔十一画〕

11088 慕
—（コヒネカフ）520-1
—（シタフ）578-3

11095 慙
—（ハヅル）378-1

11096 慚
—愧（ザンギ）539-6
—顔（ザンガン）542-7

11003 慟
—（カナシフ）435-6

11110 慢
—氣（マンキ）500-6
—心（マンシム）500-6
—（アナドル）533-2

11114 慥
—（タシカニ）450-7

11132 慮
—外（リヨグワイ）412-3
—智（リヨチ）412-3
—（オモンパカル）480-6

11135 慰
—（ナグサム）465-6

11140 慳
—（オシム）481-5
—貪（ケントン）505-2
—悋（ケンリン）505-2

11144 慵
—（モノウシ）590-6

11145 慶
—（ヨロコフ）441-5
—賀（ケイガ）506-1
—事（ケイジ）506-1

11146 慷
—慨（ナゲク）465-3

11150 熱
—（イキル）363-4

11164 憑
—（ヨル）441-2
—（タノム）450-5

11167 憀
—慄（ワビシ）422-2

11170 憂
—悲苦惱（ウヒクナウ）473-1
—喜（ウキ）473-1

ー（ウレフ） 474-2
11172 憃 ー（ヲロカナリ） 417-7

［十二画］

11201 憍 ー慢（ケウマン） 506-6
11202 憎 ー（ニクム） 382-7
ー嫉（ソネム） 455-6
11206 憐 ー愍（レンミン） 452-4
ー察（レンサツ） 452-4
ー（アハレム） 533-6
11211 憒 ー閙（イソカハシ） 362-7
11215 憖 ー（ナマシイニ） 466-2
11222 憚 ー（ハバカル） 377-6
11239 憤 ー（イキドホリ） 364-1
11242 憧 ー（アコガルル） 533-3
11246 憩 ー（イコフ） 364-3
ー（ヤスム） 497-6
11252 憫 ー（カナシフ） 435-6
11269 憲 ー法（ケンバフ） 506-5

［十三画］

11295 憶 ー念（ヲクネム） 417-2
ー持（ヲクヂ） 417-2
ー（オモフ） 481-4
ー念（モノオモヒ） 591-3
11305 憺 ー（シヅカ㊧タン） 578-4
11312 憾 ー（ウラム） 474-4
11326 懇 ー（ネンゴロ） 462-6
ー望（コンバウ） 518-2
ー切（コンセツ） 518-2
ー祈（コンキ） 518-2
ー報（コンホウ） 518-2
ー札（コンサツ） 518-2
ー意（コンイ） 518-2
ー念（コンネン） 518-2
ー志（コンシ） 518-3
11328 懈 ー怠（ヲコタル） 417-5
ー怠（ケダイ） 504-7

11330 應 ー（ベシ） 393-1
ー鐘（オウセウ） 479-1
ー（シタガフ） 578-1
11334 懌 ー（ヨロコフ） 441-1

［十四画］

11390 懦 ー（ヨハシ） 441-2
ー（ツタナシ） 461-3
11399′ 懲 ー（コラス） 520-1

［十六画］

11455 懶 ー（モノウシ） 590-6
11456 懷 ー（イダク） 364-4
ー妊（ハラム） 369-6
ー氣（ナツカシゲ） 465-4
ー（ナツク） 465-6
ー（オモフ） 481-4
ー紙（クワイシ） 486-1
ー抱（クワイハウ） 487-5

—妊（クワイニン） 487-5
—中（クワイチウ） 487-5
—舊（クワイキウ） 487-5
—（フトコロ） 508-2

11462 懸
—樋（カケヒ） 423-7
—緗（カケモヨギ） 429-3
—盤（カケハン） 429-7
—金（カケカネ） 430-1
—樋（カケヒ） 430-1
—（カカル） 435-2
—隔（ケンガク） 505-4
—物（ケンブツ） 505-4
—車（ケンシヤ） 505-4

**［十七画］**

11478 懺
—悔（サンゲ） 541-6

**［十九画］**

11504 戀
—慕（レンボ） 452-6

—（コヒ） 520-3
—（シノブ） 578-4

## 戈部

11530 戈
—（ホコ） 385-7

**［二画］**

11539 戎
—（ツハモノ） 457-5
—（エビス㊧ジウ） 521-1

11542′ 成
—合（ナリアヒ） 463-2
—人（セイジン） 592-6
—童（セイドウ） 592-6
—敗（セイバイ） 595-2
—長（セイチヤウ） 595-2
—功（セイコウ） 595-2

**［三画］**

11545 我
—（ワレ） 419-6
—毛香（ワレモカウ） 420-4
—慢（カマン） 437-2
—執（カシフ） 437-2
—物（カモツ） 437-2
—情（カジヤウ） 437-2
—領（カリヤウ） 437-2

11548 戒
—（イマシム） 364-2
—壇（カイダン） 424-1
—律（カイリツ） 432-6
—行（カイヤヤウ） 432-6
—善（カイセン） 432-6

**［四画］**

11563 或
—（アルヒハ） 534-4
—（モシクハ） 591-2

**［七画］**

11594 戚
—（シタシ㊧セキ） 578-1

11598 戛
—（スリトノ㊧カツ） 601-6

［八画］

11606′ 戟
—（ホコ） 386-1

［十画］

11639 截
—痏（キリキズ） 550-5
—閉（キリフサグ） 550-5
—（キル㊧セツ） 551-1
—断（セツダン） 596-3

［十一画］

11655 戮
—（キル） 551-1

［十二画］

11667 戰
—（ヲノノク） 417-7
—（タタカフ） 450-4
—（ソヨグ） 456-1
—掉（ビクメク） 586-4
—場（センヂヤウ） 591-5
—功（センコウ） 595-1

［十三画］

11681 戲
—（タハフレ） 451-1
—論（ケロン） 504-7
—語（ケゴ） 504-7

［十四画］

11685 戴
—（イタダク） 364-4

## 戸部

11696 戸
—灘瀬瀧（トナセノタキ） 393-6
—（ト） 397-1

［四画］

11711 戽
—（ユトリ） 553-2

11712 戾
—脚（ワニアシ） 419-6
—橋（モドリハシ） 588-1
—（モヂ） 589-2

11715 所
—謂（イハユル） 363-3
—質（トコロジチ） 399-1
—柄（トコロカラ） 399-1
—斑（トコロマダラ） 399-1
—習（トコロナラヒ） 399-1
—生（ソセイ） 455-2
—耳（ウタガフ） 474-1
—縁（ユカリ） 554-3
—領（ショリヤウ） 561-6
—司代（ショシダイ） 563-6
—得（ショトク） 573-4
—謂（ショイ） 573-4
—栓（ショセン） 573-4
—犯（ショホン） 573-4
—知（ショチ） 573-4
—役（ショヤク） 573-4
—作（ショサ） 573-4
—願（ショグワン） 573-4

| 番号 | 見出し | 語 | 読み | 所在 |
|---|---|---|---|---|
| | | ―辨 | （ショベン） | 573-4 |
| | | ―用 | （ショヨウ） | 573-4 |
| | | ―縁 | （ショエン） | 573-4 |
| | | ―期 | （ショゴ） | 573-4 |
| | | ―領 | （ショリヤウ） | 573-4 |
| | | ―職 | （ショショク） | 573-4 |
| | | ―望 | （ショマウ） | 573-4 |
| | | ―為 | （ショヰ） | 573-4 |
| | | ―帯 | （ショタイ） | 573-4 |
| | | ―學 | （ショガク） | 573-4 |
| | | ―存 | （ショゾン） | 573-4 |
| | | ― | （セラル） | 596-7 |
| | ［五画］ | | | |
| 11724 | 扁 | ―鵲 | （ヘンジヤク） | 390-1 |
| 11728 | 扃 | ― | （トボソ） | 394-1 |
| | ［六画］ | | | |
| 11742 | 扆 | ― | （イ） | 358-4 |

| 番号 | 見出し | 語 | 読み | 所在 |
|---|---|---|---|---|
| 11743 | 扇 | ― | （アフギ） | 530-7 |
| | ［八画］ | | | |
| 11750 | 扉 | ― | （トボソ） | 394-1 |

## 手部

| 番号 | 見出し | 語 | 読み | 所在 |
|---|---|---|---|---|
| 11768 | 手 | ―預矢 | （イタヌキ） | 358-4 |
| | | ―繦 | （タスキ） | 445-2 |
| | | ―巾 | （タナゴヒ） | 445-2 |
| | | ―輿 | （タゴシ） | 445-7 |
| | | ―縄 | （タナワ） | 445-7 |
| | | ―挿 | （タ㊧バサミ） | 445-7 |
| | | ―綱 | （タヅナ） | 446-1 |
| | | ―洗 | （タラヒ） | 446-1 |
| | | ―向 | （タムケ） | 447-7 |
| | | ―折 | （タオル） | 447-7 |
| | | ―拭 | （テノゴヒ） | 524-1 |
| | | ―巾 | （テノゴヒ） | 524-1 |
| | | ―覆 | （テオホヒ） | 524-1 |
| | | ―變 | （テヘン） | 524-2 |
| | | ―水盥 | （テワヅダラヒ） | 524-3 |
| | | ―箱 | （テバコ） | 524-3 |
| | | ―鉾 | （テボコ） | 524-3 |
| | | ―戟 | （テボコ） | 524-3 |
| | | ―矛 | （テボコ） | 524-3 |
| | | ―筥 | （テハコ） | 524-3 |
| | | ―蓋 | （テカイ） | 524-3 |
| | | ―楯 | （テダテ） | 524-3 |
| | | ―斧 | （テヲノ） | 524-5 |
| | | ―継 | （テツギ） | 525-4 |
| | | ―組 | （テグミ） | 525-4 |
| | | ―代 | （テガハリ） | 525-4 |
| | | ―作 | （テサク） | 525-4 |
| | | ―傳 | （テツタヒ） | 525-4 |
| | | ―便 | （テヒン） | 525-4 |
| | | ―強 | （テゴハシ） | 525-4 |
| | | ―振 | （テブリ） | 525-4 |

—談（テズサミ） 525-4
—占（テノウラ） 525-4
—筒（テヅツ） 525-4
—遣（テヅカヒ） 525-4
—番（テツガヒ） 525-4
—負（テヲヒ） 525-4
—本（テホン） 525-4
—嘗（テナミ） 525-4
—自（テミヅカラ） 525-4
—足（テタリ） 525-4
—者（テシヤ） 525-4
—習（テナラヒ） 525-4
拱レ—（テヲクダク） 525-4
摩レ—（テヲスル） 525-5
不レ知ニ—舞足踏一（テノマヒアシノフムコトヲシラス） 525-5
—足（シユソク） 565-4
—巾（シユキン㊧テノゴヒ） 567-4
—帕（シユハ） 568-7
—教（シユケウ） 574-1
—跡（シユセキ） 574-1
—札（シユサツ） 574-1
—段（シユダン） 578-7

11769 才
—學（サイカク） 540-4
—智（サイチ） 540-4
—人（サイジン） 540-4
—勘（サイカン） 540-4
—藝（サイゲイ） 540-4

［二画］

11778 扐
—（ユビノマタ） 552-3

11780 扒
—上（ハイジヤウ） 376-3
—見（ハイケン） 376-3
—覧（ハイラン） 376-3

11781 打
—版（チヤウハン） 404-7
—眠衣（タメンゴロモ） 445-3
—成一片（タジヤウイツヘン） 449-3
—敷（ウチシキ） 471-7
—曇（ウチグモリ） 472-5
—刀（ウチカタナ） 472-5
—越（ウチコシ） 473-5
—寄（ウチヨス） 473-5
—続（ウチツツク） 473-5

［三画］

11798 扛
—（アグル） 533-1

11807 扣
—（タタク） 450-5
—菽（ウチマメ） 472-2
—（ヒカユル） 587-1

［四画］

11835 报
—（コク） 520-2
—（アツカフ） 533-4
—（モグ） 591-1

11840 扶
—（タスク） 450-4

—桑（フサウ） 507-3
—持（フチ） 510-2
—助（フジヨ） 510-2
11845 批
—（ヘグ） 392-7
—判（ヒハン） 585-3
11852 承
—（ウケタマハル） 474-3
—仕（ジヨウジ） 563-3
—仕（ゼウジ） 592-4
—悦（ゼウエツ） 595-4
—伏（ゼウフク） 595-4
—引（ゼウイン） 595-4
—諾（ゼウダク） 596-4
11860 抃
—悦（ヘンエツ） 391-7
—感（ヘンカン） 392-1
—歡（ヘンクワン） 392-1
—（テウツ） 526-1
11863 抄
—（ヌク） 414-1
11865 拘
—（カカユル） 435-4
—（ツル） 460-5
11868 拉
—（ノゴフ） 478-4
11874 把
—針（ハシン） 373-7
—（トル） 401-1
—（スガル） 601-1
11883 抑
—（ヲサフ） 418-5
—留（ヨクリウ） 440-7
—（ソモソモ） 456-3
11885 抓
—（カク） 436-4
—（ツカム） 460-6
11887 投
—石（イシナドリ） 363-4
—（ナグル） 465-6
11888 抖
—擻（トソウ） 400-2
11890 折
—（ヘツル） 392-7
—敷（ヲシキ） 416-4
—節（オリフシ） 480-4
—檻（セツカン） 595-6
—角（セツカク） 595-6
—々（セツセツ） 595-6
—籌（セツチウ） 596-2
—違（スヂカフ） 600-5

［五画］

11909 披
—講（ヒカウ） 585-2
—覧（ヒラン） 585-2
—陳（ヒチン） 585-2
—露（ヒロ） 585-2
—見（ヒケン） 585-2
—閲（ヒエツ） 585-2
—（ヒラク） 587-4
11917 抱
—（イダク） 364-4
11926 抹
—香（マツカウ） 500-3
11929 押
—寄（ヲシヨス） 417-3
—並（ヲシナメテ） 417-3
—殺（ヲシコロス） 417-4
—縣（ヲシカクル） 417-4
—取（ヲシトル） 417-4
—物（ヲシモノ） 417-4
—置（ヲサヘヲク） 417-4

| 番号 | 漢字 | 読み | 参照 |
|---|---|---|---|
| | 違 | （スヂノフ） | 600-5 |
| | 講 | （ヒカツ） | 585-2 |

—籠（ヲシコメ） 417-6
—領（ワウリヤウ） 421-6

11930 抽
—（ヌキンヅ） 413-7

11936 拂
—（ハラフ） 377-7
—暁（フケウ） 507-4
—底（フツテイ） 511-2

11940 拄
—（ササフ） 542-2
—杖（シユヂヤウ） 568-1

11944 拇
—（ヲヨビ） 416-2

11945 拈
—香（ネンカウ） 462-4
—（ヒネル㊧ネン） 586-7

11946 拉
—（トリヒシグ） 400-7

11948 抛
—（ナグル） 465-6

11952 拍
—子（ハヤシ） 377-5
—（タタク） 450-5
—（ウツ） 474-7
—毬（テマリ） 524-5
—子（ヒヤウシ） 585-6

11954 拏
—（ヒコヅラフ） 587-4

11957 拒
—競（コバミキヲフ） 518-6
—捍（コバミスマフ） 518-6
—障（コシヤウ） 519-2
—（コバム） 519-7
—（スマフ㊧キヨ） 601-7

11959 拔
—羣（バツグン） 376-7
—（トキ） 401-4
—懸（ヌケガケ） 413-6

11961 拖
—（ヒク㊧タ） 587-5

11963 拘
—牽（コウケン） 519-3

11965 拙
—（ツタナシ） 461-3
—者（セツシヤ） 592-7

11968 招
—（マネク） 502-2
—請（テウシヤウ） 525-6

11969 拜
—殿（ハイデン） 368-5
—披（ハイヒ） 376-1
—受（ハイジユ） 376-1
—進（ハイシン） 376-2
—領（ハイリヨウ） 376-2
—顔（ハイガン） 326-2
—讀（ハイドク） 376-2
—覆（ハイフク） 376-2
—晉（ハイシン） 376-2
—呈（ハイテイ） 376-2
—（オガム） 481-2

【六画】

11988 括
—（ククル） 488-7
—（アトクル） 531-7

11989 拭
—布（ノゴヒヌノ） 477-5

11991 拯
—（スクフ） 601-3

11994 拱
—（タンダク） 450-3
—（ツマアハセ） 461-5
—（コマヌク） 520-2

11996 拳
—（コブシ） 513-5
—攣（テナヘ） 525-5

12001 拵
—（コシラフ） 520-1

12006 拷
—問（ガウモン） 431-7

—訊（ガウジン） 431-7

12014 拾
—（ヒロフ） 587-4

12019 持
—佛堂（ヂフツダウ） 402-2
—病（ヂビヤウ） 404-2、408-7
—戒（ヂカイ） 406-3
—參（ヂサン） 406-3
—経（ヂキヤウ） 406-3
—呪（ヂシユ） 406-3
—（ヂ） 409-1
—（タモツ） 450-1
—籠（モツコ） 589-3
—來（モチキタル） 590-3
—成（モテナシ） 590-5
—（モツ） 591-3

12034 指
—身（サシミ） 537-4
—繩（サシナワ） 539-2
—圖（サシヅ） 540-6
—寄（サシヨス） 540-6
—向（サシムカフ） 540-6
—簪（サシカザス） 540-7
—搗（サシマネク） 540-7
—懸（サシカクル） 540-7
—合（サシアヒ） 540-7
—（ユビ） 552-3
—懸（ユガケ） 552-6

12038 按
—摩（カキサスル） 438-7
—察使（アゼツシ） 527-3
—排（アンバイ） 532-5

12055 挑
—（イドム） 364-3
—燈（チヨウチン） 405-4
—（カカク） 436-3
—（クシル） 488-7

**［七画］**

12082 挨
—拶（アイサツ） 533-1

12087 挫
—（トリヒシグ） 400-7

12093 振
—鼓（フリツヅミ） 509-4
—舞（フルマヒ） 510-5

12101 拵
—（テズサミ） 526-1

12106 挺
—（メキンヅ） 413-7

12109 挼
—瓜（モミフリ） 589-3
—（セム） 591-3

12111 挽
—擺（ヒキンロフ） 586-4
—（ヒク） 587-4

12118 挾
—（ハサム） 378-3

12119 挿
—（サシハサム） 542-3

12124 捂
—（ササフ） 542-2

12125 捃
—（トル） 401-1
—繩目（フシナハメ） 509-3
—（ヒロフ） 587-4

12143 捍
—（コハム） 519-7
—（スマフ㊧カン） 601-7

12149 捏
—（ヒネル） 587-3

12150 捐
—（スツ） 601-5

12157 捕
—（トラフ） 400-6

* 採
—（タムル） 449-7

〔八画〕

12181 捥 —（モグ） 591-1
12189 捧 —（ササク） 542-5
12191 捨 —（スツ） 601-5
12197 捫 —（ヒネル㊧モン） 586-7
—擇（モンヂヤク） 590-5
12208 捲 —（マク） 502-2
12212 捴 —門（ソウモン） 453-3
—領（ソウリヤウ） 453-6
—様（ソウヤウ） 455-1
—別（ソウベツ） 455-1
—躰（ソウタイ） 455-1
—雑（ソウザフ） 455-1
—座（ソウザ） 455-1
—山（ソウザン） 455-1
—中（ソウヂウ） 455-1
—國（ソウコク） 455-1
—名（ソウミヤウ） 455-1

—（フサヌ） 511-6
12216 捷 —疾（セフシツ） 593-5
12221 捺 —落（ナラク） 463-2
—（サス） 542-3
12222 捻 —挫（ネジヒク） 462-5
—（ヒネル） 586-7
12223 捼 —（モム） 591-3
12237 掃 —（ハラフ） 377-7
12237′ 掃 —墨（ハイズミ） 373-7
—拭（ハキノゴフ） 376-6
—部頭（カモンノカミ） 425-6
—除（サウヂ） 541-2
12241 掇 —（ヒロフ） 587-6
12242 授 —（サヅク） 542-4
12248 掌 —（タナゴコロ） 444-3
—（ツカサドル） 460-3
12256 排 —（ヲシヒラク） 418-2
—（ヒラク） 587-3
12262 掖 —垣（ヱキエン） 579-1

—庭（ヱキテイ） 579-1
12264 掘 —堀（ホリヲホル） 388-1
12267 掛 —羅（クウラ） 484-7
—錫（クワセキ） 487-5
—塔（クワタ） 487-5
12272 掟 —（ヲキテ） 418-5
12273 掠 —（カスム） 435-7
12274 採 —（トル） 401-1
12276 探 —題（タンダイ） 449-3
—（サグリ） 538-6
—題（サグリダイ㊧タンダイ） 541-6
—（サグル） 541-7
12280 接 —骨木（ニハトコ） 380-2
—（クム） 489-3
—（マシハル） 501-6
—骨木（ミヤツコギ） 558-3
—待（セツタイ） 596-2
12283 控 —（ヒカユル） 587-1

12284 推
一量（ヲシハカル） 417-3
一量（スイリヤウ） 600-1
一參（スイサン） 600-1
一察（スイサツ） 600-1
一問（スイモン） 600-1
一擧（スイキヨ） 600-1

12285 掩
一（オホフ） 481-5
不レ一（カクサズ） 525-7

12286 措
一（ヲク） 418-3

12290 掬
一（ニギル） 382-6
一（トル） 401-1

［九画］

12319 揄
一（ソロユル） 455-7

12332 揉
一（モム） 591-3

12338 揎
一（ソデマクリ） 456-2

12344 提
一月（タイゲツ） 441-7
一月（テイゲツ） 523-1
一子（テイス） 524-3
一子（ヒサゲ㊧テイス） 584-3
一（ヒツサグ） 587-3

12346 插
一頭花（カザシ） 438-2
一（サシハサム） 542-3

12351 揖
一斐（イヒ） 358-2

12355 揚
一（アグル） 533-1

12366 握
一（ニギリ） 380-7
一（ニギル） 382-6

12389 揭
一焉（イチジルシ） 362-6
一（カチン） 430-7

12394 揮
一（フルフ㊧キ） 511-6
一月（キゲツ） 547-5

12396 揯
一（コウ） 517-3

12403 揲
一（シトム） 577-5

12409 揵
一兒處（コンデイドコロ） 512-6

12445′ 揺
一板（ユルギノイタ） 553-2

［十画］

12459 損
一益（ソンヱキ） 454-6
一得（ソントク） 454-6
一免（ソンメン） 454-6
一亡（ソンバウ） 454-6
一失（ソンシツ） 454-6
一（ソコナフ） 455-7

12472 搐
一搦（ビクメク） 586-4

12477 搔
一楯（カイダテ） 423-7、429-7
一餅（カイモチ） 428-7
一淺黄（カキアサギ） 429-2
一器（カイゲ） 429-6
一（カク） 436-4

12479 搖
一（ツマヨル） 460-5
一（ワゴク） 474-6

12480 搗
一和布（カナメ） 427-2
一栗（カチグリ） 428-5
一（ツク） 461-2

12486 搜
一聚問（アナグリトフ） 532-1
一（サグル） 541-7

12500 搦
一手（カラメデ） 423-7

―（カラム） 435-7
―捕（カラメトル） 437-6
―取（カラメトル） 437-6
―手（カラメテ） 437-6
12525 搶 ―（フセグ） 509-2
12529 携 ―（タツサフ） 450-1

〔十一画〕

12572 摑 ―（ツカム） 460-6
12582 摘 ―（ツム） 460-5
12587 摛 ―（ノブル） 478-5
12596 摠 ―（スベテ㊧ソウ） 600-7
12609 摧 ―（クタク） 489-2
―破（ザイハ） 540-5
―折（ザイセツ） 540-5
―伏（ザイフク） 540-5
12613′ 摩 ―（ナヅル） 466-1
―頂（マチヤウ） 501-4
―（スル） 601-2

---

12647 摺 ―寫（シツシヤ） 577-3
―染（スリゾメ） 598-5
―糊木（スリコギ） 599-3
―糊盆（スリバチ） 599-3
―（スル） 601-2

〔十二画〕

12679 撈 ―（トル） 401-1
12713 撚 ―（ヒネル） 587-3
12717 撞 ―藻汁（ツクモジル） 458-4
―（ツク） 461-2
―（ウツ） 474-6
12727 撥 ―無（ハツム） 377-3
―（カカク） 436-3
―面（ハチメン） 373-5
12743 撫 ―物（ナデモノ） 465-3
―（ナヅル） 466-2
12748 撮 ―（トル） 401-1
―（ツマム） 460-6

---

12753 撰 ―（エラフ） 522-4
―歌（センカ） 595-1
―擇（センチヤク） 595-1

〔十三画〕

12781 擁 ―劒（ガザメ） 427-5
―護（オウゴ） 480-5
12796 擇 ―食（ツハリ） 457-3
―（エラフ） 522-4
12800 擊 ―杖（ウチヅエ） 472-7
―碎（ウチクダク） 473-5
12806 操 ―（ツカフ） 461-1
―（アヤツル） 531-5
―（ミサヲ㊧サウ） 560-7
12808 擎 ―（ササグ） 542-6
12816 擒 ―（トリコニス） 401-3
12839 據 ―（ヨル） 441-2

〔十四画〕

12851 擡
—（モタグ㊧タイ） 590-7

12853 擣
—箠合薬（タウシガフヤク） 446-5
—箠（ツキフルフ） 460-1

12863 擧
—（ウツ） 474-7
—（カク） 436-4
—（コゾル） 519-5
—（アグル） 533-1

12870 擬
—達（キヨタツ） 549-6
—狀（キヨジヤウ） 549-6
—（ナゾラフ） 465-7
—（ケスラフ） 507-1
—作（アテガフ） 532-6
—法珠（ギボウシ） 547-7

12880 擯
—出（ヒンジユツ） 586-4

［十五画］

12893 擲
—石（イシハジキ） 363-4
—（ナゲウツ） 466-1
—（スツル㊧テキ） 601-6

12912 擻
—（テモム） 526-1

12920 擾
—（イソガハシ） 364-3

12926 攀
—（ヨヅル） 441-3

［十八画］

13010 攝
—政（セツシヤウ） 592-2
—禄（セツロク） 592-2

［十九画］

13032 攣
—（ナユル） 465-5
—（アシヲ） 530-5

［二十画］

13043 攫
—（サラユル） 542-6

［二十一画］

13046 攬
—（トル） 401-1

## 支部

13061 支
—配（クバル） 488-6
—狀（ササヘジヤウ） 541-6
—配（シハイ） 573-2
—證（シセウ） 573-2
—度（シタク） 573-2

## 攴部

［二画］

13110 收
—（ヲサム） 418-4
—公（シユコウ） 573-5
—納（シユナフ） 573-6

［三画］

13113 攸
—（トニロ） 401-4

13114 改

—春（カイシユン） 424-6
—年（カイネン） 424-6
—易（カイエキ） 432-4
—補（カイフ） 432-4
—替（カイタイ） 432-4
—定（カイチヤウ） 432-4
—元（カイケン） 432-5
—悔（カイクワイ） 432-5
—（アラタム） 533-6

13120 攻

—（ツムル） 460-5
—（セムル） 595-6
—戰（セメタタカフ） 596-3
—落（セメヲトス） 596-7

［四画］

13133 放

—埒（ハウラツ） 374-4
—題（ハウダイ） 374-4
—逸（ハウイチ） 374-7
—言（ハウゲン） 374-7
—歌（ハウカ） 374-7
—火（ハウクワ） 374-7
—（ハナツ） 377-7
—屁（ヘヒル） 390-3
—（ユルス） 554-3

13135 政

—（マツリゴト） 502-3
—黄牛郁山主（セイクワウギウイクサンジユ） 593-1
—道（セイタウ） 596-3

［五画］

13161 故

—（カルカユヘニ） 436-6
—（フリタリ） 511-4
—人（コジン） 513-3
—實（コジツ） 517-5
—鄕（コキヤウ） 517-5
—障（コシヤウ） 517-5
—舊（コキウ） 517-5
—事（コジ） 517-5
—（コトサラ） 520-4

［六画］

13186 效

—（ナラフ） 465-7

［七画］

13205 敍

—（ノブル） 478-5

13206 敘

—用（ジヨヨウ） 573-6
—品（ジヨホン） 573-6
—分（ジヨブン） 573-6

13212 教

—誨（ヲシフ） 417-6
—訓（ケウクン） 505-6
—化（ケウケ） 505-6
—誡（ケウカイ） 505-6
—相（ケウサウ） 505-6
—文（ケウモン） 505-6
—學（ケウガク） 505-6
—主（ケウシユ） 505-6
—（セシム） 596-6

13217 敏
—（トシ） 400-6

13221 救
—（スクフ㊧キウ） 601-3

13227 敗
—（ヤフル） 497-5

［八画］

13260 敢
—不去（エサラス） 522-5
—（アヘテ） 534-3

13265 散
—（チル） 409-1
—蘿蔔（サンロフ） 537-4
—用（サンヨウ） 539-5
—乱（サンラン） 539-5
—動（サンドウ） 539-5
—失（サンシツ） 539-5
—機（サンキ） 539-5
—善（サンゼン） 539-5

13276 敦
—厚（トンコウ） 399-4
—（アツシ㊧トン） 533-5

13283 敧
—（ソバダツ） 456-2

13285′ 敬
—（ツツシム） 460-6
—（ウヤマフ） 474-2

［十一画］

13354 敵
—（カタキ） 426-1
—者（フテキモノ） 507-7
—（フツル） 511-3
—（テキ） 523-4
—藥（テキヤク） 525-5
—對（テキタイ） 525-5
—靣（テキメン） 525-5
—方（テキハウ） 525-5
—論（テキロン） 525-5
—陣（テキヂン） 525-5
—（ヒトシ） 587-2

13359 敷
—（ホドコス） 388-1
—島（シキシマ） 561-3
—板（シキイタ） 562-4
—居（シキヰ） 562-4
—革（シキガハ） 568-6
—目鎧（シキメノヨロヒ） 569-2
—（シク） 578-3
—（ヒラク） 587-3

13363 數
—（カズ） 436-5
——（カズカズ） 438-6
—无二—寄（マサリガヲナシ） 501-3
—多（アマタ） 534-4
—珠（ジユズ） 568-1
—（シバシハ） 578-5
—年（スネン） 597-4
—日（スジツ） 597-4
—月（スゲツ） 597-4
—刻（スコク） 597-4
—奇（スキ） 600-3
—通（スツウ） 600-3
—多（スタ） 600-3
—杯（スハイ） 600-3

［十三画］

13407 斂

―（ヲサム）　418-4
―（オサム）　481-4

［十四画］

13417 斃

―（タヲル）　451-3

## 文部

13450 文

―蛤（イタヤガヒ）　357-3
―鰩魚（トビウヲ）　396-2
―庫（ブンコ）　507-3
―月（フミツキ）　507-4
―章博士（ブンシヤウハカセ）　507-5
―宣王（ブンセンワウ）　507-6
―臺（ブンダイ）　509-2
―夾（ブンカフ）　509-2
―笈（フバコ）　509-3
―莫（ブンバク）　510-4
―集（ブンシフ）　510-4
―斈（ブンガク）　510-4
―籍（ブンシヤク）　510-4
―章（ブンシヤウ）　510-4
―談（ブンダン）　510-4
―武二道（ブンブニダウ）　510-4
―（フミ）　511-6
―（アヤ）　529-7
―司關（モンジノセキ）　588-2
―書（モンジヨ）　589-6
―選（モンゼン）　589-6
―理（モンリ）　589-6
―段（モンダン）　589-6
―字（モンジ）　589-6
―證（モンセウ）　589-6
―釋（モンシヤク）　589-6
―言（モンゴン）　589-6
―才（モンサイ）　589-6
―點（モンテン）　589-6
―盲（モンマウ）　589-6

［三画］

13453 斈

―道（ガクタウ）　434-3
―者（ガクシヤ）　434-3

［七画］

13466 斍

―知（カクチ）　434-2

［八画］

13470 斑

―鳩（イエバト）　357-1
―霜（ハダレシモ）　368-2
―（マダラ㊧ハン）　498-7

［九画］

13471 斒

―斕（ハンラン）　371-2

## 斗部

13489 斗
- —々（トト）　396-3
- —帳（トチヤウ）　396-6
- —桀（トカキ）　396-6
- —筲（トサウ）　397-3
- —方（トハウ）　398-3
- —藪（トソウ）　400-2

［六画］

13501 料
- —簡（リヨウケン）　412-4
- —理（レウリ）　452-5
- —帋（レウシ）　452-5
- —足（レウソク）　452-5

［七画］

13509 斜
- —眼（ニラム）　382-4
- —（ナナメ）　466-2

［九画］

13517 斟
- —（クム）　489-3
- —酌（シンシヤク）　576-5

## 斤部

13534 斤
- —鉞（マサカリ）　500-1
- —（キン）　546-7

［四画］

13539 斧
- —（ヲノ）　416-4
- —（ヨキ）　440-2
- —（マサカリ）　500-1

［七画］

13555 斬
- —麪（キリムギ）　546-6
- —瘕（キリキズ）　550-5
- —（キル）　551-1

13557 断
- —金（タンギン）　448-4
- —（コトハル）　519-4

［八画］

13563 斯
- —須（シバラク）　576-6

［九画］

13572 新
- —田（ニツタ）　381-3
- —嘗會（ニヒナメマツリ）　381-6
- —枕（ニヒマクラ）　381-6
- —食（ニヱス）　382-4
- —手（アラテ）　532-2
- —（アラタ㊧アタラシ）　532-2
- —羅（シンラ）　562-2
- —造（シンサウ）　562-3
- —戒（シンカイ）　562-7
- —發意（シンボツイ）　563-2
- —茶（シンチヤ）　567-5
- —茗（シンメイ）　567-5

—酒（シンジユ） 567-5
—米（シンベイ） 567-5
—羅琴（シラキゴト） 569-1

［十四画］

13611 斷
—絶（ダンゼツ） 447-3
—酒（ダンシユ） 447-3
—滅（ダンメツ） 447-3
—食（ダンシキ） 447-3
—腸（ダンチヤウ） 447-3
—罪（ダンサイ） 447-3
—金契（ダンキンノチギリ） 447-3

## 方部

13620 方
—珪（ハウケイ） 371-7
—々（ハウハウ） 375-2
—便（ハウベン） 375-2
—處（ハウジヨ） 375-2
—角（ハウガク） 375-3
—丈（ホウヂヤウ） 383-1
—盆（ホウボン） 386-1
—量（ホウリヤウ） 387-2
—藥（ホウヤク） 387-2
—人（カタフド） 425-3
—（タクラフ） 450-7
—便（タバカル） 451-3
—（マサニ） 502-4
—（ミサカリ） 560-6

［四画］

13628 於
—期（ヲゴ） 415-4
—（ヲヒテ） 417-7
—何（ナニヨリモ） 465-2
—期（オゴ） 479-5
—戲（アア） 532-5

［五画］

13629 施
—（ホドコス） 388-1
—（ユルス） 554-3
—藥院（セヤクヰン） 592-3
—行（セギヤウ） 595-4
—物（セモツ） 595-4
—主（セシユ） 595-4
—餓鬼（セガキ） 596-5

［六画］

13637 旁
—（カタガタ） 436-6

13644 旅
—籠振（ハタゴブルヒ） 372-2
—宿（リヨシク） 412-2
—所（リヨシヨ） 412-3
—行（リヨカウ） 412-3
—人（タビヒト） 443-7
—寢（タビネ） 448-3
—立（タビタツ） 448-3
—（タビ） 450-7

**［七画］**

13656 旋
- —風（ツジカゼ） 456-4
- —毛（ツジ） 457-4
- —運（マヒカスム） 501-2
- —（メグル） 556-4
- —子（モトヲシ） 589-5
- —覆花（センブクゲ㊧イチゴノハナ） 593-7

13658 旌
- —（ハタ） 371-7

13661 族
- —（ヤカラ） 498-1
- —（ユカリ） 554-3

**［十画］**

13687 旗
- —（ハタ） 371-7
- —竿（ハタザホ） 373-2

## 无部

13716 无
- —朧（オボツカナシ） 480-3
- —覺束（オボツカナシ） 480-3
- —齊（ブサイ） 508-7
- —菜（ブサイ） 508-7
- —單袴（ブタゴ） 511-1

**［七画］**

13724 既
- —得（キトク） 548-6
- —往（スギシカタ） 600-6
- —（ステニ㊧キ） 601-1

## 日部

13733 日
- —没（ニチモツ） 379-1
- —輪（ニチリン） 379-1
- —中（ニチチウ） 379-1
- —蝕（ニチシヨク） 379-1
- —本（ニツホン） 379-3
- —課（ニツカ） 382-3
- —參（ニツサン） 382-3
- —記（ニツキ） 382-3
- —別（ニチヽツ） 382-3
- —下（クサカ） 485-4
- —出草（アサシラゲ） 529-2
- —域（ジチイキ） 562-2
- —觀（ジツクワン） 564-4
- —隱（ヒガクシ） 580-5
- —影（ヒカゲ） 580-6
- —闌（ヒタク） 580-6
- —暮（ヒグレ） 580-6
- —光（ヒノヒカリ） 580-7
- —午（ヒル㊧ジツゴ） 580-7
- —來（ヒゴロ） 580-7
- —鵲（ヒガラ） 582-5
- —賞（ヒノ） 583-6

―綴（ヒヲドシ） 584-2
―數（ヒカズ） 585-4
―並（ヒナミ） 585-4
―比（ヒゴロ） 585-4

【一画】

13734 旦
―暮（タンホ） 441-6
―夕（タンセキ） 441-6
―過（タングワ） 442-4、448-4
―（アシタ） 526-7

【二画】

13738 旨
―（ムマシ㊧ムネ） 469-6

13742 早
―酒（シシユ） 567-7
―趣（シイシユ） 577-1
―目（イササメ） 362-5
―晩（イツカ） 362-6
―舟（ハヤフネ） 373-7
―態（ハヤワザ） 376-4
―稲（ワセ） 420-2
―春（サウシユン） 534-5
―秋（サウシウ） 534-5
―朝（サウテウ） 534-5
―天（サウテン） 534-5
―旦（サウタン） 534-5
―晩（サウバン） 534-5
―鹿（サホシカ） 536-4
―苗（サナヘ） 536-7
―速（サウソク） 539-7
―歌（サウカ） 539-7
―卒（サウソツ） 539-7
―世（サウセイ） 539-7
―參（サウサン） 539-7
―筆（サウヒツ） 539-7
―口（サウコウ） 539-7

【三画】

13747 旭
―（アサヒ） 526-2

13752 旱
―魃（カンバツ） 424-4、433-5
―損（カンソン） 433-5
―天（ヒデリ㊧カンテン） 580-7
―魃（ヒデリ㊧カンバツ） 580-7

【四画】

13775 旻
―天（ビンテン） 580-2

13792 昆
―明池（コンメイチ） 512-4
―布（コブ） 514-5

13794 昇
―（ノホル） 478-2
―（アグル） 533-1
―殿（シヨウテン） 574-4
―進（シヨウジン） 574-4
―進（セウシン） 596-4

13799 昊
―天（カウテン） 423-2

13805 明
―日香河原（アスカカハラ） 526-5
―障子（アカリシヤウジ） 527-1
―審（アキラム） 532-6

―（アクル）533―2
―（アキラム㊧アキラカナリ）533―7
―（キキ）551―3
―衣（ユカタビラ）552―5
―月（メイゲツ）554―4
―春（メイシユン）554―4
―年（メイネン）554―4
―王（メイワウ）554―5
―主（メイシユ）554―5
―匠（メイシヤウ）554―5
―鏡（メイケイ）556―1
―察（メイサツ）556―1
―文（メイモン）556―1
―臨（メイカン）556―3
―白（メイバク）556―3
―州津（ミヤウジウノツ）557―1
―星（ミヤウジヤウ）557―2
―朝（ミヤウテウ）557―2

―暗（ミヤウアン）557―2
―年（ミヤウネン）557―2
―日（ミヤウニチ）557―2
―夕（ミヤウセキ）557―2
―旦（ミヤウタン）557―2
―夜（ミヤウヤ）557―2
―恵法師（ミヤウヱホフシ）557―5
―神（ミヤウジン）559―6
―證（ミヤウシヤウ）559―6
―鏡（ミヤウキヤウ）559―6
―レ隙（ヒマヲアケ）586―6

13806 昏
―（クラシ）489―4
―鐘鳴（コジミ）519―2
―（ヒグレ）580―6

13814 易
―（ヤスシ）497―5

13816 昔
―時（ソノカミ）455―5
―（ムカシ）469―5

**［五画］**

13837 星
―（ホシ）383―1
―月夜（ホシヅキヨ）383―4
―霜（セイザウ）592―1

13838 映
―（エイス）580―1

13844 春
―（ハル）368―2
―日（カスガ）422―5
―鳥子（ウス）471―3

13846 昧
―（クラシ）489―3

13847 昨
―日（サクジツ）534―6
―朝（サクテウ）534―6
―晩（サクバン）534―6
―夕（サクセキ）534―6
―夜（サクヤ）534―6
―日（キノフ㊧サクジツ）544―1

13855 昭
―堂（シヨウダウ）561―5
―覧（セウラン）596―3

13859 是
是如―（カクノコトシ）438―3

―歳（コトシ） 512-2
從レ―（コレヨリ） 519-1
―程（コレホド） 519-1
―非（ゼヒ） 596-2
13866 昵 ―近（チツキン） 408-6
―（チカヅク） 409-1
―（ムツブ） 469-5
13885 昂 ―（アグル） 533-1
＊ 旹 ―（トキ） 394-4

〔六画〕

13890 時 ―（トキ） 394-4
―々（トキトキ） 399-3
―間（トキノマ） 399-3
―代（トキヨ） 399-4
適レ―（トキニカナフ） 399-4
若レ―（トキニシタガフ） 399-4
依レ―（トキニヨル） 399-4
不二―知一（トキシラズ） 399-4

---

―々（ヨリヨリ） 441-1
―石（ヅンバイ） 459-2
―宗（ジシウ） 564-1
―宜（ジギ） 573-1
―代（ジダイ） 573-1
―機（ジキ） 573-1
―氣（ジキ） 573-1
―刻當來（ジコクタウライ） 573-1
13891 晃 ―（テル） 525-7
―（アキラム） 533-7
―（ヒカリ） 586-7
13898 晉 ―（ススム㊧シン） 600-7

〔七画〕

13940 晩 ―春（バンシユン） 367-6
―夏（バンカ） 367-6
―景（バンケイ） 367-6
―天（バンテン） 367-6

---

―秋（バンシウ） 368-1
―冬（バントウ） 368-1
―學（バンガク） 375-5
―稲（ヲシネ） 415-4
―（ヲソシ） 418-2
―（クレ） 482-5
―（ユフベ） 551-6
13948 晝 ―食（チウジキ） 404-5
―（ヒル㊧チウ） 580-7
13949 晞 ―（ホス） 388-3
―（カハク） 436-3
―（ヒル） 587-1
13952 晡 ―時（ホシ） 383-4
13960 晦 ―（ツゴモリ） 456-4
13961 晧 ―（アキラム） 533-7
13962 晨 ―（ツト） 456-4
―起（ツトニヲク） 460-3

〔八画〕

13982 普
- —天（フテン） 507-2
- —請（フシン） 510-2
- —通（フツウ） 510-2
- —（アマネシ） 533-5

13983 景
- —（トキ） 394-4
- —（カゲ） 436-7
- —物（ケイブツ） 506-1
- —氣（ケイキ） 506-1

13994 晴
- —敷（ハレガマシク） 377-4
- —（ハルル） 378-2

14005 晷
- —（ヒカゲ㊧キ） 580-6

14010 智
- —慧（チヱ） 405-7
- —分（チブン） 405-7
- —者（チシヤ） 406-1
- —（キキ） 551-4

［九画］

14036 暇
- —乞（イトマゴヒ） 362-6

14037 暈
- —（カサ） 424-6

14038 暉
- —（カカヤク） 436-3
- —麗（キレイ） 550-3
- —（ヒカリ㊧キ） 586-7

14051 暑
- —（アツシ） 527-1

14064 暖
- —氣（ダンキ） 441-7
- —簾（ノンレン） 477-5
- —席（ノンセキ） 477-5
- —氣（ノンキ） 478-1
- —（アタタカ） 527-1

14065 暗
- —（クラシ） 489-3
- —向（アンカウ） 527-5
- —鈍（アンドン） 532-2

［十画］

14095 暢
- —月（チヤウゲツ） 402-4

［十一画］

14120 暫
- —（アカラサマ） 534-2
- —時（ザンシ） 540-5
- —（シバラク㊧ザン） 578-3

14128 暮
- —春（ボシユン） 383-4
- —秋（ボシウ） 383-4
- —齢（ボレイ） 387-5
- —（クレ） 482-4
- —（ユフベ） 551-6

14137 暴
- —風（ハヤテ） 368-2
- —風（ボウソウ） 383-1
- —（ホス） 388-3
- —風（ノワキ） 477-1
- —（アラシ） 533-6
- —雨（ユフダチ） 551-5

［十二画］

14165 曁
- —（ヲヨブ） 418-1

14171 暦
- —々（レキレキ） 452-4
- —博士（コヨミハカセ） 512-7
- —（コヨミ㊧レキ） 517-4

14172 曇
- —（クモル） 482-3

14176 曉
—（アカツキ） 526-7
—（サトル） 542-1

【十三画】

14210 曦
—（ヒノヒカリ㊧キ） 580-7

【十四画】

14220 曙
—（アケボノ㊧アカツキ） 526-2
14227 曜
—（カカヤク） 436-3

【十五画】

14239 曝
—（サラス） 542-4
14245 曠
—野（アラノ） 526-7

## 曰部

14278 曰
—（イフ） 364-4
—（ヰヤツ） 476-6
—（ノタマフ） 478-4

【二画】

14280 曲
—尺（カネ） 430-3
—（ソル） 455-7
—者（クセモノ） 488-5
—事（クセゴト） 488-5
—奴（クセヤツ） 488-5
—勾（マガリ） 499-3
—金（マガリ） 500-2
—（マガル） 501-6
—水（コクスイ） 512-1
—彔（キヨクロク） 547-3
—節（キヨクセツ） 549-6
—述（キヨクジユツ） 549-6
—（ユガム） 554-2
14282 曳
—干（ヒキボシ） 584-1
—進（ヒキマハス） 586-4

【三画】

14283 更
—々（カハルカハル） 438-7
—々（サラサラ） 541-7
—（サラニ） 542-6

【六画】

14294 書
—（カク） 436-4
—記（カキシルス） 437-5
—付（カキツク） 437-5
—絶（カキタエ） 437-5
—直（カキナホス） 437-5
—手（カキテ） 437-5
—寫（カキウツス） 437-5
—習（カキナラフ） 437-5
—（フミ） 511-6
—院（シヨエン） 561-5
—記（シヨキ） 562-6
—生（シヨセイ） 563-6
—籍（シヨジヤク） 568-2、573-5
—状（シヨジヤウ） 573-5

—札（ショサツ） 573-5
—判（ショハン） 573-5
—寫（ショシヤ） 573-5

［七画］

14297 曹
—輩（ハラカラ） 369-5
—（トモカラ） 395-3
—司（ザウシ） 536-3

［八画］

14299 曾
—（カツテ） 436-6
—我（ソガ） 453-4
—祢（ソネ） 453-4
—參（ソウシン） 453-5
—足（ソビフダリ） 453-7
—坑（ゾウカウ） 454-2
—（ムカシ） 469-5
—祖父（ヒオホヂ） 581-4
—祖母（ヒウバ） 581-4

—孫（ヒコ） 581-6
—（スナハチ） 601-5

14300 替
—（カハル） 435-1

14301 最
—愛（イトヲシ） 362-4
—安（イトヤスシ） 362-4
—假染（カリソメ） 362-4
—（イト） 364-6
—手（ホテ） 387-5
—前（サイゼン） 540-3
—初（サイシヨ） 540-3
—少（サイセウ） 540-3
—上（サイジヤウ） 540-3
—中（サイチウ） 540-3
—下（サイゲ） 540-3
—頂（サイチヤウ） 540-3
—後（サイゴ） 540-3
—勝（サイゼウ） 540-3
—極（サイゴク） 540-3
—要（サイヨウ） 540-3

—中（モナカ） 588-2
—（モツトモ） 591-2

［九画］

14306 會
—稽山（クワイケイザン） 481-6
—所（クワイシヨ） 482-1
—席（クワイセキ） 487-5
—合（クワイガフ） 487-5
—下（ヱゲ） 579-2
—下傘（ヱゲガサ） 579-5
—釋（ヱシヤク） 579-6
—所（ヱシヨ） 579-6

## 月部

14330 月
—（ツキ） 456-4
—水（ツキノサハリ） 457-3
—草（ツヰクサ） 458-2
—額（ツキビタイ） 458-7

—輪（ツキワ） 458—7
—次（ツキナミ） 459—6
—待（ツキマチ） 459—6
—見（ツキミ） 459—6
—輪（クワチリン） 482—4
—蝕（クワチショク） 482—4
—記（クワチキ） 482—4
—水（グワツスイ） 483—4
—迫（ケツハク） 502—6
—卿雲客（ゲツケイウンカク） 503—1
—團（ゲツダン） 504—2

**［二画］**

14332 **有**

—識（イウシヨク） 363—7
—（タモツ） 450—1
—縁（ウエン） 473—1
—得（ウトク） 473—1
—徳（ウトク） 473—1
—待（ウタイ） 473—1
—漏（ウロ） 473—1
—情（ウシヤウ） 473—1
—相（ウサウ） 473—1
—心（ウシム） 473—1
—力（ウリキ） 473—1
—為（ウヰ） 473—1
—智（ウチ） 473—1
—无（ウム） 473—1
—名无實（ウミヤウムジチ） 473—1
—明（アリアケ） 526—2
—様（アリサマ） 531—3
—増（アラマシ） 531—3
難レ—（アリカタシ） 531—7
所レ—（アラユル） 532—5
—繋（サスガ） 541—5
—職（ユウシヨク） 553—3
—道（ユウタウ） 553—3
—福（ユウフク） 553—3
—力（ユウリヨク） 553—3

**［四画］**

14340 **朋**

—友（ホウイウ） 383—5
—（トモ） 395—2

14345 **服**

—（キル） 550—5

**［六画］**

14359 **朔**

—（ツイタチ） 456—4
—日（サクジツ） 534—7

14361 **朕**

—（チン） 404—2

**［七画］**

14364 **朗**

—（ホガラカ） 388—5
—詠（ラウエイ） 467—4
—（アキラム） 533—7

14368 **望**

—（ノソム） 478—3
—月（モチヅキ） 588—2
—姓（モトデ） 590—2

〔八画〕

14374 朝
—廷（チヨウテイ） 401-5
—暮（テウボ） 523-1
—夕（テウセキ） 523-1
—爨（テウサン） 524-2
—恩（テウオン） 525-1
—威（テウヰ） 525-1
—拝（テウハイ） 525-1
—敵（テウテキ） 525-1
—暾（アサヒ） 526-2
—暮（アケクレ） 526-3
—開（アサボラケ） 526-4
—顔（アサカホ） 529-1
—餉（アサガレイヒ） 529-5
—供御（アサグゴ） 529-5
—食（アサメシ） 529-5
—倉（アサクラ） 530-1
—來（アサゴ） 530-1
—日（アサヒ） 530-1
—淸（アサキヨメ） 532-6

14377 朞
—（トシ） 394-4

14378 期
—（ゴスル） 519-5

14383 ⿱月⿰月月
—（サヤケシ） 534-7

〔十四画〕

14409 朦
—（オボロ） 479-1
—々（モウモウ） 590-6
—朧（モウロウ） 591-3

〔十六画〕

14411 朧
—（オボロ） 479-1


## 木部


14415 木
—綿（ハイマユミ） 370-2
—瓜（ボケ） 384-4
—履（ボクリ） 385-6
—賊（トクサ） 395-5
—工頭（ムクノカミ） 468-2
—蘭地（ムクランヂ） 468-5
—枯（コカラシ） 512-3
—幡（コワタ） 512-4
—綿（コワタ） 512-4
—舞（コマヒ） 512-6
—練（コネリ） 514-3
—淡（コザハシ） 514-3
—立（コダチ） 514-3
—末（コズヱ） 514-3
—實（コノミ） 514-3
—撮（コツカミ） 515-3
—魅（コダマ） 516-4
—戸（キド） 543-3
—目漬（キノメヅケ） 546-6
—曾（キソ） 547-1
—鋒（キホウ） 547-5
—割（キワリ） 547-5

ー強（キシク） 550-2
ー綿付鳥（ユフツケドリ） 552-2
ー兎（ミミツク㊧モクト） 557-7
ー犀（モクセイ） 588-6
ー槵子（モクゲンジ） 588-7
ー綿（モメン） 589-2
ー瓜（モツカウ） 589-3
ー叉（モクシヤ） 590-1
ー佛（モクブツ） 590-1
ー像（モクザウ） 590-1

【一画】

14419 未
ー審（イブカシ） 362-5
ー（イマタ㊧ス） 364-6
ー裸（マラ） 498-5
ー社（マツシヤ） 499-4
ー那板（マナイタ） 500-1
ー後（マツゴ） 500-7
ー代（マツダイ） 500-7
ー流（マツリウ） 500-7
ー法（マツホフ） 500-7
ー寺（マツジ） 500-7
ー書（マツシヨ） 500-7
ー世（マツセ） 500-7
ー弟（マツテイ） 500-7
ー學（マツガク） 500-7
ー明（アケボノ） 526-2
ー煎（ミセン） 558-6
ー練（ミレン） 559-5
ー断（ミダン） 559-5
ー進（ミシン） 559-5
ー分（ミブン） 559-5
ー定（ミヂヤウ） 559-5
ー熟（ミジユク） 559-5
ー來（ミライ） 559-5
ー聞不見（ミモンフケン） 559-6
ー落居（ミラツキヨ） 559-6
ー曾有（ミゾウ） 560-1
ー濟（ミセイ） 560-3
ー明（ビメイ） 580-2
ー（ヒツジ㊧ビ） 580-7

14420 末
ー孫（バツソン） 369-2
ー子（バツシ） 369-2
ー座（バツサ） 377-4
ー武（スヱタケ） 599-7
ー（スヱ㊧マツ） 601-5

14421 本
ー朝（ホンテウ） 383-2
ー人（ホンニン） 384-2
ー主（ホンシユ） 384-2
ー病（ホンヒヤウ） 384-2
ー望（ホンマウ） 386-2
ー説（ホンセツ） 386-2
ー性（ホンシヤウ） 386-2
ー懐（ホンクワイ） 386-2
ー源（ホンゲン） 386-2
ー地（ホンチ） 386-2
ー所（ホンジヨ） 386-2

―領（ホンリヤウ）386-3
―願（ホングワン）386-3
―家（ホンケ）386-3
―尊（ホンゾン）386-3
―意（ホンイ）386-3
―末（ホンマツ）386-3
―文（ホンモン）386-3
―來（ホンライ）386-4
―來（モトヨリ）590-2
―自（モトヨリ）590-2

14422 札
―（フダ）509-6
―（サネ）539-3

〔二画〕

14424 朱
―沙（シユシヤ）569-4
―（シユ）569-6

14427 朳
―（エブリ）521-7

14430 朶
―（エダ㊧ダ）521-4

14433 朸
―（アフコ）530-4

---

14439 朽
―葉（クチバ）484-7
―（クツル）489-1

〔三画〕

14450 杇
―（ナダラカ㊧ヲ）465-7

14452 杉
―障子（スギシヤウジ）597-3
―（スキ）599-2
―原（スイバラ）599-4

14457 杌
―（クイゼ）484-4

14459 李
―堯夫（リゲウフ）410-1
―龍眠（リレウメン）410-1
―安忠（リアンチウ）410-1
―夫人（リフジン）410-3
―（スモモ㊧リ）599-1

14461 杏
―（カラモモ）427-3
―子（アンス）529-4
―仁（アンニン）529-6
―葉（キヤウヨフ）547-5

14464 村
―（ムラ）468-1

---

―紺（ムラゴ）468-5
―主（スグル）599-7

14466 杓
―子（シヤクシ）569-4

14469 杖
―（ツエ）458-7
―衝（ツエツク）460-2
―棰（シモト）569-5

14470 杗
―（ワツバリ㊧バウ）470-3

14472 杘
―（リクノエ）421-2

14473 杙
―（クイ）486-4

14477 杜
―中（ハイマユミ）370-2
―鵑（ホトトギス）384-6
―宇（ホトトギス）384-6
―子美（トシミ）394-7
―鵑花（トケンクワ）395-6
―鵑（トケン）396-1
―宇（トウ）396-1
―若（カキツバタ）426-6
―（フセク）511-5
―（モリ㊧ト）588-7

14480 束
—帯（ソクタイ） 455-6
—柱（ツカバシラ） 456-7
—（ツカヌ） 461-4

14481 杠
—（ユヅリハ） 552-5

14488 杣
—人（ソマビト） 453-6

［四画］

14490 杪
—（スエ㊧ベウ） 601-5

14497 杯
—（サカヅキ㊧ハイ） 539-1

14499 東
—夷（トウヰ） 393-3
—大寺（トウダイジ） 393-6
—寺（トウジ） 394-1
—司（トウス） 394-1
—方朔（トウバウサク） 394-7
—坡（トウバ） 394-7
—板（トウハン） 395-1
—堂（トウダウ） 395-2
—岱前後煙（トウタイゼンゴノケフリ） 399-7
—作業（トウサクゲフ） 400-1
—漸（トウゼン） 400-4
—風（コチ） 512-2
—竪子（アマツワラハ） 527-3
—（ヒガシ） 580-3

14502 杴
—（コスキ） 517-3

14503 杵
—（キネ） 548-1
—鈴（シヨレイ） 569-2

14512 杻
—（テカシ） 525-7

14516 松
—明（タイマツ） 446-4
—脂（ヤニ） 496-1
—蟲（マツムシ） 499-1
—子（マツノミ） 499-4
—尾（マツノヲ） 499-4
—任（マツタフ） 499-4
—田（マツダ） 499-4
—井（マツヰ） 499-4
—（マツ） 499-5
—蕈（マツダケ） 499-6
—拍子（マツハヤシ） 500-7
—囃（マツハヤシ） 500-7
—露羹（セウロカン） 594-2
—煤（セウバイ） 594-4
—滋侯（セウシコウ） 594-4
—蘇利（スズリ） 599-4

14518 板
—橋（イタハシ） 355-4
—敷（イタジキ） 355-4
—倉（イタクラ） 358-1
—坂（イタサカ） 358-1
—齒（ムカバ） 468-3

14525 枅
—（ヒヂギ） 580-5

14528 枇
—杷（ビハ） 583-1

14530 枉
—惑（ワウワク） 421-4
—（マガル） 501-5

14534 枌
—（ニレ） 380-1

14546 枕
—（ヨル） 441-2
—（マクラ㊧シン） 500-4
—席（シンセキ） 576-4

14551 林
- ｜（ハヤシ） 370-3
- ｜鐘（リンショウ） 409-5
- ｜檎（リンゴ） 410-5

14554 枚
- ｜（バイ） 373-7

14556 果
- ｜（ハタス） 378-1
- ｜下（クワカ） 483-7
- ｜李（クワリン） 484-3
- ｜報（クワホウ） 487-3
- ｜徳（クワトク） 487-3

14557 枝
- ｜（エダ） 521-3

［五画］

14579 枯
- ｜木（カレキ） 427-3
- ｜色（カレイロ） 429-3
- ｜木（コボク） 514-4

14583 枳
- ｜枳（カラタチ） 426-5
- ｜殻（キコク） 546-2
- ｜實（キジツ） 546-6

14584 枴
- ｜（ワウコ） 421-1

---

14586 架
- ｜衣（ホコギヌ） 385-2
- ｜（ホコ） 385-7
- ｜（カマエ） 424-2
- ｜（カマフ） 436-2
- ｜（タカボコ） 446-6

14587 枷
- ｜（クビカシ） 486-4

14588 枸
- ｜杞（クコ） 484-4

14589 枹
- ｜（バチ） 374-1

14596 柹
- ｜（カキ） 427-4
- ｜餅（カキモチ） 428-7
- ｜衣（カキノコロモ） 429-1
- ｜紙（カキカミ） 430-5

14603 柄
- ｜（カラ） 431-2
- ｜（ツカ） 459-3
- ｜立（エタテ） 521-7
- ｜（エ㊧ヘイ） 521-7
- ｜杓（ヒシヤク） 584-3

14610 柊
- ｜（ナギ） 463-7
- ｜槌（サイヅチ㊧シウツイ） 538-6

---

14617 柏
- ｜（カシハ） 427-3
- ｜槙（ビヤクシン） 583-1

14618 某
- ｜（ソレカシ） 453-7

14619 柑
- ｜子栗毛（カウジクリゲ） 427-6

14621 染
- ｜小袖（ソメコソデ） 454-3
- ｜革（ソメガハ） 454-3
- ｜付（ソメツケ） 454-3
- ｜物（ソメモノ） 454-3
- ｜（シム㊧ゼン） 577-5

14622 柔
- ｜輭（ニウナン） 381-5
- ｜和（ニウワ） 381-5
- ｜（ヤハラグ） 497-7

14629 柚
- ｜柑（ユカウ） 552-5
- ｜（ユ） 552-5
- ｜味噌（ユミソ） 552-7

14633 柝
- ｜（ハフシギ） 374-3

14636 柞
- ｜（ハハソ） 370-2

14658 柯
- ｜（エ㊧カ） 521-7

14659 柰
- ｜（カラナシ） 426-5

14660 柱
―（ハシラ） 368-5
―（コトヂ） 517-4

14662 柳
―下恵（リウカケイ） 410-2
―子厚（リウシコウ） 410-2
―絮（リウジヨ） 410-5
―絮（ヤナギノハナ） 496-1
―筥（ヤナイバコ） 496-6

14664 柴
―菴（シバノイホ） 562-4
―戸（シバノト） 562-4
―（シバ） 567-1
―曳（シバヒキ） 569-3

14665 柵
―（マカキ） 498-3

14675 柾
―（マサ） 499-5

14681 柿
―（コケラ） 514-6

14686 栂
―尾（トガノヲ） 393-2
―（ドカ） 395-6

［六画］

14689 栓
―（セン） 594-4

14695 栗
―鼠（リツス） 410-4
―毛（クリゲ） 484-1
―（クリ） 484-4
―形（クリカタ） 486-1

14710 栟
―櫚（ヘイリヨ） 390-4

14713 校
―（カンカフ） 436-1
―（タクラフ） 450-7
―合（ケウガフ） 506-6

14723 株
―（カブ） 427-4
―（カブタテ） 429-6
―（クイゼ） 484-3

14724 栫
―（カコフ） 436-2

14727 栖
―（ツカバシラ） 456-7

14737 栴
―壇（センダン） 593-6

14739 栵
―（ハハソ） 370-2

14743 核
―（サネ） 536-7
―首（サネガシラ） 539-2

14745 根
―來（ネゴロ） 461-6
―芋（ネイモ） 462-1
―源（コンゲン） 518-3
―性（コンジヤウ） 518-3
―本（コンホン） 518-3
―元（コンゲン） 518-3

14749 格
―子（カウシ） 423-6
―勤（カクゴ） 425-4

14750 栽
―（ウフル） 474-3

14754 桁
―（ケタ） 503-1

14755 桂
―川（カツラガハ） 423-4
―（カツラ） 427-3
―心（ケイシム） 503-7

14757 桃
―浪（タウラウ） 442-1
―李（タウリ） 444-4
―林（タウリン） 444-6
―仁（タウニン） 445-4
―花鳥（ツグミ） 457-5
―尻（モモジリ㊧カウ） 588-5
―（モモ㊧タウ） 588-7

14762 案
―内（アンナイ） 531-4

―文（アンモン） 531-4

14770 桐
―壺（キリツボ） 543-6

14772 桑
―門（ヨステビト） 439-4
―（クワ） 484-3
―弓蓬矢（クワノユミヨモキノヤ） 485-5
―寄生（サウキセイ） 536-6

14777 桔
―槹（ハネツルベ） 373-7
―梗（キキヤウ） 546-1
―梗皿（キキヤウザラ） 547-5

14795′ 梅
―月（バイゲツ） 368-1
―（ムメ） 468-6
―漬（ムメヅケ） 468-6
―干（ムメボシ） 468-6

## ［七画］

14807 桴
―（イカダ） 358-5

14811 桶
―（オケ） 480-1

14813 桷
―（スミギ） 597-3

14825 梁
―（ハシ） 368-3
―楷（リヤウカイ） 410-3
―（ウツバリ） 470-2

14826 梂
―（ヨリカキ） 440-2

14830 梅
―（モイクワ） 589-2

14841 梏
―（テカシ） 525-7

14845 梓
―（アヅサ） 528-7

14846 梔
―（クチナシ） 484-3

14856 梛
―（ナギ） 463-7

14859 條
―（コエタ） 514-4
―（エダ） 521-3
―（デウデウ） 524-7
―禄（デウロク） 525-3
―目（デウモク） 525-3
―（スヂ） 601-5

14861 梟
―（フクロフ） 508-2

14862 梠
―（ノキスケ） 477-3
―莖菜（フキ） 508-4
―（コマヒ） 512-5
―（スケ） 597-2

14866 梢
―（コスエ） 514-6

14872 梧
―桐（ゴトウ、キリ） 546-1

14873 梨
―花（リクワ） 410-5
―（ナシ） 463-7
―地（ナシヂ） 464-5

14878 梭
―（サ） 539-3

14881 梯
―（カケハシ） 424-2
―（ノボリハシ） 477-7
―（ヒコハエ） 583-5

14886 梳
―（クシ） 486-5
―（ケヅル） 506-7

14888 梵
―語（ボンゴ） 386-6
―音（ボンオン） 386-6
―字（ボンジ） 387-7

14889 梶
―（カヂ） 427-3

## ［八画］

14921 棊
―盤（ゴバン） 516-7

- —筍（ゴゲ） 516-7
- —石（ゴイシ） 516-7
- —子麪（キシメン） 546-6
- 14929 棒 —（バウ） 373-7
- 14936 棖 —（ホウダテ） 383-3
- —（ナゲシ） 463-4
- —口（サルツナギグチ） 535-3
- 14937 棗 —（ナツメ） 463-7
- 14941 棚 —（タナ） 443-1
- 14949 棟 —樋（トヒ） 394-1
- —梁（トウリヤウ） 395-3
- —板（ムナイタ） 468-1
- —（ムナキ） 468-1
- —別（ムネベツ） 469-3
- 14953 棠 —（ナシ） 463-7
- 14963 棧 —（カケハシ） 424-2
- —（エツリ） 521-7
- —敷（サンジキ） 535-2
- 14969 棬 —（カハ） 427-4

---

- 14974 森 —（イヨヤカ） 364-5
- —（モリ㊧シン） 588-6
- 14978 棰 —（ブチ） 509-6
- 14980 棲 —（スム㊧セイ） 601-6
- 14992 棹 —（サヲ） 539-3
- 14993 棺 —（クワン） 486-5
- 15001 椀 —飯（ワンバン） 419-2
- —麪（ワンメン） 420-6
- —（ワン） 421-1
- 15008 椄 —（ツグ） 461-2
- 15023 植 —（ウフル） 474-3
- 15024 椎 —（ツチ） 459-4
- —耳（シイタケ） 566-5
- —名（シイナ） 569-7
- 15029 椒 —庭（セウテイ） 592-3
- 15033 椔 —（タテカレ） 451-3

**［九画］**

- 15069 椰 —子（ヤシヲ） 496-1

---

- 15078 椶 —櫚（シュロ） 566-3
- 15087 椽 —（タルキ） 443-1
- 15090 椿 —（ツバキ） 458-1
- —桃（ヅバイモモ） 458-1
- —餅（ツバキモチ） 458-4
- 15094 楂 —（ウキキ） 472-6
- 15111 楮 —（スハエ） 599-2
- 15112 楊 —盧木（ウツキ） 470-7
- —雄（ヤウイウ） 495-4
- —貴妃（ヤウキヒ） 495-5
- —補之（ヤウホシ） 495-5
- —梅（ヤマモモ） 496-1
- —柳（ヤナギ㊧ヤウリウ） 496-1
- —裏（ヤナギウラ） 496-3
- —色（ヤナギイロ） 496-3
- —弓（ヤウキウ） 496-5
- —枝（ヤウジ） 496-5
- 15126 楓 —（モミヂ㊧フウ） 588-7
- 15131 楔 —（ニハザクラ） 380-1

|（クサビ） 486-5

15141 楚
|國（ソコク） 453-1
|割（ソハリ） 454-2
|忽（ソコツ） 455-2
|（スハエ） 599-2

15149 楞
|（カド） 436-7
|伽經（レウガキヤウ） 452-5
|嚴頭（レンゲンチウ） 452-6

15152 楠
|（クスノキ） 484-4
|木（クスノキ） 485-4

15153 楡
|（ニレ） 380-1
|（ヒシノキ） 583-4

15154 楢
|（ナラ） 463-7
|葉（ナラバ） 464-4
|崎（ナラサキ） 464-4

15165 楩
|（クスノキ） 484-4

15167 楪
|子（チウフ） 405-1
|（ユヅリハ） 552-5

15168 楫
|取（カンドリ） 425-1

|（カヂ） 431-2

15170 業
|人（ゴフニン） 513-3
|障（ゴツシヤウ） 518-6
|報（ゴツホウ） 518-6
|果（ゴツクワ） 518-6
|力（ゴツリキ） 518-6
|因（ゴフイン） 518-6
|行（ゴフギヤウ） 518-6
|（コトワザ） 520-4
|（シワザ） 578-5

15172 楮
|先生（チヨセンジヤウ） 405-2
|國公（チヨコクコウ） 405-2
|（カフゾ） 427-3

15173 楯
|（タテ） 446-6
|籠（タテコモル） 449-1

15181 極
|寒（コクカン） 512-1
|熱（コクネツ） 512-1
|暑（コクシヨ） 512-1
|月（ゴクゲツ） 512-2
|樂（ゴクラク） 512-3
|歎（ゴクタン） 518-5
|位（ゴクヰ） 518-5
|悪（ゴクアク） 518-5
|果（ゴククワ） 518-5
|心（ゴクシム） 518-5
|善（ゴクゼン） 518-5
|信（ゴクシン） 518-5
|時（キヨクジ） 544-1
|（キハム） 551-2

15186 楸
|（ヒサキ） 583-4

15188 楹
|（ハシラ㊄エイ） 368-5

15214 楾
|手洗（ハンザウダラヒ） 373-4

［十画］

15219 榎
|並（エナミ） 520-5
|本（エノモト） 521-5

15240 榛
|（ハシバミ） 370-2

＊ 槱
|（ハナダ） 370-3

| | | | | |
|---|---|---|---|---|
| 15258 | 椢 | — | （カヤ） | 427-3 |
| 15273 | 榮 | —螺 | （サザイ） | 536-5 |
| | | — | （サカユル） | 542-2 |
| | | — | （ヱイグワ） | 579-6 |
| | | —耀 | （ヱイヨウ） | 579-6 |
| | | —職 | （ヱイショク） | 579-6 |
| | | —衰 | （ヱイスイ） | 579-6 |
| 15275 | 榰 | —柱 | （スケ） | 597-2 |
| 15295 | 榼 | — | （タル） | 446-6 |
| 15297 | 榾 | —柮 | （ホタクイ） | 385-7 |
| | | —柮 | （カブ） | 427-4 |
| 15300 | 槁 | —耳 | （クスタケ） | 484-5 |
| 15310 | 槇 | — | （マキ） | 499-5 |
| 15317 | 構 | — | （ホコ） | 385-7 |
| | | — | （カマエ） | 424-2 |
| | | — | （カマフ） | 436-2 |
| 15318 | 槌 | — | （バチ） | 374-1 |
| | | — | （ツチ） | 459-4 |
| 15319 | 槍 | — | （ウツキ） | 470-7 |
| 15323 | 槐 | —門 | （クワイモン） | 482-6 |
| | | — | （ヱンズ） | 579-4 |
| 15352 | 榊 | — | （サカキ） | 536-6 |
| | 【十一画】 | | | |
| 15355 | 椅 | — | （ウルシノキ） | 470-7 |
| 15370 | 槮 | — | （フシヅケ） | 509-4 |
| 15390 | 槻 | — | （ツキ） | 458-1 |
| | | —弓 | （ツキユミ） | 459-2 |
| 15393 | 槽 | — | （コウ） | 517-3 |
| 15395 | 槿 | —花 | （アサカホ） | 529-1 |
| 15399 | 樂 | —人 | （ガクニン） | 425-1 |
| | | —頭 | （ガクトウ） | 425-1 |
| | | —器 | （ガクキ） | 434-3 |
| | | —音 | （ガクヲン） | 434-3 |
| | | —屋 | （ガクヤ） | 434-3 |
| | | —工 | （ガクク） | 434-3 |
| | | — | （ガク） | 436-7 |
| | | — | （タノシフ） | 450-5 |
| | | — | （ネガフ） | 462-5 |
| 15404 | 樅 | — | （モミノキ㊧ショウ） | 588-7 |
| 15405 | 樆 | — | （ヤマナシ） | 496-1 |
| | | — | （モチノキ） | 588-7 |
| 15414 | 樊 | —噲 | （ハンクワイ） | 369-1 |
| | | — | （マカキ） | 498-3 |
| 15415 | 樋 | — | （トヰ） | 397-1 |
| | | — | （ヒ） | 584-6 |
| 15416 | 樌 | — | （コミ） | 514-6 |
| 15430 | 樓 | —閣 | （ロウカク） | 365-1 |
| | | —門 | （ロウモン） | 365-1 |
| | | —閣 | （タカドノ） | 442-7 |
| | | —観 | （タカドノ） | 442-7 |
| 15438 | 樗 | — | （ヌルテ） | 413-2 |
| | | — | （アフチ㊧チヨ） | 528-7 |
| 15442 | 標 | — | （コスエ） | 514-6 |
| | | — | （スハエ） | 599-3 |
| | | — | （スエ㊧ヘウ） | 601-5 |
| 15445 | 樛 | — | （ツキ） | 458-1 |

15450 樞 ー（トボソ） 394-1
ー（クロロ） 486-4
15451 樟 ー（クスノキ） 484-4
15453 模 ー様（モヤウ） 590-4
15457 様 ー（タメシ） 450-2
ー躰（ヤウダイ） 497-1
ー数（ヤウスウ） 497-1
15484′ 横 ー笛（ヨコブエ） 440-2
15485 樫 ー木（カタギ） 426-7
ー（ケヤキ） 504-1

［十二画］

15489 樵 ー（コル） 519-5
ー（キコリ） 545-1
15496 樹 ー（ウエキ） 470-7
ー神（コタマ） 516-4
15497 樺 ー櫻（カバザクラ） 426-7
15500 樽 ー（タル） 446-6
15517 橇 ー（カンジキ） 430-6

---

15521 橈 ー（タハム） 450-6
15526 橋 ー（ハシ） 368-3
15543 榑 ー（ササフ） 542-2
15551 橘 ー（タチバナ） 444-5
ー柑（キンカン） 545-7
15552 橙 ー（カフジ） 427-3
ー（ユカフ） 552-5
15556 橛 ー（クサヒ） 486-4
15561 機 ー杼（ハタ） 373-4
ー（ハタモノ） 374-3
ー縁（キエン） 548-5
ー嫌（キゲン） 548-5
ー根（キコン） 548-5
ー轉（キテン） 548-5
ー愛（キアイ） 548-5
15564 橡 ー（トチ） 395-5
ー（ツルバミ） 458-1
15572 𣟔 ー（ヒラギ） 583-4
15586 橧 ー（ス㊧ソウ） 597-3

---

15594 横 ー尾（ワウビ） 420-5
ー道（ワウダウ） 421-6
ー難（ワウナン） 421-6
ー入（ワウニフ） 421-6
ー川（ヨカハ） 439-2
ー（ヨコタフ） 441-3

［十三画］

15632 檀 ー那（ダンノ） 444-2、447-4
ー紙（タンジ） 446-3
ー方（ダンハウ） 447-4
ー越（ダンヲツ） 447-4
ー（マユミ） 499-5
15636 檃 ー（ノタメ） 477-6
15650 檉 ー（カハヤナギ） 427-3
15658 檏 ー（ユヅリハ） 552-5
15659 檐 ー（ノキ） 477-2
15676 檜 ー垣（ヒガキ） 580-5
ー皮葺（ヒワダブキ） 580-5

—曽（ヒソ） 580-5
—物師（ヒモノシ） 581-5
—楚（ヒソ㊧ヒノキ） 582-7
—酌（ヒシヤク） 584-5
—扇（ヒアフギ） 584-7

15679 檞
—（カシハ） 427-3

15680 檟
—（エノキ） 521-2

15681 檠
—（ユダメ） 553-2

15684 檢
—非違使（ケビヰシ） 503-2
—校（ケンゲウ） 503-3
—斷（ケンダン） 505-2
—使（ケンシ） 505-2
—見（ケンミ） 505-2
—料（ケンレウ） 505-2

15687 檣
—（ホバシラ） 385-7

［十四画］

15709 檫
—（シンバシラ） 561-7

15734 檳
—榔子（ビンラウジ） 582-7

15745 檻
—（ヲバシマ） 415-2
—穽（カンセイ） 424-3

15748 檽
—（クサビラ） 484-6

15754 櫁
—子（ハナノミ） 370-2
—（シキミ） 566-6

15756 櫂
—（カイ） 431-2

15757 櫃
—（ヒツ） 584-6

［十五画］

15796 櫑
—茶（ルイザ） 414-2
—子（ライシ） 467-1

15798 櫓
—（ロ） 366-7
—（ヤグラ） 495-4

15817 櫛
—拂（クシハラヒ） 486-1
—（ケヅル） 506-7

15823 櫟
—（ヰチヰ） 475-5
—（ヒラギ） 583-4

［十六画］

15844 櫨
—甲（ロカフ） 365-6
—（ハジ） 370-2

15846 櫪
—（フミイタ） 507-3

15868 櫳
—檻（ハシラヨセ） 368-5

15880′ 欄
—額（ハシラヌキ） 368-5

［十七画］

15888 櫻
—（サクラ） 536-7
—熬（サクライリ） 537-4
—鯛（サクラダイ） 537-4

15904 欄
—干（ランカン） 466-4

［十八画］

15926 權
—衡（ハカリ） 373-5
—輿（ハジメ） 377-3
—（カリニ） 436-6
—門（ケンモン） 505-3
—柄（ケンヘイ） 505-3
—家（ケンカ） 505-3

15929 權
威（ケンヰ） 505-3
輿（ケンヨ） 506-3
助（ゴンノスケ） 513-1
律師（ゴンリツシ） 513-1
僧正（ゴンソウジヤウ） 513-1
大夫（ゴンタイフ） 513-1
大輔（ゴンタイフ） 513-1
現（ゴンゲン） 516-4
實（ゴンシツ） 518-4
化（ゴンケ） 518-4
者（ゴンジヤ） 518-4
細（コマサラ） 517-2

〔二十一画〕

15971 欟
―（ツカ） 459-3

## 欠部

15991 欠
―（カクル） 435-6
伸（アクビシノビス） 532-5

〔二画〕

15992′ 次
間（ツキノマ） 456-7
―（ツギ） 461-5
男（ジナン） 563-3
第（シダイ） 576-2

〔四画〕

16008 欣
然（ヨロコブ） 440-6
―（ネガフ） 462-5
求（ゴング） 518-4
慕（ゴンボ） 518-4
樂（ゴンゲウ） 518-4

〔六画〕

16061 欶
嗽（スハブキ） 598-1

〔七画〕

16080 欲
―（ホシシ） 388-5
情（ヨクンヤウ） 440-5
界（ヨクカイ） 440-5
心（ヨクシム） 440-5
―（ヨク） 441-4
―（ネガフ） 462-6

〔八画〕

16097 欺
誑（ゴワウ） 519-4
―（アザムク） 534-1

16104 欽
明天王（キンメイテンワウ）
544-5
向（キンカウ） 550-5

16107 款
狀（クワンジヤウ） 482-7

〔九画〕

16131 歃
―（ススル） 601-1

〔十画〕

16167 歌
—見月（カミヅキ） 424-7
—道（カダウ） 434-6
—仙（カセン） 434-6
—舞（カブ） 434-6
—（ウタフ㊧ウタ） 474-3

【十一画】

16182 歎
—（ホムル） 388-5

16185 歐
—（ウツ） 474-6

【十四画】

16226 歟
—（カ） 436-7

【十五画】

16228 歠
—（ススル） 601-2

【十八画】

16242 歡
—（ヨロコブ） 441-1
—伯（クワンハク） 485-1
—喜（クワンキ） 488-2
—悦（クワンエツ） 488-2

## 止部

16253 止
—（トドム） 401-2
無レ—（ヤムコトナシ） 497-3
不レ—（ヤムコトナシ） 497-3
—（ヤム） 497-6

【一画】

16255 正
—（タタス） 450-2
—面（マツカフ） 500-4
—首（マメヤカ） 501-4
—（マサシ） 502-4
—月（シヤウクワツ） 570-2
—理（シヤウリ） 574-4
—法（シヤウボフ） 574-4
—流（シヤウリウ） 574-4
—機（シヤウキ） 574-4
—躰（シヤウタイ） 574-4
—路（シヤウロ） 574-4
—行（シヤウギヤウ） 574-4
—報（シヤウホウ） 574-4
—念（シヤウネン） 574-4
—覺（シヤウガク） 574-4
—因（シヤウイン） 574-4
—直（シヤウヂキ） 574-4
—米（シヤウマイ） 574-4
—本（シヤウホン） 574-4
—意（シヤウイ） 574-4
—見（シヤウケン） 574-4
—義（シヤウギ） 574-4
—身（シヤウジン） 574-4
—忌（シヤウキ） 574-4
无二—躰一（シヤウタイナシ） 574-4
—員増（シヤウヰンニマス） 574-4

絶二—篇一（シヤウヘンニタユル）　574-4

**［二画］**

16259 此
—彼（ココカシコ）　518-7
—度（コノタビ）　519-1
—比（コノゴロ）　519-1
—儀（コノギ）　519-1
—段（コノタン）　519-1
—程（コノホド）　519-1
—邊（コノヘン）　519-1
—外（コノホカ）　519-1
—趣（コノヲモムキ）　519-1
—事（コノコト）　519-1
—廻（コノタビ）　519-1
—來（コノゴロ）　519-1
—旨（コノムネ）　519-1
—分（コノブン）　519-1
—間（コノアヒダ）　519-1
—等（コノラ）　519-1
—色（コノシキ）　519-1

**［三画］**

16264 歩
—行（ホカウ）　387-7
—行（カチ）　438-4
—路（カチ）　438-4
—射（マユミ）　500-3
—板（アユミイタ）　527-2
—（アヨム）　533-7

**［四画］**

16273 武
—羅（ホロ）　385-3
—田（タケタ）　445-6
—（タケシ）　450-2
—庫海（ムコノウミ）　467-7
—藏野（ムサシノ）　468-1
—者（ムシヤ）　468-3
—陵渓（ブレウケイ）　507-3
—衛（ブエイ）　507-5
—庫（ブコ）　507-5
—士（ブシ）　507-7
—略（ブリヤク）　510-3
—邊（ブヘン）　510-3
—具（ブグ）　510-3
—家（ブケ）　510-3
—藝（ブゲイ）　510-3
—士（モノノノ）　588-4

16275 歧
—（チマタ）　402-1

16284 歩
—（カチ）　436-6

**［八画］**

16308 帰
—（トツグ）　400-6
—（カヘル）　435-1
—歟（カヘラメヤ）　438-2
—來（カヘリコン）　438-3
—就（ヨリツク）　440-7

**［九画］**

16326 歳
- —徳（トシトク）　394-3
- —（トシ）　394-3
- —末（サイマツ）　534-6
- —暮（セイボ）　592-1
- —闌（セイラン）　592-1

**［十二画］**

16340 歴
- —（ヘル）　393-1
- —劫（リヤクコフ）　412-3
- —然（レキゼン）　452-4
- —草（ソブキ）　454-1
- —瘍（ナマヅ）　465-5
- —（フル）　511-6

**［十四画］**

16349 歸
- —依僧（キエソウ）　545-1
- —敬（キキヤウ）　548-4
- —服（キフク）　548-4
- —依（キエ）　548-4
- —路（キロ）　548-4
- —朝（キテウ）　548-4
- —寺（キジ）　548-4
- —洛（キラク）　548-4
- —宅（キタク）　548-4
- —家（キカ）　548-4
- —参（キサン）　548-4
- —鴈（キガン）　548-4

## 歹部

**［二画］**

16365 死
- —出山（シデノヤマ）　562-1
- —骸（シガイ）　565-3
- —罪（シザイ）　573-2
- —相（シサウ）　573-2
- —後（シゴ）　573-2
- —期（シゴ）　573-2
- —苦（シク）　573-2
- —去（シキヨ）　573-2
- —人（シニン）　573-2
- —（シヌ）　578-6

**［五画］**

16410 殃
- —（ワザハヒ）　422-3

16430 殆
- —（ホトンド）　388-4

**［六画］**

16451 殊
- —（コトナリ）　519-5
- —勝（シユシヨウ）　573-7
- —妙（シユメウ）　573-7

**［八画］**

16506 殘
- —（ソコナフ）　455-7
- —（ノコル）　478-2

—雪（ザンセツ）534-6
—暑（ザンショ）534-6
—月（ザンゲツ）534-6
—黨（ザンタウ）539-6
—害（ザンガイ）539-6

［十画］

16535 殯
—（シヌ）578-6

［十二画］

16581 殫
—足（コヒアシ）513-5

## 殳部

［五画］

16619 段
—子（ドンス）396-4
—半（キタナカ）543-5

［六画］

16638 殺
—（コロス）519-6
—生（セツシヤウ）595-6
—害（セツガイ）595-6
—入（セツジユ）596-2

［九画］

16651 殿
—原（トノバラ）395-1
—馳（ヲクレバセ）417-4
—懸（ヲクレカケ）417-4
—合戰（ヲクレカツセン）417-4
—下（テンガ）523-2
—中（テンチウ）524-7
—上（テンジヤウ）524-7
—（シヅハラヒ）578-5

16654 毀
—（ソシル）455-6
—破（キハ）548-7
—滅（キメツ）548-7
—辱（キニツ）548-7

［十二画］

16679 毇
—（シラゲ）567-6

［十三画］

16693 㲉
—（カイゴ）428-1
—（スモリ㊧タン）601-7

## 毋部

［一画］

16723 母
—（ハハ）369-2
—衣（ホロ）385-3

［三画］

16725 每
—年（マイネン）498-2
—朝（マイテウ）498-2

—夜（マイヤ） 498-2
—夕（マイセキ） 498-2
—月（マイクワチ） 498-2
—日（マイニチ） 498-2
—々（マイマイ） 500-6
—度（マイド） 500-7
—遍（マイヘン） 500-7
—事（マイジ） 500-7

［四画］

16730 毒
—蛇（ドクシヤ） 396-3
—龍（ドクリウ） 396-3
—蟲（ドクチウ） 396-3
—藥（ドクヤク） 397-2
—絶（ドクタチ） 398-6

## 比部

16743 比
—（タクラフ） 450-7

—（ナラブ） 466-1
—來（クラベコシ） 488-6
—及（コロヲヒ） 519-4
—叡山（ヒエイザン） 580-3
—良（ヒラ） 580-4
—丘（ビク） 581-5
—丘尼（ビクニ） 581-5
—翼鳥（ヒヨクノトリ） 582-4
—興（ヒケウ） 585-4
—校（ヒケウ） 585-4
—類（ヒルイ） 585-4

［五画］

16752 毗
—首竭磨（ビシユカツマ） 581-2
—沙門（ビシヤモン） 581-5
—蘭樹（ビランジユ） 583-1

## 毛部

16772 毛
—（ケ） 503-7
—狩羽（ケガリハ） 504-5
—頭（モウトウ） 588-3
—錐（モウスイ） 589-4
—穎（モウエイ） 589-4
—氈（モウセン） 589-4
—詩（モウシ） 590-3
—萇（モウヂヤウ） 590-3

［四画］

16790 毟
—（ムシル） 469-4

［七画］

16831 毫
—（フデ） 509-5

16837 毬
—（マリ） 500-4
—花（テマリケ） 523-6
—打（ギツチヤウ） 547-6

［八画］

16872 毷
—（ニコゲ） 380-4

［十一画］

16952 氂
—（ウシノヲ） 471-6

［十三画］

16983 氈
—（セン） 594-1

［二十二画］

17023 氎
—（ケヲヒク） 507-1

## 氏部

17026 氏
—神（ウヂガミ） 472-3
—家（ウヂイエ） 472-4

［一画］

17028 民
—（タミ） 444-1

## 气部

［六画］

17059 氣
—調（イキザシ） 363-2
—色（キショク） 545-3
—力（キリョク） 545-3
—形（キギヤウ） 548-6
—味（キミ） 548-6
—遣（キヅカヒ） 548-6
—條（スハエ） 599-2

## 水部

17083 水
—手（カコ） 425-5
—雞（クイナ） 483-6
—母（クラゲ） 484-2
—豆淡（コザハシ） 514-4
—沐（コリ） 519-2
—豹（アザラシ） 528-3
—鮭（アメ） 528-4
—海（ミツウミ） 556-6
—上（ミナカミ） 556-7
—口（ミナクチ） 556-7
—無瀬（ミナセ） 556-7
—莖岡（ミヅクキノヲカ） 557-2
—無月（ミナツキ） 557-2
—鳥（ミヅトリ） 558-1
—蕗（ミヅブキ） 558-3
—引（ミヅヒキ） 558-6
—滴（ミヅイレ） 559-1
—銀（ミヅカネ） 559-1
—翻（ミヅコボレ） 559-2
—瓶（ミヅガメ） 559-3
—玉（ミヅタマ） 559-3
—尾（ミヅノヲ） 559-4
—邊（スイヘン） 597-1

—濵（スイヒン） 597-1
—主（スイシユ） 597-6
—牛（スイギウ） 598-2
—繊（スイセン） 598-5
—團（スイトン） 598-5
—花麪（スイクワメン） 598-5
—仙花（スイセンクワ） 598-7
—雲（スノリ） 599-1
—精（スイシヤウ） 599-3
—晶（スイシヤウ） 599-3
—瓶（スイビン） 599-3
—嚢（スイナウ） 599-3
—練（スイレン） 600-1
—損（スイソン） 600-1
—問（スイモン） 600-1


［一画］


17087 氷
—室（ヒムロ） 580-2
—魚（ヒヲ） 582-5
—様（ヒノタメシ） 586-3

17088 永
—（ナガシ） 465-5
—日（エイジツ） 520-6
—領（エイリヤウ） 522-2
—代（エイタイ） 522-2
—（ヒタフル） 587-1


［二画］


17095 氶
—劫（ヤウゴフ） 497-1
—生（ヤウシヤウ） 497-1

17103 汀
—（ナギサ） 463-3

17104 汁
—（シル㊧ジフ） 567-4

17105 求
—聞持（グモンヂ） 487-2
—道（グダウ） 487-2
—法（グホフ） 487-2
—食（アザル） 531-5
—（モトム） 590-6


［三画］


17120 汎
—織（ウケヲリ） 471-7
—（ウカフ） 474-7
—（ヒロシ） 587-2

17122 汐
—（ウシホ） 470-1

17130 汗
—瘡（アセボ） 527-6
—拭（アセノゴヒ） 529-5

17132 汚
—（ケガル） 506-7

17138 汝
—（ナンヂ） 463-6

17139 汞
—（ミヅカネ） 559-1

17140 江
—豚（イルカ） 357-2
—南所無（カウナンシヨム） 426-5
—浦草（ツクモ） 458-2
—口（エグチ） 520-5
—見（エミ） 521-6
—鮭（アメ） 528-4

17141 池
—（イケ） 355-5


［四画］

17152 汨
｜羅江（ベキラカウ） 389-1

17160 汰
｜（ソロエル） 455-7
｜（ユル） 554-3

17163 汲
｜（クム） 489-3

17174 決
｜擇（ケツチヤク） 506-2
｜定（ケツチヤウ） 506-2
｜断（ケツダン） 506-2
｜疑（ケツギ） 506-2
｜（サタム） 542-3

17183 沂
｜（ホトリ） 388-3
｜（サカノホル） 540-4

17189 沈
｜丁花（ヂンチヤウケ） 403-6
｜香（ヂンカウ） 404-7
｜麝（ヂンジヤ） 404-7
｜淪（チンリン） 407-4
｜酔（チンスイ） 407-4
｜思（チンシ） 407-4
｜石（イカリ） 476-1
｜（シヅム） 577-5

17201 沐
｜浴（モクヨク） 590-2

17212 沙
｜（イサゴ） 355-5
｜糖（サタウ） 537-3
｜鉢（サハチ） 538-5
｜汰（サタ） 541-4
｜弥（シヤミ） 562-7
｜門（シヤモン） 564-1
｜金（シヤキン） 568-3
｜（スナゴ） 597-3

17216 沛
｜艾（ハイガイ） 376-6

17233 没
｜（イル） 364-1
｜落（ボツラク） 387-4
｜沈（ボツチン） 387-4
｜（ホロブ） 388-4
｜在（ヲモレタリ） 417-6
｜（ヰル） 476-7
｜日（モツニチ） 588-2
｜収（モツシユ） 589-7
｜後（モツゴ） 589-7

【五画】

17235 沫
｜雪（アハユキ） 526-3

17245 河
｜傍（カハソヒ） 423-7
｜原（カハラ） 423-7
｜中（カハナカ） 423-7
｜端（カハハタ） 424-3
｜骨（カフホネ） 427-1
｜原毛（カハラゲ） 427-6

17251 沸
｜（ワク） 422-4

17253 油
｜糍（アブラモノ） 529-6
｜筒（アブラヅツ） 530-5
｜單（ユタン） 552-7
｜炭（ユタン㊧アブラスミ） 552-7
｜滋（ユジ） 553-1
｜煙（ユエン） 553-1
｜幕（ユバク） 553-4
｜断（ユダン） 553-4

17256 治
｜部（ヂブ） 403-3

—伐（ヂハツ） 405-6
—術（チジュツ） 406-2
—罰（チバツ） 406-2
—征（チセイ） 406-2
—世（チセイ） 406-3
—定（チヂヤウ） 406-3
—國利民（チコクリミン） 406-3
—（ヲサム） 418-4
—（ツクロフ） 460-7
—（オサム） 481-4
—道（ミチバリ） 560-2
—定（シカト㊧チヂヤウ） 576-6

17257 沼
—（ヌマ） 412-5

17258 沽
—（カフ） 436-2
—（ウル） 474-4
—却（コキヤク） 517-6
—券（コケン） 517-6

17259 沾
—（ウルホフ） 474-1

17267 泄
—（モルル） 590-6

17274 泉
—（イヅミ） 355-6
—水（センスイ） 591-4

17275 泊
—（トマリ） 394-2

17279 泌
—（タギル） 449-7

17290 法
—堂（ハツタウ） 368-4
—被（ハツヒ） 371-6
—度（ハツト） 374-5
—様（ハウヤウ） 375-1
—例（ハウレイ） 375-1
—式（ハウシキ） 375-1
任レ—（ハウニマカセ） 375-2
—師（ホフシ） 383-5
—印（ホフイン） 383-5
—眼（ホフゲン） 383-5
—橋（ホツケウ） 383-5
—躰（ホツタイ） 383-6
—皇（ホフワウ） 384-1
—服（ホフブク） 385-2
—論味噌（ホロミソ） 385-4
—語（ホフゴ） 386-7
—談（ホフダン） 386-7
—門（ホフモン） 387-1
—驗（ホフゲン） 387-1
—流（ホフリウ） 387-1
—樂（ホフラク） 387-1
—定（ホフヂヤウ） 386-6
—名（ホフミヤウ） 386-6
—則（ホツソク） 387-7
—（ノトル㊧ノリ） 478-3

17294 泗
—洲（スシウ） 598-4

17307 泡
—（アハ） 527-1
—雪（アハユキ） 526-3

17308 波
—多野（ハダノ） 372-6
—（ナミ） 463-3

17311 泥
—（ドロ） 394-2
—（ヌル） 413-6
—梨（ナイリ） 463-2
—洹（ナイヲン） 465-3

—（ナヅム）465-6
—鰍（ウナギ）471-5
—鏝（コテ）516-7
—（デイ）524-4

17316 注
—（ウルホフ）474-1

17323 泮
—（ホトリ）388-3

17324 泯
—（ホロブ）388-4

17325 泰
—平（タイヘイ）447-5
—（ヤスシ）497-5
—（ユタカ）554-2

［六画］

17363 洋
—々（ヤウヤウ）497-3

17373 洑
—（ウズマク）470-2

17379 洗
—絲威（アラヒイトヲドシ）530-4
—轡（アラヒクツワ）530-6
—革（アラヒガハ）530-6
—濯（セイタク）595-4
—足（セイソク）595-4
—（スカス㊧セン）601-1

17383 洛
—陽（ラクヤウ）466-3
—中（ラクチウ）466-3
—外（ラククワイ）466-3
—川（ラクセン）466-4
—（ミヤコ㊧ラク）556-5

17386 洞
—（ホラ）383-2
—（ウツロ）474-7

17396 津
—輕（ツガル）456-5
—料（ツレウ）460-1

17401 洩
—聞（モレキコユ）590-4

17402 洪
—水（コウズイ）512-5

17408 洮
—汰（テウタ）525-6

17423 活
—（イキカヘル）363-5
—計（ワタラヒ）422-1
—（ヨミカヘル）441-3
—達（クワツタツ）488-4
—計（クワツケイ）488-4
—脱（クワツタツ）488-4
—命（クワツメイ）488-4
—人（クワツニン）488-4

17450 海
—松（ミル）558-3

［七画］

17460 浚
—縣（イツカケ）358-3

17475 浦
—（ウラ）470-2
—上（ウラカミ）472-4
—山敷（ウラヤマシク）473-5

17479 浩
—（オホシ）481-5

17482 浪
—打際（ナミウチギハ）463-3

17487 浮
—人（ウカレビト）470-5
—石（カルイシ）424-1
—橋（ウキハシ）470-1
—岩（ウカルル）473-5
—世（ウキヨ）473-5
—沉（ウキシツミ）473-6
—目（ウキメ）473-6
—立（ウキタツ）473-6

—名（ウキナ） 473-6
—身（ウキミ） 473-6
—思（ウキオモヒ） 473-6
—線綾（フセンレウ） 508-5
—蟻（フギ） 508-6
—蛆（フソ） 509-3
—沉（フチン） 510-2
—雲（フウン） 510-2
—生（フセイ） 510-2
—岩（アコガル） 531-3
—雲（アブナシ） 531-6

17496 浴
—主（ヨクス） 439-4
—室（ユヤ） 551-7
—衣（ユカタビラ） 552-5
—（ユアブ） 554-3

17503 海
—螺（ニシ） 380-3
—道（カイダウ） 423-7
—邊（カイヘン） 423-7
—底（カイテイ） 423-7
—賊（カイゾク） 425-2
—棠（カイダウ） 426-5
—藻（カイサウ） 427-2
—原（ウナバラ） 470-1
—（ウミ） 470-1
—月（クラゲ） 484-2
—蘿（フノリ） 508-3
—鼠（コ） 514-2
—鼠腸（コノワタ） 515-2
—老（エビ） 521-2
—老名（エビナ） 521-5
—士（アマ） 527-4
—糠魚（アミ） 528-5
—馬（アジカ） 528-5
—鹿（ヒジキ） 583-2
—雲（モヅク） 588-7

17505 浸
—（ホトボス） 388-1
—空（ヒタソラ） 586-3
—（ヒタス） 587-5

17521 涅
—（クリニス） 489-6

17529′ 消
—息（アリサマ） 534-4
—（キユル） 551-1
—渇（シヨウカツ） 565-3
—滅（セウメツ） 595-4
—息（セウソク） 595-4
—除（セウヂヨ） 595-4
—失（セウシツ） 595-4

17534 涌
—（ワク） 422-4
—出（ユシユツ） 553-7

17536 涎
—（ヨダレ） 439-4
—懸（ヨダレカケ） 440-1

17542 涔
—（ヒタス） 587-5

17543 涕
—（ハナススル） 378-2
—泣（テイキフ） 525-3
—吟（テイギン） 525-3
—哭（テイコク） 525-3
—洟（ススバナ㊧テイイ） 597-7

17572′ 流
—沙（リウサ） 409-3

—鼓（リウゴ） 411-1
—涕（リウテイ） 412-2
—儀（リウギ） 412-2
—人（ルニン） 414-2
—通（ルヅウ） 414-3
—布（ルフ） 414-3
—浪（ルラウ） 414-3
—轉（ルテン） 414-3
—例（ルレイ） 414-3
—刑（ルケイ） 414-3
—罪（ルザイ） 414-3
—鏑（カブラ） 430-2
—星（ヨバヒボシ） 439-1
—（ツタフ） 460-7
—（ナカル） 465-4
—鏑馬（ヤブサメ） 496-5
—離（フクロフ） 508-2

［八画］

17582 涯
—（ハダテ） 368-2
—綷（ヌクル） 414-1
—分（ガイブン） 432-7
—際（ガイサイ） 432-7

17586 液
—（シル） 577-6

17589 涳
—濛（コサメ） 512-2

17595 涵
—（ヒタス） 587-6

17600 涷
—雨（ユフダチ） 551-5

17606 涼
—（スズシ） 597-4

17610 淀
—河（ヨドカハ） 439-2
—（ヨドム） 441-4

17617 淅
—（カシヨネ） 428-6

17626 淋
—汗（リンカン） 409-7

17635 淒
—（スサマジ） 601-4

17642 淘
—（ユル） 554-3

17644 淚
—痕（ルイコン） 414-4
—行（ルイカウ） 414-4
—（ナミタ） 465-4

17660 淡
—雪（アハユキ） 526-3
—（アハ） 533-5
—柹（アハシガキ） 537-2

17665 淤
—泥（ドロ） 394-1

17669 淨
—（キヨシ） 551-2
—地（シヤウヂ） 561-5
—刹（ジヤウセツ） 562-2
—土（ジヤウド） 562-2
—頭（シンチウ） 563-1
—名居士（シヤウミヤウコジ） 564-3
—衣（ジヤウエ） 567-1
—穢（ジヤウヱ） 574-6

17675 淪
—（イル） 364-1
—（シヅム㊧リン） 577-5
— (ナミタ)
　　　　　　　雪 (アハユキ)

| 漢字・読み | 番号 |
|---|---|
| 柿 (アハシガキ) | 533-5 / 537-2 |

17687 深
—（アカシ） 511-5
—山櫁（ミヤマシキミ） 558-5
—雪（シンセツ） 561-7
—山（シンザン） 561-7
—重（ジヂウ） 575-5

―遠（ジヲン） 575-5
―恩（ジヲン） 575-5

17690 淳
―（コマカ） 520-3
―（アツシ） 533-5
―朴（スナヲ） 600-5
―（スナヲ㊧シユン） 601-6

17692 淵
―（フチ） 507-4
―田（フチタ） 509-1
―源（エンゲン） 522-1
―底（エンテイ） 522-1

17694 混
―（ニゴル） 382-6
―亂（コンラン） 518-3
―沌（コントン） 518-3
―雑（コンザツ） 518-3
―合（コンガフ） 518-3
―同（コンドウ） 518-3
―空（ヒタフル） 586-3

17695 清
―（イサギヨシ） 364-1
―盲（アキジヒ） 527-4
―水（キヨミヅ） 543-4
―（キヨシ） 551-2
―涼殿（シヤウリヤウデン） 561-4
―水（シミヅ） 562-2
―浄（シヤウジヤウ） 574-7
―心（シヤウシン） 574-7
―涼殿（セイリヤウデン） 591-7
―明（セイメイ） 591-7
―客（セイカク） 593-5
―潔（セイケツ） 595-3
―書草案（セイジヨサウアン） 595-3
―談（セイダン） 595-3
―話（セイワ） 595-3
―撰（セイセン） 595-3
―濁（セイダク） 596-5
―（スム㊧セイ） 600-7

17697 淺
―翠（アサミドリ） 526-3
―間（アサマ） 526-7
―茅（アサヂ） 529-3
―井（アザヰ） 530-2
―増（アサマシ） 531-6
―（アサシ） 533-5
―深（センジン） 595-1
―機（センキ） 595-1
―智（センチ） 595-1

17698 添
―雨（ソボフルアメ） 453-1
―飯（テンハン） 524-2
―菜（テンサイ） 524-2

17699 淼
――（ベウベウ） 392-5

**［九画］**

17758 渚
―（ナギサ） 463-3
―（ミギハ） 557-3

17759 減
―（ゲンズ） 506-7

17761 渝
―（カハル） 435-1

17763 渟
―（トドコホル） 401-2

17764 渠
―（ミゾ） 557-3

17765 渡
―天（トテン）398-1
―唐（トタウ）398-1
―世（トセイ）398-1
―海（トカイ）398-1
―（ワタリ）419-1
―殿（ワタドノ）419-1
―守（ワタシモリ）419-6

17771 渦
―（ウズ）470-1

17772 渧
―（シヅク）578-3

17774 温
―（ヌルシ）413-7
―氣（ウンキ）469-7
―（アツシ㊧ウン）533-5

17788 渴
―仰（カツガウ）438-5

17792 游
―艇（ハシブネ）373-6
―泳（オヨグ）480-6

17794 渺
―々（ベウベウ）392-5

17800 渾
―（ニゴル）382-6
―沌（マロヤカナリ）501-4

17822 湊
―（ツドフ）461-1
―（アツムル）533-2

17825 湍
―（トダヘ）401-3
―（セ）591-6

17833 湔
―（ソソク）456-1

17836 湖
―（ミツウミ）556-6

17842 湘
―（ニル）382-6
―賀綛（シヤウガノヒモ）567-6

17846 湛
――（タンタン）448-4
―（タユル）449-7

17867 湫
―（ヌマ）412-5
―（サハ）535-3

17874 湯
―藥侍者（タウヤクヂシヤ）443-6
―（タウ）445-4
―瓶（タウビン）445-7
―盞（タウサン）445-7
―治（タウヂ）447-2
―藥（タウヤク）447-2
―殿（ユドノ）551-7
―巻（ユマキ）552-6
―桶（ユトウ）552-7
―漬（ユヅケ）553-1

17919′ 滋
―（コヒ）520-3
―藤（シゲドウ）568-5
―野（シゲノ）570-1
―（シゲシ）578-1

［十画］

17926 源
―（ミナモト）560-6

17934 準
―（ナゾラフ）465-7
―（シユンス）578-3

17943 溜
―（タマル）449-6
―（シタダリ）577-6

17944 溝
―（ミゾ）557-3

17947 溟
―（ウミ）470-1

17951 溢
―（コボル）519-5
―居（アブレヰル）531-3
―（ミツ）560-6

17967 溪 —（タニ） 442-5
17968 温 —泉（イデユ） 355-4
—餅（ウンビヤウ） 472-2
—物（ウンモツ） 472-2
—石（オンジヤク） 480-1
—（アタタカ） 527-1
—餅（アタタケ） 529-6
—（アツシ㊧ウン） 533-5
—泉（ユ㊧ウンセン） 551-7
17979 溲 —（ユバリ） 552-3
17990 溺 —（イバリ㊧ネウ） 356-4
—（タダヨフ） 450-4
—（オホル） 481-4
—（シズム） 577-5
18007 滄 —溟（アヲウミ） 526-4
—溟（サウメイ） 535-1
—海（サウカイ） 535-1
18008 滅 —（ホロブ） 388-4
—（ケス） 506-7

—（キユル） 551-1
—金（メツキ） 555-6
—除（メツジヨ） 556-2
—却（メツキヤク） 556-2
—盡（メツジン） 556-2
—亡（メツバウ） 556-2
—度（メツト） 556-2
—罪（メツザイ） 556-2
18032 滑 —（ヌメル） 413-7
—耳（ナメススキ） 464-1
—痢（ナメヒル） 465-5
—稽（コツケイ） 519-3
18034 滓 —（カス） 428-6
—（ニクヅ） 560-6
18035 滔 —（ヒタタク） 587-3

［十一画］

18069 滌 —器（デキキ） 524-4
—（アラフ） 533-3

18075 滞 —（トドコホル） 401-2
—留（タイリウ） 448-6
—（タマル） 449-6
18081 滲 —（ヒタス） 587-5
18084 滴 —（シタダル） 577-6
18099 満 —月（マンクワツ） 498-3
—偏（マンベン） 500-5
—足（マンゾク） 500-5
—作（マンサク） 500-5
—散（マンサン） 500-5
—（ミツ） 560-6
18101 漁 —翁（キヨヲウ） 545-1
—客（キヨカク） 545-1
—人（キヨジン） 545-1
—夫（キヨフ） 545-1
—捕（スナドリ） 600-5
—（スナドリ） 601-3
18102 漂 —倒（ヘウタウ） 392-6
—濤（ヘウタウ） 392-6

｜泊（ヘウハク） 392-6
｜蕩（タダヨフ） 449-2
｜泊（タダヨフ） 449-2
｜（タダヨフ） 450-4
｜柃（ミヲヅ） 559-1
18108 漆｜木（ウルシノキ） 470-7
｜（ウルシ） 472-7
｜膠（シツカフ） 568-2
18112 漉｜（コス） 519-6
｜（スク㊧ロク） 601-3
18120 漏｜刻博士（ロウコクバカセ）
365-2
｜蘆（ロロ） 365-4
｜達（ロウダツ） 367-3
｜脱（ロウダツ） 367-3
｜刻（ロウコク） 367-3
｜（モルル） 590-6
18123 漑｜（マカス） 501-7
18130 演｜（ノブル） 478-5

｜説（エンゼツ） 522-3
18131 漕｜（コグ） 520-2
18136 漙｜｜（タンタン） 448-4
18139 漚｜（アハ） 527-1
18153 漢｜竹（カンチク） 426-6
｜書（カンジヨ） 433-3
｜朝（カンテウ） 433-3
｜才（カンサイ） 433-4
18155 漣｜（ナミ） 463-3
｜漪（サザナミ㊧レンイ） 534-7
18163 漩｜（セセナギ㊧セン） 591-6
18166 漫｜｜（マンマン） 501-3
｜（ミダリ） 560-5
18167 漬｜柹（アハシガキ） 529-6
｜（ヒタス） 587-5
｜菜（ススボリ） 598-6
18171 漱｜（ウガヒ） 473-2
｜（クチススク） 489-2
｜（ススク） 601-1

18173 漲｜（ミナギル） 557-3、560-4
18179 漸｜｜（ヤフヤフ） 497-3
｜（ヤクヤク） 497-7
｜寫（ゼンシヤ） 594-7
18184 漾｜（タダヨフ） 450-4
｜（ナカル） 465-4
｜（ミナギル） 560-4
18185 漿｜（ツクリミヅ） 458-4
｜（コムツ） 515-3
18188 潁｜粉（シヤウフ） 568-6
｜泉（エイセン） 520-6

〔十二画〕

18231 潔｜（イサギコシ） 364-1
｜齋（ケツサイ） 506-2
｜白（ケツハク） 506-2
18240 潛｜（クグル） 489-1
｜然（ヒソカ） 586-3
18247 潟｜保浪（カタホナミ） 424-1

18253 澗 ｜（タニ） 442-5

18255 潤 ｜（ウルホフ） 474-1
｜澤（ジュンタク） 575-1
｜色（ジュンショク） 575-1
｜（シホル） 577-6

18259 潦 ｜（ニハタヅミ） 379-2
｜倒（ラウタウ） 467-6

18271 潭 ｜（フチ） 507-4

18277 潮 ｜（ウシホ） 470-1
｜責（ウシホニ） 472-2

18281 潰 ｜（ツユル） 461-5

18295 潸 ｜然（ナミダグム） 465-2

18298 潺 ｜湲（ヤリミヅ） 495-3

18302 潼 ｜（カネ） 430-3

18311 澀 ｜篦（サバシノ） 539-3
｜柹（シブカキ） 566-6
｜河（シブカハ） 569-7
｜谷（シブヤ） 569-7
｜（シブル） 577-7

18315 澄 ｜（スム㊧テウ） 600-7

18317 澆 ｜季（ゲウキ） 505-6
｜末（ゲウマツ） 505-6
｜溏（ギヨウタウ） 546-6

【十三画】

18379 澡 ｜（キヨム） 551-1

18382 澣 ｜（アラフ） 533-3

18383 澤 ｜（ウルホフ） 474-1
｜瀉（オモダカ） 479-4
｜（サハ） 535-3
｜渡（サワタリ） 537-4

18412 澳 ｜津浪（オキツナミ） 478-7

18440 濁 ｜（ニゴル） 382-6
｜酒（ヂヨクシユ） 404-4
｜乱（ヂヨクラン） 407-5
｜世（ヂヨクセ） 407-5
｜惡（ヂヨクアク） 407-5
｜醪（タクラウ） 445-4

18442 濃 ｜（ダム） 450-6
｜淺黄（コヒアサギ） 514-7
｜紅（コヒクレナイ） 514-7
｜簾外（コスノト） 519-3
｜（コヒ） 520-3
｜華（デウクワ） 525-2
｜香（デウキヤウ） 525-2
｜色（デウショク） 525-2

18446 濆 ｜（ホトリ） 388-3

【十四画】

18483 濕 ｜衣（ヌレギヌ） 413-3
｜（ヌルル） 413-7
｜（ウルホフ） 474-1
｜布（シメシ） 567-2
｜（シメル） 577-6

18487 濘 ｜（スベル） 601-1

18498 濟 ｜｜（セイセイ） 596-4
｜（スクフ㊧セイ） 601-3

18504 濡
—（ヌルル） 413-7
—（ウルホフ） 474-1

18521 濫
—觴（ハジメ） 377-3
—觴（ランシヤウ） 467-2
—吹（ランスイ） 467-2
—訴（ランソ） 467-2
—妨（ランバウ） 467-2
—漫（ランマン） 467-2
—（ウカフ） 474-7
—（ミダル） 560-5

18538 濵
—（ハマ） 368-3
—名（ハマナ） 372-6

**【十五画】**

18565 濾
—聲（ミブルヒ） 560-3

18596 瀉
—（ソソク） 456-1
—藥（シヤヤク） 567-6

18609 瀑
—布（ハクフ） 367-6
—（サラス㊧ハク） 542-4

**【十六画】**

18660 瀟
—湘八景（シヨウシヤウハツケイ） 561-2

18670 瀦
—（タマリミツ） 442-5

18671 瀧
—（タキ） 442-5

18672 瀬
—（セ㊧ライ） 591-6

**【十七画】**

18722 瀾
—（タギル） 449-7
—（ナミ） 463-3

**【十八画】**

18759 灌
—頂（クワンヂヤウ） 488-5

**【十九画】**

18774 灑
—（ソソク） 456-1
—落（シヤラク） 576-7

18784 灘
—塩（ナダノシホ） 463-3
—（セ㊧タン） 591-6

## 火部

18850 火
—庁（クワイヤウ） 483-4
—舎（クワンヤ） 485-7
—焔（クワエン） 487-3
—炎（クワエン） 487-3
—氣（クワキ） 487-3
—針（クワシン） 487-3
—葬（クワサウ） 487-3
—宅（クワタク） 487-3
—難（クワナン） 487-3
—急（クワキフ） 487-3
—穴（クワケツ） 487-3
—事（クワジ） 487-3
—坑（クワキヤウ） 487-3
—燵（コタツ） 517-2
—踏（コタツ） 517-2

一鈴（コリン） 517-2
一箸（コジ） 517-2
一爐（ユルリ） 551-5
一焼（ヒタキ） 582-5
一威鎧（ヒヲドシノヨロヒ） 584-2
一鉢（ヒバチ） 584-5
一遂袋（ヒウチブクロ） 584-5
一箸（ヒバシ） 584-5

〔二画〕

18858 灰
一燼（クワイシン） 488-4
一汁（アク） 530-5

〔三画〕

18872 灸
一（ヤイト） 498-1
一處（キウシヨ） 545-3
一治（キウヂ） 545-3

18878 灼
一（コカス） 519-6

18879 災
一（ワザワヒ） 422-2

一難（サイナン） 540-4
一殃（サイアウ） 540-4
一禍（サイクワ） 540-4

〔四画〕

18904 炊
一（カシク） 436-4

18910 炎
一天（エンテン） 520-6
一（ヒノハナ） 587-6

18922 炙
一（ヤキモノ） 496-3
一串（ヤキクシ） 496-3
一魚（アブリモノ） 529-7

〔五画〕

18949 炬
一（タイマツ） 446-4

18953′ 炭
一頭（トンヂウ） 395-3
一團（タンドン） 446-2
一竈（スミガマ㊧サウ） 597-2
一櫃（スビツ） 597-3
一（スミ㊧タン） 599-4

一斗（スミトリ） 599-4

18954 炮
一（ツツミヤキ） 458-4

18960 炳
一然（イチジルシ） 362-6
一然（ヘイゼン） 392-4
一誡（ヘイカイ） 392-4
一焉（ヘイエン） 392-4
一然（ヘイゼン、アキラカ） 532-1

18981′ 為
一悦（ヰエツ） 476-2
無二一方一（センカタナシ） 595-7

〔六画〕

18987 烈
一（ハゲシ） 378-5

18997 𦘔
一（モエクヰ㊧シン） 589-5

18998 烏
一賊（イカ） 357-3
一黒（カラスグロ） 427-6
一（カラス） 428-2
一頭（ウヅ） 471-1
一頭布（ウドメ） 472-2
一孫（ウソン） 472-5

─芋（クハイ） 484-4
─（クロシ） 489-4
─帽子（エボシ） 521-5

**［七画］**

19049 烹
─（ニル） 382-6

19059 烽
─（トブヒ） 394-2、400-5

19076 焉
─（イヅクンソ） 364-5

**［八画］**

19099 焙
─爐（ホイロ） 385-5
─煤（ス） 599-6

19100 焚
─（タク） 450-5
─（ヤク） 497-7

19113 無
─邊（ムヘン） 469-1
─量（ムリヤウ） 469-1
─理（ムリ） 469-1
─悩（ムナウ） 469-1
─題（ムダイ） 469-1
─躰（ムタイ） 469-1
─縁（ムヱン） 469-1
─慙（ムサン） 469-1
─愧（ムキ） 469-1
─上（ムシヤウ） 469-1
─病（ムヒヤウ） 469-1
─心（ムシム） 469-1
─才（ムサイ） 469-1
─道（ムタウ） 469-1
─法（ムハフ） 469-1
─記（ムキ） 469-1
─能（ムノウ） 469-1
─明（ムミヤウ） 469-1
─口（ムクチ） 469-1
─念（ムネン） 469-1
─智（ムチ） 469-1
─益（ムヤク） 469-1
─用（ムヨウ） 469-1
─刀（ムタウ） 469-1
─方（ムハウ） 469-1
─常（ムジヤウ） 469-2
─竆（ムグウ） 469-2
─盡（ムジン） 469-2
─實（ムシツ） 469-2
─下（ムゲ） 469-2
─主地（ムシユノチ） 469-2
─乃（ムシロ） 469-3
─射（ブエキ） 507-4
─禮（ブレイ） 510-7
─道（ブタウ） 510-7
─性（ブシヤウ） 510-7
─頼（ブライ） 510-7
─功（ブコウ） 510-7
─徳（ブトク） 510-7
─興（ブケフ） 510-7
─骨（ブコツ） 510-7
─為（ブヰ） 510-7
─事（ブジ） 510-7

—沙汰（ブサタ） 510-7
—器用（ブキヨウ） 510-7
—人数（ブニンジユ） 510-7
—力（ブリヨク） 510-7
—勢（ブセイ） 510-7
—人（ブニン） 510-7
—雙（ブサウ） 510-7
—音（ブイン） 510-7
—覺悟（ブカクゴ） 510-7
—故實（ブコシツ） 510-7
—所存（ブソゾン） 510-7
—興隆（ブコウリウ） 510-7
—案内（ブアンナイ） 510-7

19119 焦
—（コカス） 519-6
—尾（セウビ） 593-4、594-3

19141 焰
—魔王（エンマワウ） 520-7

19149 然
—（シカリ） 577-7
—（シカモ） 578-5

〔九画〕

19184 煎
—盤（センバン） 594-4
—餅（センベイ） 594-1
—藥（センヤク） 594-1

19187 煑
—染（ニジメ） 380-6
—（ニル） 382-6

19196 煖
—鍋（ワカシナベ） 421-2
—（ワカス） 422-4
—（アタタム） 533-7

19207 煜
—（ヒカリ） 586-7

19210 煞
—（ソグ） 456-1
—（コロス） 519-6

19220 煤
—掃（ススハキ） 597-4、600-4

19226 照
—（テル） 525-7

19228 煨
—（アツハイ） 531-1

19229 煩
—（イタハシ） 364-2
—費（ハンヒ） 376-6
—惱（ボンナウ） 387-6
—熱（ホトヲル） 387-7
—（ワツラフ） 422-4
—嘔（ムカヅク） 469-4

〔十画〕

19269 煻
—（ヲキ） 416-5

19294 熊
—胃（クマノヰ） 484-1
—谷（クマガヘ） 485-4
—手（クマデ） 486-3

19300 熏
—革（フスベカハ） 509-3
—（フスボル） 511-4

〔十一画〕

19332 熟
—瓜（ホゾヲチ） 384-5
—（ウム） 474-5
—柹（ジクシ） 566-6
—（ジクス） 578-2
—艾（モグサ） 589-1

19333 熠
—燿（ホタル） 385-1

19346 熨 ―斗（ノシ） 477-4、477-5
19352 熬 ―付（イリツケ） 357-5
―海鼠（イリコ） 357-6
19360 熱 ―氣（ネツキ） 462-4
―病（ネツビヤウ） 462-4
―散（ネツサン） 462-4
―物（ネツモツ） 462-4
―銕（ネツテツ） 462-4
―田（アツタ） 526-6
―（アツシ） 527-1
―沸瘡（アセボ） 527-6

［十二画］

19385 熾 ―（サカンナリ） 542-2
19394 燃 ―（モユル） 590-7
19402 燈 ―臺草（トウダイグサ） 395-7
―臺（トウダイ） 396-5
―籠（トウロウ） 396-5
―心（トウシム） 396-6
―（トモシビ） 397-1
―盞（アブラツキ） 530-4
19414 燎 ―（ニハビ） 379-3
―（ヤク） 497-7
―（モユル㊧レウ） 590-7
19417 燐 ―（キツネビ） 543-5
19420 燒 ―（タク） 450-5
―米（ヤキコメ） 496-4
―拂（ヤキハラフ） 497-2
―落（ヤキオツ） 497-2
―（ヤク） 497-7
―失（シヨウヒツ） 573-6
―亡（シヨウマウ） 573-6
―香（セウカウ） 594-5
19429 燕 ―口（ツバメグチ） 459-2
―尾（エンビ） 521-4
―國（ヱンノクニ） 579-1

［十三画］

19457 營 ―（イトナム） 364-2
19467 燥 ―（カハク） 436-3
19480 燭 ―（トモシし） 397-2
―臺（ソクダイ） 454-5
―臺（シヨツダイ） 568-3
―剪（シヨツセン） 568-3
―鑽（シヨツサン） 568-3

［十四画］

19515 燼 ―（モエクヰ） 589-5
19520 燿 ―（テル） 409-1
―（カカヤク） 436-3

［十五画］

19540 爆 ―（ハタメク） 378-4
―竹（サギチヤウ） 538-6
19545 爝 ―（モエクヰ㊧セツ） 589-5

［十六画］

19566 爐
- ―榻（ロタツ） 366-7
- ―邊（ロヘン） 367-2
- ―（スビツ） 597-3

**【十七画】**

19604 爛
- ―（タダル） 449-7

**【二十五画】**

19648 爨
- ―（イヒカシク㊧サン） 357-6
- ―（カシク） 436-4

## 爪部

19653 爪
- ―（ツメ） 457-4
- ―切（ツマキリ） 458-6
- ―打刀（ツメウチガタナ） 458-7
- ―繰（ツマグル） 459-7

**【四画】**

19663 爭
- ―（イカデカ） 364-4

**【五画】**

19672 爰
- ―元（ココモト） 518-5

**【八画】**

19686 爲
- ―（タメ） 451-3
- ―（ツクル） 460-4
- ―（マネ） 501-5
- ―（マナブ） 502-4
- ―立（シタテ） 576-7
- ―（シワザ） 578-5
- ―（スル） 601-2

## 父部

19721 父
- ―（チチ） 403-5
- ―祖（フソ） 507-6
- ―母（フボ） 507-6
- ―子（フシ） 507-6

**【九画】**

19734 爺
- ―（チチ） 403-5

## 爻部

**【七画】**

19746 爽
- ―（サハヤカ） 542-5

**【十画】**

19750 爾
- ―（ナンヂ） 463-5
- ―來（シライ、シカショリコノカタ） 577-1
- ―（シカリ） 577-7

## 爿部

［四画］

19763 牀

- —（トコ） 394-2
- —（ユカ） 551-5
- 敷（ユカシク） 553-7
- 机（シヤウギ） 568-6

## 片部

19813 片

- —雲（ヘンウン） 389-3
- —時豹尾（ヘンシヘウビ） 389-4
- —（カタカタ） 436-6
- —方（カタカタ） 437-4
- —敷（カタシク） 437-4
- —時（カタトキ） 437-4
- —輪（カタワ） 437-4
- —意（カタココロ） 437-4
- —思（カタオモヒ） 437-5
- —付（カタツク） 437-5
- —様（カタサマ） 438-7
- —人（カタウド） 438-7

［九画］

19871 牒

- —状（テフジヤウ） 525-2
- —合（テフガフ） 525-2

［十一画］

19883 牕

- —（マト㊧サウ） 498-4

19890 牖

- —（マト㊧ヨウ） 498-4

## 牙部

19909 牙

- —（キバ） 545-3
- 齒—（キバ） 545-4

## 牛部

19922 牛

- —縻（ハナツラ） 373-6
- —（ウシ） 471-4
- —膝（ヰノヒツチ） 475-5
- —王（ゴワウ） 516-4
- —黄（ゴワウ） 516-7

［二画］

19925 牝

- —瓦（メガワラ） 554-5
- —牛（メウシ） 555-1
- —馬（メムマ） 555-2

［三画］

19933 牡

- —丹（ボタン） 384-4
- —馬（ヲムマ） 416-3
- —（ヲケモノ） 416-3

19934 牢

- —籠（タヂロク） 449-4

─人（ラウニン） 466-5

─籠（ラウロウ） 467-6

【四画】

19950 牧

─（マキ） 498-3

─溪（モツケイ） 588-3

19959 物

─詣（ブツケイ） 510-5

─狂（ブツキヤウ） 510-5

─忩（ブツソウ） 510-5

─狂（モノグルヒ） 588-4、589-7

─相（モツサウ） 589-4

─語（モノガタリ） 589-7

─見（モノミ） 589-7

─思（モノオモヒ） 589-7

─忘（モノワスレ） 589-7

─怪（モノケ） 590-1

─化（モノケ） 590-1

─故（モツコ） 590-5

─云（モノユヒ） 590-5

【五画】

19986 牲

─（イケニエ） 357-7

【六画】

20012 牸

─（メウジ） 555-1

20013 特

─牛（コトイ） 514-1

─（コトニ） 520-3

─賞（モテナス） 590-2

【七画】

20025 牽

─牛花（ケンギウクワ） 504-1

─牛子（ケンゴシ） 504-1

─牛（アサカホ） 529-1

─（ヒク） 587-4

20037 犁

─（カラスキ） 431-2

─（クロウシ） 484-1

─星（カラスキボシ） 424-3

【八画】

20045 犀

─（サイ） 536-4

─皮（サイヒ） 594-5

【十一画】

20154 犛

─牛（メウゴ） 555-2

【十五画】

20196 犢

─鼻褌（タフサギ㊧トクビコン） 445-7

─（ウシコ） 471-4

─（コウジ） 514-1

【十六画】

20209 犧

─（イケニエ） 357-7

# 犬部

20234 犬
- 犬荏（イヌエ） 356-6
- 犬（イヌ） 357-3
- 犬養（イヌカヒ） 358-2
- 犬追物（イヌヲモノ） 362-4

［二画］

20238 犯
- 犯人（ボンニン） 384-2
- 犯（ヲカス） 418-5

［四画］

20278 ⿰犭比
- ⿰犭比（ムササビ） 468-4

20280 狀
- 狀（カタチ） 436-6
- 狀釘（ツ□クキ） 457-1
- 无狀（アヂキナシ） 531-5

20287 狂
- 狂（クルフ） 489-1
- 狂人（キヤウジン） 545-2
- 狂氣（キヤウキ） 545-2
- 狂言綺語（キヤウゲンキギヨ） 549-3
- 狂歌（キヤウカ） 549-3
- 狂乱（キヤウラン） 549-3
- 狂文（キヤウモン） 583-6

20290 狄
- 狄（エビス㊧テキ） 521-2

［五画］

20329 狎
- 狎（ナルル） 465-4

20333 狐
- 狐疑心（コキノシム） 517-6
- 狐戸（キツネド） 543-6
- 狐（キツネ） 545-6

20344 狖
- 狖首（サルガシラ） 535-2

20345 狗
- 狗防（イヌブセキ） 355-4
- 狗（イヌ） 357-3
- 狗猧（ヱノコ） 579-3
- 狗尾草（ヱノコグサ） 579-4

20349 狛
- 狛（コマイヌ） 514-1
- 狛（コマ） 517-3

［六画］

20390 狩
- 狩衣（カリギヌ） 429-1
- 狩（カリ） 435-4

［七画］

20413 狵
- 狵（ムクイヌ） 468-4

20428 狭
- 狭間（ハサマ） 377-4
- 狭少（ケフセウ） 506-6
- 狭間（サマ） 535-2
- 狭（セバシ） 596-6

20432 狼
- 狼籍（ラウゼキ） 467-4
- 狼煙（ノロシ） 477-7
- 狼芽（コマツナギ） 514-5
- 狼毒（コマツナギ） 514-5
- 狼籍（ミダリカハシ） 560-3

［八画］

| 番号 | 親字 | 熟語 | 読み | 所在 |
| --- | --- | --- | --- | --- |
| 20482 | 猒 | —隔 | （エンキヤク） | 522-1 |
| | | —却 | （エンキヤク） | 522-1 |
| | | —離 | （エンリ） | 522-1 |
| 20488 | 猕 | —猴桃 | （コグワ㊧クワノホヤ） | 514-4 |
| | | 猴 | （ミコウ） | 558-2 |
| 20498 | 猛 | — | （タケシ） | 450-2 |
| | | —虎 | （マウコ） | 498-7 |
| | | —惡 | （マウアク） | 500-6 |
| | | —勢 | （マウセイ） | 500-6 |
| | | —火 | （ミヤウクワ） | 560-3 |
| 20499 | 猜 | — | （ソネム） | 456-2 |

**［九画］**

| 番号 | 親字 | 熟語 | 読み | 所在 |
| --- | --- | --- | --- | --- |
| 20519 | 猥 | — | （ミダリガハシ） | 560-5 |
| 20525 | 猨 | — | （サル㊧エン） | 536-4 |
| 20528 | 猩 | —— | （シヤウジヤウ） | 565-7 |
| 20534 | 猪 | —頭蜆子 | （チヨトウケンス） | 403-2 |
| | | —羮 | （チヨカン） | 404-5 |
| | | —名川 | （ヰナガハ） | 475-2 |
| | | —島崎 | （ヰシマカサキ） | 475-3 |
| | | —頸 | （ヰクビ） | 475-5 |
| | | —尻 | （ヰノシリ） | 475-5 |
| | | —股 | （ヰノマタ） | 475-7 |
| 20535 | 猫 | — | （ネコ） | 461-7 |
| 20540 | 猯 | — | （タヌキ） | 444-6 |
| | | — | （マミ㊧タン） | 498-7 |
| 20553 | 猴 | — | （サル） | 536-4 |
| 20557 | 猶 | — | （ナヲシ） | 465-5 |
| | | —子 | （ユウシ） | 552-1 |
| | | —豫 | （ユウヨ） | 552-2 |
| | | —豫 | （ユヨ） | 553-6 |

**［十画］**

| 番号 | 親字 | 熟語 | 読み | 所在 |
| --- | --- | --- | --- | --- |
| 20584 | 猿 | — | （マシ㊧ヱン） | 498-7 |
| | | —樂 | （サルガク） | 536-2 |
| | | —猴 | （ヱンコウ） | 579-3 |
| 20603 | 獄 | — | （ウツタフ） | 474-2 |
| | | —卒 | （ゴクソツ） | 513-3 |
| | | —門 | （ゴクモン） | 518-3 |
| | | —定 | （ゴクヂヤウ） | 518-3 |
| | | — | （ヒトヤ） | 580-6 |
| 20609 | 獅 | —子 | （シシ） | 565-6 |
| | | —子首 | （シシガシラ） | 569-5 |
| | | —子舞 | （シシマヒ） | 576-3 |

**［十三画］**

| 番号 | 親字 | 熟語 | 読み | 所在 |
| --- | --- | --- | --- | --- |
| 20723 | 獦 | —子鳥 | （アトリ） | 528-6 |
| 20725 | 獨 | —鈷 | （トツコ） | 396-4 |
| | | —立 | （ドクリツ） | 398-4 |
| | | —吟 | （トクキン） | 398-5 |
| | | —身 | （トクシン） | 398-5 |
| | | —歩 | （トクホ） | 398-5 |
| | | —行 | （トクカウ） | 398-5 |
| | | —坐 | （トクザ） | 398-5 |
| | | —活 | （ツチダラ） | 458-3 |

20730 獫
— 活（ウド） 471-1
— 搖柳（シダリヤナギ） 566-7
—（ヒトリ） 581-6
— 犹（エビス㊧ケンイン） 521-1

［十四画］

20758 獲
—（ウル） 474-3
—（エタリ） 522-4

［十五画］

20768 獵
— 師（カリビト） 425-2
—（カリ） 435-5
— 師（レフシ） 451-6
— 者（レフシヤ） 451-6

20775 獸
—（ケダモノ） 503-6

［十六画］

20782 獺
—（ヲソ） 416-3
—（カハヲソ） 428-3

20783 獻
—（タテマツル） 449-6
—（ケンズ） 506-7
— 歳（コンサイ） 512-1

## 玄部

20814 玄
—（クロシ） 489-4
— 孫（ヤシハゴ） 495-6
— 英（ケンエイ） 502-6
— 番頭（ゲンバンノカミ） 503-3
— 奘法師（ケンジヤウホツシ） 503-4
— 雲（ゲンウン） 504-4
— 霜（ゲンサウ） 504-4

［五画］

20816 玆
因レ—（コレニヨツテ） 519-1

［六画］

20817′ 率
— 介（ニハカ） 382-5
— 尒（ソツジ） 455-4
— 法（ソツハフ） 455-4
— 度（ソツト） 455-4
— 領（シタガフ） 577-4
—（シタガフ㊧ソツ） 578-1

## 玉部

20821 玉
— 垣（タマガキ） 442-4
— 人（タマスリ） 444-2
— 椿（タマツバキ） 444-4
— 串（タマクシ） 446-4
—（タマ） 446-5
— 章（タマヅサ） 449-2
— 門（ツビ） 457-3
— 篇（ゴクヘン） 517-4
— 彔（キヨクト） 543-1
— 斗（キヨクト） 543-1

—樓（ギヨクロウ） 543-5
—扆（キヨクイ） 547-4
—躰（ギヨクタイ） 549-6
—章（ギヨクシヤウ） 549-6

20823
王
—城（ワウジヤウ） 418-6
—宮（ワウグウ） 418-6
—土（ワウド） 418-6
—春（ワウシユン） 419-2
—昭君（ワウシヨウクン） 419-3
—維（ワウイ） 419-3
—義之（ワウギシ） 419-4
—元章（ワウゲンシヤウ） 419-4
—立本（ワウリフホン） 419-4
—質（ワウシツ） 419-4
—祥（ワウシヤウ） 419-4
—子（ワウシ） 419-5
—孫（ワウソン） 419-5
—法（ワウボフ） 422-2
—位（ワウヰ） 422-2
—命（ワウメイ） 422-2
—代（ワウダイ） 422-2
—記（ワウキ） 422-2
—餘魚（カレイ） 427-7
—卿（キンダチ） 544-4

【五画】

20899
玻
—璃（ハリ） 373-2

20920
珍
—物（チンブツ） 405-5
—札（チンサツ） 407-6
—報（チンホウ） 407-6
—荅（チンタフ） 407-6
投二—財一（チンサイヲナクル） 407-6
—味（チンミ） 407-7
—寶（チンホウ） 407-7
—重（チンテウ） 408-6
—敷（メツラシク） 556-3

【六画】

20956
珠
—（タマ） 446-5
—簾（タマスダレ） 446-7

20963
珤
—鐸（ホウチヤク） 385-5

20972
珪
—璧（ケイヘキ） 504-4
—璋（ケイシヤウ） 504-4

20976
班
—（ツラナル） 461-4

20978
琉
—球（リウキウ） 409-2

【七画】

21004
現
—（ウツツ） 474-7
—當（ゲンタウ） 505-4
—在（ゲンザイ） 505-4
—形（ゲンギヤウ） 505-4
—物（ゲンモツ） 505-4
—錢（ゲンセン） 505-4
—前（ゲンゼン） 505-4
—世（ゲンゼ） 505-4

21014 **理**
- —來（ゲンライ） 505-4
- —存（ゲンゾン） 505-4
- —果（ゲンクワ） 505-4
- —（ゲニモ） 505-5
- —（アラハス） 533-4
- —非（リヒ） 411-2
- —運（リウン） 411-2
- —訴（リソ） 411-2
- —不盡（リフジン） 411-3
- —（ヲサム） 418-5
- —（マサシ） 502-4
- —（コトハル） 519-5
- —（キキ） 551-4
- —髪（モトドリ） 588-5

**［八画］**

21058 **琢**
- —（ミガク） 560-5

21079 **琴**
- —（コト㊧キン） 517-4

21080 **琵**
- —琶（ビハ） 584-2

**［九画］**

21102 **瑇**
- —瑁（タイマイ） 446-1

21120 **瑕**
- —瑾（カキン） 437-7
- —（キズ） 551-2

21131 **瑞**
- —籬（イガキ） 355-4
- —相（ズイサウ） 600-1

21133 **瑟**
- —（コト㊧シツ） 517-4

**［十画］**

21143 **瑠**
- —璃（ルリ） 414-2

21155 **瑩**
- —（ミガク） 560-6

**［十一画］**

21201 **璅**
- —才（ササイ） 541-3

**［十三画］**

21269 **璧**
- —（タマ） 446-6

21276 **璫**
- —（コジリ） 517-3

21287 **環**
- —（タマキ） 446-3
- —（クワン） 486-5
- —（メグル） 556-4

**［十七画］**

21347 **瓔**
- —珞（ヤウラク） 496-3

## 瓜部

21371 **瓜**
- —（ウリ） 471-2
- —生（ウリフ） 472-4

**［十一画］**

21419 **瓢**
- —箪（ヘウタン） 390-5
- —（ヒサゴ） 583-5
- —箪（ヒヨウタン） 584-4

**［十四画］**

21425 **瓣**
- —香（ヘンカウ） 391-2

―（ウリサネ） 471-2

## 瓦部

21438 瓦
―（カハラ） 424-2
―礫（クワリヤク） 485-6
―石（クワセキ） 485-6

【四画】

21461 瓮
―（モタイ） 589-5

【八画】

21537 瓶
―子（ヘイジ） 391-3
―井水（カメヰミヅ） 424-1
―（カメ） 430-7

【九画】

21554 甃
―（イシダタミ） 355-5

【十一画】

21587 甍
―（イラカ㊧マウ） 355-6

21589 甎
―（カハラ） 424-2

【十二画】

21602 甑
―（コシキ） 517-3

【十三画】

21610 甔
―（ホトギ） 386-1

21617 甕
―（カメ） 430-7
―（モタイ） 589-5

【十四画】

21620 甖
―（ホトギ） 386-1

【十六画】

21626 甗
―（コシキ） 517-3

## 甘部

21643 甘
―泉殿（カンセンデン） 424-3
―蔗（カンジヤ） 426-5
―棠（カラナシ） 426-5
―艸（カンザウ） 426-6
―松（カンシヨウ） 426-6
―味（カンミ） 433-7
―露（カンロ） 433-7
―（クツログ） 489-5
―苔（アマノリ） 528-7
―葛（アマヅラ） 529-1
―蔗（アマヅラ） 529-2
―酒（アマザケ） 529-5
―（アマシ） 533-5

【四画】

21648 甚
―（ハナハタ） 377-6

—風（ジンフウ） 561-7
—雨（ジンウ） 561-7
—深（ジンジン） 575-5

［六画］

21656
甜
—瓜（カラフリ） 426-6
—（アマシ） 533-5

## 生部

21670
生
—食（イケズキ） 357-1
—御靈（イキミタマ） 363-3
—捕（イケドリ） 363-4
—（イケル） 364-7
—親男（タラチヲ） 443-7
—親女（タラチメ） 443-7
—海鼠（ナマコ） 463-6
—物（ナマモノ） 464-2
—布（ナマメ） 464-2
—子（ウマレゴ） 470-5
—（ウマル） 474-3
—浦（オフノウラ） 478-7
—立（オコシタツル） 480-6
—膾箸（マナバシ） 500-2
—憎（アナニク） 532-1
—飯（サンバ） 537-5
—澀（イケドリ） 538-7
—薑（シヤウキヤウ㊧ハジカミ）
566-5
—涯（シヤウガイ） 574-5
—得（シヤウトク） 574-5
—類（シヤウルイ） 574-5
—滅（シヤウメツ） 574-5
—前（シヤウゼン） 574-5
—處（シヤウジヨ） 574-5
—身（シヤウジン） 574-5
—土（シヤウド） 574-5
—氣（シヤウキ） 574-5
—長（シヤウヂヤウ） 574-5
—盲（シヤウマウ） 574-5
—天（シヤウテン） 574-5
—者必滅（シヤウジヤヒツメツ）
574-5
—々世々（シヤウシヤウセセ）
574-5
—害（シヤウガイ） 574-5
—長（ヒトトナル） 586-3
—長（セイヂヤウ） 592-6
—衣強（セイガウ） 593-7
—絹（ススシ） 598-5
—衣（ススシ） 598-5

［六画］

21684′
産
—（ムナゴ） 468-4
—女（ウブメ） 470-5
—宮（ウブスナ） 472-4
—（ウマル） 474-3

【七画】

21689 甥
—（ヲヒ） 415-6

## 用部

21703 用
—途（ヨウト） 440-1
—（モチフ） 591-1

【二画】

21706 甫
—（ハジメ） 378-4
—年（ホネン） 383-4

## 田部

21723 田
—舎（イナカ） 363-2
—上（タカミ） 442-3
—坪（タツボ） 442-5
—鶴（タヅ） 444-6
—中螺（タニシ） 444-7
—鳥（タトリ） 445-1
—捶（タウツ） 449-4
—舎人（ヰナカフド） 475-4
—舎（デンジヤ） 522-6
—宅（デンタク） 522-6
—地（デンヂ） 522-6
—園（デンヲン） 522-6
—圃（デンホ） 522-6
—樂（デンガク） 523-4
—夫（デンブ） 523-4
—札（テンサツ） 525-5

21724 由
—々敷（ユユシク） 553-5
—放（ユハウ） 553-5
—來（ユライ） 553-5
—緒（ユイシヨ） 553-5

21725 甲
—賀（カウカ） 423-5
—子（カツシ） 424-4
—乙人（カフヲツニン） 425-1
—袈裟（カフノケサ） 429-2
—金（カブトカネ） 429-6
—胄（カツチウ） 431-1
無二—斐一（カイナシ） 438-5
帶二—胄一（カツチユウヲタイス） 438-7
—（ツメ） 457-4
—（コフ） 514-2
—乙（キノエキノト㊧カフヲツ） 544-2

21726 申
—承（マウシウケタマハル） 501-1
—捨（マウシスツル） 501-1
—弃（マウシスツル） 501-1
—晴（マウシハルル） 501-1
—賦（マウシクバル） 501-1
—成（マウシナシ） 501-1
—乱（マウシミタス） 501-1
无二—計一（マウシハカリナク） 501-1

可二―盡一（マウシツクスベシ） 501-1
―入（マウシイル） 501-1
―定（マウシサタム） 501-1
―置（マウシオク） 501-1
―合（マウシアハス） 501-1
―堅（マウシカタム） 501-1
―懸（マウシカケ） 501-1
―度（マウシタク） 501-1
可二―述一（マウシノブベシ） 501-1
―（サル） 536-5

［二画］

21730 男
―（ヲノコ） 416-1
―子（ナンシ） 463-5
―女（ナンニヨ） 463-5
―山（オトコヤマ） 478-6

21735 町
―人（チヤウニン） 402-7
―物（チヤウフツ） 408-5
―（マチ） 498-3

［四画］

21774 畂
―（カル） 435-4

21775 界
―（サカヒ㊧カイ） 535-3

21777 畎
―（タミゾ） 443-1

21778 畏
―（カシコマル） 435-4

［五画］

21801 畔
―（ホトリ） 383-3、388-3
―下原（アシタノハラ） 526-5

21808 留
―（トドム） 401-2
―守（ルス） 414-4
―連（ルレン） 414-4

21814 畜
―生（チクシヤウ） 404-3
―類（チクルイ） 404、3
―（タクハフ） 450-4
―（ケダモノ） 503-6

21815 畝
―（ウネ） 470-2

21827 畠
―（ハタケ） 368-3
―山（ハタッヤマ） 372-6

［六画］

21829 畢
―（ヲハリ） 418-2
―（コトゴトク） 520-2
―波羅草（ヒツバラサウ） 583-1
―命（ヒツミヤウ） 585-7
―竟（ヒツキヤウ） 585-7

21839 略
―（ホボ） 388-1
―儀（リヤッギ） 412-3
―式（リヤッシキ） 412-3
―地（ママース） 501-4
―（アラアラ） 534-3

21842 畦
―（ウネ） 470-2

［七画］

21858 番
―匠（バンシヤ[ク]） 369-3

―頭（バンドウ） 369-3
―代（バンガハリ） 375-4
―帳（バンチヤウ） 375-4
―（ツガヒ） 461-1

21859 畫
―工（ガコウ） 483-3
―（エカク） 579-5

21866 異
―儀（イギ） 361-1
―様（イヤウ） 361-1
―相（イサウ） 361-1
―躰（イテイ） 361-2
―形（イギヤウ） 361-2
―國（イコク） 361-2
―香（イキヤウ） 361-2
―見（イケン） 361-2
―口同音（イクドオオン） 361-2
―表（イヘウ） 361-3
―（コトナリ） 519-5
―哉（アヤシヒカナ） 532-6


【八画】


21890 當
―年（タウネン） 441-6
―月（タウクワチ） 441-6
―日（タウニチ） 441-6
―麻（タヘマ） 442-3
―國（タウゴク） 442-3
―山（タウサン） 442-3
―寺（タウジ） 442-3
―所（タウシヨ） 442-3
―時（タウシ） 442-3
―今（タウギン） 444-2
―腹（タウブク） 444-2
―帰（タウキ） 444-4
―時草（タチマチクサ） 444-5
―時（タウジ） 447-1
―代（タウダイ） 447-1
―道（タウダウ） 447-1
―流（タウリウ） 447-1
―腹（タウブク） 447-1
―院（タウヰン） 447-1
―世（タウセイ） 447-1
―座（タウザ） 447-1
―罰（タウバツ） 447-1
―番（タウバン） 447-1
―機（タウキ） 447-1
―學（タウカク） 447-1
―用（タウヨウ） 447-1
―家（タウケ） 447-1
―山（タウサン） 447-1
―國（タウコク） 447-1
―所（タウシヨ） 447-1
―來（タウライ） 447-1
―季（タウキ） 447-1
―分（タウブン） 447-1
―初（ソノカミ） 455-5
―時（ソノカミ） 455-5
―中（マンナカ） 501-4

21892 畷
―（マサニ） 502-4
―（アタル） 533-3
―（ナハテ） 463-3
―（アゼ） 527-1

［十四画］

21967 疇
―昔（チウセキ） 402-3
―昔（ムカシ） 469-2
―（ウネ） 470-2
―（アゼ） 527-1

［十七画］

21982 疊
―紙（タタフガミ） 446-3

21983 疉
―刺（タタミサシ） 444-1

## 疋部

［七画］

22002 疎
―（ヲロソカ） 418-5
―鬱（ソウウツ） 455-3
―略（ソリヤク） 455-3
―遠（ソヱン） 455-3
―相（ソサウ） 455-3
―意（ソイ） 455-3
―學（ソガク） 455-3
―縁（ソエン） 455-3
―々敷（ウトウトシク） 473-4
―（ウトム） 474-4
不レ―（スカズ） 600-5

［九画］

22007 疑
―惑（ギワク） 548-7
―殆（ギタイ） 548-7
―推（ギスイ） 548-7
―論（ギロン） 548-7
―念（ギネン） 548-7
―心（ギシン） 548-7
―謗（ギハウ） 548-7
―網（ギマウ） 548-7
―團（ギダン） 548-7

## 疒部

［二画］

22019 疔
―（チヤウ） 404-1

［三画］

22040 疝
―氣（センキ） 593-3

22041 ⿸疒土
―（シヤウ） 562-1
―官（シヤウグワン） 563-3
―司（シヤウジ） 564-1
―士（シヤウジユ） 564-1
―園（シヤウヱン） 574-6
―保（シヤウホウ） 574-6
―内（シヤウナイ） 574-6

【四画】

22050 疣 —（フスベ） 508-1

22057 疥 —癩（ハタケガサ） 369-5

—癩（シラハタケ） 565-5

22069 疫 —病（ヤクビヤウ） 497-4

—（エヤミ） 522-4

—癘（エキレイ） 522-5

【五画】

22082 疱 —瘡（ハウサウ） 369-5

—瘡（モガサ㊧ハウサウ） 588-5

22084 疲 —（ツカル） 460-4

—（クタビル） 488-7

—勞（ヒラウ） 586-2

22089 疵 —（キズ） 545-3

22105 疼 —（イタム） 364-7

—（ヒイラグ） 587-3

22106 疽 —（ソ） 453-6

22112 疾 —（ヤマヒ） 497-4

—（シハル） 577-7

22122 痂 —（カサフタ） 426-2

22124 痃 —癖（ケンヘキ） 503-7

22127 病 —（ヤマヒ） 497-4

—人（ビヤウニン） 581-6

—者（ビヤウジヤ） 581-6

—床（ヒヤウシヤウ） 586-6

—氣（ヒヤウキ） 586-6

—苦（ヒヤウク） 586-6

【六画】

22167 痔 —（ヂ） 404-1

22171 痕 —（カサノアト） 426-2

—（アト） 527-7

【七画】

22195 痛 —（イタム） 364-2

22208 痟 —𤸷（セウカツ） 593-3

22221 痤 —（ニキビ） 379-6

【八画】

22280 痺 —（シビル） 565-6

—（シビル㊧ヒ） 578-4

—瘁（ヒリメク） 586-2

22290 痿 —（ナユル） 465-4

—痺（ヒルム） 586-2

22292 瘀 —血（タマリチ） 449-5

—（ツシム） 460-6

【九画】

22359 瘖 —（ヲシ） 416-1

—（クチコモル） 489-1

【十画】

22404 瘡 —疹（ハシカ） 369-5

—（カサ） 426-2

—（キズ） 545-3

22405 瘢
—（キズ㊧ハン） 545-4

22408 瘤
—（コブ） 513-6
—（アゼ） 528-1
—（シイネ） 565-6

22415 瘦
—（ヤスル） 497-4

22419 瘧
—（ヲコリ） 416-2
—鬼（エヤミ） 522-5
—病（ギヤヘイ） 545-4

**［十一画］**

22440 瘭
—疽（ヘウソ） 390-3

22455 瘴
—霧（ソブ） 453-1

22467 瘻
—（ロ） 365-3

22469 瘼
—（メノヤマヒ） 555-1

**［十二画］**

22500 療
—治（リヨウジ） 412-1
—養（リヨウヤウ） 412-2
—養（レウヤウ） 452-5
—治（レウヂ） 452-5

22506 癃
—（コシヲレ） 513-6

22512 癆
—瘵（ラウサイ） 467-3

**［十三画］**

22549 癕
—瘡（ヰヨウサウ） 476-5

22550 癖
—者（クセモノ） 488-5

**［十四画］**

22591 癡
—闇（チアン） 406-1

**［十五画］**

22601 癤
—（カサ） 426-2

22602 癢
—（カユガリ） 426-2

22608 癥
—瘕（チヨウガ） 404-1
—瘕（テウガ） 526-1

**［十六画］**

22618 癨
—乱（クワクラン） 483-4

**［十七画］**

22629 癬
—（カサ） 426-2

22630 癭
—（ロ） 365-3
—（コブ） 513-6

**［十八画］**

22634 癯
—（ヤスル） 497-5

22638 癰
—（ヨウ） 439-4

**［十九画］**

22643 癲
—狂（クツナ） 483-5
—狂（テンキヤウ） 526-1

## 癶部

**［四画］**

22660 癸
—（ミヅノト） 557-3

［七画］

22668 登
- —山（トザン） 397-7
- —用（トウヨウ） 397-7
- —（ノホル） 478-2
- —（ミノル） 560-4

22669 發
- —聲（ハツセイ） 376-1
- —明（ハツメイ） 376-1
- —遣（ハツケン） 376-1
- —言（ハツゲン） 376-1
- —向（ハツカウ） 376-1
- —（ハナツ） 378-3
- —起（ホツキ） 386-5
- —端（ホツタン） 387-3
- —句（ホツク） 387-3
- —願（ホツグワン） 387-3
- —動（ホツトウ） 387-3
- —言（ホツゴン） 387-3
- —心（ホツシム） 387-3
- —病（ホツビヤウ） 387-4
- —熱（ホツネツ） 387-4
- —露啼泣（ホツロテイキウ） 387-4
- —（ヲコリ） 418-2
- —（ヒラク） 587-3

## 白部

22678 白
- —（イチジルシ） 364-1
- —駒（ハクク） 367-5
- —晝（ハクチウ） 367-5
- —日（ハクジツ） 367-5
- —樂天（ハクラクテン） 369-1
- —翁（ハクヲウ） 369-4
- —髮（ハクハツ） 369-4
- —鷗（ハクヲウ） 371-1
- —鷳（ハクカン） 371-1
- —壁（ハクヘキ） 372-1
- —魚羹（ハクギヨカン） 372-1
- —酒（ハクシユ） 372-1
- —飯（ハクハン） 372-1
- —羽（ハクウ） 373-2
- —楮（ハクチヨ） 373-2
- —粉（ハクフン） 373-2
- —狀（ハクジヤウ） 375-4
- —眼（ニラム） 382-4
- —膠木（ヌルテ） 413-2
- —朮（ヲケラ） 415-4
- —醴（ヲホミキ） 416-6
- —鷗（カモメ） 427-5
- —芷（ヨロヒグサ） 439-5
- —頭花（オキナグサ） 479-5
- —鷹（オホタカ） 479-6
- —慈草（マタブリグサ） 499-6
- —（マフス） 502-1
- —翳（アキジヒ） 527-4
- —地（アカラサマ㊧カリソメ）

532-5
｜（アクル） 533-2
｜雨（ユフダチ） 551-5
｜微（ミナレコグサ） 558-5
｜山（シラヤマ） 562-2
｜拍子（シラビヤウシ） 563-6
｜波（シラナミ） 564-1
｜張（シラハリ） 567-1
｜粥（シラカユ） 567-5
｜木（シラキ） 569-3
｜紙（シラカミ） 569-3
｜粉（シロヒモノ） 569-5
｜木綿（シラユフ） 569-6
｜（シロシ㊧ハク） 577-7
｜痢（ビヤクリ） 582-1
｜檀（ビヤクダン） 582-7
｜芥子（ビヤツケシ） 583-2
｜朮（ビヤクジユツ） 583-2
｜衣（ビヤクエ） 583-6

｜散之酒（ビヤクサンノサケ） 583-7
｜鑞（ビヤクラフ） 584-5
｜拂（ビヤクホツ） 584-5
｜蓋（ビヤクカイ） 584-5
｜毫（ビヤクガウ） 586-1
｜慈草（スマフグサ） 599-3

［一画］

22679 百
｜濟（ハクサイ） 368-2
｜部根（ヘクソカヅラ） 390-4
｜々（トウトウ） 400-1
｜千返鳴也（ヲチカヘリナケ） 418-3
｜濟（クタラ） 481-7
｜合草（ユリ） 552-4
｜敷（モモシキ） 587-7
｜舌鳥（モズ） 588-6
｜千鳥（モモチドリ） 588-6

｜手的（モセテノマト） 589-6

［二画］

22685 皂
｜角（サイカイシ） 536-6

22686 皃
｜鳥（カトリ） 428-4

［三画］

22692 的
｜矢（マトヤ） 500-3
｜歴（アザヤカ） 532-1

［四画］

22699 皆
｜合（カイガフ） 432-5
｜濟（カイセイ） 432-5
｜納（カイナフ） 432-5
｜參（カイサン） 432-5
｜同（カイトウ） 432-6
｜具（カイク） 432-6
｜月（ミノツキ） 557-2
｜（ミナ） 560-7

22701 皇
- —甲（ヒタカブト） 584-2
- —帝（クワウテイ） 483-2
- —澤（クワウタク） 487-7
- —徳（クワウトク） 487-7
- —恩（クワウヲン） 487-7
- —（キミ） 545-2
- —子（ヒツキノミコ） 581-3
- —（スベラギ） 597-6

**［五画］**

22713 皅
- —（シラシラシ㊧ケウ） 578-2

**［六画］**

22724 皎
- —（アキラム） 533-7

22727 皐
- —月（サツキ） 534-6

**［十画］**

22766 皛
- —（アキラム） 533-7
- —（シラシラシ㊧ケウ） 578-2

22769 皜
- —（ヒカリ） 586-7

**［十二画］**

22784 皤
- —（シロシ㊧ハ） 577-7

## 皮部

22823 皮
- —（カハ） 426-3、431-1
- —熬（カハイリ） 428-7
- —籠（カハゴ） 429-7
- —膚（ヒフ） 581-7
- —肉（ヒニク） 582-1

**［十画］**

22899 皺
- —（シハ） 565-5
- —皮（ヒキハダ） 584-5

## 皿部

22941 皿
- —（サラ） 539-4

**［三画］**

22949 盂
- —蘭盆（ウラボン） 469-7

**［四画］**

22959 盆
- —山（ボンサン） 386-1

22961 盈
- —（コボル） 519-5
- —（ミツ） 560-6

**［五画］**

22972 益
- —（マス） 501-7

22972′ 益
- —雄（マスラヲ） 498-6
- —ト男（マスラヲ） 498-6
- 無レ—（アヤナシ） 532-6

22979 盌
- —巾（ワンキン） 420-6

22980 盍
- —（ワン） 421-1
- —（イカンゾ） 364-7
- —（ナンゾ） 466-1

【六画】

22986 畫
- —日（ヒネモス） 580-6

23001′ 盛
- —（イルル） 364-1
- —（サカンナリ） 542-2
- —（モル㊧セイ） 590-7
- —夏（セイカ） 592-1

【七画】

23006 盜
- —人（ヌスビト） 412-6
- —（ヌスム） 414-1
- —人（タウジン） 444-2
- —犯（タウボン） 447-6
- —賊（タウゾク） 447-6
- —汗（ネアセ） 462-4

【八画】

23020 盞
- —（サカヅキ㊧サン） 539-1

23024 盟
- —（チギル） 408-7

【九画】

23029 盡
- —（ツクス） 461-1
- —（コトゴトク） 520-2
- —期（ジンゴ） 575-5
- —未來（ジンミライ） 575-5

23032 監
- —寺（カンズ） 425-5
- —（カガミル） 435-3
- —物（ケンモツ） 503-3

【十画】

23036 盤
- —（バン） 374-1
- —渉調（バンシキテウ） 377-3
- —（ツヅラヲリ） 461-5
- —（メグル） 556-4

【十一画】

23041 盥
- —（タラヒ） 446-2

23050 盧
- —橘（ロキツ） 365-4
- —橘（ハナタチバナ） 370-2

【十二画】

23062 盪
- —（トラカス） 401-3

## 目部

23105 目
- —下（マノアタリ） 500-7
- —（サツクワン） 535-7
- —代（メシロ） 554-7
- —合（メアハス） 554-7
- —結（メユヒ） 555-5
- —貫（メヌキ） 555-6
- —扣（メウテ） 555-6
- —瞤（メハタラカス） 555-7

―安（メヤス） 555-7
―益（メアヤニ） 555-7
―出度（メデタク） 555-7
―代（モクダイ） 588-4
―録（モクロク） 589-6
―銭（モクセン） 590-4
―禮（モクレイ） 590-4
―前（モクゼン） 590-4

〔三画〕

23132 盲
―聾（マウレウ） 498-4
―目（マウモク） 498-5
―者（メクラ） 554-7

23136 直
―夫（ヂキフ） 403-1
―綴（チキトツ） 404-4
―入（ヂキニフ） 408-3
―納（チキナフ） 408-4
―訴（チキソ） 408-4
―説（チキセツ） 408-4
―進（チキシン） 408-4
―道（チキタウ） 408-4
―奏（チキソウ） 408-4
―務（チキム） 408-4
―下（チヨツカ） 408-6
―事（タダコト） 449-4
―（タムル） 449-7
―（タダチ） 451-1
―截（ツンギル） 460-3
―衣（ナフシ） 464-2
―禮（ナフライ） 464-3
―（ナウシ） 465-5
―衣姿（オホキミスカタ） 480-7
―（アタヒ） 534-2
―下（ミヲロス） 560-1
―歳（シツスイ） 562-7
―垂（ヒタタレ） 583-6
―冑（ヒタカブト） 584-2
―（スクム㊧チヨク） 600-7
―（スグ） 601-6

〔四画〕

23151 相
―板（マサイタ） 500-3
―坂（アフサカ） 526-6
―逢（アヒアフ） 531-2
―比（アヒトム） 531-2
―伴（アヒトモナフ） 531-2
―構（アヒカマヘテ） 531-2
―語（アヒカタル） 531-2
―叶（アヒカナフ） 531-2
―姓（アヒシヤウ） 531-2
―圖（アヒヅ） 531-2
―觸（アヒフル） 531-2
―人（サウニン） 536-2
―馬（サウマ） 538-5
―論（サウロン） 539-7
―好（サウカウ） 539-7
―傳（サウデン） 539-7

|對（サウタイ） 539-7
|順（サウシタガフ） 539-7
|生（サウシヤウ） 539-7
|當（サウタウ） 539-7
|違（サウイ） 539-7
|續（サウゾク） 539-7
|尅（サウコク） 539-7
|承（サウゼウ） 539-7
|應（サウワウ） 539-7
|公（シヤウコウ） 565-1
|伴（シヤウバン） 574-5
|看（シヤウカン） 574-5
|撲（スマフ㊧ボク） 600-1

23179 省
|（ハブク） 378-3
|（カヘリミル） 435-2
|略（セイリヤク） 596-2

23182 眄
|（カヘリミル） 435-2

23188 盼
|目（スガメ㊧ベウ） 597-7

23190 眉
|作（マユツクリ） 500-3
|毛（マユゲ） 500-5
|目（ミメ） 557-5
|間（ミケン） 557-6
|間白毫（ミケンビヤクガウ） 560-1
|目（ビボク） 581-7

23196 看
|坊（カンバウ） 425-2
|督長（カトノヲサ） 426-1
|經（カンキン） 433-4
|病（カンヒヤウ） 433-4
|常（マカケサス） 501-5
|（マカゲサス） 502-1
|上板（ミアゲイタ） 559-2
|（ミル） 560-4

〔五画〕

23222 眕
|（マタタキ） 500-4

23235 眞
|人（マタフト） 498-5
|下（マシモ） 499-4
|柄（マカラ） 499-5
|木（マキ） 499-5
|薦（マコモ） 499-6
|向（マツカフ） 499-7
|名（マナ） 499-7
|角鏡（マスミノカカミ） 500-1
|成（マメヤカ） 501-4
|中（マンナカ） 501-4
|似（マネ） 501-5
|（マコト） 502-3
|葛（サネカヅラ） 536-7
|珠（シンジユ） 568-7、569-4
|實（シンジツ） 575-2
|信（シンジン） 575-2
|俗（シンゾク） 575-2
|讀（シンドク） 575-2
|如（シンニヨ） 575-2
|言（シンゴン） 575-2
|草行（シンサウギヤウ） 575-2

23240 眠
—（ネムル） 462-5
—蔵（メンザウ） 554-4
—床（メンザウ） 554-4

23254 眩
—（マグレ） 502-5
—暈（メクルメク） 555-1

［六画］

23307 眴
—（メマジロク） 555-1

23308 眵
—（メアカ） 555-1

23310 眶
—（マカフラ） 500-4

23311 眷
—（カヘリミル） 435-2
—屬（ケンゾク） 503-5

23312 眸
—（マナジリ） 500-4

23314 眺
—望（テウバウ） 525-6

23318 眼
—精（カンセイ） 433-7
—前（カンセン） 433-7
—（マナコ） 500-4
—瞙（マケ） 500-5
—好（ミメヨシ） 560-3

［八画］

23438 睛
—（クロマナコ） 483-5
—（マナコ） 500-4

23447 睠
—（マナジリ） 500-4

23448 睡
—（ネムル） 462-5
—鴨（スイアフ） 599-3

23460 睦
—月（ムツキ） 467-7
—語（ムツゴト） 469-3

23469 睫
—（マツケ） 500-4

［十画］

23568 瞋
—（イカル） 363-6
—恚（シンイ） 575-3
—怒（シンヌ） 575-3
—忿（シンフン） 575-3
—毒（シンドク） 575-3

23586 瞎
—（メツブレ） 555-1

［十一画］

23640 瞚
—（メマジロク） 555-1

23651 瞠
—（メミハル） 556-3

［十二画］

23694 瞬
—（マジロク） 500-4
—（メマジロク） 555-1

23707 瞳
—（クロマナコ） 483-5
—（コマナコ） 520-4
—（ヒトミ） 582-1

［十三画］

23742 瞻
—（ミル） 560-4
—匐花（センブクゲ） 593-6
—仰（センガウ） 596-4

23744 瞼
—（マナジリ） 500-4

23745 瞽
—者（メクラ） 554-7

23747 瞿
—麥（ナデシコ） 464-1

## 矛部

23846 矛

- —（ホコ） 385-7

［四画］

23852 矜

- —（ヲゴソカ） 418-5
- —莊（ツツシム） 460-1
- —（アハレム） 533-6

## 矢部

23929 矢

- —篦（ヤノ） 496-2
- —筈（ヤハヅ） 496-5
- —筒（ヤツツ） 496-5
- —束（ヤツカ） 496-5
- —尻（ヤジリ） 496-7
- —庭（ヤニハ） 497-2
- —種（ヤダネ） 497-1
- —叫（ヤサケビ） 497-2
- —番（ヤツガヒ） 497-2
- —軍（ヤイクサ） 497-2
- —前（ヤサキ） 497-2
- —頭（ジンドウ） 568-5

［三画］

23935 知

- —死期（チシゴ） 402-4
- —識（チシキ） 402-5
- —事（チジ） 402-5
- —寺（チジ） 402-6
- —母（チモ） 403-7
- —音（チイン） 406-1
- —恩報徳（チヲンホウトク） 406-1
- —行（チギヤウ） 408-6
- —（サカシ） 542-1
- —客（シカ） 562-6
- —人（シリフト） 563-4
- —（シル） 577-6

［四画］

23938 矧

- —（イハンヤ） 364-5

［六画］

23958 矪

- —（ツルリ） 486-5

［七画］

23975 矬

- —（セイヒヤン） 596-7

23978 短

- —晷（タンクヰ） 441-6
- —日（タンジツ） 441-6
- —尺（冊）（タンシヤク） 446-3
- —檠（タンツイ） 446-3
- —慮（タンリヨ） 447-2
- —命（タンメイ） 447-2
- —氣（タンキ） 447-3
- —才（タンサイ） 447-3

―（タラズ）　450-3
―柱（ツカバシラ）　456-7
―（ツヅムル）　460-6
―（ミジカシ）　560-5

［十二画］

24015 矯
―（アグル）　533-1

24017 矰
―繳（イグルミ）　358-4

## 石部

24024 石
―上（イソノカミ）　355-2
―清水（イハシミヅ）　355-3
―橋（イシバシ）　355-3
―近（イハトカシハ）　355-4
―蟹（イシガニ）　357-2
―首魚（イシモチ）　357-2
―堂（イシタウ）　358-2
―弓（イシユミ）　358-3
―打征矢（イシウチソヤ）　358-3
―灰（イシバイ）　358-4
―檀（トネリコ）　395-5
―決明（アワビ）　528-4
―楠花（シヤクナゲ）　566-3
―榴（シヤクロ）　566-5
―塔（シヤクタフ）　577-1
―葦（ヒトツバ㊧セキイ）　583-2
―淋（セキリン）　593-3
―菖（セキシヤウ）　593-6
―竹（セキチク）　593-6
―斛（セキコク）　593-6

［三画］

24044 矼
―（イシバシ）　355-3

［四画］

24062 砌
―（ニハ）　379-2
―（ミギリ）　557-3

24080 研
―（クタク）　489-2
―學（ケンガク）　506-4
―精（ミガク）　560-3
―木（スリギ）　599-4
―（スズリ）　599-4
―（スル）　601-2

［五画］

24093 砥
―（ト）　397-1

24110 砭
―（ハリ）　374-1

24124 破
―風（ハフ）　368-4
―家（バカ）　374-4
―却（ハキヤク）　376-3
―損（ハソン）　376-3
―滅（ハメツ）　376-3
―壞（ハヱ）　376-3
―落利（ハラリ）　376-4
―了（ホレウ）　387-7

―籠（ワリゴ）　421-1
―（ヤフル）　497-5

**〔七画〕**

24226 硨
―磲（シヤコ）　568-7

24229 硫
―黄（ヰワウ）　476-1
―黄（ユワウ）　553-1

24233 硯
―水（ケンズイ）　504-3
―滴（ミヅイレ）　559-1
―（スズリ）　599-4

**〔八画〕**

24244 硎
―（トグ）　400-5

24275 碇
―（ヰカリ）　476-1

24280 碊
―（カケ）　424-2

24282 碌
―々（ロク）　367-4

24284 碎
―（クタク）　489-2

24294 碓
―（カラウス）　431-2

**〔九画〕**

24313 碝
―（サザレイシ）　535-3

24315 碞
―苔（イワコケ）　356-5
―耳（イワタケ）　356-5

24334 碧
―落（ヘキラク）　389-1
―桃（ヘキタウ）　390-4
―粉（ヘキフン）　390-7
―（ミドリ）　558-5

24338 碩
―（オホシ）　481-5
―學（セキガク）　595-5
―徳（セキトク）　595-5
―才（セキサイ）　595-5

24339 碪
―（キヌタ）　548-1

24364 磁
―石山（ジシヤクセン）　561-3

**〔十画〕**

24366 確
―執（クワクシフ）　488-3
―論（クワクロン）　488-3

24368 碼
―碯（メナウ）　555-5

24396 磌
―（イシズヘ）　355-5

24401 磐
―梨（イワナシ）　356-6
―石（バンジヤク）　368-3

24402 磑
―（アラト）　531-1
―（スリウス）　599-7

24406 磔
―（ハツツケ）　370-1、378-5

**〔十一画〕**

24449 磨
―（トグ）　400-7
―（ウス）　472-7
―（ミガク）　560-5

24454 磬
―（ウチナラシ）　472-7
―（ケイ）　504-3
―（キン）　548-1

**〔十二画〕**

24478 磴
―（イシバシ）　355-3

24481 磷
―（ワスラグ）　474-7

—（ヒスラグ）　587-3

**【十三画】**

24522 礎
—（イシズヘ）　355-5

24527 礒
—（イソ）　355-5

**【十四画】**

24542 礙
—（サハリ㊧ガイ）　542-3

**【十五画】**

24571 礪
—波關（トナミノセキ）　393-4
—（ト）　397-1

## 示部

24623 示
—現（ジゲン）　577-2
—（シメス）　578-2

**【一画】**

24626′ 礼
—部（レイホウ）　452-7

**【三画】**

24631′ 社
—（ヤシロ）　495-4
—頭（シヤトウ）　561-4
—壇（シヤダン）　561-7
—僧（シヤソウ）　563-2
—務（シヤム）　563-3
—家（シヤケ）　563-3

24633 祀
—（トシ）　394-3
—（マツル）　501-7

**【四画】**

24639 祇
—園會（ギヲンノヱ）　544-2
—園（ギヲン）　547-1
—夜（ギヤ）　550-5

24640′ 祈
—（イノル）　363-6
—禱（キタウ）　548-5
—誓（キセイ）　548-5
—精（キセイ）　548-5
—請（キセイ）　548-5
—念（キネン）　548-5

**【五画】**

24652 祐
—（タスク）　450-4
—（サイハヒ）　542-5
—（スケ）　597-6

24658 祓
—（ハラヒ㊧ハツ）　377-6
—麻（ヌサ）　413-4

24663 祕
—（カクス）　436-4
—（キビシ）　551-2

24664′ 祖
—師（ソシ）　453-5
—父（ソフ）　453-5
—母（ウバ）　470-5
—母（オバ）　479-2
—父（オホヂ）　479-3

24672′ 祝
—（イハフ） 364-3
—（ネグ） 462-6
—師（ノトノシ） 477-2
—儀（シウギ） 574-2
—言（シウゲン） 574-2
—著（シウヂヤク） 574-2

24673′ 神
—仙（イキボトケ） 363-5
—樂岡（カグラヲカ） 423-4
—崎（カムザキ） 423-4
—吉（カミヨシ） 423-5
—並森（カミナミノモリ） 423-5
—南森（カミナミノモリ） 423-6
—月（カミヅキ） 424-7
—主（カンヌシ） 425-1
—樂（カグラ） 438-7
—（タマシヒ） 444-3
—馬藻（ナノリソ） 464-1
—仙菜（アマノリ） 529-1
—田（ミトシロ） 556-6
—子（ミコ） 557-4
—食（ミケ） 558-6
—酒（ミキ） 558-6
—輿（ミコシ） 558-7
—樂（シガラキ） 562-1
—泉苑（シンゼンエン） 562-2
—祇伯（ジンギハク） 564-6
—馬額（シメビタイ） 566-1
—馬草（ジンバサウ） 566-6
—璽（シンシ） 568-3
—妙（シンベウ） 575-3
—徳（シントク） 575-3
—職（シンショク） 575-3
—役（シンヤク） 575-3
—變（シンベン） 575-3
—恩（シンヲン） 575-3
—威（シンイ） 575-3

24676 祠
—堂（シダウ） 561-5、577-2

24679 祢
—宜（ネギ） 461-7

【六画】

24689′ 祥
—（ヨシ） 441-2

24700 祭
—（マツル） 501-7
—祀（サイシ） 540-2
—奠（サイテン） 540-2
—礼（サイレイ） 540-2

【八画】

24741′ 禄
—（ロク） 365-2
—物（ロクモツ） 365-6

24743 禁
—（イム） 364-3
—中（キンチウ） 543-2
—裏（キンリ） 543-2
—闕（キンケツ） 543-2
—野（キンヤ） 543-4
—制（キンゼイ） 548-3
—断（キンダン） 548-3
—物（キンモツ） 548-3

—札（キンサツ） 548-3
—獄（キンゴク） 548-3
—戒（キンカイ） 548-3
—忌（キンキ） 548-3
—足（キンソク） 548-3
—好物（キンカウモツ） 548-3
—止（キンジ） 548-3

〔九画〕

24760 禊
—（ハラヒ㊧ケイ） 377-6

24766′ 禍
—（ワザハヒ） 422-2
—福（クワフク） 487-5
—言（クワゴン） 487-5

24768′ 福
—禄壽（フクロクジユ） 507-6
—祐（フクイウ） 511-2
—徳（フクトク） 511-2
—報（フクホウ） 511-2
—分（フクブン） 511-2
—人（フクニン） 511-3
—相（フクサウ） 511-3
—（サイハヒ） 542-5

〔十一画〕

24820 禦
—（フセク㊧ギヨ） 511-5
—紘（セキヅル） 594-5

〔十二画〕

24835 禪
—（ユヅル） 554-1
—師（ゼンジ） 592-7
—衲（ゼンナフ） 592-7
—僧（ゼンゾウ） 592-7
—律（ゼンリツ） 592-7
—客（ゼンカク） 592-7
—宗（ゼンシウ） 592-7
—門（ゼンモン） 592-7
—和子（ゼンヲス） 593-1
—板（ゼンハン） 594-3
—定（ゼンヂヤウ） 594-5
—法（ゼンボフ） 594-5
—家（ゼンケ） 594-5
—客（ゼンガク） 594-5

〔十三画〕

24844 禮
—堂（レイダウ） 451-5
—間（レイノマ） 451-5
—儀（レイギ） 452-3
—法（レイハフ） 452-3
—敬（レイキヤウ） 452-3
—節（レイセツ） 452-3
—樂（レイガク） 452-3
—奠（レイテン） 452-3
—馬（レイバ） 452-3
—盤（ライバン） 467-2
—帋（ライシ） 467-2
—拝（ライハイ） 467-4
—讃（ライサン） 467-4
—敬（ライキヤウ） 467-4

—記（ライキ） 467-4
—（オガム） 481-5

**［十四画］**

24852 禱
—（イノル） 363-6

## 内部

**［六画］**

24888 离
—（トリ） 396-1
—（タヅ） 444-6

## 禾部

24906 禾
—（アハ） 529-4

**［二画］**

24910 禿
—（ハケ） 369-7
—筆（トクヒツ） 397-4
—（チビル） 409-1
—（カブロ） 426-3
—（ツブル） 460-1

24911 秀
—逸（シフイツ） 574-1
—句（シフク） 574-2
—（ヒイヅ） 587-1

24913 私
—（ワタクシ） 419-6
—言（ササヤク） 541-4
—語（ササメゴト） 542-7
—市（キサイチ） 547-1
—領（シリヤウ） 561-6
—記（シキ） 573-1
—宅（シタク） 573-1
—曲（シキヨク） 573-1
—（ヒソカニ） 587-6

**［三画］**

24932 秉
—燭（ヘウソク） 391-4
—（トル） 401-1
—拂（ヒンホツ） 585-1

**［四画］**

24940 秋
—（トキ） 394-4
—風（アキカゼ） 526-3
—空（アキノソラ） 526-4
—津島（アキツシマ） 526-5

24950 科
—（シナ） 578-5

**［五画］**

24977 秘
—密（ヒミツ） 585-3
—計（ヒケイ） 585-3
—要（ヒヨウ） 585-3
—傳（ヒデン） 585-3
—術（ヒジユツ） 585-3
—曲（ヒキヨク） 585-3
—書（ヒシヨ） 585-3
—事（ヒジ） 585-3

—蔵（ヒサウ） 585-3

24988 租
—穀（ソコク） 454-2
—米（ソマイ） 454-2

24992 秣
—（マクサ） 499-7

24995 秦
—亀（イシガメ） 357-2
—芁（ツカリグサ） 458-3

25002 秬
—（キビ） 546-3

**［六画］**

25045 移
—轉（イテン） 361-4
—住（イヂユ） 361-4
—徙（ワタマシ） 421-5
—（ウツル） 474-3

**［七画］**

25058 稀
—（マレナリ） 502-1

25061 稂
—（ハクサ） 370-7

25070 税
—（オロス） 481-5

25081 程
—（ホド） 388-4

25083 稍
—（ヤヤ） 497-7

**［八画］**

25107 稔
—（トシ） 394-4
—（ユタカ） 554-2

25113 稗
—（ヒエ） 583-5

25120 稚
—（イトケナシ） 356-4
—（ワカシ） 422-3
—人（オサナキヒト） 479-3
—子（ミドリコ） 557-5

25127 稟
—（ウクル） 474-6

25130 稠
—（シゲシ㊧チウ） 578-1

**［九画］**

25166 稉
—（モチヒ） 589-1

25174 種
—（タネ） 444-5
—村（タナムラ） 445-6
—（タネ） 451-2
—子袈裟（シユジゲサ） 567-3
—類（シユルイ） 573-7
—子（シユジ） 573-7

25180 稱
—（カナフ） 436-1
—念（シヨウネン） 574-3
—嘆（シヨウタン） 574-3
—揚（シヨウヤウ） 574-3
—美（シヨウビ） 574-3
—讃（シヨウサン） 574-3
—名（シヨウミヤウ） 574-3
—号（シヨウガウ） 574-3

**［十画］**

25216 稲
—光（イナビカリ） 355-1
—妻（イナヅマ） 355-1
—荷（イナリ） 355-2
—（イネ） 356-7
—負鳥（イナヲフセドリ） 357-1

25218 稽
—首（ケイシユ） 506-1
—古（ケイコ） 506-1

**［十一画］**

25251 穆
—（ヤハラグ） 497-7

25263 穌
—（ヨミカヘル） 441-3

25266 積
—雪（ツボクサ） 458-2
—（ツム） 460-2
—聚（シヤクジユ） 565-3
—善（シヤクゼン） 576-3
—満（シヤクマン） 576-3
—功累徳（シヤククルイトク） 578-7
—鬱（セキウツ） 596-1

**［十二画］**

25298 穗
—（ホ） 384-5

**［十三画］**

25331 穢
—（ケガル） 506-7
—國（ヱコク） 579-1
—土（ヱド） 579-1
—多（ヱタ） 579-3

**［十四画］**

25337 穤
—（モチヒ） 589-1

25344 穩
—便（ヲンビン） 417-1
—黨（ヲンタウ） 417-1

**［十五画］**

25362 穬
—（ノゲ） 477-3

25369 ⿰禾憂
—（コナス） 519-7

## 穴　部

25406 穴
—賢（アナカシコ） 532-4
—（アナ） 534-3

**［二画］**

25409 究
—竟（クキヤウ） 486-7
—（キハム） 551-2

**［三画］**

25415 空
—（ソラ） 453-2
—義勢（ソラギセイ） 455-5
不—（ムナンカラズ） 469-3
—（ムナシ） 469-5
—蟬（ウツセミ） 471-4
—穂（ウツボ） 472-6
—洞（コウトウ） 519-3

**［四画］**

25436 穿
—（ウガツ） 474-7
—鑿（センリク㊧ウガチホル） 595-7

25439 突
—兀（トツコツ） 399-4
—側（ツキソヲス） 460-1
—（ツク） 461-3
—（ケフリタシ） 502-6

**【五画】**

- 25455 窄
  - —乾（スバリカハキ） 597-7
  - —（スボシ） 601-2
- 25463 窈
  - —窕（ヨウテウ） 440-7
  - —窕（エウテウ） 522-3
  - —窕（ミヤビヤカ㊧ヨウテウ） 560-2

**【六画】**

- 25496 窕
  - —（ウツロ） 474-7
  - —（クツログ） 489-5

**【七画】**

- 25516 窖
  - —（ツチグラ） 456-7
- 25519 窘
  - —（ウシロベタナシ） 474-5

**【八画】**

- 25552 窟
  - —（イハヤ） 355-5

---

- 25556 窠
  - —（アナホル） 533-3
  - —（ス） 598-3

**【九画】**

- 25580 窪
  - —（クボム） 489-5

**【十画】**

- 25593 窮
  - —鬼（イキスタマ） 356-3
  - —秋（キウシウ） 544-2
  - —屈（キウクツ） 549-2
  - —困（キウコン） 549-2
  - —（キハム） 551-2
- 25595 窰
  - —變（ヨウヘン） 440-2
- 25601 窳
  - —（クボシ） 489-6

**【十一画】**

- 25633 窺
  - —（ウカガフ） 474-1
- 25635 窻
  - —（マド㊧サウ） 498-3

---

**【十六画】**

- 25703 竈
  - —（ヘツイ） 389-3
  - —（カマド） 424-2

**【十七画】**

- 25713 竊
  - —盗（シノビ㊧セツタウ） 576-7
  - —（ヒソカニ） 587-6
  - —盗（セツタウ） 596-2

## 立部

- 25721 立
  - —春（リツシユン） 409-5
  - —夏（リツカ） 409-5
  - —秋（リツシウ） 409-5
  - —冬（リツトウ） 409-6
  - —用（リフヨウ） 412-1
  - —願（リフグワン） 412-1
  - —派（リフハ） 412-1

—身（リツシン） 412-1
—山（タテヤマ） 442-2
—石（タテイシ） 442-4
—木（タツギ） 446-2
—所（タチドコロ） 448-3
—居（タチヰ） 448-3
—派（タテハ） 448-3
—文（タテフミ） 448-3
—（タツ） 449-7

**［五画］**

25746 竛
—竮（サスラフ㊧レイヘイ） 541-7

**［六画］**

25757 竟
—（ツイニ） 461-4

25761 章
—（アラハス） 533-4

**［七画］**

25775 童
—男（ドウナン） 394-7
—子（ドウジ） 394-7
—女（ドウ㊁ヨ） 394-7
—部（ワランベ） 419-6
—（カブロ） 426-3

**［八画］**

25790 竪
—（ヰヨダツ） 476-5

**［九画］**

25803 竭
—（ツクス） 461-1
—（コトゴトク） 520-2

25806 端
—込（ハシバミ） 373-3
—（ハシ㊧ハタ） 378-2
—塗（ヘリヌリ） 390-7
—子（ドンス） 396-4
—月（タンケチ） 441-7
—午（タンゴ） 441-7
—溪（タンケイ） 443-1
—的（タンテキ） 448-5
無レ—（アヂキナシ） 531-5
—正（ギラメク） 550-4

**［十五画］**

25831 競
—望（ケイバウ） 505-7
—馬（ケイバ） 505-7
—陰（ケイイン） 505-7
—瀧口（キヲフノタキグチ） 547-2
—（キヲフ） 551-3


## 竹部


25841 竹
—牛島（チクブジマ） 401-5
—葉（チクヨフ） 404-4
—簡（チクカン） 407-3
—河（タケカハ） 442-2
—（タケ） 444-5
—筒（ササヘ） 539-3
—篦（シツヘイ） 568-1

**［三画］**

25854 竿
—（サヲ） 539-3

25858 笀
—（ノゲ） 477-3

**［四画］**

25862 笄
—（カフカイ） 430-3
—（カンザシ） 430-7

25865 笆
—（モガリ） 588-1

25869 笈
—（ハコ） 374-3
—（ヲヒ） 416-5

25872 笊
—籬（イカキ） 358-5
—籬（サウリ） 539-1

25873 笋
—（タカンナ） 444-5
—干（シユンカン） 567-3
—羊羹（シユンヤウカン） 567-5

25885 笑
—（ワラフ） 422-3
—貧（エマホシク） 522-5
—（サク） 542-5
—止（シヨウシ） 574-3
—（ヱム） 580-1

**［五画］**

25913 笙
—（フエ） 509-6
—笛（シヤウノフエ） 568-7

25917 笛
—（フエ） 509-6

25924 笠
—璽（カサジルシ） 430-2
—懸（カサカケ） 437-7

25935 符
—合（フガフ） 511-2

**［六画］**

25973 [illegible]
—（ヲヒ） 416-5

25987 筆
—（フデ） 509-5
—海（ヒツカイ） 584-4
—架（ヒツカ） 584-4
—臺（ヒツダイ） 584-4
—法（ヒツハフ） 585-7
—功（ヒツコウ） 585-7
—跡（ヒツセキ） 585-7
—端（ヒツタン） 585-7
—硯（ヒツケン） 585-7
—精（ヒツセイ） 585-7
—者（ヒツシヤ） 585-7
—勢（ヒツセイ） 586-5
—痕（ヒツコン） 586-7

25990 筈
—（ハヅ） 374-1
—（モトハヅ） 589-5

25992 等
—閑（トウカン） 397-7
—輩（トウハイ） 397-7
—閑（ナヲザリ） 465-3
—（ヒトシ） 587-2

25994 筋
—匙（ハシカヒ） 373-3
—力（キンリヨク） 545-4
—（スヂ㊧キン） 598-1
—隔子（スヂガウシ） 598-4
—目（スヂメ） 600-5

26000 筏
—（イカダ） 358-5

26001 筐 —（カタミ） 430-6
—（アジカ） 531-1
26004 筒 —（タケノツツ） 446-6
—（ツツ） 459-4
26006 答 —拝（タフハイ） 448-3
—話（タフワ） 448-3
—（コタフ） 520-1
26009 策 —（ハカリコト） 377-7
—（ブチ） 509-6

［七画］

26031 筟 —懸（クタカケ） 483-7
26032 筍 —（タケ） 444-5
26051 筥 —（ハコ） 374-2
26059 筧 —（カケヒ） 423-7、430-1
26067 筬 —（オサ） 480-1
26069 筭 —（カソフ） 436-1
—（サン） 538-4
—術（サンジユツ） 539-5
—道（サンダウ） 539-5
—用（サンヨウ） 539-5
26080 筵 —（ムシロ） 468-7

［八画］

26111 箄 —（コシキブタ） 517-3
26133 箏 —（コト㊧シヤウ） 517-4
26142 箔 —（ハク） 374-3
—（スダレ㊧ハク） 599-5
26143 箕 —裘（キキウ） 547-7
—靣（ミノヲ） 557-1
—（ミ㊧キ） 559-2
26148 箙 —（エビラ） 521-7
26158 箠 —（ムチウツ） 469-6
26162 管 —（ツカ） 459-3
—城公（クワンジヤウコウ） 485-7
—（クタ） 486-5
—見（クワンケン） 489-7

［九画］

26192 箬 —笠（タケノコガサ） 446-3
26209 箱 —（ハコ） 374-2
26224 箸 —鷹（ハシタカ） 371-1
26243 節 —間（ヨ） 439-5
—（トキ） 394-4
—（フシ） 508-2
—巻（フシマキ） 509-2
—影（フシカゲ） 509-2
—處（セツシヨ） 591-5
—季（セツキ） 591-7
—分（セツブン） 591-7
—供（セツク） 591-7
—々（セツセツ） 595-6
26257 篇 —目（ヘンセク） 391-7

［十画］

26298 築 —紫（ツクシ） 456-5

波山（ツクハヤマ） 456-5
墻（ツイカキ） 456-5
地（ツイヂ） 456-5
―（ツク） 461-5

26313 篙
―（フナザホ㊧カウ） 509-7
―（サヲ） 539-3

26320 篝
―（フセゴ） 509-3

26328 篠
―（ササ） 536-7
―（シノ） 566-6
―竹子（スズタケノコ） 599-2
―笋（スズタケノコ） 599-2

26344 篤
―（アツシ㊧トク） 533-5

26356 篦
―（ヘラ） 391-4
―（ノダケ） 477-3
―橈（ノタメ） 477-6

26359 篩
―（フルヒ） 509-7

26360 篪
―（チ） 405-4
―（フキモノ） 509-6

［十一画］

26392 篲
―（ハハキ㊧サイ） 374-2

26404 篷
―（トマ） 397-1

26419 簀
―（タカス） 446-7
―子（スノコ㊧セキ） 597-2
―（ス） 599-5

26420 簁
―（フルヒ㊧シ） 509-7

26437 簇
―（シシ） 569-1

＊ ⿱竹章
―箯（シヤウベン） 568-2

［十二画］

26509 簞
―司（タンス） 446-4

26510 簟
―（タカムシロ） 446-6

26520 簡
―要（カンヨウ） 433-6
―略（カンリヤク） 433-6
―別隔略（ケンベチキヤクリヤク） 506-4
―（フダ） 509-6

26524 簣
―（アジカ） 531-1
―（モツコ㊧キ） 589-4

26541 簧
―（シタ） 569-6

26558 簪
―（カンザシ） 430-7

26560 簫
―（シヨウ） 569-6

26562 簬
―（ヤノタケ） 496-2

［十三画］

26609 簸
―屑（ヒクヅ） 584-1
―（ヒル） 587-1

26611 簺
―（サイ） 539-4

26616 簾
―臺（レンダイ） 451-5
―中（レンチウ） 452-4
―外（レングワイ） 452-4
―（スダレ㊧レン） 599-5

［十四画］

26648 籃
―（カゴ） 430-6

26675 籌
―（ハカリコト） 377-7

26676 籍
—策（チウサク） 405-7
—（フダ） 509-6

［十六画］

26742 篣
—（タケノカハ） 444-5

26752 篭
—（ロウ） 365-1
—筒（ロウシ） 366-7
—居（ロウキヨ） 367-3
—舎（ロウシヤ） 367-4
—（カゴ） 430-6
—（コモル） 519-5

［十七画］

26766 籢
—（ハコ） 374-2

［十九画］

26805 籮
—（フゴ㊧ラ） 509-7

［二十画］

26815 籰
—（ワク） 421-2

# 米部

26832 米
—嚢花（ベイナウクワ） 390-4
—（ベイ） 391-1
—（ヨネ） 439-5
—（コメ） 515-2

［三画］

26843 粀
—（クミクサシ） 489-6

［四画］

26861 粃
—（シヒナシ） 567-7

26872 粉
—苔（フノリ） 508-3
—黛（フンタイ） 510-4
—骨（フンコツ） 510-4
—河寺（コカハジ） 512-4
—（コニスル） 519-5

［五画］

26884 粒
—（ツブ） 458-5

26889 粔
—籹（ヲコシゴメ） 416-6
—籹（オコシゴメ） 479-7

26891 粕
—米（ハクマイ） 372-2
—（カス） 428-6

26898 粗
—（ホボ） 388-2
—（アラアラ） 534-3

26901 粘
—板（ソクイヒイタ） 454-3
—（ソクイヒ） 454-4
—（ネヤス） 462-6

［六画］

26922 粟
—（アハ） 529-4
—鹿（アハカ） 530-2
—井（アハヰ） 530-2
—飯原（アイバラ） 530-3

26932 粢
—（シトキ） 567-3

26938 粥
—（カユ） 428-6
—飯（シクハン） 567-3

26945 粧
—（ヨソヲフ） 441-4

【七画】

26952 粮
—（カテ） 428-6
—物（ラウブツ） 466-7
—米（ラウマイ） 466-7
—料（ラウレウ） 466-7

26967 粳
—（ウルシネ） 471-2

【八画】

26987 粹
—（クハシ） 489-4

26993 粽
—（チマキ） 404-5

26997 精
—（クハシ） 489-4
—鉛（サビ） 539-1
—舎（シヤウジヤ） 561-4
—（シラゲ） 567-2
—進（シヤウジン） 574-7
—兵（セイビヤウ） 593-2
—好（セイガウ） 593-7
—誠（セイゼイ） 595-3

【九画】

27014 糂
—太（シンダ） 567-6

27017 糄
—米（ヤキゴメ） 496-3

27035 糈
—米（ウチマキ） 472-3
—米（クマシネ） 485-2

27037 糊
—（ノリ） 477-4

【十画】

27061 糏
—（コメサキ） 515-3
—（アラモト） 529-7

27064 糘
—（ミシロノイネ） 558-5

27065 糒
—（ホシイヒ） 385-4

27071 糗
—（ホシイヒ） 385-4

【十一画】

27097 麋
—（カユ） 428-6

27101 糝
—（コナカケ） 515-3

27102 糞
—掃（チリトリ） 405-4
—（クソ） 483-5
—蟲（フンチウ） 510-5
—（アクタ） 527-1

27104 糟
—（ヌカ） 413-4
—毛（カスゲ） 427-6
—（カス） 428-6
—鶏（サウケイ） 537-3
—糠（サウカウ） 537-3

27105 糠
—鳥（ヌカ） 413-1
—（ヌカ） 413-4
—味噌（ヌカミソ） 413-4
—針（ヌカジン） 413-5
—（コメカ） 515-3

【十三画】

27148 〓[米睪]
—（カシヨネ） 428-6

—（ツクリミツ） 458-4

〔十六画〕

27191 糴
—糴（セリアゲ㊧テキ） 595-7

## 糸部

〔一画〕

27222 糺
—明（キウメイ） 549-2
—決（キウケツ） 549-2

27223 系
—圖（ケイヅ） 504-4

〔二画〕

27224 紈
—（シロキヌ） 567-5

27227 糾
—（タタス） 450-2

〔三画〕

27234 紀
—（キ） 546-7
—（シルス） 578-2

27242 約
—（チギル） 408-7
—（ツヅマヤカ） 460-7
—束（ヤクソク） 497-1
—諾（ヤクダク） 497-1
—（セバセバシ） 596-7

27243 紅
—粉（ベニ） 391-2
—調粥（ウンデウシク） 472-1
—糟（ウンザウ） 472-1
—下濃（クレナイスソゴ） 486-3
—梅（コウバイ） 514-7
—花緑葉（コウクワリヨクヨフ） 517-2
—葉（モミヂ㊧コウヨフ） 588-7

27244 紆
—廻（トヲシ） 399-7
—（マトフ） 502-2

27247 紈
—（カトリ） 429-4

〔四画〕

27262 紋
—紗（モンジヤ） 589-2

27264 納
—（ヲサム） 418-4
—涼（ダフリヤウ） 441-6
—袈裟（ナフケサ） 464-2
—豆（ナツトウ） 464-2
—受（ナフジユ） 464-7
—得（ナツトク） 464-7
—法（ナフハフ） 464-7
—所（ナフシヨ） 464-7
—蘇利（ナフソリ） 464-7
—（オサム） 481-4

27268 紐
—（ヒモ㊧デン） 583-7

27277 純
—熟（ジユンジク） 575-2
—色（ジユンシヨク） 575-2
—（モツハラ） 590-6

27279 紕
—（ヨル） 441-5
—繆（ヒビウ） 585-7

27283 紗
—（ナフ） 465-7

27284 紖
—（ハナツナ） 373-6

27287 紗
—（ウスモノ） 472-1
—衣（シヤノコロモ） 567-1

27293 紙
—漉（カミスキ） 425-2
—縷菊（カミヨリキク） 427-4
—衾（カミフスマ） 429-2
—衣（カミキヌ） 429-2
—縷（カミヨリ） 430-4
—帳（シチヤウ） 567-7
—燭（シソク） 568-4
—炮（シハウ） 569-5
—面（シメン） 573-3
—筆（シヒツ） 573-3
—上（シジヤウ） 573-3

27295 紛
—（マガフ） 502-2
—失（フンシツ） 511-2
—（ミダル） 560-5

27300 素
— 453-7
—盞烏尊（スサノヲノミコト）
—絹（ソケン） 454-3
—懐（ソクワイ） 455-4
—食（ソ｜ジキ） 455-4
—意（ソ｜イ） 455-4
—（シロシ㊧ソ） 577-7
—（モトヨリ㊧ソ） 590-7
—紗（スジヤ） 598-4

27305 紡
—（ツムグ） 461-1

27306 索
—（ナハ） 464-6
—餅（ムギナハ） 468-6
—麪（サウメン） 537-3
—餅（サクヘイ） 537-3
—（モトム㊧サク） 590-6

［五画］

27334 紩
—（ヌヒメ） 414-1

27337 紫
—裳濃（ムラサキスソゴ） 468-7
—宸殿（シシンデン） 561-4
—檀（シタン） 566-4
—苑（シヲン） 566-4
—竹（シチク） 566-4
—花（シクワ） 566-4
—蘇（シソ） 566-4
—微花（シビクワ） 566-4
—琳（シリン） 567-6
—銅（シトウ） 568-4

27338 紬
—（ホソヌノ） 385-2
—（ツムギ） 458-5

27343 累
—（カサナル） 435-2

27344 細
—布（ホソヌノ） 385-2
—（ホソシ） 388-5
—子草（ヘクソカヅラ） 390-4
—魚（ウルリコ） 471-6
—沙（マサゴ） 498-3
—（コマカ） 520-3
—石（サザレイシ） 535-4
—魚（サヨリ） 536-5
—美（サイミ） 537-1
—字（サイジ） 540-2

- ｜工（サイク）540-2
- ｜細（サイサイ）540-2
- ｜螺（キサコ）545-7
- ｜辛（ミラノネグサ）558-4
- ｜螺（シタタミ）566-2

27347 紲
- ｜革（ハナガハ）373-6
- ｜（キヅナ）548-1

27348 紳
- ｜（オホオビ）479-7

27362 紺
- ｜地（カンヂ）429-3
- ｜搔（コンカキ）513-4
- ｜紙（コンシ）516-7
- ｜泥（コンデイ）516-7

27372 終
- ｜古（トコシナヘ）399-6
- ｜（ヲハリ）418-2
- ｜夜（ヨモスガラ）440-5
- ｜（ツイニ）461-3
- ｜日（ヒネモス㊧シウジツ）580-7

27373 絃
- ｜走（ツルバシリ）458-6
- ｜切（ツルキリ｜）458-6
- ｜（コトヲ）514-7

27374 組
- ｜入（クミイレ）482-2
- ｜（クミ）484-7

27376 絆
- ｜切（ハンギリ）371-6
- ｜綱（ハヅナ）373-6
- ｜（ホダシ）386-1

27377 絇
- ｜（スカ）598-5

［六画］

27398 結
- ｜（ムスブ）469-5
- ｜夏（ケツゲ）502-6
- ｜解（ケツケ）506-1
- ｜構（ケツコウ）506-1
- ｜願（ケツグワン）506-1
- ｜縛（ケツバク）506-1
- ｜句（ケツク）506-1
- ｜桶子（ユヒヲケシ）552-1
- ｜（ユフ）554-3

27403 絓
- ｜（シケ）567-4

27407 絶
- ｜不｜（タヘス）449-2
- ｜壽（セツジユ）596-2
- ｜交（セツカウ）596-2

27421 絞
- ｜（マシハル）501-6
- ｜（シボリ）567-4
- ｜（シホル）577-6

27425 紶
- ｜（スアウ）598-4

27426 絡
- ｜（クル）489-1

27427 絢
- ｜（マツハル）501-6

27432 給
- ｜（タマフ）450-4
- ｜事（キフジ）544-4
- ｜人（キフニン）544-5
- ｜使（キフジ）549-2
- ｜恩（キフオン）549-2
- ｜分（キフブン）549-2
- ｜田（キフデン）549-2
- ｜仕（キフジ）549-2

27443 絮
- ｜（シケノイト）567-4

27445 絰
- ｜（クビル）489-4

27447 統 —領（トウリヤウ） 395-3
27448 絲 —節（イトフシ） 357-5
—嚢（イトツツミ） 358-4
—鞋（シカイ） 569-2

【七画】

27465 絛 —（クミ） 484-7
27470 絹 —粥（ノリ） 477-4
—布（ケンフ） 504-1
—（キヌ） 546-3
—張（キヌバリ） 548-1
27471 絺 —（カタヒラ） 429-4
27489 綆 —（ツルベナハ） 459-4
27491 綈 —（ツマ） 458-5
27497 綌 —（カタヒラ） 429-4
27508 經 —營（イトナム） 363-1
—（ヘル） 393-1
—緯（タテヌキ） 445-2
—營（ケイエイ） 505-7
—回（ケイクワイ） 505-7
—歴（ケイレキ） 505-7
—（フル） 511-6
—（キヤウ） 548-2
—論（キヤウロン） 549-4
—教（キヤウゲウ） 549-4
—説（キヤウセツ） 549-4
—律（キヤウリツ） 549-4
—巻（キヤウグワン） 549-4
—藏（キヤウザウ） 549-4
—歴（キヤウリヤク） 549-5
27531 継 —（ツヅ） 459-3
—目（ツギメ） 459-6
—瓶子（ツギヘイジ） 459-6
—次（ツギツギ） 459-6
—父（ケイフ） 503-5
—母（ケイホ） 503-5
* 絚 —（チヂム） 409-1
27534 緫 —（シタタム） 577-5

【八画】

27535 綜 —緝（ヌヒメ） 413-3
—（ツムグ） 461-1
—（フサヌ） 511-6
27541′ 緑 —青（ロクシヤウ） 366-7
—珠（リヨクシユ） 410-1
—樹（リヨクジユ） 410-5
—醑（リヨクシヨ） 410-6
—（ミドリ） 558-5
27550 綣 —村（ヘソムラ） 389-3
—（ヘソ） 391-3
27564 綫 —（ヌヒギヌ） 413-3
27568 維 —那（イノ） 356-2
—（コレ） 520-4
—摩大士（ユイマダイジ） 552-4
—（スミ） 597-3
27573 綯 —（ナフ） 465-7
27576 綱 —所（カウジヨ） 424-3

―（ツナ）459-4
27577 網
―懸（アガケ）528-1
―螺（アジカ）528-5
―代（アジロ）530-3
―（アミ）531-1
27579 綴
―（ツヅル）460-5
27582 綷
―（ヌクル）414-1
27583 綸
―旨（リンシ）411-2
―言（リンケン）411-2
27586 綺
―（イロフ）361-7
―（ヲリモノ）416-6
―（カンバク）429-3
―閣（キカク）543-5
―羅曜レ天（キラテンニカカヤク）550-1
27587 綻
―（ホコロブ）388-4
27591 綾
―綺殿（レウキデン）451-5
―羅（レウラ）452-1
―紗（レウシヤ）452-1

―（アヤ）529-7
―藺笠（アヤヰガサ）530-6
27592 綿
―（ワタ）420-5
―鬸（ワタガミ）420-7
―蠻（メンバン）555-3
―密（メンミツ）556-3
27600 緇
―素（シソ）564-2
27604 緋
―桃（ヒタウ）583-1
27620 総
―角（アゲマキ）530-4

【九画】

＊[糸皇]
―（ツカリ）458-5
27633 緒
―（イトグチ）357-5
―（ヲ）416-5
―頭（オモヅラ）479-7
27636 緗
―縹（ハナタ）371-6
―氊（サウセン）537-2
27638 緘
―（トヅ）401-4
―（カラム）435-7

―（ツツム）460-7
―（ノフスバル）511-4
―（ユヒムスブ）554-3
27641 線
―（イトスヂ）357-5
―（セン）594-1
―鞋（センカイ）594-4
27645 緝
―（イフ）364-7
27656′ 縁
―（ヘリ）391-3
―刺席（ヘリサシムシロ）391-3
―（ヨル）441-3
―（タグル）451-2
―（マツハル）501-6
―（フチ）507-4
―高（フチダカ）509-5
―（エン）520-6
―道絹（エンダウノキヌ）521-4
―座（エンザ）521-6
―起（エンギ）522-1
―邊（エンヘン）522-1

—類（エンルイ） 522-1
—者（エンジヤ） 522-1

27657 緤
—（ツナグ） 461-2
—（キヅナ） 548-2

27665 編
—笠（アミカサ） 530-7
—（シトム） 577-5

27669 緩
—（タユム） 450-6
—怠（クワンタイ） 488-2
—急（クワンキフ） 488-2
—木森（ユルギノモリ） 551-7
—（ユルシ） 554-2

27682 緯
—白（ヌキジロ） 413-3

27689 練
—鵲（レンジヤク） 452-1
—貫（ネリヌキ） 462-2
—緯（ネリヌキ） 462-2
—色（ネリイロ） 462-2
—味噌（ネリミソ） 462-2
—（ネル） 462-5

27701 縕
—（ムシ） 468-5

［十画］

27733 縈
—（マトフ） 502-3

27737 縚
—（ヌフ） 414-1

27738 縊
—（クグマル） 489-1

27740 縋
—（スガル） 601-1

27750 縑
—蟬羽（カトリノウスモノ） 429-1
—（キヌ㊧ケン） 546-4

27771 縛
—（ユフ） 554-3
—（シバル） 577-6

27777 縞
—縨（シロキトバリ） 567-4

27779 縟
—（ウハシキ） 472-1

27784 縣
—（アガタ） 527-2
—召（アガタメシ） 531-5

27803′ 繁
—昌（ハンジヤウ） 375-6
—榮（ハンエイ） 375-6

補485 縨
—（ホロ） 385-3

［十一画］

27809 縫
—殿（ヌヒ） 412-6
—物（ヌヒモノ） 413-3

27812 縬
—（シジラ） 567-2

27815 縮
—（チヂム） 409-1
—（ツヅムル） 460-6
—（シヂマル） 577-6

27819 縱
—逸（ホシヒママ） 387-6
—饒（タトヒ） 449-1
—（タトヒ） 450-7

27829 縵
—（ユルシ） 554-2

27831 縶
—（ツナグ） 461-2

27832 縷
—（イトスヂ） 357-5
—（ヨル） 441-3

27837 縹
—繇（ハナダ） 371-6

27839 縻
—（ツナグ） 461-2

27844 總
—（フサ） 508-6

27845 績
—車（ツミ） 459-1
—（ツムグ） 461-1
—（ウム） 474-4

27849 繁 ―（シゲシ） 578-1
27857 緥 ―褓（ムツキ） 468-5

［十二画］

27881 繐 ―（ホソヌノ） 385-2
27888 繒 ―（カトリ） 429-4
27892 織 ―衣正（ヲンヱノカミ） 415-7
―部司（ヲリベノツカサ） 415-7
―物（ヲリモノ） 416-4
―女（タナハタ） 442-5
―繕（シキセン） 567-4
27893 繕 ―（ツクロフ） 460-7
―（ムシル） 469-4
27897 繖 ―（キヌガサ） 548-1
27904 繚 ―（メグル） 556-4
27909 繞 ―路（ニヨウロ） 382-5
27913 繡 ―（ヌヒモノ） 413-3
27936 繧 ―繝（ウンゲン） 472-1

［十三画］

27937 繩 ―手（ナハテ） 463-3
―（ナハ） 464-6
27939 繪 ―島（ヱシマ） 579-1
―師（ヱシ） 579-3
―圖（ヱヅ） 579-5
27940 繫 ―（カカル） 435-3
―念（ケネム） 504-7
―縛（ケハク） 504-7
27953 繰 ―（イトクル） 357-5
―付緒（クリツメノヲ） 486-3
―返（クリカヘス） 488-5
―言（クリコト） 488-5
―（クル） 489-1
27960 繳 ―射（イトユミ） 358-4
27962 繴 ―帯（カラノミノオビ） 429-4

［十四画］

27996 繻 ―子（シユス） 567-1
27997 繼 ―父（ママチチ） 498-4
―母（ママハハ） 498-4
―子（ママコ） 498-4
28012 纂 ―要（ツグ） 459-7

［十五画］

28033 纊 ―（ワタ） 420-5
28037 續 ―松（タイマツ） 446-4
―随子（ゾクズイシ） 454-1
―飯（ソクイヒ） 454-4
―（ツグ） 461-2
28043 纏 ―（マトフ） 502-2
―頭（テンドウ） 524-7
―縛（テンバク） 524-7
28050 纐 ―纈（カウケツ） 429-1
―纈（キクトヂ㊧カウケツ） 546-4

［十六画］

28053 纜 —（トモツナ） 396-7

**【十七画】**

28067 纓 —（エイ） 521-7

28070 纔 —（ワヅカニ） 422-4

28072 纖 —（ホソシ） 388-5
—蘿蔔（センロフ） 594-2
—香（センカウ） 594-5
—法（センボフ） 596-5

**【十九画】**

28092 纚 —（サデ） 539-4

## 缶部

28108 缶 —（ホトギ） 386-1

**【四画】**

28122 缺 —脣（イグチ） 356-3
—袂（ワキアケ） 420-5
—（カクル） 435-6

**【十一画】**

28169 罅 —栗（ヱミクリ） 579-4
—類（スキマ㊧カライ） 600-6

**【十三画】**

28180 罋 —（モタイ㊧ヲウ） 589-5

**【十四画】**

28185 罌 —粟殼（ワラゾクコク） 420-3

**【十八画】**

28194 罐 —子（クワンス） 486-2

## 网部

**【三画】**

28217 罕 —（マレナリ） 502-2

**【五画】**

28248 罟 —（アミ） 531-1
—（サデ） 539-4

**【七画】**

28279 罦 —（アミ） 531-1

**【八画】**

28285 罧 —（フシヅケ） 509-4

28293 罪 —（ツミ） 461-5
—人（ザイニン） 536-3
—過（ザイクワ） 540-5

- 障（ザイシヤウ） 540-5
- 狀（ザイジヤウ） 540-5
- 根（ザイコン） 540-5
- 悪（ザイアク） 540-5
- 業（ザイゴフ） 540-5
- 門（ザイモン） 540-5

28298 置
- —（ヲク） 418-3

**【九画】**

28315 罰
- 金（バツキン） 374-5
- —（バチ） 377-6

**【十画】**

28333 罵
- —（ノリ） 478-3
- 詈（メリ） 556-3

28335 罶
- —（ヤナ） 495-3

28336 罷
- —（ヤム） 497-6
- 過（マカリスグ） 501-2
- 帰（マカリカヘル） 501-2
- 上（マカリノホル） 501-2
- 下（マカリクタル） 501-2

**【十二画】**

28370 罾
- —（アミ） 531-1

28372 罿
- —（トリアミ） 397-4
- —（アミ） 531-1

**【十四画】**

28397 羅
- 衣（ロノコロモ） 365-6
- 漢（ラカン） 466-4
- 縠（ラコク） 466-7
- 綾（ラレウ） 466-7
- —（ウスモノ） 472-1

**【十七画】**

28412 羇
- —（タビ） 450-7

**【十九画】**

28417 羈
- —（ホグス） 388-3
- —（オモカタ） 480-1

## 羊部

28425 羊
- 躑躅（イワツツジ） 356-5
- 附來（ナセミ） 463-7
- —（ヒツジ㊧ヤウ） 582-6
- 躑躅（モチツツジ㊧ヤウテキチヨク） 588-7

**【二画】**

28429 羌
- 活（キヤウクワツ） 546-2

**【三画】**

28435 美
- —（ヨシ） 441-2
- —（ムマシ） 469-6
- —（ウルハシ） 474-5
- 豆（ミヅノ） 557-2

—景（ビケイ） 580-6
—人（ビジン） 581-4
—男（ビナン） 581-4
—女（ビヂヨ） 581-4
—人草（ビジンサウ） 583-3
—物（ビブツ） 583-7
—食（ビシヨク） 583-7
—談（ビダン） 585-5
—麗（ビレイ） 585-5
—景（ビケイ） 585-5
——敷（ビビシク） 585-5
—名（ビメイ） 585-5

【四画】

28447 羔 —（ヒツジ㊧カウ） 582-6

【五画】

28463 羚 —羊（ニク） 380-3
28470 羝 —（ヒツジ㊧テイ） 582-6
28471 羞 —（クヒモノ） 485-3

【七画】

28497 羣 —（ムラガル） 469-4
—議（クンキ） 488-3
—集（クンシフ） 488-3
—類（クンルイ） 488-3
—臣（クンシン） 488-3
—生（クンジヤウ） 488-3
—萠（クンマウ） 488-3
28503 羨 ——敷（ウラヤマシク） 473-5
—（ウラヤム） 474-4
28504 義 —理（ギリ） 549-1
—絶（ギゼツ） 549-1
—者（ギシヤ） 549-1
—分（ギブン） 549-1
—定（ギヂヤウ） 549-1
—兵（ギヘイ） 550-6

【九画】

28537 羯 —鼓（カフコ） 430-2

【十画】

28545 羱 —（ノヒツシ） 477-4

【十三画】

28583 羸 —（アカハダカ） 528-1
28584 羹 —（カン㊧カウ） 428-5
—（アツモノ） 529-6

【二十四画】

28612 羻 —羊（レイヤウ） 452-1
—（ヒツジ） 582-6


## 羽部


28614 羽 —（ハネ） 371-1

―子板（ハゴイタ） 373-4
―林（ウリン） 470-4
―觴（サカヅキ） 538-7

**［四画］**

28635 翁
―（オキナ） 479-3

28642 翅
―（ツバサ） 457-6

**［五画］**

28657 翌
―日（ヨクシツ） 439-1
―年（ヨクネン） 439-1

28672 習
―（ナラフ） 465-7
―氣（シツケ） 578-6

**［六画］**

28689 翔
―（トフ） 401-4
―（カケル） 435-2
―（フルマフ） 511-6

28691 翕
―（ハグキ） 371-1

―（アハス） 533-4

**［八画］**

28732 翠
―眉（アヲキマユ） 527-6
―（ミドリ） 558-5
―簾（ミス） 558-7

28733 翡
―翠（カハセミ） 427-7
―翠（ヒスイ） 582-3
―翠簪（ヒスイノカンザシ） 584-6

**［九画］**

28744 翥
―（ハウツ） 378-3
―（トビアガル） 401-2

28752 翦
―（ソルル） 455-7

28766 翫
―（モテアソブ） 591-1

**［十画］**

28780 翰
―（フデ） 509-5

**［十一画］**

28796 翳
―（マブシ） 502-3

**［十二画］**

28810 翶
―（カケル） 435-2

28814 翻
―（コボス） 519-6

28818 翼
―（ツバサ） 457-6

## 老部

28842 老
―海鼠（ホヤ） 385-1
―子（ラウシ） 466-4
―翁（ラウヲウ） 466-5
―躰（ラウタイ） 466-5
―父（ラウフ） 466-5
―僧（ラウソウ） 466-5
―母（ラウボ） 466-5
―若（ラウニヤク） 466-5

—母草（ラウボサウ） 466-6
—眼（ラウガン） 467-3
—病（ラウビヤウ） 467-3
—耄（ラウモウ） 467-4
—衰（ラウスイ） 467-4
—屈（ラウクツ） 467-4
—功（ラウコウ） 467-4
—子經（ラウシキヤウ） 467-4
—後（ラウゴ） 467-4
—婆（ウバ） 470-5
—曾社（オイソノモリ） 478-7
—人（オトナシキヒト） 479-2
—（オイヌ） 481-4

［二画］

28843 考
—妣（カウヒ） 425-5
—（カンカフ） 436-1
—婆鳥（ギバテウ） 545-5

［四画］

28848 耄
—（ホルル） 388-2

28849 耆
—婆（ギバ） 544-5
—老（ギラウ） 545-2
—年（ギネン） 545-2

［五画］

28853 者
—回（コノタビ） 519-1
—（テイレハ） 526-1
—（ヒト） 581-6
—（モノ） 591-3

## 而部

28871 而
—已（ナラクノミ） 465-2
—已（ノミ） 478-5
—已（ナクノミ） 501-3
—（シカモ） 578-5

［三画］

28879 耐
—（タヘタリ） 450-1

## 耒部

28898 耒
—（スキ㊧ライ） 599-5

［四画］

28907 耕
—作（カウサク） 431-6
—農（カウノウ） 431-6
—（タカヘス） 450-3
—（スク㊧カウ） 601-7

28909 耗
—（ヘグ） 392-7
—（ツイエ） 461-5

28910 耘
—（クサキル） 484-6

［五画］

28915 耜
—（スキ㊧シ） 599-6

［十画］

28961 耨 ―（スク㊧ノウ） 601-7

［十五画］

28993 耰 ―（マグハ） 500-2

## 耳部

28999 耳
―従（ナニカハセン） 465-3
―（ノミ） 478-5
―（マクノミ） 502-5
―言（ササヤク） 541-4
―（ミミ） 557-6
攪―（ミミカキ） 558-7
―目（ジボク） 565-4
驚二―目一（シボクヲヲドロカス） 577-5

［二画］

29005 耵 ―聹（ミミアカ㊧テイネイ） 557-7

［四画］

29017 聆 ―（キク） 551-3

29024 耽 ―（フケル） 511-4

［五画］

29049 聊 ―（イササカ） 364-4
―介（レウジ） 452-6

［七画］

29074 聖 ―道（シヤウダウ） 563-2
―徳太子（シヤウトクタイシ） 564-2
―教（シヤウゲウ） 577-2
―（ヒジリ） 581-6
―宰（セイサイ） 592-3
―人（セイジン） 592-5
―干（セイリウ） 592-5
―主（セイシユ） 592-5
―人（セイジン） 594-1
―徳（セイトク） 595-2
―運（セイウン） 595-2
―化（セイクワ） 595-2

［八画］

29093 聚 ―（アツムル） 533-2
―（スダク㊧シウ） 601-7

29104 聞 ―（カグ） 436-4
―悪（キキニクシ） 550-1
―成（キキナル） 550-1
―直（キキナホス） 550-1
―持（キキタモツ） 550-1
―分（キキワケ） 550-1
―食（キコシメス） 550-1
被二―召及一（キコシメシヲヨハ

レ） 550-1

29109 聡
- 一道（キクナラク） 550-5
- 一（キク） 551-3
- 一（サトシ） 542-1
- 一（キキ） 551-3
- 一（ミミトシ㊧ソウ） 557-7

【九画】

29118 聤
- 一耳（ミミダレ） 557-6

【十画】

29152 聯
- 一（ツラナル） 460-4

【十一画】

29159 聱
- 一（ミミシヒ㊧ガウ） 557-7

29166 聲
- 一花（ハナヤカ） 376-5
- 一（コエ） 520-4
- 一明（シヤウミヤウ） 574-6
- 一歌（シヤウガ） 574-6

29167 聳
- 一（ソビユ） 456-1
- 一雪（アマギルユキ） 526-4

29173 聴
- 一（ユルス） 554-2

【十二画】

29183 職
- 一（ツカサドル） 460-3
- 一事（シキジ） 565-2

29187 聮
- 一句（レング） 452-6

【十六画】

29211 聽
- 一叫（チンキヨウ） 402-6
- 一聞（チヤウモン） 407-2
- 一衆（チヤウシユ） 407-2
- 一（キク） 551-3

29212 聾
- 一（ミミシヒ） 557-6

## 聿部

29215 聿
- 一（ノブル） 478-5

【七画】

29226 肆
- 一（ホシヒママ） 388-4
- 一（カルカユヘニ） 436-6
- 一（ヰチクラ） 475-3
- 一（ノブル） 478-5

【八画】

29228 肇
- 一歳（デウサイ） 523-1

## 肉部

29236 肉
- 一（ニク） 379-6
- 一桂（ニツケイ） 380-1
- 一蓯蓉（ニクジウヨウ） 380-1
- 一味（ニクミ） 380-5
- 一食（ニクジキ） 380-5
- 一（シシ） 565-5

〔二画〕

- 29239 肋 —（ワキボネ） 419-7
- 29242 肌 —（ハダエ） 369-7

〔三画〕

- 29263′ 肖 —（ニタリ） 382-7
  - —像（シヨウザウ） 565-3
- 29268 肘 —木（ヒヂギ） 580-5
  - —（ヒヂ㊧チウ） 582-2
  - —金（ヒヂガネ） 584-6
- 29270 肚 —脱（ヅダツ） 458-5
  - —（ヒハラ） 582-1
- 29273 肝 —要（カンヨウ） 433-5
  - —膽（カンタン） 433-6
  - —心（カンシム） 433-6
  - —（キモ） 545-3

〔四画〕

- 29284 股 —（モモ） 588-5
  - —寄（モモヨセ） 589-4
- 29285 肢 —（エダ） 521-1
- 29290 肥 —（コユル） 513-6
  - —満（ヒマン） 582-1
- 29299 肩 —（カタ） 426-3
  - —衣（カタキヌ） 429-2
  - —當（カタアテ） 429-6
- 29302 肪 —（アブラ） 527-7
- 29304 肬 —（イボ） 356-4
- 29306 肮 —（フエ） 508-2
- 29311 肯 —（ウケカフ） 474-2
- 29315 肱 —（ヒヂ㊧コウ） 582-2
- 29318 育 —（ハゴクム） 377-7
  - —（ソダツル） 456-2
  - —（ヤシナフ） 497-7
- 29322 肴 —（サカナ㊧カウ） 537-5
- 29324 肶 —（カイガネ） 426-3

〔五画〕

- 29363 背 —（ソムク） 456-1
  - —（ウシロ） 470-6
  - —戸（セド） 591-4
  - —（セノカ㊧ハイ） 593-3
  - —腸（セワタ） 593-5
- 29369 胎 —（ハラム） 369-7
  - —内（タイナイ） 444-3
  - 卵—濕氣（ランタイシツケ） 448-6
- 29384 胗 —（ツチヒビ） 483-5
- 29392 胛 —（カイガネ） 426-3
- 29396 胞 —（ホソノヲ） 384-3
  - —衣（ホロ） 385-3
  - —衣（エナ） 521-1
- 29400 胡 —（イヅクンゾ） 364-5
  - —臭（ワキノカ） 419-7
  - —（ナンゾ） 466-1

｜馬（ウマ） 471-4
｜盞（ウサン） 472-6
｜乱（ウロン） 473-3
｜麻（オコマ） 479-4
｜桃（クルミ） 484-3
｜簶（ヤナグイ） 496-7
｜馬（コバ） 513-7
｜蝶（コテフ） 513-7
｜椒（コセウ） 514-3
｜麻（コマ） 514-5
｜餅（コビヤウ） 515-2
｜粉（コフン） 517-1
｜鬼板（コギイタ） 517-2
｜鬼子（コギノコ） 517-2
｜簶（エビラ） 521-6
｜瓜（キフリ） 546-2
29405 胤
｜（タネ） 451-2
29421′ 脉
｜（ミヤク） 557-7


〔六画〕


29430 胯
｜（マタ） 500-5
29434 胳
｜（ワキノシタ） 419-7
29436 胴
｜絹（ドウギヌ） 396-5
｜丸（ドウマロ） 396-6
29441 胷
｜（ムネ） 468-3
｜懸（ムナガヒ） 468-6
｜當（ムナアテ） 468-6
｜板（ムナイタ） 468-6
29453 胼
｜（アカガリ） 527-7
29454 能
｜（ヨク） 441-4
｜化（ノウケ） 477-2
｜僧（ノウソウ） 477-2
｜者（ノウシヤ） 477-2
｜米（ノウマイ） 477-4
｜藝（ノウゲイ） 477-7
｜治（ノウチ） 477-7
｜書（ノウジヨ） 477-7
｜筆（ノウヒツ） 477-7
｜作（ノウサ） 477-7
不レ｜（アタハズ） 532-2
29456 腴
｜（コユル） 513-6
29463 脂
｜（アブラ㊧シ） 527-7
｜綿（アブラワタ） 530-3
29466 脅
｜（ワキ） 419-7
｜指（ワキザシ） 420-7
｜楯（ワイダテ） 420-7
｜机（ワキヅクエ） 420-7
29467 脇
｜息（ケフソク） 504-5
29468 脆
｜（モロシ） 590-6
29472 脊
｜（セナカ㊧セキ） 593-3


〔七画〕


29502 脚
｜氣（カツケ） 425-3
｜力（カクリキ） 425-4
｜（アシ） 527-7
｜絆（キヤハン） 546-4

| No. | 見出し | 語 | 所在 |
|---|---|---|---|
| | | 布（キヤフ） | 546-4 |
| | | 榻（キヤタツ） | 547-6 |
| 29504 | 脛 | —（ハキ） | 370-1 |
| | | 巾（ハハキ） | 371-6 |
| 29526 | 脣 | —（クチビル） | 483-4 |
| 29535 | 脩 | —羅（シユラ） | 568-6 |
| 29539 | 脱 | —（ヌグ） | 413-7 |
| | | —（マヌカル） | 501-6 |
| 29543 | 脯 | —（ホシジ） | 385-3 |
| 29544 | 脰 | —（ウナジ） | 470-6 |

**〔八画〕**

| No. | 見出し | 語 | 所在 |
|---|---|---|---|
| 29570 | 脹 | —（ハラフクル） | 369-7 |
| | | 熬（フクライリ） | 508-7 |
| 29578 | 脽 | —（シリ） | 565-5 |
| 29580 | 脾 | —臓（ヒノザウ） | 581-7 |
| 29615 | 腋 | —（ワキ） | 419-7 |
| | | 引（ワキビキ） | 420-7 |
| | | 當（ワキアテ） | 420-7 |
| | | 挾（ワキバサム） | 422-1 |
| 29621 | 腎 | —（ムラド） | 468-4 |
| | | —（ジン） | 565-5 |
| 29631 | 腕 | —（カイナ） | 426-3 |
| | | —（ウデ） | 470-6 |
| | | —（ウデヌキ） | 472-6 |

**〔九画〕**

| No. | 見出し | 語 | 所在 |
|---|---|---|---|
| 29678 | 腥 | —（ナマグサシ） | 465-5 |
| 29681 | 腦 | —（ナヅキ） | 465-4 |
| 29685 | 腨 | —（スネ㊧セン） | 598-1 |
| 29690 | ⿰月扁 | —（ヒラシ） | 587-2 |
| 29697 | 腫 | —物（ハレモノ） | 369-5 |
| | | 物（シユモツ） | 565-3 |
| 29702 | 腮 | —（アギト） | 527-6 |
| 29705 | 腰 | —輿（ヨウヨ） | 440-2 |
| | | 巻（コシマキ） | 514-7 |
| | | 覆（コシオホヒ） | 514-7 |
| | | 當（コシアテ） | 516-6 |
| | | 物（コシセノ） | 516-6 |
| | | 刀（コシカタナ） | 516-6 |
| | | 挾（コシバサミ） | 516-6 |
| | | 鼓（コシツツミ） | 516-6 |
| 29706 | 膂 | —（コシ㊧コウ） | 513-5 |
| 29721 | 腸 | —（ハラワタ） | 369-7 |
| | | 熬（ワタイリ） | 420-6 |
| | | 繰（ワタクリ） | 420-7 |
| | | —（セノオモヒ） | 591-2 |
| 29722 | 腹 | —（ハラ） | 369-7 |
| | | 轉病（ハラカマヤマヒ） | 371-2 |
| | | 赤（ハラカ） | 371-4 |
| | | 巻（ハラマキ） | 373-1 |
| | | 當（ハラアテ） | 373-1 |
| | | 帶（ハルビ） | 373-5 |
| | | 立（ハラタツ） | 377-4 |
| | | 病（フクビヤウ） | 508-1 |
| | | 中（フクチウ） | 508-1 |
| | | 立（フクリフ） | 508-1 |

【十画】

29747 腿 ―（ウチアハセ） 470-6
29748 膀 ―胱（ユバリブクロ） 552-3
29782 膊 ―（ハツツケ） 370-1、378-5
―（コフラ） 513-6
29800 膏 ―（アブラ㊧カウ） 528-1
―（アブラツク） 534-1

【十一画】

29816 膕 ―（ヨフロ） 439-4
29829 膚 ―（ハダエ） 369-7
―袴（ハダバカマ） 371-5
29837 膝 ―行（ヰザリ） 475-5
―⿰骨可（ヒザガハラ） 581-7
―鎧（ヒザヨロヒ） 584-6
29841 膠 ―（ニカハ） 380-7
29844 膢 ―靣（フデヅラ） 508-1

【十二画】

29861 膨 ―脝（ハラフクル） 369-6
29862 膩 ―（アブラ㊧ニ） 527-7
―（アブラツク） 534-1
29891 膳 ―棚（ゼンダナ） 591-6
―部（ゼンホウ） 592-3
―（ゼン） 594-2

【十三画】

29933 膽 ―氣（タンキ） 448-5
―吹山（ヰブキヤマ） 475-2
―府（ヰノフ） 476-5
―（キモ） 545-3
潰レ―（キモヲツブス） 550-6
29936 ⿰月當 ―甲（ホフカフ） 387-5
29938 膿 ―（ウミ） 470-6
29939 臀 ―（シリ） 565-5
29944 臂 ―（ヒヂ㊧ヒ） 582-2

【十四画】

29951 臆 ―病（ヲクビヤウ） 417-1
―（ムネ） 468-3
29953 臈 無ニ―次一（ラツシモナイ） 467-3
29967 臍 ―（ホソ） 384-3
―（ヘツ） 390-3
29986 臑 ―當（スネアテ） 599-6

【十五画】

30009 臘 ―月（ラフゲツ） 466-3
―八（ラフハツ） 466-3

【十六画】

30018 臙 ―脂（エンジ） 521-7

【十九画】

30049 臠 ―（キリシシ） 546-7
―（シシムラ） 565-6

## 臣部

30068
**臣**
—等言（マクラコトバ） 501-2
—下（シンカ） 563-7

［二画］

30071
**臥**
—籠（フセゴ） 509-3
—（フス㊧グワ） 511-6

［八画］

30083
**臧**
—（ヨシ） 441-4

［十一画］

30087
**臨**
—幸（リンカウ） 411-5
—時（リンジ） 411-5
—終（リンジウ） 411-5
—（ノソム） 478-3

## 自部

30095
**自**
—恣（ホシヒママ） 387-6
—専（ホシヒママ） 387-6
—（ヲノヅカラ） 417-7
—在（ワガママ） 421-4
—（ミヅカラ） 557-6
—然（ジネン） 572-6
—讃（ジサン） 572-6
—訴（ジソ） 572-6
—判（ジハ） 572-7
—行（ジギヤウ） 572-7
—他（ジタ） 572-7
—作（ジサク） 572-7
—滅（ジメツ） 572-7
—由（ジイウ） 572-7
—専（ジセン） 572-7
—筆（ジヒツ） 572-7
—己（ジコ） 572-7
—力（ジリキ） 572-7
—害（ジガイ） 572-7
—問自答（ジモンジタフ） 572-7
—餘（ジヨ） 572-7
—物（ジモツ） 572-7
—慢（ジマン） 572-7
—称（ジセウ） 572-7
—水（ジスイ） 572-7
—愛（ジアイ） 572-7
—用（ジヨウ） 572-7
—見（ジケン） 572-7
—身（ジシン） 572-7
—今已後（ジコンイゴ） 572-7

［四画］

30108
**臭**
—（クサシ） 489-4

## 至部

30142 至
- —（イタル） 363-6
- —極（シゴク） 573-3
- —要（シヨウ） 573-3
- —用（シヨウ） 573-3
- —孝（シカウ） 573-3
- —誠心（シシヤウシン） 573-3
- —若（シカノミナラス） 576-6

［四画］

30149 致
- —（イタス） 364-5

［八画］

30161 臺
- —處（ダイドコロ） 442-7
- —（タイ） 446-6
- —（ウテナ） 470-3

## 臼部

30173 臼
- —耳（ウスタケ） 471-2
- —（ウス） 472-7

［五画］

30195 舂
- —法（ツイホフ） 460-2
- —（ウスヅク） 474-5

［七画］

30208 舅
- —（シフト） 563-7

30212 與
- —力（ヨリキ） 439-3
- —奪（ヨタツ） 440-3
- —善（ヨセン） 440-3
- —同（ヨトウ） 440-3
- —（タメ） 451-3
- —（クミスル） 489-1
- —（アタフ） 533-3

［九画］

30226 興
- —米（ヲコシゴメ） 416-6
- —米（オコシゴメ） 479-7
- —遊（ケウイウ） 505-5
- —躰（ケウタイ） 505-5
- —隆（コウリユウ） 518-1
- —行（コウギヤウ） 518-1
- —葱（アサツキ） 529-2

［十二画］

30249 舊
- —（フリタリ） 511-4
- —都（キウト） 543-3
- —跡（キウセキ） 543-3
- —梓（キウシ） 543-3
- —里（キウリ） 543-3
- —冬（キウトウ） 543-7
- —規（キウキ） 549-2
- —好（キウカウ） 549-2

跡（キウセキ） 549-2
故（キウコ） 549-2
式（キウシキ） 549-2
義（キウギ） 549-2
里（キウリ） 549-2
恩（キウオン） 549-2
領（キウリヤウ） 549-2
―（モト） 591-1

## 舌部

30277 舌
―（シタ） 565-5

**〔二画〕**

30278 舍
―（イエ） 355-6
人（トネリ） 395-1
宅（シヤタク） 561-7
兄（シヤキヤウ） 563-4
弟（シヤテイ） 563-4

**〔四画〕**

30283 舐
―（ネフル） 462-5

**〔六画〕**

30300 舒
―（ノブル） 478-5

**〔十二画〕**

30329 ⿰舌單
―⿰舌延（シタツキ㊧タンテン） 577-4

## 舛部

**〔六画〕**

30339 舜
―擧（シユンキヨ） 564-3

**〔八画〕**

30342 舞
―姬（マヒビメ） 498-4
人（マヒビト） 498-4
耳（マヒタケ） 499-6
―（マヒ） 502-4
樂（ブガク） 510-3
臺（ブタイ） 510-3

## 舟部

30350 舟
―（フネ㊧シウ） 509-7

**〔四画〕**

30385 航
―（フナワタリ㊧カウ） 511-7

30386 舫
―（モヤヒブネ） 589-6

30388 般
―（タビ） 450-7

**〔五画〕**

30397 舳
―（ヘ） 391-1

30403 舷
―（フナバタ） 509-4

30407 船
―縁（フナバタ） 509-4
頭（センダウ） 592-6

［七画］

30431 艀
—（ハシブネ） 373-6

［九画］

30479 艘
—（キル） 476-6

［十一画］

30529 艜
—（ヒラダ） 584-7

［十三画］

30565 艤
—（ヨソフ） 441-3
—（フナヨソヒ） 511-6

［十四画］

30574 艨
—艟（イクサブネ） 358-5

［十六画］

30582 艫
—（ロ㊧トモ） 366-7
—（トモ） 397-1

## 艮部

30596 艮
—（ウシトラ） 469-7

［一画］

30597 良
—辰（リヤウシン） 409-7
—香（リヤウカウ） 410-5
—（ヨシ） 441-2
—久（ヤヤヒサシ） 497-4

［十一画］

30600 艱
—難（カンナン） 433-4
—勞（カンラウ） 433-4

## 色部

30602 色
—節（イロフシ） 362-3
—香（イロカ） 362-3
—々（イロイロ） 362-3
—葉（イロハ） 362-3
—紙（シキシ） 569-4
—掌（シキシヤウ） 576-2
—代（シキダイ） 576-2
—目（シキモク） 576-2

［十八画］

30637 艷
—（ウルハシ） 474-5
—（ヤサシ） 497-5
—書（ケシヤウブミ） 504-5
—（ミヤヒカ㊧エン） 560-7

## 艸部

［二画］

30648 艾
—（ヨモキ） 439-5

―葉麪（アイヨフメン） 529-6

**【三画】**

| 番号 | 漢字 | 熟語 | 読み | 頁 |
|---|---|---|---|---|
| | | 葉麹 | （アイヨフメン） | 529-6 |

30670′ 芋
―（イモ） 356-7
―莖（イモクキ） 356-7

30674 芍
―藥（シヤクヤク） 566-3

**【四画】**

30694 芙
―蓉（フヨウ） 508-4

30699′ 芝
―居（シバヰ） 561-6
―蘭（シラン） 566-4
―耳（シバタケ） 567-1

30701 芟
―（カル） 435-4

30705 芡
―（ミヅブキ） 558-3

30715 芥
―子（カラシ） 427-1
―子（ケシ） 504-1
―河（アクタガハ） 530-2

30717 芧
―（トチ） 395-5
―耳（クリタケ） 484-5

30728 芬
―（カフバシ） 435-5

30730 芭
―蕉（バセウ） 370-5

30733 芰
―實（ヒシ） 583-3

30734′ 花
―橘（ハナタチバナ） 370-2
―薄（ハナスズキ） 370-5
―返（ハナガヘシ） 373-4
―腐（ハナクタシ） 373-4
―洛（クワラク） 481-7
―闕（クワケツ） 482-1
―氊（クワセン） 484-7
―陀（クワタ） 485-3
―輦（クワレン） 485-6
―瓶（クワヒン） 485-6
―奢（キヤシヤ） 550-3
作―車（キヤシヤ） 550-3

30736′ 芳
―茗（ハウメイ） 371-7
―飯（ハウハン） 372-2
―恵（ハウケイ） 374-5
―情（ハウセイ） 374-5
―志（ハウシ） 374-5
―札（ハウサツ） 374-6
―恩（ハウイン） 374-6
―信（ハウシン） 374-6
―翰（ハウカン） 374-6
―好（ハウカウ） 374-6
―契（ハウツイ） 374-6
―問（ハウモン） 374-6
―命（ハウメイ） 374-7
―免（ハウメン） 374-7
―意（ハウイ） 374-7
―（カウバシ） 435-5

30741′ 芸
―（クサキル） 484-6

30742 芹
―（セリ） 593-7
―炙（セリヤキ） 594-2

30744 芻
―蕘（クサカリ） 483-3

30747 芽
―（キザス） 551-3

30749 芿
―草（ミクリ） 558-4
―（ヒコハエ） 583-5

**［五画］**

30774 苑
—（ソノ） 453-2
—中（ヱンチウ） 579-2

30778 苔
—（ノリ） 477-3
—（コケ㊧タイ） 514-5
—菽（コケマメ） 515-2

30781′ 苗
—代（ナハシロ） 463-3

30785 苛
—々敷（イライラシキ） 362-7
—（カラシ） 435-6

30794 苣
—（チシヤ） 403-6

30796′ 若
—道（ニヤクダウ） 382-4
—族（ニヤクゾク） 382-4
—子（ワカゴ） 419-5
—君（ワカギミ） 419-5
—衆（ワカシユ） 419-5
—黨（ワカタウ） 419-5
—葉（ワカバ） 420-2
—菜（ワカナ） 420-2
—草（ワカクサ） 420-2
—和布（ワカメ） 420-2
—以（タツネヲモンミレハ） 449-3
—干（ソコバク） 455-2
—（ゴトシ） 519-7
—子（ミヅゴ） 557-5
—輩（ジヤクハイ） 563-6
—年（シヤクネン） 564-1
—少（シヤクセウ） 564-1
—而人（ヒトナミナミ） 586-2
—（モシ㊧ジヤク） 590-7

30797′ 苦
—竹（ニカダケ） 380-1
—（ニガシ） 382-7
—竹（カハタケ） 426-7
—（ネンゴロ） 462-6
—域（クイキ） 481-6
—界（クカイ） 481-7
—集滅道（クシユメツダウ） 481-7
—參（クシン） 484-5
—茗（クメイ） 485-2
—痛（クツウ） 487-1
—惱（クナウ） 487-1
—行（クキヤウ） 487-1
—海（クカイ） 487-1
—樂（クラク） 487-1
—勞（クラウ） 487-1
—因（クイン） 487-1
—果（ククワ） 487-1
—患（クゲン） 487-1
—厄（クヤク） 487-1
—敷（クルシク） 488-6
—（クルシム） 489-3
—楝（アフチ㊧クレン） 528-7
—（スム） 601-1

30798 苧
—（ハヌヒ） 370-7
—子（ヲノミ） 415-5
—（ヲ） 416-5

30802 苫
―（トマ） 397-1

30808′ 英
―（ハナブサ） 370-7
―雄（エイイウ） 522-3
―保（アボ） 530-2
―蓉葉（ミツバゼリ） 558-4

30828 苾
―蒭（ヒツスウ㊧ジユ） 581-3

30830 茉
―莉花（マリケ） 499-7

30833′ 茂
―（シゲル） 567-1
―架離（モガリ） 588-1

30834 范
―蠡（ハンレイ） 369-1

30835 茄
―子（ナスビ） 464-1

30836 茅
―草（チクサ） 403-6
―（チガヤ） 403-6
―（カヤ） 427-3
―（ツバナ） 458-3

30838 茆
―柴（ハウサイ） 372-1

30840 茈
―胡（ノゼリ） 477-3

［六画］

30866 茘
―支（レイシ） 451-7

30906 茯
―苓（ブクリヤウ） 508-4

30913 茴
―香（ウイキヤウ） 471-1

30914 茵
―蔯蒿（カラヱモギ） 427-1

30915′ 茶
―蓐（シトネ㊧インニク） 569-1
―園（チヤヱン） 401-6、403-7
―磨（チヤウス） 404-6
―筌（チヤセン） 404-6
―盆（チヤホン） 404-6
―壺（チヤツボ） 404-6
―巾（チヤキン） 404-6
―椀（チヤワン） 404-6
―桶（チヤヲケ） 404-7
―瓢（チヤヘウ） 404-7
―堂（サダウ） 535-2
―杓（サシヤク） 538-6

30921 茹
―物（ユデモノ） 553-1

30922 茺
―蔚（メハジキ㊧シウイ） 555-4

30934 荃
―ウケ㊧ワヘ） 472-7

30940 荆
―棘（イバラ） 356-6
―棘（ヲドロ） 415-4
―山（ケイサン） 502-7
―芥（ケイガイ） 504-1
―茨（サルトリイバラ） 536-7

30942 荇
―（ミヅグサ） 558-5

30945′ 草
―鞋（ワランヂ） 421-1
―桁（クサゲタ） 482-2
―（クサ） 484-6
―餅（クサモチ） 485-3
―壁（クサカベ） 485-4
―摺（クサズリ） 485-5
―薙劒（クサナギノケン） 485-6
―菴（サウアン） 535-2
―庭（サウテイ） 535-2
―坊（サウバウ） 535-2
―鞋（サウカイ㊧アイ） 538-7

- 創（サウサウ） 540-1
- 案（サウアン） 540-1

30950 荏
- —（エ） 521-3

30951 荐
- —（シキリ） 577-7

30952 荑
- —（ヒコハエ） 583-5

30953′ 荒
- —神（クワウジン） 485-4
- —涼（クワウリヤウ） 487-7
- —廢（クワウハイ） 487-7
- —和布（アラメ） 529-2
- —河（アラカハ） 530-2
- —巻（アラマキ） 530-7
- —猿（アラマシ） 531-3
- —（アルル） 533-3
- —（スサム㊧クワウ） 600-7

**〔七画〕**

30994 葱
- —蓐（ニン.ニク） 380-2
- —（シノブ） 566-6

31000′ 荷
- —葉（ハスノハ） 370-5
- —擔（ニナフ） 382-2
- —持（ニモチ） 382-2
- —物（ニモツ） 382-2
- —負（ニヲヒ） 382-2
- —擔（カタン） 437-1
- —員（カフ） 437-1

31005 荻
- —（オキ） 479-5

31008 荼
- —（トチ） 395-7
- —毘（ダビ） 448-7
- —（オホトチ） 479-5

31024 莅
- —（ノソム） 478-3

31026 莇
- —（アザミ） 529-3

31035 莊
- —子（サウジ） 541-1
- —齢（サウレイ） 542-6
- —年（サウネン） 542-6
- —嚴（シヤウゴン） 577-2

31040 莎
- —（スゲ） 599-2

31047 莓
- —（コケ㊧マイ） 514-5

31052 莖
- —立（クキタチ） 484-4

31059 莚
- —（オマシ） 480-1

31064 莟
- —（ツボム） 460-7

31065 莠
- —（ハクサ） 370-7

31074 莧
- —（ヒユ㊧カン） 583-4

31076 莩
- —（アシチカゴ） 529-4

31078 莫
- —太（バクタイ） 374-4
- —（ナカレ） 466-2

31119 華
- —（ハナ） 370-3
- —表（トリヰ） 393-2
- —（タテバナ） 444-5
- —鯨（クワゲイ） 486-2
- —麗（クワレイ） 487-4
- —美（クワビ） 487-4
- —鬘（ケマン） 504-5

**〔八画〕**

31142 菅
- —原（スガラ） 597-1
- —（スゲ） 599-2

31153′ 菊
- —月（キクゲツ） 544-2

—（キク） 546-3
—池（キクチ） 547-2
31156′ 菌 —（クサビラ） 484-5
—（キノコ㊧キン） 546-3
31165 葱 —嶺（ソウレイ） 453-2
—臺（ヒラキバシラ） 580-5
31166 菑 —（アラタ） 527-1
31168′ 菓 —（クダモノ） 484-6
—子（クワシ） 485-2
—子盆（クワシボン） 486-3
—（コノミ） 514-6
31174 菖 —蒲（アヤメ） 529-3
—蒲（シヨウブ） 566-3
31177 菘 —菜（タカナ） 444-4
31184 菜 —（ナ） 464-1
—（サイ） 537-3
—桶（サイトウ） 539-2
—食（サイジキ） 541-2
* 葛 —（サキクサ） 536-7

31189 菟 —角（トカク） 399-6
—絲子（ネナシカヅラ） 462-1
31205 菩 —提樹（ボダイジユ） 384-4
31207 菫 —菜（スミレ㊧キン） 599-1
31217 菰 —（コモ） 514-5
31219 菱 —花臺（リンクワノダイ） 410-7
—食（ヒシクヒ㊧レウ） 582-3
—（ヒシ㊧レウ） 583-3
31220 菲 —薄（ヒハク） 586-6
31227 菴 —（イホリ） 355-6
—室（アンジツ） 527-2
—主（アンジユ） 527-5
31236 菹 —（ススボリ㊧シヨ） 598-6
31241 菽 —（マメ） 499-7
31248 萁 —（マメガラ） 499-7
31255 萆 —薢（トコロ） 395-5
31265 萠 —（キザス） 551-3
—（モユル） 589-1
—黄（モエギ） 589-4

31266 萍 —（ウキクサ） 471-2
31269 萎 —（シボム） 566-6
—翳（シボム㊧イエイ） 576-4
31272 萑 —蓷（メハジキ㊧シタイ） 555-4

［九画］

31333 萩 —（ハギ） 370-4
31339 萬 —乗（バンジヨウ） 369-5
—方（バンハウ） 375-3
—（ヨロツ） 441-5
—徳（マンドク） 500-5
—燈（マントウ） 500-5
—差（マンシヤ） 500-5
—劫（マンゴノ） 500-6
—病（マンビヤウ） 500-6
—歳樂（マンザイラク） 500-6
31345 萱 —草（ワスレグサ） 420-3
—草（クワンザウ） 484-5
31362′ 落 —梅（ラクバイ） 467-1

—霞（ラクカ） 467-1
—索（ラクサク） 467-5
—涙（ラクルイ） 467-5
—字（ラクジ） 467-5
—所（ラクショ） 467-5
—題（ラクタイ） 467-6
—堕（ラクダ） 467-6
—居（ラクキョ） 467-6
—髪（ラクハツ） 467-6
—書（ラクショ） 467-6
—著（ラクヂャク） 467-6
—葉（ラクヨフ） 467-6
—飾（ラクショク） 467-6
—胤（ラクイン） 467-6
—葉（オチバ） 479-4
—魄（オチブル） 480-5
—髪（オチカミ） 480-6
—索（スソコリ㊧ラクサク） 598-6

31386 葈
—（カラムシ） 427-2

31387′ 葉
—月（ヨウケツ） 439-1

31397 葎
—（モグラ㊧リツ） 589-1

31402 葒
—草（イヌタデ） 356-6

31410 著
—述（チヨジユツ） 405-6
—座（チヤクザ） 408-3
—任（チヤクニン） 408-3
—到（チヤクタウ） 408-3
—陣（チヤクヂン） 408-3
—岸（チヤクガン） 408-3
—色（チヤクシキ） 408-3
—（ツク） 461-3
—籠（キゴメ） 546-5
—背（キセナガ） 547-4

31420 葛
—川（カヅラカハ） 422-6
—城（カヅラキ） 423-4
—（カヅラ） 427-3
—籠（ツヅラ） 459-2
—屋（クズヤ） 482-2
—（クズ） 484-6

31427 蓳
—子（ミノクサ） 558-4

31437 葦
—毛鹿駮（アシゲカブチ） 528-2
—（アシ） 529-4

31441 葩
—（ハナ） 370-6
—（ハナビラ） 374-1

31442 葪
—（アザミ） 529-2

31443 葫
—（オホヒル） 479-5

31448′ 葬
—（ハウフル） 377-5

31449 葭
—（アシ） 529-4

31458 葵
—（アヲヒ） 529-4

31464 葹
—（ナモミ） 463-7

31465 葺
—（フク㊧シフ） 511-5

31468 葽
—（ツバナ） 458-3

［十画］

31539 蒐
—（カリ） 435-4

31546 蒔
—畫師（マキヱシ） 498-6

31555 蒙
—（カウフル） 435-3
—堂（モウダウ） 588-3

|氣（モウキ）　588-5
|求（モウギウ）　590-4
|味（モウマイ）　590-4
|愚（モウグ）　590-4
|霧（モウブ）　590-4
|鬱（モウウツ）　590-4
|氣（モウキ）　590-4

31562 蒜
|（ニンニク）　380-2
|（ヒル）　403-6（チ部）
|（ヒル）　583-4

31566 蒟
|蒻（コニヤク）　515-2

31590 蒨
|（アカネ㊧セン）　529-3
|練（アザヤカ）　532-1

31611 蒲
|（カマ）　427-3
|鉾（カマボコ）　428-5
|黄（フワウ）　508-4
|萄（ブダウ）　508-4
|團（フトン）　509-5
|萄（エビカヅラ）　521-3

31618′ 蒸
|（ムス）　469-6
|飯（シンハン㊧ムシイヒ）　567-7

31621 蒹
|（アシ）　529-4

31622 蒺
|藜（ハマロシ）　370-6
|藜銜（シツリガン）　569-3

31623 蒻
|茄（ハスノクキ）　370-6

31627 蒼
|天（サウデン）　534-5
|穹（サウキウ）　534-5
|頡（サウケツ）　536-2
|鷺（ミトサギ）　558-1

31634 蒿
|（ヨモキ）　439-5
|（エモキ）　521-3

31640 蓂
|莢（メイケフ）　555-3

31652 蓋
|（ヲホヒ）　416-5
|（オホフ）　481-5
|（ケダシ）　507-1
|（フタ）　509-6

31655 蓍
|（メドギ）　555-3

31661 蓑
|蟲（ミノムシ）　558-2

［十一画］

31720 蓬
|萊（ホウフイ）　383-1
|壺（ホウコ）　383-3
|莪朮（ホウガシユツ）　384-5
|（ヨモキ）　439-5
|（エモギ）　521-3
|艾（モグリ）　589-1

31722 蓮
|根（ハスネ）　369-6
|華（ハスノハナ）　370-5
|（ハスノミ㊧ハチス）　370-6
|臺野（レンダイノ）　451-4
|華（レンゲ）　451-7
|葉（レンコフ）　451-7

31727 蓱
|（ウキクサ）　471-2

31734 蓴
|（ヌナワ）　413-2

31744 蓼
|（タデ）　444-5
|水汁（タグミシル）　445-4

31745 蓽
|戸（ヒツコ）　580-4

31748 蔀 ｜（シトミ） 561-7
31749 蓓 ｜蕾（ツボム） 460-7
31751 蔁 ｜篨（シヤウベン） 568-2
31761 蔆 ｜（ヒジキ） 583-2
31781 蔑 ｜（ナイガシロ） 466-1
31784 蔓 ｜草（アヲナ㊧ツル） 529-1
31789 蔕 ｜（ホゾ） 384-5
｜（ヘタ） 390-5
31805 蔚 ｜草（メハジキ） 555-4
31818 蔡 ｜倫（サイリン） 538-6
31820 蔣 ｜汁（コモジル） 515-3
31825 蔥 ｜花（ギボウシ） 546-2
｜（ヒトモジ㊧ソウ） 583-4
31828′ 蔦 ｜（ツタ） 458-3
31837 蔫 ｜（シボム） 566-6
｜（シボム㊧エン） 577-4
31840 蔭 ｜（カゲ） 424-1、436-7

［十二画］

31888 蔽 ｜（カクス） 436-5
31928 蕈 ｜（クサビラ） 484-6
｜（キノコ㊧シン） 546-3
31943 蕍 ｜（サネカヅラ） 536-7
31946 蕎 ｜麥（ソバ） 454-1
31961 蕕 ｜（ミツキ） 558-5
31964 蕗 ｜（フキ） 508-4
31968 蕙 ｜（オハナ） 479-4
31987 蕡 ｜（スギナ㊧フン） 599-2
31995 蕤 ｜賓（スイヒン） 597-4
32001 蕨 ｜（ワラビ） 420-4
32002 蕩 ｜々（タウタウ） 448-5
32004 蕪 ｜（カブラ） 427-4
｜青子（ナタネ） 464-1
｜菁（アヲナ） 529-1
｜（アルル） 533-3
32005 [艹散] ｜（イモガラ） 356-7
32012 蕭 ｜寺（セウジ） 591-6

［十三画］

32055 蕸 ｜（ハスノハ） 370-6
32083′ 薄 ｜荷（ハツカ） 370-6
｜衣（ハクエ） 371-6
｜紅梅（ウスコウバイ） 471-6
｜紅（ウスクレナヒ） 471-7
｜濃（ウスダミ） 471-7
｜墨（ウスズミ） 471-7
｜竪（ウスタテ） 471-7
｜紫（ウスムラサキ） 471-7
｜衣（ウスキヌ） 471-7
｜様（ウスヤウ） 472-6
｜帋（ウスカミ） 472-6
｜白（ウスジロ） 472-6
｜（ウスシ） 474-5
｜（セマル） 596-7
｜（ススキ） 599-1
｜香（スカウ） 599-6

32092 薇
―（ワラビ） 420-4

32095 蒯
―菜（アザミ） 529-2

32106 薏
―苡仁（ツシダマ） 458-2
―苡（スズダマ㊧ヨクイ） 599-2

32113 薔
―薇（シヤウビ） 566-4

32121 薙
―刀（ナギナタ） 464-5

32123 薛
―（スゲ） 599-2

32125 薜
―（マサキ） 499-5

32141 薤
―（ニラ） 380-2

32143′ 薦
―貝（コモガイ） 514-2
―（コモ㊧セン） 517-4

32149′ 薪
―（タキキ） 444-5

32173 薫
―（カヲル） 435-4
―（ニホフ） 382-7
―札（クンサツ） 488-3
―報（クンホウ） 488-3
―香（クンカウ） 488-3
―（クユル） 489-1

【十四画】

32191 薯
―蕷（イモ） 356-7
―蕷粥（イモガユ） 357-6
―蕷（ヤマノイモ） 496-2
―蕷（ジヨヨ） 566-7

32192 薫
―（タキモノ） 446-7
―衣香（クンヱカウ） 485-7
―陸（クンロク） 485-7
―籠（フセゴ） 509-3

32208 薺
―（ナヅナ） 464-1

32222 藁
―（ワラ） 420-4

32224 藂
―（クサムラ） 484-6

32242 藉
―（ヨル） 441-3

32258 藍
―（アヰ） 529-4
―摺（アヰズリ） 529-5
―原（アヰハラ） 530-1

32264 藏
―（ヲサム） 418-5
―（カクス） 436-4
―（クラ） 482-2
―人（クラウト） 482-5
―主（ザウス） 536-1

【十五画】

32326 藜
―蘆（ヲモト） 415-4
―藿（レイクワ） 451-7
―藋（レイテウ） 451-7
―（アカザ） 529-3

32330 藝
―能（ゲイノウ） 506-2
―才（ゲイサイ） 506-2

32340′ 藤
―翰林（トウカンリン） 394-5
―（フヂ） 508-3
―衣（フヂコロモ） 508-5
―田（フヂタ） 509-1

32341 藥
―玉（クスダマ） 484-5
―子（クスリコ） 485-3
―罐（ヤクワン） 496-6
―研（ヤゲン） 496-6

—籠（ヤクロウ）496-7
—種（ヤクシユ）496-7
—代（ヤクタイ）496-7
32346′ 藩
—架（マセ）498-3
32348 藪
—（ヤブ）496-2

〔十六画〕

32399 藺
—（ヰ㊧リン）475-5
32401 藻
—塩草（モシホグサ）589-1
32406 藿
—香（クワツカウ）484-5
—（マメノハ）499-7
—（アヅキノハ）529-4
32410 蘂
—（ハナノシベ）370-7
—（シベ㊧ズイ）566-6
32425 蘆
—葦（ロヰ）365-4
—菔（オホネ）479-5
—（アシ）529-4
32427 蘇
—（ヌカヘ）413-2
—武（ソブ）453-5

—子瞻（ソシセン）453-5
—子由（ソシーイウ）453-5
—祢（ソネ）454-4
—枋（スハウ）599-1
32435 蘋
—（ウキクサ）471-2

〔十七画〕

32478 蘖
—（モヤシ㊧ゲツ）589-3
32480 蘘
—荷（ミヤウガ）558-3
32502 蘤
—（ハナ）370-6
32512 蘩
—菜（ハコベ）370-4
—蔞（ハコベ）370-4
32519 蘭
—（ラン）466-6
—麝（ランジヤ）467-2
—蕙（アララギ）529-2

〔十八画〕

32555 蘴
—（クキタチ）484-4

〔十九画〕

32580 蘼
—（マカキ）498-3
32590 蘿
—（ツタ）458-3
—菔（ラフ）466-6

## 虍部

〔二画〕

32675 虎
—杖（イタドリ）356-6
—（トラ）396-1
—狼（コラフ）514-1
—尾（コビ）517-6
—口（コグチ）517-6
—落（モガリ）588-1

〔三画〕

32678′ 虐
—（ソコナフ）455-7
—（コロス）519-6

- —（アラシ） 533-6

**［五画］**

- 32697 處
  - —（トニロ） 401-4
- 32708 虚
  - —（ソラ） 453-2
  - —言（ソラゴト） 455-2
  - —（ムナシ） 469-6
  - —（ウツチ） 474-7
  - —空（オホゾラ） 478-6
  - —妄（コマウ） 517-6
  - —假（コケ） 517-6
  - —空（コクウ） 517-6
  - —労（キヨラウ） 545-4
  - —誕（キヨタン） 549-6
  - —説（キヨセツ） 549-6
  - —名（キヨメイ） 549-6
  - —言（キヨゴン） 549-6

**［七画］**

- 32720′ 虜
  - —（イケドリ） 364-7
- 32723′ 虞
  - —舜（グシユン） 483-1
- 32726 號
  - —（ナ） 466-2
  - —（サケブ） 542-5

## 虫部

**［三画］**

- 32830 虹
  - —（ニシ） 379-2
  - —梁（コウリヤウ） 512-6
- 32833 虺
  - —（ヘビノコ） 390-6
- 32835 虻
  - —（アブ） 528-4

**［四画］**

- 32849 蚊
  - —遣火（カヤリビ） 424-5
  - —觸（カブル） 426-4
  - —（カ） 428-2
  - —帳（カチヤウ） 429-1
- 32851 蚌
  - —蛤（ハマグリ） 371-4
- 32858 蚑
  - —（ハフ） 378-5
- 32867 蚳
  - —（アリコ） 528-3
- 32871 蚖
  - —（カラスヘヒ） 428-2
  - —（クチハメ） 484-2
  - —（マムシ） 499-1
- 32886 蚟
  - —（タマムシ） 445-1
- 32893 蚤
  - —（ハヤシ） 377-6
  - —（ノミ） 477-4

**［五画］**

- 32916 蚯
  - —蚓（ミミズ） 558-2
- 32918 蚰
  - —蜒（ナメクジリ） 463-6
  - —蜒（ユエン） 552-3
- 32946 蚿
  - —（ムカデ） 468-4
- 32964 蛇
  - —蛻（ヘビノモヌケ） 390-6
  - —（クチナハ） 484-2
  - —身（ジヤシン） 576-1
  - —床了（ヒルムシロ） 583-3

［六画］

32997 蛙 —（カイル） 428-1
—黽（アマガヘル） 528-3
33002 蛛 —網（クモイ） 484-1
33009 蛟 —（ミツチ） 558-2
33020 蛣 —蜣（マロムシ） 499-1
33037 蛩 —（キリギリス㊧ケウ） 545-6
33047 蛬 —（キリギリス㊧ケウ） 545-6
33048 蛭 —（ヒル㊧シツ） 582-6

［七画］

33078 蛻 —（モヌケ） 588-6
—（セミノカラ㊧ゼイ） 593-5
33079 蜱 —（アシマドヒ） 528-4
33082 蛾 —（ヒイル） 582-7
33086 蜀 —魄（ホトトギス） 384-6
—葵（カラアホヒ） 427-2
—柱（ウダチ） 470-2
—漆（クサギ） 484-3
33088 蜂 —（ハチ） 371-4
—起（ホウキ） 387-4
33093 蜆 —（シジミ） 566-2
33099 蜈 —蚣（トカゲ） 396-2
—蚣（ムカデ） 468-4
33104 蜉 —蝣（フユウ） 508-2
33106 蜊 —（アサリ） 528-6
33116 蜏 —（ヒヲムシ） 582-6
33119 蜑 —（アマ㊧タン） 527-4

［八画］

33134 蜘 —蛛（クモ） 484-1
—手（クモテ） 486-1
33138 蜚 —蜎（ツノムシ） 457-7
33143 蜜 —柑（ミツカン） 558-2
—筒（ミツトウ） 558-4
—（ミツ） 558-6
—談（ミツダン） 560-1
—教（ミツケウ） 560-1
—懐（ミツクワイ） 560-1
—事（ミツジ） 560-1
—語（ミツゴ） 560-1
33154 蜣 —蜋（クソムシ） 484-1
33157 蜥 —蜴（ヰモリ） 475-6
33162 蜦 —（アシタカクモ） 528-3
33166 蜩 —（セミ㊧チウ） 593-5
33199 蜷 —（ニナ） 380-3
—川（ニナガハ） 381-4
33201 蜹 —（ダニ） 445-1
—（アブ） 528-4
33203 蜻 —蜓（トハフ） 396-2
—蛉（カケロフ） 428-3
—蛚（コフロギ） 514-1
33208 蜾 —蠃（スガル㊧クワラ） 598-3
33210 蜿 —（ワダカマル） 422-4
—轉（フシマロブ） 511-1

## ［九画］

| | | | |
|---|---|---|---|
| 33253 | 蝍 | ―蛆（ウジ） | 471-5 |
| 33267 | 蝗 | ―（イナムシ） | 357-3 |
| 33268 | 蝘 | ―蜓（トカゲ） | 396-2 |
| 33271 | 蝙 | ―蝠（カフモリ） | 427-5 |
| 33287 | 蝟 | ―皮（イヒ㊧イ） | 357-2 |
| | | ―皮（ヰヒ） | 475-6 |
| 33293 | 蝤 | ―蛑（ガザメ） | 427-5 |
| 33299 | 蝦 | ―蟆（カイル） | 428-1 |
| | | ―夷島（エゾカシマ） | 520-5 |
| | | ―（エビ） | 521-2 |
| 33303 | 蝨 | ―（シラミ㊧シツ） | 565-7 |
| 33309 | 蝮 | ―（ハミ） | 371-3 |
| | | ―蝎（ウハバミ） | 471-5 |
| | | ―（クチハメ） | 484-2 |
| | | ―（マムシ） | 499-1 |
| 33333 | 蝶 | ―（テフ） | 523-5 |
| 33338 | 蝸 | ―牛（カタツブリ） | 427-5 |
| | | ―室（クワシツ） | 482-1 |
| | | ―舎（クワシヤ） | 482-1 |
| | | ―屋（クワヲク） | 482-1 |
| | | ―廬（クワロ） | 482-1 |
| 33343 | 螽 | ―（㊧イナコ） | 357-3 |

## ［十画］

| | | | |
|---|---|---|---|
| 33384 | 融 | ―大臣（トホルノヲトド） | 395-3 |
| | | ―通（ユヅウ） | 554-1 |
| 33429 | 螟 | ―蛉（メイレイ） | 555-2 |
| 33434 | 螢 | ―（ホタル） | 384-7 |
| | | ―雪鑽仰（ケイセチサンキヤウ） | 506-5 |

## ［十一画］

| | | | |
|---|---|---|---|
| 33491 | 螯 | ―（サス㊧セキ） | 542-4 |
| 33493 | 螬 | ―（スクモムシ㊧サウ） | 598-2 |
| 33495 | 螮 | ―蝀（ニジ） | 379-1 |
| 33503 | 螳 | ―蜋（カマキリ） | 427-5 |
| | | ―蜋（タウラウ） | 444-7 |
| 33505 | 螵 | ―蛸（アシタカグモ） | 528-3 |
| 33512 | 螺 | ―（ホラガイ） | 384-7 |
| | | ―鞍（カイツラ） | 429-7 |
| | | ―鈿（ラテン） | 467-1 |
| 33515 | 螻 | ―羽（ケラバ） | 503-1 |
| | | ―（ケラ） | 503-6 |
| 33537 | 蟄 | ―居倀（チツコトシタルワラハ） | 402-7 |
| | | ―蟲（チツイウ） | 404-3 |
| | | ―居（チツキヨ） | 408-5 |
| | | ―籠（チツロウ） | 408-5 |
| | | ―（カガム） | 435-7 |
| | | ―（ムシゴモル） | 469-5 |
| | | ―（ヒシゲタ） | 587-6 |
| 33542 | 蟆 | ―股（カイルマタ） | 424-2 |
| 33543 | 蟇 | ―（ヒキガイル） | 582-7 |
| | | ―目（ヒキメ） | 584-3 |
| 33550 | 蟋 | ―蟀（キリギリス㊧シツソツ） | |

—— 545-6

【十二画】

33591 蟠 —（ワダカマル） 422-4
33596 蟣 —（キサシ） 545-7
33615 蟫 —（シミ㊧イン） 566-1
33616 蟬 —晩（ヒグラシ） 582-4
—（セミ㊧ゼン） 593-5
33623 蟭 —螟（セウメイ） 593-4
33633 蟲 —氣（ムシケ） 468-3
—（ムシ） 468-5
—拂（ムシバラヒ） 469-4

【十三画】

33665 蟷 —蜋（イモジリ） 357-2
33668 蟹 —（カニ） 428-1
33672 蟻 —（アリ） 528-3
33676 蟾 —蜍（カイル） 428-1
—蜍（ヒキガイル） 582-4

33690 蠅 —虎（ハイトリグモ） 371-2
—（ハイ） 371-3
—尾（ハイノヲ） 372-7

【十四画】

33732 蠐 —螬（スクモムシ） 598-2
33743 蠆 —栗（ケンリツ） 503-6
—（コガヒ） 514-1
33745 蠓 —（マクナギ） 499-1

【十五画】

33786 蠟 —虎（ラツコ） 466-5
—梅（ラフバイ） 466-6
—茶（ラツチヤ） 466-7
—燭（ラツソク） 467-1
—紙（ラフカミ） 467-1
—色（ラフイロ） 467-1
33797 蠢 —（ムグメク） 469-6
33799 蠣 —（カキ） 427-7

【十六画】

33817 蠱 —（ナツゴ） 463-6

【十七画】

33864 蠰 —（カミキリムシ） 428-2
33873 蠲 —（ノソク） 478-4

【十八画】

33890 蠶 —（カイコ） 428-1
—食（コガヒ） 514-1
33896 蠹 —魚（シミ㊧シギヨ） 565-7

【十九画】

33914 蠻 —繪（バンヱ） 371-5
—（エビス㊧バン） 521-1

# 血部

33964
血
—道（チノミチ） 404-1
—脉（ケツミヤク） 503-7
—氣（ケツキ） 503-7
—肉（ケツニク） 503-7

［六画］

33981
衆
—（オホシ） 481-3
—徒（シユト） 563-2
—生（シユジウ） 564-1
—議（シユギ） 573-6
—列（シユレツ） 573-6
—中（シユヂウ） 573-6
—（モロモロ） 591-2

# 行部

34029
行
—纏（ハハキ） 371-5
—器（ホカイ） 385-6
—（ヲコナフ） 417-6
不—（ヨドム） 441-1
—（ツルル） 460-5
—縢（ムカバキ） 468-7
—（テダテ） 526-1
—堂（アンダウ） 527-3
—者（アンジヤ） 527-3
—脚（アンギヤ） 532-6
—（アリク） 534-1
—基菩薩（ギヤウギボサツ） 544-6
—者（ギヤウジヤ） 545-1
—人（ギヤウニン） 545-1
—道（ギヤウダウ） 549-5
—儀（ギヤウギ） 549-5
—法（ギヤウボフ） 549-5
—證（ギヤウシヤウ） 549-5
—水（ギヤウズイ） 549-5
—業（ギヤウゴフ） 549-5
—幸（ギヤウガウ） 549-5
—歩（ギヤウブ） 549-5
—力（ギヤウリキ） 549-5
—用（ギヤウヨウ） 549-5
—狀（ギヤウジヤウ） 549-5
—來（ユキキ） 553-6
—方不ㇾ知（ユキカタシラズ） 553-6
—逢（ユキアフ） 553-6
—向（ユキムカフ） 553-6
—末（ユクスヘ） 553-7

［五画］

34045
衒
—（テラフ） 526-1

34046′ 術
—（ノリ） 478-3
—計（ジユツケイ） 575-7
—道（ジユツダウ） 575-7
—治（ジユツチ） 575-7

【六画】

34051 街
—（チマタ） 402-1

【九画】

34069 衝
—重（ツイカサネ） 458-7
—立障子（ツイタテシヤウジ） 458-7

34073 衛
—護（マモリ） 500-7
—士焼火（ヱジノタクヒ） 579-2
—府官（ヱフクワン） 580-1

【十画】

34078 衡
—鏑（イタヅキ） 358-3
—（ハカリノヲモリ） 374-3
—門（カウモン） 423-3
—栗（ヒラグリ） 584-1

【十八画】

34090 衢
—（チマタ） 402-1

## 衣部

34091 衣
—鉢侍者（イフジシヤ） 356-2
—裳（イシヤウ） 357-5
—類（イルイ） 357-5
—服（イフク） 357-5
—冠（イクワン） 357-5
—桁（イカウ） 358-5
—架（イカ） 358-5
—通姫（ソトヲリヒメ） 453-5
—裏（エリ） 521-4
—紋（エモン） 521-4
—服（エフク） 521-4
—食（エジキ） 521-4
—被香（エヒカウ） 521-7
—更著（キサラギ） 544-1
—（キヌ） 546-5
—摺（キヌズリ） 547-2
—服（ヱフク） 579-4
—紋（ヱモン） 579-4
—食（ヱジキ） 579-4

【三画】

34105 表
—紙（ヘウシ） 391-1
—補繪（ヘウホヱ） 391-1
—背衣（ヘウホヱ） 391-1
—白（ヘウヒヤク） 392-5
—裏（ヘウリ） 392-5
—示（ヘウジ） 392-5
—徳号（ヘウトクガウ） 392-5
—（タハラ） 446-6
—著（ウハギ） 471-7

―裏（ウハヅツミ） 471-7
―刺（ウハザシ） 471-7
―衣（ウハキヌ） 471-7
―袴（ウハハカマ） 471-7
―敷（ウハシキ） 472-5
―（アラハス） 533-4

34111 衫
―（ユカタビラ） 515-1
―（サン） 537-2

［四画］

34127 衰
―（ウツロフ） 474-2
―（オトロフ） 481-4
―（ヤツル） 497-6
―微（スイビ） 600-1
―邁（スイマイ） 600-1
―弊（スイヘイ） 600-1

34130 衲
―（ツヅル） 460-5

34146 衽
―（エリ） 521-4

34147 衾
―（フスマ） 508-6

34149 衿
―（クヒ） 485-1
―（エリ） 521-4

34154 袂
―（タモト） 445-3

［五画］

34166 袈
―裟（ケサ） 504-2

34170 袊
―（コロモノクビ） 515-1

34171 袋
―（フクロ） 508-6

34174 袍
―裳（ハウモ） 371-5

34184 袒
―（カタヌク） 436-3

34192 袖
―（ソデ） 454-2
―緒（ソデノヲ） 454-5

34196 袙
―（アコメ） 529-7
―（スアウ） 598-4

34203 袞
―龍御衣（コンレウノギヨイ） 514-6

34220 袪
―（ソデ） 454-2

34222 被
―（カウフル） 435-3
―（カヅク） 436-3
―（フスマ） 508-6
―（キル） 550-6
―官（ヒクリン） 581-4
―物禄物（ヒモツロクモツ） 586-1
―（セラル） 596-7

［六画］

34236 袴
―（ハカマ） 371-7

34240 袷
云レ―云レ恰（カレトイヒコレトイヒ） 438-1
―（アハセ） 529-7

34258 裁
―（タツ） 450-1
―縫（サイホウ） 537-2
―許（サイキヨ） 540-2
―断（サイダン） 540-2
―判（サイハン） 540-2

34260 裂
―（ホロブ） 388-4
―（サク） 542-4

**［七画］**

34294 裏
- —板（ウライタ） 470-2
- —无（ウラナシ） 471-6
- —衣（ウラキヌ） 471-6

34303 裔
- —（ハツヱ㊧ヱイ） 370-7
- —（モスソ㊧ヱイ） 589-2

34312 裘
- —（カハコロモ） 429-4

34314 裙
- —（ツマ） 458-5
- —（キヌノシリ） 546-5
- —（モノスソ） 589-2
- —（スソ） 598-5

34320 補
- —綴（ホトツ） 385-2
- —薬（ホヤク） 385-4
- —（ヲギヌフ） 418-1
- —陀樂（フダラク） 507-2
- —任（フニン） 511-2
- —理（シツラヒ） 577-3

34321 裝
- —（ヨソヲフ） 441-4
- —束（シヤウゾク） 567-2

**［八画］**

34338 裨
- —販（ヒサキヒト） 581-5

34356 裲
- —襠（ウチカケ） 471-7

34357 裳
- —（モ㊧シヤウ） 589-2

34371 裸
- —足（ハダシ） 369-7
- —（ハダカ） 370-1
- —馬（ハダセ） 371-2
- —（アカハダカ㊧ラ） 528-1

34372 裹
- —（ツツミ） 458-5
- —筒（ツツミドウ） 458-6
- —具足（ツツミグソク） 458-6
- —頭裙（クワトウクン） 484-7

34379 裼
- —（カタヌク） 436-3
- —（シタハカマ） 567-5

34380 製
- —（タツ） 450-1

34382 裾
- —（キヨ） 546-5
- —（モノスソ） 589-2
- —（スソ） 598-5

**［九画］**

34420 褊
- —衫（ヘンザン） 390-7
- —裰（ヘントツ） 390-7

34428 褌
- —（シタノハカマ） 567-4

34435 褐
- —（ツツ） 458-5

34437 褒
- —姒（ホウジ） 383-7
- —美（ホウビ） 386-4
- —貶（ホウヘン） 386-4

**［十画］**

34495 褥
- —（ウハシキ） 472-1
- —（シトネ） 567-4

34504 褫
- —落（アバケヲツ） 532-3

34509 褢
- —（タハム） 450-6

34513 褰
- —帳（トバリカケ） 394-6
- —（カカク） 436-3

【十一画】

34536 褻
- ―衣（ケノコロモ） 504-1
- ―晴（ケハレ） 506-4

【十三画】

34629 襖
- ―（フスマ） 508-6
- ―障子（フスマシヤウジ） 509-2

34645 襞
- ―積（ヒダ） 583-6

34647 襟
- ―（コロモノクビ） 515-1
- ―（エリ） 521-4
- ―領（キヌノクビ） 546-4

34649 襠
- ―（ハカマ） 371-7
- ―（マチ） 499-3

【十四画】

34664 襴
- ―（モスソ㊧シ） 589-3

【十五画】

34696 襪
- ―子（シタフズ㊧ベツス） 567-2

34705 襮
- ―（キヌノクビ㊧ハク） 546-4

【十六画】

34712 襯
- ―（シタガサネ） 567-2

34717 襲
- ―（ヲソフ） 418-1

【十九画】

34741 襷
- ―（カケヲ） 429-4
- ―（タスキ） 445-2

## 襾部

34763 西
- ―風（ニシカセ） 379-2
- ―行（カフサマ） 437-7
- ―國（サイコク） 534-7
- ―刹（サイセツ） 534-7
- ―天（サイテン） 534-7
- ―土（サイド） 534-7
- ―方（サイハウ） 534-7
- ―海子（サイカイシ） 536-6
- ―戎（セイジウ） 591-5
- ―淨（セイジヤウ） 591-5
- ―堂（セイタウ） 592-4
- ―板（セイハン） 592-4
- ―王母（セイワウボ） 592-5
- ―施（セイシ） 592-5

【三画】

34768′ 要
- ―（カナメ） 430-6
- ―害（ヨウカイ） 439-2
- ―脚（ヨウキヤク） 440-1
- ―道（ヨウタウ） 440-4
- ―術（ヨウシユツ） 440-4
- ―路（ヨウロ） 440-4
- ―望（ヨウマウ） 440-4
- ―文（ヨウモン） 440-4
- ―須（ヨウス） 440-4

—器（ヨウキ） 440-4
—略（ヨウリヤク） 440-4
—用（ヨウヨウ） 440-4
—事（ヨウシ） 440-4
—劇（ヨウケキ） 440-4
—須（エウス） 522-3

［六画］

34778 覃
—（ヲヨブ） 418-1

［十二画］

34789′ 覆
—盆子（イチゴ） 356-5
—（ヲホヒ） 416-5
—鬘（オホヒカツラ） 479-7
—（オホフ） 481-3
—（クツカヘス） 489-4
—面（フクメン） 508-6
—輪（フクリン） 509-4
—（コボス） 519-6

## 見部

34796 見
—（マミユ） 502-5
—聞（ケンモン） 505-3
—物（ケンブツ） 505-3
—證（ケンセウ） 505-3
—在（ケンサイ） 505-3
—參（ケンサン） 505-3
—繕（ミツクロフ） 559-7
—知（ミシル） 559-7
—継（ミツグ） 559-7
—事（ミゴト） 559-7
—仄（ミソル） 559-7
—懲（ミゴリ） 559-7
—苦（ミグルシ） 559-7
—直（ミナホス） 559-7
—付（ミツク） 559-7
—（セラル） 596-7

［四画］

34810 規
—（タタス） 450-2
—矩（キク） 547-1、550-6
—模（キボ） 549-1

34815 覓
—（モトム㊧ミヤク） 590-6

［五画］

34836 視
—（ミル） 560-4

34839 覗
—（ノソク） 478-4

［九画］

34913 覩
—（ミル） 560-4

34918 親
—（チカシ） 408-7
—子（ヲヤコ） 416-2
—父（オヤ） 479-1
—（ミヅカラ） 557-6
—王（シンワウ） 562-5
—父（シンブ） 562-5

34928 覧
- ―類（シンルイ） 563―4
- ―族（シンゾク） 563―4
- ―子（シンシ） 563―7
- ―近（シンゴン） 575―3
- ―昵（シンヂツ） 575―3
- ―疎（シンソ） 575―3
- ―（シタシ） 578―1
- ―（ミル） 560―4

［十一画］

34952 覲
- ―（マミユ） 502―5
- ―（ミル） 560―4

［十三画］

34973 覺
- ―悟（カクゴ） 434―2
- ―道（カクダウ） 434―2
- ―（オホユ） 481―4
- ―（サムル） 542―3

［十五画］

34984 覿
- ―面（テキメン） 525―7

［十八画］

34993 觀
- ―音（クワンオン） 483―1
- ―念（クワンネン） 487―7
- ―察（クワンサツ） 487―7
- ―法（クワンホフ） 487―7
- ―（ミル） 560―4

## 角部

35003 角
- ―河（カクカハ） 423―4
- ―折敷（カクノオシキ） 431―2
- ―木（ツノギ） 458―6
- ―笳（ツノフエ） 458―6
- ―弓（ツノユミ） 458―6
- ―鷹（クマタカ） 483―7

- ―スミ） 597―3
- ―睞（スツボメ㊧カクライ） 600―6

［五画］

35050 觜
- ―（クチハシ） 483―5

［六画］

35067 解
- ―櫛（トキクシ） 396―6
- ―（トク） 400―7
- ―制（カイセイ） 424―4
- ―死人（ゲシニン） 503―4
- ―毒（ゲドク） 504―3
- ―脱（ゲダツ） 504―6
- ―説（ゲセツ） 504―6
- ―（サトル） 542―1

［九画］

35131 觱
- ―篥（ヒチリキ） 584―3

［十三画］

35181 觸
—杖（ソクジヤウ） 454-4
—桶（ソクツウ） 454-4
—（フルル） 511-2

［十六画］

35195 觿
—（クジリ） 486-2

## 言部

35205 言
—（イフ） 364-4
—（ノタマフ） 478-4
—語（ゴンゴ） 518-3
—説（ゴンセツ） 518-3
—句（ゴンク） 518-3
—上（ゴンシヤウ） 518-3
—失（ゴンシツ） 518-3
—傳（コトツテ） 519-4
—（コトバ） 520-4
—成（ユイナシ） 553-5
—教（ユイヲシヘ） 553-5
—口（ユイグチ） 553-5
—合（ユイアハセ） 553-5
—結（ユイムスブ） 553-5
—含（ユイフクム） 553-5
—（モノユフ） 590-7

［二画］

35214 訃
—音（フイン） 510-3

35220 計
—略（ハカリコト） 377-3
—（ハカラフ） 377-7
—（カソフ） 436-1
—曳（ケヒキ） 504-3
—算（ケサン） 504-3
—略（ケイリヤク） 505-7
—會（ケイクワイ） 505-7

［三画］

35231 討
—捕（ウチトル） 473-5
—死（ウチジニ） 473-5
—殺（ウチコロス） 473-5
—切（ウチキル） 473-5
—手（ウチテ） 473-5

35234 訐
—（アバク） 534-1

35238 訓
—（ヲシフ） 418-3
—釋（クンシヤク） 488-2
—説（クンセツ） 488-2

35341 訕
—（ソシル） 455-6

35242 訖
—（ヲハンヌ） 418-3

35243 託
—宣（タクセン） 447-6
—胎（タクタイ） 447-6
—生（タクシヤウ） 447-6

35244 記
—録處（キロクシヨ） 543-6
—録（キロク） 548-7
—傳（キデン） 548-7

―（シルス） 578-2

**〔四画〕**

35256 訛
―（アヤマチ） 533-6

35260 訝
―（イブカシ） 364-2

35266 訟
―（ウツタフ） 474-2

35274 訥
―（コトヲソシ） 519-7

35284 訪
―（トフラフ） 400-5

35293 設
―（タトヒ） 450-7

35298 許
―（マフク） 502-2
―樂（シタラ） 570-1
―多（イクソバク） 362-2
―容（キヨヨウ） 549-6
―（ユルス） 554-3
―（モト） 591-1

**〔五画〕**

35325 訴
―陳（ソチン） 455-4
―訟（ソセウ） 455-4
―人（ソニン） 455-4
―狀（ソジヤウ） 455-4
―（ウツタフ） 474-2

35328 訶
―（イサフ） 364-3

35340 註
―進（チウシン） 407-1
―文（チウモン） 407-1
―連（シメ） 568-5
―（シルス㊧チウ） 578-2

35360 詈
―（ノル） 478-3

35373 詐
―（イツハリ） 363-7

35379 詔
―（ミコトノリ） 560-7

35383 評
―定衆（ヒヤウヂヤウシユ） 581-3
―議（ヒヤウギ） 585-6
―判（ヒヤウバン） 585-6
―定（ヒヤウヂヤウ） 585-6

35394 詞
―（コトバ） 520-3

35409 詠
―（ヨム） 441-4
―（ナガム） 465-6
―歌（ヱイカ） 579-7
―吟（ヱイギン） 579-7
―曲（ヱイキヨク） 579-7

**〔六画〕**

35411 詢
―（クドク） 489-5

35412 詣
―（マイル） 501-6
―（ユク） 554-2

35415 試
―（ココロム） 519-7

35427 詩
釣レ―鈎（シヲツルツリバリ） 567-3
―篇（シヘン） 573-2
―歌（シイカ） 573-2
―書（シシヨ） 573-2
―集（シシフ） 573-2
―賦（シフ） 573-2

35440 詰
―衆（ツメシフ） 459-6
―陣（ツメヂン） 459-6
―番（ツメバン） 459-6
―（ナジル） 465-4

35441 話
―頭（ワトウ） 421-4

―（クドク） 489-2
―（モノガタリ㊧ワ） 590-7
35446 詳 ―審（ツマヒラカ） 459-6
35452 訓 ―（コタフ） 520-1
35469 誂 ―（アツラユル） 533-3
35472 誅 ―罰（チウバツ） 406-6
―伐（チウバツ） 406-7
―（コロス） 519-6
35474 誇 ―（ホコル） 388-2
35497′ 誠 ―以（マコトニモテ） 501-3

［七画］

35501 誌 ―（シルス㊧シ） 578-2
35502 認 ―（クドク） 489-2
―（シタタム） 577-5
35510 誑 ―（タフラカス） 450-3
―（アザムク） 534-1
35514 誓 ―（チカフ） 409-1
―願（セイグワン） 595-2
―約（セイヤク） 595-2
―狀（セイジヤウ） 595-2
―談（セイダン） 595-2
―言（セイゴン） 595-2
―文（セイモン） 595-2
35516 誕 ―生（タンジヤウ） 448-4
―（ウマル） 474-3
35525 誘 ―（コシラフ） 520-1
―引（サソフ） 541-4
―引（ユウイン） 553-7
35533 語 ―岡（カタラヒヲカ） 422-6
―勢（カタラヒゼイ） 425-4
―（カタル） 435-3、436-1
―（コトバ） 520-3
―（ミコト） 560-7
35537 誠 ―恐（セイケウ） 595-3
―惶（セイクワウ） 595-3
35538 誡 ―（イマシム） 364-2
35542 誣 ―（シヒテ） 578-4
35546′ 誤 ―（アヤマル） 533-2
35549 誥 ―（ツグル） 460-4
35551 誦 ―（ヨム） 441-4
35556 説 ―（トク） 400-7
―法（セツホフ） 595-5
―経（セツキヤウ） 595-5
―教（セツケウ） 595-5
―文（セツモン） 595-5
―戒（セツカイ） 595-5
―諫（セツカン） 595-5

［八画］

35586 誰 ―（タレ） 451-1
―（ナニカ） 466-1
35589 課 ―（オホセ） 480-5
―役（クワヤク） 487-4
35601 誹 ―謗（ソシル） 455-6
―謗（ヒハウ） 585-4
―難（ヒナン） 585-4

35609 **調**

—拍子（トビヤウシ） 397-3
不レ—（トトノホラズ） 399-6
—（コシラフ） 520-1
—度懸（テウドカケ） 524-1
—練（テウレン） 525-2
—法（テウハフ） 525-2
—備（テウビ） 525-2
—伏（テウブク） 525-2
—味（テウビ） 525-2
—進（テウシン） 525-2
—子（テウシ） 525-2
—菜（テウサイ） 525-2
—美（テウビ） 525-2
—聲（テウシヤウ） 525-2
—和（テウワ） 525-2
—（シラブ） 578-4
—甲（ヒタカブト） 584-2

35616 **諂**

—（ヘツラフ） 392-7
—誑（テンワウ） 524-7
—曲（テンゴク） 524-7

35633 **談**

—（カタル） 435-3
—義（タンキ） 447-3
—論（タンロン） 447-3
—合（タンカフ） 447-3
—會（タンクワイ） 447-4

35640 **請**

—喜（ウケヨロコブ） 473-4
—文（ウケブン） 473-4
—人（ウケニン） 473-4
—手（ウケテ） 473-4
—取（ウケトル） 473-4
—（コフ） 520-2
—客頭（シカテウ） 563-1
—待（シヤウダイ） 574-6
—滿（シヤウマン） 574-6
—來（シヤウライ） 574-6
—用（シヤウヨウ） 574-6
—益（シヤウエキ） 574-6
—暇（シヤウカ） 574-6

35643 **諍**

—（アラソフ） 533-3

35648 **諏**

—訪（スハ） 599-7

35653 **諒**

—闇（リヤウアン） 412-4
—陰（リヤウアン） 412-4
—（マコト） 502-3

35658 **論**

—匠（ロンシヤウ） 367-1
—談（ロンダン） 367-1
—議（ロンギ） 367-1
—判（ロンハン） 367-1
—語（ロンゴ） 367-1
—敵（ロンテキ） 367-2
—人（ロンニン） 367-2
—所（ロンジヨ） 367-2
—（コトハル） 519-4

35660 **諗**

—（ツグル） 460-4

## 【九画】

35696 **諛**

—（ヘツラフ） 392-7

35706 **諠**

—譁（カマビスシ） 438-6

―譁（ケンクワ） 506-4
35716 諦 ―（アキラム） 533-7
35718 諧 ―（カナフ） 436-1
35724 諫 ―（イサム） 364-2
35728 諮 ―詢（トフラフ） 399-7
―（トフ） 401-1
35733 諱 ―（ヰミナ） 476-3
35736 諳 ―（ソランズ） 456-3
35741 諷 ―經（フギン） 510-2
―誦（フジユ） 510-2
―諫（フカン） 510-2
35743 諸 ―涼（カタエスズシ） 424-7
―（ヨロツ） 441-5
―侯（シヨコウ） 562-5
―國守（シヨコクノカミ） 564-7
―司（シヨシ） 564-7
―大夫（シヨダイブ） 565-1
―事（シヨジ） 573-5
―宗（シヨシウ） 573-5
―家（シヨケ） 573-5
―人（シヨニン） 573-5
―國（シヨコク） 573-5
―辨（シヨヘン） 573-5
―越（モロコシ） 587-7
―（モロモロ） 591-2
35747 諺 ―（コトワザ） 520-4
35756 謀 ―（ハカリコト） 378-4
―書（ボウシヨ） 387-2
―判（ボウハン） 387-2
―略（ボウリヤク） 387-2
―計（ボウケイ） 387-3
―（タバカル） 449-7
―叛（ムホン） 469-2
35759 謂 ―（イフ） 364-4

［十画］

35791 謇 ―澀（トモル） 399-7
35800 謎 ―（ナゾダテ） 466-2
35803 謐 ―（シヅカ㊧ヒツ） 578-4
35817 謗 ―難（ハウナン） 375-2
―法（ハウハウ） 375-2
―言（ハウゲン） 375-2
35821 謙 ―（ヘリクダル） 392-7
35823 謚 ―（ヲクリナ） 418-4
35824 講 ―座（カウザ） 423-2
―師（カウシ） 431-6
―演（カウエン） 431-6
―説（カウセツ） 431-6
―釋（カウシヤク） 431-6
35832 謠 ―（ウタフ） 474-3

［十一画］

35856 謦 ―（コハヅクロヒ） 520-3
35872 謬 ―（アヤマル） 533-2
―難（ビヨウナン） 586-5
35900 謹 ―（ツツシム） 460-6
―厚（キンコウ） 550-6

35909 謾
—愼（キンシン） 550-6
—上（キンジヤウ） 550-6
—（アナドル） 533-2
—（ミダリ） 560-5

【十二画】

35946 證
—據（シヨウコ） 574-3
—明（シヨウミヤウ） 574-3
—人（シヨウニン） 574-3
—（シルシ） 578-2

35958 譏
—（ソシル） 455-6

35974 識
—（サトル） 542-1
—（シル㊧シルス） 577-6

35990 譜
—代（フダイ） 510-6
—調（シラブ） 576-3

【十三画】

35991 譍
—荅（アヒシラフ） 531-6

35998 譟
—（サハグ） 542-6

---

36009 警
—固（ケイゴ） 506-6
—策（キヤウシヤク） 547-7

36017 譫
—言（タハコト） 449-1

36019 譬
—（タトヘ） 451-1
—喩（ヒユ） 586-2

36027 議
—（ハカル） 378-2
—定（ギヂヤウ） 549-1
—奏（ギソウ） 549-1

【十四画】

36043 譴
—責（ケンセキ） 506-4
—（セム㊧ケン） 596-6

36048 護
—田鳥（ウスベ） 471-3
—摩堂（ゴマダウ） 512-6
—持（ゴヂ） 517-6
—（モル） 590-7

36066 譽
—被レ—（ホメラル） 386-5

【十五画】

---

36088 讀
—師（ドクシ） 398-6
—（ヨム） 441-4

36110 讃
—不—人社無臬（ホメヌヒトコソナカリケリ） 388-5
—歎（サンダン） 539-6

36112 變
—化（ヘンゲ） 391-5
—改（ヘンガイ） 391-5
—（カハル） 435-1

【十六画】

36124 讎
—敵（アタカタキ） 532-6

【十七画】

36137 讒
—奏（ザンソウ） 539-6
—言（ザンゲン） 539-6
—佞（ザンネイ） 539-6
—者（ザンシヤ） 539-6
—臣（ザンシン） 539-6
—利（サカシラ） 541-4

36139 讓
- ―（サカシラ） 542-5
- ―狀（ユヅリジヤウ） 553-6
- ―與（ユヅリアタフ） 553-6
- ―得（ユヅリウル） 554-1

## 谷部

36182 谷
- ―（タニ） 442-5
- ―高（ヤタカ） 495-2

［十画］

36221 豁
- ―（ホカラカナリ） 388-4
- ―（アバラ） 527-7

## 豆部

36245 豆
- ―粉（マメノコ） 499-3

［三画］

36249 豈
- ―（アニ） 534-3

［八画］

36273 豌
- ―豆（エンドウ） 521-2

36280 豎
- ―（タテ） 451-1

［十一画］

36304 豐
- ―年（ホウネン） 387-5
- ―葦原（トヨアシハラ） 393-2
- ―島磯（トシマガイソ） 393-5
- ―（ユタカ） 554-2

## 豕部

36334 豕
- ―（ヰノコ） 475-7

［四画］

36352 豚
- ―（ヰノコ） 475-6

［五画］

36372 象
- ―（カタドル） 435-3
- ―（ザウ） 536-4
- ―眼（ザウガン） 538-5
- ―管（ザウクワン） 538-6
- ―牙（ザウゲ） 539-1

［六画］

36380 豢
- ―（ヤシナフ） 498-1

［七画］

36404 豨
- ―（ヰノコ） 475-6

［九画］

36425 豫
- ―儀（ヨキ） 440-6
- ―（アラカシメ） 534-3

36432 豬
- ―（ヰノコ） 475-6

36435 豭
- ―（ヰノコ） 475-6

―（メノイノコ） 555-2

## 豸部

〔三画〕

36499 豹
―（ヘウ） 390-6
―皮（ヘウノカハ） 391-2
―脚（ヒヨウキヤク） 582-4
―（ヒヨウ） 582-6

〔五画〕

36528 貂
―（テン） 523-5

〔六画〕

36549 貉
―（ムシナ） 468-4

〔七画〕

36556 貌
―（カタチ） 426-2、436-5

## 貝部

36656 貝
―母（バイモ） 370-6
―（カイ） 428-1
―覆（カイオホヒ） 432-6
―合（カイアハセ） 432-7

〔二画〕

36658 貞
―能（ヂヤウノウ） 405-3
―（タタス） 450-3
―木（テイボク） 523-6
―信公（テイシンコウ） 523-7
―（サダカ） 542-5

36660 負
―（オフ） 481-4
―（マクル） 502-5

〔三画〕

36664 財
―（タカラ） 446-6
―寶（ザイホウ） 540-4
―物（ザイモツ） 540-4
―産（ザイサン） 540-4

36665 貢
―（タテマツル） 449-6
―（ミツキモノ） 560-7

〔四画〕

36677 貧
―（マヅシ） 502-3
―僧（ヒンソウ） 581-4
―人（ヒンニン） 581-4
―者（ヒンジヤ） 581-4
―賤（ヒンセン） 585-5
―道（ヒングウ） 585-5
―福（ヒンフク） 585-5
―家（ヒンカ） 585-5
―報（ヒンホウ） 585-5
―乏（ヒンボウ） 585-5
―窮（ヒンヤウ） 585-5

36678 貨
―（タカラ） 446-6

36679 販
—婦（ヒサメ） 581-5

36680 貪
—著（トンヂヤク） 398-6
—欲（トンヨク） 398-6
—瞋（トンジン） 398-6
—（ムサボル） 469-4

36681 貫
—簀（ヌキス） 412-5
—木（ヌキ） 412-5
—（ヌク） 413-7
—（ツラヌク） 461-2
—首（クワンジユ） 482-7
—珠（クワンシユ） 483-6

36682 責
—懲（セメハタル） 595-6
—使（セメヅカヒ） 595-6
—伏（セメフス） 595-6
—事（セメテノコト） 596-4

［五画］

36698 貯
—（タクハフ） 450-3

36699 貰
—（ヲキノル） 418-1
—（モラフ） 591-1

36702 貲
—布（サイミ） 537-1

36704 貴
—（タトシ） 450-7
—福（サイハヒ㊧キフク） 541-3
—院（キヰン） 543-5
—坊（キバウ） 543-5
—寺（キジ） 543-5
—僧（キソウ） 544-4
—人（キニン） 544-4
—所（キシヨ） 544-4
—方（キハウ） 544-4
—齋（キサイ） 544-4
—殿（キデン） 544-7
—布祢（キブネ） 547-1
—船（キフネ） 547-1
—命（キメイ） 548-4
—邊（キヘン） 548-4
—賤（キセン） 548-4
—札（キサツ） 548-4
—報（キホウ） 548-4
—荅（キタツ） 548-4
—酬（キシウ） 548-4

36707 貶
—（オトシム） 481-3
—（ヒキヲトス） 587-5

36708 買
—得（バイトク） 376-7
—地（バイチ） 377-3
—（カフ） 436-2

36717 費
—（ツイエ） 461-5
—長房（ヒチヤウバウ） 581-2
—用（ヒヨウ） 585-2

36725 賀
—茂（カモ） 422-5
—々美山（カガミヤマ） 422-6
—慶（ガケイ） 434-4
—章（ガシヤウ） 434-4
—（ヨロコフ） 441-1

［六画］

36738 賂
—（マカナフ） 502-2

36743 賃 —（チン） 409-1
36745 賄 —賂（ワイロ） 421-6
—賂（マカナヒ） 501-5
—（マイナヒ） 502-4
36750 資 —（タスク） 450-4
36755 賈 —（アキナフ） 533-3
36759 賊 —（ヌスム） 414-1

**［七画］**

36785 賑 —（ニギワフ） 382-7
36786 賖 —（ハルカナリ） 378-4
36789 賓 —人（マラフト） 498-5
—頭盧（ビンヅル） 581-2
36800 賦 —（クバル） 488-7
—物（フシモノ㊧フブツ） 510-6

**［八画］**

36804 賙 —（ニギワフ） 382-7
36809 賜 —（タマフ） 450-4
36813 賞 —翫（シヤウクワン） 574-7
—罰（シヤウバツ） 574-7
36822 賢 —（カシコシ） 435-6
—（マサル） 501-7
—人（ケンジン） 504-2
—慮（ケンリヨ） 505-2
—察（ケンサツ） 505-2
—愚（ケングウ） 505-2
—意（ケンイ） 505-2
—木（サカキ） 536-7
—（サカシ） 542-1
36825 賣 —買（バイバイ） 376-7
—買（ウリカフ） 473-7
—僧（マイス） 501-4
36826 賤 —（イヤシ） 364-1
—（ヤスシ） 497-5
—男（マスラヲ） 498-6
—男（シヅノヲ） 563-5
—女（シヅノメ） 563-5
36833 質 —（ナヲシ） 465-5
—多羅樹（シツタラジユ） 566-5
—物（シチモツ） 568-5
—（モト） 591-1
—朴（スナフ） 600-5
—（スナヲ㊧シツ） 601-6

**［九画］**

36847 賭 —（カケモノ） 430-1、436-7
36861 賴 —離（ヨリノク） 440-7
—（タノム） 450-5
—（サイハヒ） 542-6
—繡（スシウ） 598-4

**［十画］**

36886 賽 —（カヘリマウス） 436-5

**［十一画］**

36907 贄 —殿（ニヱドノ） 379-3

―（ニヱ） 380-7

【十二画】

36929 贈
―（ヲクル） 417-7
―進（ゾウシン） 455-2
―荅（ゾウタウ） 455-2

【十三画】

36945 贍
―（ニギワフ） 382-7

36946 賺
―（スカス㊧タン） 600-4

【十四画】

36962 贓
―物（ザウモツ） 541-3

36963 贔
―屓（ヒイキ） 586-5

## 赤部

36993 赤
―子（アカゴ） 527-5
―佐目（アカザメ） 528-2
―木（アカキ） 528-7
―豆（アヅキ） 529-3
―松（アカマツ） 530-1
―井（アカヰ） 530-1
―曾宇船（アケノソウブネ） 530-6
―（アカシ） 530-7
―痢（シヤクリ） 565-4
―銅（シヤクドウ） 568-3
―熊（シヤグマ） 568-6
―脚（シヤツキヤク） 577-3
―飯（セキハン） 594-2
―面（セキメン） 596-3

【四画】

36999 赦
―（クツログ） 489-5
―（ユルス） 553-6
―免（シヤメン） 576-5

【七画】

37008 赬
―粉（ベニ） 391-2

【九画】

37017 赭
―（ニ） 380-7
―白馬（ツチノムマ） 457-6
―堂（シヤドウ） 562-3

## 走部

37034 走
―井（ハシリヰ） 368-2
―舞（ハシリマフ） 376-4
―（ハシル） 377-7
―（ワシル） 422-3

【二画】

37040 赴
―（オモムク） 481-5

［三画］

37048 起
- —（タツ） 450-1
- 別（オキワカレ） 480-3
- 居伏（オキフシ） 480-7
- 揚（オキアガル） 481-1
- 臥（オキフシ） 481-1
- 弱（テゴウ） 525-7
- 請文（キシヤウモン） 550-2
- 居（キキヨ） 551-4

［五画］

37096 超
- —（コユル） 519-5
- 越（テウヲツ） 525-2
- 過（テウクワ） 525-2
- 絶（テウゼツ） 525-3
- 世（テウセ） 525-3
- 驤（アガル） 531-3

37110 越
- 度（ヲツド） 417-2
- 訴（ヲツソ） 417-2
- 境（ヲツキヤウ） 417-2
- 年（ヲツネン） 417-2
- —（コユル） 519-5
- 殿樂（エデンラク） 522-4
- 瓜（シロフリ） 566-7

［六画］

37124 趍
- —（ワシル） 422-3

37133 趑
- 趄（シシヨト㊧シサル） 576-7

［七画］

37171 趙
- 昌（チヨウシヨウ） 403-3
- 子昂（テウスガウ） 523-7
- 昌（テウシヤウ） 523-7
- 太年（テウタイネン） 524-1

［八画］

37207 趣
- —（ヲモムキ） 418-2
- 向（シユカウ） 577-2

［十画］

37258 趨
- —（ワシル） 422-3

## 足部

37365 足
- 緒（ヘヲ） 391-3
- 手（タツテ） 449-3
- —（タンヌ） 451-1
- 堅（アシガタメ） 527-2、531-4
- 代（アシシロ） 527-2
- —（アシ） 527-7
- 利（アシカガ） 530-1
- 助（アスケ） 530-1
- 組（アシヲ） 530-5
- 筒（アシヅツ） 530-5
- 間（アシアヒ） 530-5
- 駄（アシダ） 530-5

―中（アシナカ） 530-5
―汰（アシゾロヘ） 531-4
―早（アシバヤ） 531-4
―下（アシモト） 531-4
―輕（アシガル） 531-4
―跡（サグリ） 541-5

【四画】

37392 趺
―（アナウラ） 527-7

37393 跉
―跰（ヤスラフ） 497-3

37406 跐
―（アシアト） 534-2

【五画】

37446 跋
―扈（フミハダカル） 511-3

37452 跎
―（フシマロフ㊧ウ） 511-6

37479 跛
―（アシナヘ） 527-7

37481 距
―（アゴ） 528-6

【六画】

37491 跟
―（クビス） 483-4
―（アナウラ） 527-7
―（キビス） 545-3

37493 跡
―垂レ―（アトヲタルル） 531-4

37497 跣
―（スアシ） 598-1

37516 跪
―（ヒザマツク） 587-2

37519 跫
―（アシヲト） 534-2

37524 路
―次（ロシ） 365-1
―頭（ロトウ） 365-1
―（ミチ） 557-3

37533 跳
―（ヲドル） 417-6

【七画】

37548 跼
―（クグマル） 488-7
―蹐（キヨクセキ） 550-6
―（セクグマル） 596-6

37549 跽
―（アシツマヅク） 534-1

37585 踉
―蹡（タスラフ） 449-3

37587 踊
―（ヲドル） 417-6

―躍（ユヤク） 553-6

【八画】

37602 踏
―（フム） 511-5

37641 踝
―（ツブブシ） 457-4

37642 踞
―（ネマル） 462-6
―（ヒザマツク） 587-2

37645 踟
―躕（タチモトヲル㊧チチウ） 448-7
―躕（ヤスラフ㊧チチウ） 498-1
―躘（アシズリ） 532-6

【九画】

37675 踰
―（コユル） 519-5

37686 踵
―（クビス） 483-5
―（キビス） 545-3

37694 踹
―（コフラ） 513-6

37716 蹀
―（アガク） 533-7

37718 蹂
―躙（フミニジル㊧ジウリン）

511-3

37724 踶
｜躙（ジウリン㊧フミニジル） 577-4
｜（ワナ） 421-2
｜（ヒヅメ） 582-6

［十画］

37741 蹇
｜（クジク） 489-2
｜（アシナヘ） 527-7

37744 蹈
｜雪（ヨツシロ） 439-6
｜歌節會（タウカノセチヱ） 443-1
｜皮（タビ） 446-2
｜（フム） 511-5
｜歌（アラレバシリ） 532-7

37745 蹉
｜（タガフ） 450-3
｜（ケツマヅク） 507-1
｜（フシマロフ㊧サ） 511-6

37747 蹊
｜（ミチ） 557-3

37766 蹐
｜（ヌキアシス） 414-1

［十一画］

37814 蹟
｜（ヌキアシス） 414-1

37823 蹤
｜（アト） 534-2

［十二画］

37854 蹬
｜（フミノホル） 511-4

37865 蹯
｜（タナウラ） 444-3

37874 蹲
｜鴟（イモガシラ） 356-6
｜鴟（ソンシ） 454-2
｜踞（ウヅクマル） 474-1

37876 蹴
｜（ケル） 506-7
｜鞠坪（シウキクノツボ） 561-6

37880 蹶
｜（ツマツク） 461-1
｜（フム） 511-5

［十三画］

37913 躄
｜（アシナヘ） 527-7

［十四画］

37955 躍
｜（ヲドル） 417-6

［十五画］

37963 躑
｜躅（ツツシ） 458-1
｜躅（テキチヨク） 523-6

37967 躓
｜（ツマツク） 461-1

［十六画］

37983 躙
｜（一ジル） 382-7

## 身部

38034 身
｜（ミ） 557-6
｜毛豎（ミノケイヨタツ） 559-7
｜柄（ミカラ） 559-7
｜上（ミノウヘ） 559-7
｜程（ミノホド） 559-7

―儘（ミノママ） 559-7
―心（シンジム） 565-4
―屋（モヤ） 587-7

【三画】

38038 躬
―（ミ） 557-6

【五画】

38065 躰
為レ―（テイタラク） 525-7

【八画】

38099 躶
―（ハダカ） 370-1

【十一画】

38137 軀
―（ミ） 557-6

## 車部

38172 車
―前草（オホバコ） 479-4
―宿（クルマヤドリ） 482-1
―借（クルマガシ） 483-3
―菱（クルマビシ） 486-2
―前草（シヤゼンサウ㊧オホバツ） 566-7
―前子（シヤゼンシ） 566-7
―軸（シヤジク） 575-5
―轍（シヤテツ） 575-5
―力（シヤリキ） 575-5
―輪（シヤリン） 575-5

【二画】

38179 軍
見レ―作レ矢（イクサヲミテヤヲハク） 363-7
―（イクサ） 364-6
―監（クンケン） 482-6
―兵（グンビヤウ） 483-3
―持（グンヂハ） 485-6
―陣（グンチン） 488-4
―旅（グンリヨ） 488-4
―功（グンコウ） 488-4
―勢（グンセイ） 488-4
―忠（グンチウ） 488-4

【三画】

38187 軒
―（ノキ） 477-2
―駕（ケンカ） 506-5
―渠（シリジタイ） 576-6

【四画】

38207 軛
―（クビキ） 486-5

【五画】

38239 軨
―（アシ） 530-3

38243 軫
―（ワダチ） 421-2

38269 軸
―（ヂク） 405-3
―（ヨコガミ） 440-2

38272 軺
―（ヨウ） 440-2

**［六画］**

38285 軾
- —出（ヤリハヅス） 497-3
- —（シヨク） 569-6

38308 輈
- —（ナガエ） 464-6

38309 載
- —（トシ） 394-4
- —（ノスル） 478-3

**［七画］**

38336 輒
- —（タヤスシ） 450-2
- —時（テウジ） 525-5
- —（スナハチ） 601-4

38342 輔
- —車（ツラガマチ） 460-3
- —佐（フサ） 511-2
- —（スケ） 597-5

38346 輕
- —（カロシ） 435-6
- —微（ケイビ） 506-6
- —慢（キヤウマン） 549-3
- —賤（キヤウセン） 549-3
- —忽（キヤウコツ） 549-3
- —罪（キヤウザイ） 549-3
- —重（キヤウヂウ） 549-3
- —瞞（キヤウエン） 551-4

**［八画］**

38357 輗
- —（クビキ） 486-5

38393 輦
- —（テグルマ） 524-5

38398 輩
- —（トモガラ） 395-3

38400 輪
- —藏（リンザウ） 409-4
- —（リン） 410-6
- —補繪（リンホヱ） 410-7
- —寶（リンホウ） 410-7
- —環（リンクワン） 411-1
- —轉（リンテン） 411-5
- —廻（リンヱ） 411-5
- —番（リンバン） 411-6
- —違（ワチガヘ） 421-1
- —橋（ソリハシ） 453-2
- —（メグル） 556-4

**［九画］**

38412 輭
- —（ヤハラグ） 497-7

38436 輶
- —（カロシ） 435-6

38438′ 輸
- —（マクル） 502-2

38442 輻
- —（ミソノヤ） 559-3

**［十画］**

38467 輾
- —（ヤル） 497-6
- —碍（テンガイ） 522-6
- —（キシル） 551-1

38468 輿
- —寄（コシヨセ） 512-7
- —（コシ㊧コ） 517-4

38482′ 轄
- —（ツサビ） 486-5

38483 轅
- —（ナガエ） 464-6

38484 羞
- —（リシヨス） 542-3

**［十一画］**

38502 轆
- —轤（ロクロ） 366-7
- ——（ロクロク） 367-4

38507 轉
- —（ウタタ） 474-7
- —（クルメク） 489-2
- —（マロブ） 502-3
- —筋（コブラカヘリ） 519-4
- —蓬（テンホウ） 524-6
- —讀（テンドク） 524-6
- —經（テンキヤウ） 524-6
- —骨（テンコツ） 524-6

**［十二画］**

38524 轍
- —魚（テツギヨ） 523-5

38542 轔
- —（トドロク） 400-7

**［十三画］**

38551 轘
- —（クルマサキス） 489-6

**［十四画］**

38572 轝
- —（コシ） 517-4

38577 轟
- —瀧（トドロキノタキ） 393-6
- —（トドロク） 400-7

**［十五画］**

38587 轡
- —（クツハミ） 486-4

## 辛部

38630 辛
- —螺（ニシ） 380-3
- —（カラシ） 435-6
- —椿（マタタビ） 499-5
- —夷（コブシ） 514-5
- —辢羹（シンラツカン） 567-6
- —勞（シンラウ） 575-3
- —苦（シンク） 575-3

**［六画］**

38638 辟
- —退（ジタイ） 572-7

38642 辟
- —世（ジセイ） 572-7
- —夢（ヘキム） 390-7

**［九画］**

38657 辨
- —（ベン） 389-6
- —慶（ベンケイ） 390-2
- —償（ベンシヤウ） 392-1
- —濟（ベンセイ） 392-1
- —當（ベンタウ） 392-1
- —（ワキマフ） 422-4

**［十二画］**

38671 辭
- —（コトバ） 520-4

**［十四画］**

38677 辯
- —説（ベンゼツ） 391-5
- —才（ベンサイ） 392-1

## 辰部

38682 辰
- ─（トキ） 394-4
- ─（タツ） 444-7

［三画］

38686 辱
- ─（カタシケナシ） 435-5

［六画］

38688 農
- ─（タカヘス） 450-3
- ─人（ノウニン） 477-2
- ─夫（ノウフ） 477-2
- ─耕（ノウカウ） 478-1
- ─桒（ノウサウ） 478-1
- ─業（ノウゲフ） 478-1
- ─具（ノウグ） 478-1
- ─作（ノウサ） 478-1
- ─（コナス） 519-7

## 辵部

［二画］

38711 辻
- ─（ツジ） 456-6

38712 込
- ─入（コミイル） 518-4

［三画］

38722 迂
- ─闊（ウカツ） 473-3

38724 迄
- ─（マデ） 502-5

38727 迅
- ─（スミヤカナリ㊧シン） 601-4

［四画］

38748 迎
- ─（ムカヒ） 469-5

38752 近
- ─寒（ケイカン） 502-7
- ─程（チカキホド） 408-1
- ─比（チカゴロ） 408-1
- ─間（チカキアイダ） 408-1
- ─（チカシ） 408-7
- ─衛大將（コンヱノダイシヤウ） 512-7
- ─藤（コンドウ） 516-5
- ─（コノコロ） 520-2
- ─曾（サイツゴロ） 541-3
- ─國（キンゴク） 543-2
- ─郷（キンガウ） 543-2
- ─鄰（キンリン） 543-2
- ─年（キンネン） 543-2、544-2
- ─日（キンジツ） 543-2、544-2
- ─邊（キンヘン） 548-2
- ─代（キンダイ） 548-2
- ─處（キンジヨ） 548-2
- ─所（キンジヨ） 548-2
- ─來（キンライ） 548-2
- ─習（キンジユ） 548-2
- ─ ─（キンキン） 548-2

38755 迒
- ─（ミチ） 560-6

38758 返

―辨（ヘンベン） 391―5
―進（ヘンシン） 391―5
―報（ヘンホウ） 391―5
―狀（ヘンジヤウ） 391―6
―札（ヘンサツ） 391―6
―歌（ヘンカ） 391―6
―荅（ヘンタウ） 391―6
―上（ヘンジヤウ） 391―6
―命（ヘンメイ） 391―6
―事（ヘンジ） 391―6
―（カヘス） 436―5

［五画］

38781 迢
―（ハルカナリ） 378―4

38789 迦
―陵頻（カレウビン） 428―3

38793 迩
―（チカシ） 408―7

38797 迫
―（セマル） 596―7

38803 述
―（ノブル） 478―5
―懐（シユツクワイ） 577―3

［六画］

38818 迴
―（カヘル） 435―1
―（マハス） 502―1

38825 迷
―（マヨフ㊧マドフ） 502―2
―途（メイド） 554―5
―惑（メイワク） 556―1
―倒（メイタウ） 556―1
―乱（メイラン） 556―1
―心（メイシム） 556―1
―情（メイシヤウ） 556―1
―妄（メイマウ） 556―1

38827 迹
―（アト） 534―2

38836 追
―儺（ヲニヤラヒ） 415―3
―膳折敷（ヲヒゼンヲシキ） 416―4
―樣（ヲツサマ） 417―2
―懸（ヲツカクル） 417―3
―手（ヲツテ） 417―3
―捲（ヲヒマクル） 417―3
―著（ヲヒツク） 417―3
―崩（ヲツクヅス） 417―5
―散（ヲツチラス） 417―5
―詰（ヲツツムル） 417―6
―（ヲフ） 418―2
―風（ツイフウ） 457―6
―討（ツイタウ） 459―5
―捕（ツイフク） 459―5
―放（ツイハウ） 459―5
―従（ツイセウ） 459―5
―加（ツイカ） 459―5
―却（ツイキヤク） 459―5
―罰（ツイバツ） 459―5
―膳（ツイゼン） 459―5
―出（ツイシユツ） 459―5

38839 退
―窟（タイクツ） 447―4
―轉（タイテン） 447―4
―散（タイサン） 447―4

—活（タイチ） 447-4
—出（タイシユツ） 447-4
—座（タイサ） 447-4
—院（ツイエン） 459-7
—（ノク） 478-4
—（マカル） 501-6
—（シリゾク） 578-3
38842 送
—（ヲクル） 417-7
38845 逃
—（ニグル） 382-6
—（ノガル） 478-2
—散（デウサン） 525-3
—毀（デウキ） 525-3
—失（デウシツ） 525-3
38849 逆
—鱗（ゲキリン） 506-2
—旅（ゲキリヨ） 506-2
—乱（ゲキラン） 506-2
—徒（ゲキト） 506-3
—臣（ゲキシン） 506-3
—茂木（サカモギ） 538-5

—頬箙（サカツラエビラ） 538-5
—様（サカサマ） 540-7
—煩（サカツラ） 540-7
—手（サカテ） 540-7
—（サカフ） 542-2
—悪（ギヤクアク） 549-7
—修（ギヤクシユ） 549-7
—害（ギヤクガイ） 549-7
—縁（ギヤクエン） 549-7
—臣（ギヤクシン） 549-7
—ㇾ耳（ミミニサカフ） 560-7


**〔七画〕**


38874 迺
—（セマル） 596-7
38876 透
—頂香（トウチンカウ） 396-7
—（トホル） 400-6
—垣（スイカキ） 597-1
—行（スキゲ） 599-5
—間（スキマ） 600-6

38877 逐
—電（チクデン） 405-6
—（ヲフ） 418-2
38882 途
—中（トチウ） 393-3
失二—方一（トハウヲウシナフ） 398-2
—轍（トテツ） 400-3
—（ミチ） 557-3
38883 逕
—（ミチ） 557-3
38887 逗
—遛（トウリウ） 399-5
38889 這
—孤（ハフコ） 370-3
—般（コレツラ） 519-4
38892 通
—入障子（トリイシヤウジ） 393-4
—（トホル） 400-6
—路（カヨヒヂ） 423-4
—（カヨフ） 436-2
—夜（ヨモスガラ） 440-5
—宵（ヨモスガラ） 440-5
—神（ツウジン） 459-1

—例（ツウレイ） 459-5
—達（ツウダツ） 459-5
—途（ツウヅ） 459-5
—法（ツウハフ） 459-5
—計（ツウゲ） 459-5
—別（ツウベツ） 459-5
—路（ツウロ） 459-5
—戒（ツウカイ） 459-5
—用（ツウヨウ） 459-5
—事（ツウジ） 459-5
—夜（ツヤ） 460-3
—草（アケビ） 528-7

38895 逝
—（イヌル） 363-7
—（ユク） 554-2
—去（セイキヨ） 596-1

38896 逞
—（タクマシ） 450-2

38897 速
—水（ハヤミ） 372-6
—（ハヤシ） 378-2
—疾（ソクシツ） 455-2

—香（スカウ） 599-5
—（スミヤカナリ㊧ソク） 601-4

38898 造
—物所（ツクモンドコロ） 457-1
—（ツクル） 460-4
—酒正（サケノカミ） 535-7
—作（ザウサク㊧サ） 540-1
—像（ザウザウ） 540-1
—營（ザウエイ） 540-1
—意（ザウイ） 540-1
—悪（ザウアク） 540-1
—立（ザウリツ） 540-1
—次顛沛（サウシテンハイ） 540-1

38899 逡
—巡（タチトドマル） 449-4

38901 逢
—著（ブヂヤク） 510-6
—坂（アフサカ） 526-7

38902 連
—日（レンジツ） 451-4
—子（レンシ） 451-6
—枝（レンシ） 451-6
—理枝（レンリノエダ） 451-7
—雀（レンジヤク） 452-1
—錢葦毛（レンゼンアシゲ） 452-1
—々（レンレン） 452-3
—綿（レンメン） 452-4
—歌（レンカ） 452-4
—判（レンハン） 452-4
—署（レンジヨ） 452-4
—座（レンザ） 452-4
—續（レンゾク） 452-4
—綿（ツヅク） 460-2
—（ツラナル） 460-4
—（シキリ） 577-7

【八画】

38929 迸
—（ホトバシル） 388-2

38931 逮
—（イタル） 363-6
—（ヲヨブ） 418-5

夜（タイヤ）　442-1、447-5

38943 進
｜（タ[テ]マツル）　449-6
｜退（シンダイ）　575-4
｜物（シンモツ）　575-4
｜納（シンナフ）　575-4
｜發（シンハツ）　575-4
｜善（シンゼン）　575-4
｜止（シンシ）　575-4
｜覧（シンラン）　575-4
｜退惟谷（シンダイココニキハマル）　575-4
｜退（ススミシリゾク）　600-3
｜出（ススミイヅル）　600-3
｜疾（ススドシ）　600-4

38949 透
｜迤（ナゴヤカ）　465-4

38951 逸
｜物（ヰチモツ）　476-4
｜興（ヰチケウ）　476-4
｜足（ヰチアシ）　476-4
｜（ヰチ）　476-7

［九画］

38973 逼
｜塞（ヒツソク）　585-7
｜迫（ヒツハク）　586-4
｜（セム）　596-6

38982 遁
｜世者（トンセイジヤ）　395-4
｜避（トンヒ）　400-4

38985 遂
｜（ツイニ）　461-4

＊遂
｜（トクル）　401-1

38988 遄
｜（トシ）　400-7
｜（スミヤカナリ）　601-4

38991 遇
｜（アフ㊧ク）　533-4

38994 遊
｜（タルシ）　450-2
｜犯（ツルム）　460-1
｜女（ウカレメ）　470-6
｜鵾（オホトリ）　479-6
｜（アソフ㊧イウ）　534-3
｜行（ユギヤウ）　552-1
｜君（ユウクン）　552-2
｜女（ユウナヨ）　552-2
｜覺（ユウカク）　553-4
｜｜往來（ユウユウワウライ）　553-4
｜宴（ユウエン）　553-4
｜興（ユウケウ）　553-4
｜會（ユウクワイ）　553-4
｜舞（ユウブ）　553-4
｜山翫水（ユウサングワンスイ）　553-4
｜行（ユギヤウ）　553-4
｜戯（ユウキ）　553-4
｜覧（ユウラン）　553-4
｜（スサム㊧イウ）　600-7

38998 運
｜（ハコフ）　377-6
｜慶（ウンケイ）　470-6
｜命（ウンメイ）　473-3
｜載（ウンサイ）　473-3
｜送（ウンソウ）　473-3

—上（ウンジヤウ） 473-3
—否（ウンフ） 473-3
—（メグル） 556-4

39001 遍
—參（ヘンサン） 391-5
—（アマネシ） 533-5

39002 過
—（トガ） 401-4
—（ヨキル） 441-3
—當（クワタウ） 487-4
—（クワゲン） 487-4
—書（クワシヨ） 487-4
—半（クワハン） 487-4
—失（クワシツ） 487-4
—上（クワシヤウ） 487-4
—錢（クワセン） 487-4
—分（クワブン） 487-4
—怠（クワタイ） 487-4
—去（クワコ） 487-4
—料（クワレウ） 487-4
—（アヤマチ） 533-6

—（スグル） 601-3

39005 遐
—（トホシ） 401-3
—迩（カジ） 437-1

39006 遑
—（イトマ） 364-5

39010 道
—（イフ） 364-4
—場（タウチヤウ） 443-1
—印（タウイン） 443-6
—俗（ダウゾク） 443-7
—者（ダウシヤ） 433-7
—服（ダウブク） 445-3
—祖神（ダウソジン） 445-5
—理（ダウリ） 447-2
—念（ダウネン） 447-2
—具（ダウグ） 447-2
—路（ダウロ） 447-2
—号（ダウカウ） 447-2
—心（ダウシム） 447-2
—（ミチ） 557-3
—芝（ミチシバ） 558-5

—連（ミチヅレ） 560-2
—行觸（ミチユキブリ） 560-2

39011 達
—（イタル） 363-6
—人（タツジン） 444-1
—者（タツシヤ） 448-3
—（タツス） 450-3

39013 違
—（チガフ） 409-1
—（タガフ） 450-3
—變（ヰヘン） 476-4
—背（ヰハイ） 476-4
—犯（ヰボン） 476-4
—乱（ヰラン） 476-4
—道（スヂカヒミチ） 597-2

［十画］

39031 遘
—（アフ㊧コウ） 533-4

39035 遙
—（ハルカナリ） 377-6

39038 遜
—職（ソンシヨク） 455-5
—（ユヅル） 554-1

39045 遞
｜（タガヒ） 450-6

39047 遠
｜侍（トホサフラヒ） 393-3
｜矢（トホヤ） 397-4
｜（トホシ） 401-2
｜方（ヲチカタ） 415-1
｜國（ヲンコク） 417-1
｜流（ヲンル） 417-1
｜近（ヲチコチ） 418-4
｜（サル） 541-7
｜行（ヱンカウ） 579-7
｜近（ヱンギン） 579-7
｜處（ヱンジヨ） 579-7
｜路（ヱンロ） 579-7
｜人（ヱンニン） 579-7
｜慮（ヱンリヨ） 579-7
｜見（ヱンケン） 579-7
｜國（ヱンゴク） 579-7
｜離（ヱンリ） 579-7

39052 遣
｜（ツカハス） 461-1

---

｜戸（ヤリト） 495-4
｜歌（ヤリウタ） 497-3

［十一画］

39073 遨
｜（アソフ㊧ガウ） 534-3

39076 適
｜（カナフ） 436-1
｜（タマタマ） 451-2

39086 遮
｜莫（サモアラバアレ㊧シヤハク） 541-5
｜（サヘギル） 542-1

39089 遯
｜（ノガル） 478-2

［十二画］

39113 遲
｜速（チソク） 405-7
｜鈍（チドン） 405-7
｜怠（チタイ） 405-7
｜（ヌルシ） 413-7
｜櫻（ヲソサクラ） 415-5
｜（ヲソシ） 418-2

---

39118 遵
｜（シタガフ） 578-1

39122 遶
｜（メグル） 556-4

39123 遷
｜蟬（ウツセミ） 471-5
｜（ウツル） 474-3
｜化（センゲ） 596-3
｜謫（センタク） 596-4
｜行（センカウ） 596-4

39127 選
｜（エラフ） 522-4

39134 遺
｜恨（イコン） 361-4
｜（ワスル） 422-3
｜（ノコル） 478-2
｜誡（ユイカイ） 553-5
｜跡（ユイセキ） 553-5
｜物（ユイモツ） 553-5
｜言（ユイゴン） 553-5
｜教經（ユイケウキヤウ） 553-5
｜君（ユイクン） 553-5
｜骨（ユイコツ） 553-3

39137 遼
｜（ハルカナリ） 378-4

＊遼
- —（トホシ）　401-2
- —遠（レウヱン）　452-6
- —迹（オモヒヤル）　481-2
- —迹（キヤ[ク]シヤウ）　550-7

［十三画］

39163 避
- —（サル）　541-7

39168 邀
- —（サヘギル）　542-1

39169 邁
- —（ユク）　554-2

39173 邂
- —逅（カイコウ）　438-4
- —逅（タマサカ）　449-5

39174 還
- —禮（ワンレイ）　421-5
- —（カヘル）　435-1
- —御（クワンギヨ）　487-7
- —幸（クワンカウ）　487-7
- —著（クワンチヤク）　487-7
- —帰（クワンキ）　487-7
- —住（ゲンヂユ）　505-5
- —俗（ゲンゾク）　505-5
- —補（ゲンフ）　505-5
- —（モドル）　590-7

［十五画］

39216 邊
- —（ホトリ）　383-3、388-3
- —土（ヘンド）　389-2
- —鄙（ヘンヒ）　389-3
- —地（ヘンチ）　389-3

## 邑部

39269 邑
- —（ムラ）　468-1
- —樂杜（オホアラキノモリ）　478-7

［四画］

39305 那
- —（イカデカ）　364-5
- —智（ナチ）　463-1
- —古屋（ナゴヤ）　464-3
- —（ナンゾ）　466-1

39310 邦
- —（クニ）　482-3

39319 邪
- —（ヨコシマ）　440-5
- —（アシシ）　533-6
- —（ユガム）　554-1
- —見（ジヤケン）　575-7
- —推（ジヤスイ）　575-7
- —行（ジヤギヤウ）　575-7
- —論（ジヤロン）　575-7
- —道（ジヤダウ）　575-7
- —法（ジヤホフ）　575-7
- —路（ジヤロ）　575-7
- —義（ジヤギ）　575-7
- —魔（ジヤマ）　575-7
- —心（ジヤシム）　575-7
- —惡（ジヤアク）　575-7
- —執（ジヤシフ）　575-7

［五画］

39347 邸
- —屋（ツヤ）　457-1

**［六画］**

39371 郁
- 郁―（カフバシ） 435-5
- 郁―核（ウエ） 470-7

**［七画］**

39431 郎
- 郎等（ラウドウ） 466-5
- 郎従（ラウジウ） 466-5

39436 郡
- 郡役（クンヤク） 488-5
- 郡―（コホリ） 520-3

39440 郤
- 郤詵（ケキシン） 503-4

**［八画］**

39460 部
- 部屋（ヘヤ） 389-2
- 部類（ブルイ） 510-6

39474 郭
- 郭公（ホトトギス） 384-7

39497′ 都
- 都聞（ツウブン） 457-2
- 都官（ツウクワン） 457-2
- 都寺（ツウス） 457-2
- 都維那（ツウイナ） 457-2
- 都々鳥（ツツドリ） 457-5
- 都―（ミヤコ） 556-5
- 都―（スベテ㊧ト） 600-7

**［九画］**

39509 都
- 都鄙（トヒ） 393-3、397-7
- 都率天（トソツテン） 393-6
- 都督（トトク） 394-6
- 都護（トコ） 394-6
- 都盧（スベテ㊧トロ） 600-6

**［十画］**

39571 鄉
- 鄉―（ガウ） 424-1
- 鄉―（サト㊧キヤウ） 535-3

**［十一画］**

39597 鄙
- 鄙―（ヒナ） 587-6

**［十二画］**

39656 鄰
- 鄰―（トナリ） 394-2
- 鄰封（リンホウ） 409-2
- 鄰單（リンタン） 409-2
- 鄰家（リンカ） 409-2
- 鄰寮（リンリヨウ） 409-3
- 鄰屋（リンヲク） 409-3
- 鄰里（リンリ） 409-3
- 鄰鄉（リンガウ） 409-3

**［十三画］**

39684 鄴
- 鄴瓦（ゲフグワ） 504-5

**［十五画］**

39718 鄽
- 鄽―（ヰチクラ） 475-3

**［十九画］**

39753 酈
- 酈懸山（テキケンザン） 522-6

## 酉部

### ［三画］

39768 酌
—（クム） 489-3

39771 配
—分（ハイブン） 375-6
—當（ハイタウ） 375-7
—饌（ハイセン） 375-7
—處（ハイシヨ） 375-7
—流（ハイル） 376-6
—盞（ハサン） 376-7
—（クバル） 489-5

39776 酒
—熬（サカイリ） 537-3
—直（サカテ） 537-3
—（サケ） 537-5
—井（サカヰ） 538-5
—壺（サカツボ） 539-2
—海（シユカイ） 569-3
—魁（シユクワイ） 569-3

### ［五画］

39824 酢
—菜（スサイ） 598-6
—漬（スヅケ） 598-6
—薑（スキヤウ） 598-6
—（ス㊧ソ） 598-7

39825 酣
—（タケナハ） 451-3

39829 酤
—（ウル） 474-4

### ［六画］

39846 酩
—酊（メイテイ） 555-7

39847 酪
—奴（ラクヌ） 466-7
—（アマサケ） 537-5

39850 酬
—（ムクフ） 469-5

### ［七画］

39867 酴
—酥（トソ） 397-2
—醾（ヤマブキ） 496-2

39871 酸
—漿草（スイモノグサ㊧サンシヤウ） 598-7

### ［八画］

39886 醁
—醅（リヨクバイ） 410-6
—（サケ） 537-4

39899 醅
—酒（バイシユ） 372-2
—（ワササ） 420-6
—（アマサケ） 537-5

39902 醬
—（ヒシヲ） 584-1

39906 醉
—（ヨフ） 441-3
—狂（エヒグルヒ） 522-2
—醒（エヒサム） 522-2
—臥（エヒフス） 522-2
—（ヱフ） 579-5
—楊妃（スイヤウヒ） 598-7
—眠（スイメン） 600-2
—狂（スイキヤウ） 600-2
—吟（スイギン） 600-2

［九画］

39924 醍
- 醐（タイゴ） 442-2
- 醐味（ダイゴミ） 445-4

39935 醑
- （ヌメリサケ） 413-4
- （フルサケ） 508-7

39936 醒
- 井（サメガヰ） 535-1
- （サムル） 542-6

［十画］

39969 醜
- （ミニクシ） 560-5

39978 醠
- （ニゴリサケ） 380-5

39981 醢
- （シシビシホ） 567-7
- （ヒシヲ） 584-1

［十一画］

40004 醪
- （モロミ） 589-3

40006 醫
- 道（イダウ） 361-4
- 術（イジュツ） 361-4
- 骨（イコツ） 361-4
- 書（イショ） 361-4
- 師（ヰシ） 475-4
- 者（ヰシヤ） 475-4
- 書（ヰシヨ） 476-2
- 術（ヰシュチ） 476-2
- 道（ヰタウ） 476-4
- 骨（ヰコツ） 476-4
- 師（クスシ） 483-2

40011 醬
- （アヘモノ） 529-7
- 油（シヤウユ） 567-6
- （ヒシヲ㊧シヤウ） 584-1

［十二画］

40023 醭
- （シハザケ） 567-7

［十三画］

40049 醽
- （ニゴリザケ） 380-5

40053 醴
- （アマザケ） 529-5

40057 醶
- （アマサツ） 537-5
- （ヱグシ） 579-5

［十四画］

40072 醻
- （ムクフ） 469-5

［十七画］

40101 釅
- （ヱグシ） 579-5

［十九画］

40106 釃
- （コス） 519-6
- （シタム） 577-5

## 釆部

40116 采
- 女止（ウネメノカミ） 470-4

［十三画］

40129 釋
- 迦牟尼佛（ニクルベ） 381-3

—（トク） 400-7
—（ユルス） 554-2
—迦牟尼佛（ミクルベ） 559-4
—義（シヤクギ） 576-2
—文（シヤクモン） 576-2

## 里部

40131 里

—蝦蟇（ツチカヘル） 457-7
—（サト㊧リ） 535-4

［二画］

40132 重

—棚（ヂウタナ） 402-1
—陽（チヨウヤウ） 402-4
—病（ヂウビヤウ） 404-2
—碧（チウヘキ） 404-4
—書（ヂウシヨ） 405-3
—箱（ヂウハコ） 405-3
—代（ヂウダイ） 405-5
—服（ヂウブク） 406-7
—位（ヂウヰ） 406-7
—物（ヂウモツ） 406-7
—過（ヂウクワ） 406-7
—犯（ヂウボン） 406-7
—罪（ヂウザイ） 406-7
—盃（ヂウハイ） 407-1
—恩（ヂウヲン） 407-1
—言（ヂウゴン） 407-1
—書（ヂウシヨ） 407-1
—事（チヨウジ） 407-7
—役（ヂウヤク） 408-7
—（ヲモシ） 418-3
—（カサナル） 435-2
—（タトシ） 450-7
—華（テウクワ） 523-7
—寶（テウホウ） 524-7
—藤（シゲドウ） 568-5
—（シゲシ） 578-2

［四画］

40133 野

—原（ノバラ） 477-1
—邊（ノベ） 477-1
—中（ノナカ） 477-1
—杵（ノヅチ） 477-3
—口（ノグツ） 477-5
—劔（ノダチ） 477-6
—伏（ノブシ） 478-1
—馬臺（ヤバタイ） 495-3
—心（ヤシム） 497-2
—徑（ヤケイ） 497-2
—雞（キジ） 545-5
—干（キツネ） 545-6

［五画］

40138 量

—（ハカル） 378-5

# 金部


40152 金
- ―岡（カナヲカ）426-1
- ―色（カナイロ）429-7
- ―釧（タマキ）446-3
- ―輪際（コンリンザイ）512-3
- ―堂（コンダウ）512-7
- ―翅鳥（コンジテウ）513-6
- ―剛草（コマツナギ）514-5
- ―剛（コンガウ）516-6
- ―色（コンジキ）516-6
- ―（コガネ㊧キン）517-4
- ―烏（キンウ）543-1
- ―峯山（キンブセン）543-4
- ―殿（キンデン）543-6
- ―風（キンフウ）544-1
- ―吾（キンゴ）544-3
- ―輪聖王（キンリンジヤウワウ）544-5
- ―瘡（キズ）545-4
- ―毛（キンモウ）545-5
- ―鳥（キンテウ）545-6
- ―柑（キンカン）545-7
- ―銭花（キンセンクワ）546-1
- ―鳳花（キンホウクワ）546-1
- ―芝花（キンシクワ）546-1
- ―襴（キンラン）546-3
- ―紗（キンシヤ）546-3
- ―羅（キンロ）546-3
- ―鴨（キンアフ）547-3
- ―覆輪（キンプクリン）547-3
- ―幣（キンヘイ）547-3
- ―箔（キンハク）547-3
- ―伏輪（キンブクリン）547-3
- ―絲（キンシ）547-7
- ―銀（キンギン）547-7
- ―玉（キンギヨク）548-2
- ―言（キンゲン）548-2

【二画】

40159 釘
- ―貫（クギヌキ）486-1

40164 釜
- ―（カマ）430-5

40165 針
- ―袋（シンタイ）568-6
- ―治（シンヂ）576-4

【三画】

40172 釣
- ―臺（ツリドノ）456-7
- ―瓶（ツルベ）459-1
- ―艇（ツリブネ）459-2

40191 釵
- ―（カンザシ）430-7

【四画】

40203 釿
- ―（テヲノ）524-5

40213 鈇
- ―（フノ）416-5
- ―（マサカリ）500-1

40219 鈍
- ―色（ニブイロ㊧トンシキ）380-5

―（ニブシ） 382-7
―子（ドンス） 396-4
―色（ドンシキ） 396-5
―性（ドンセイ） 398-7
―漢（ドンカン） 398-7
―根（ドンゴン） 398-7
40220 鈎 ―（ツリバリ） 459-3
40225 鈒 ―（カナホグシ） 431-1
40238 鈞 ―（キン） 546-7

**［五画］**

40267 鈴 ―（リン） 411-1
―鹿（スズカ） 597-1
―蟲（スズムシ） 598-2
―懸（スズカケ） 598-5
―（スズ） 599-5
40271 鈸 ―（ハチ） 374-1
40288 鉇 ―（カンナ） 430-7
40310 鉛 ―（ナマリ） 464-5
40313 鉞 ―（ヲノ） 416-5
40317 鉢 ―巻（ハチマキ） 372-7
―付板（ハチツケイタ） 373-1
―（ハチ） 374-1
―盂巾（ホユキン） 385-2
40319 鉤 ―匙（カフカイ） 430-3
―樟（クヌキ） 484-3
40322 鉦 ―（ドラ） 397-1

**［六画］**

40346 鉸 ―具（カコ） 429-7
40353 鉾 ―（ホコ） 385-7
―楯（ムジユン） 469-3
40355 銀 ―杏（イチヤウ） 356-5
―（アマノカハ） 526-2
―河（ギンカ） 543-1
―杏（ギンアン㊧イチヤウ） 545-7
―管（ギンクワン） 547-4
―盞（ギンサン） 547-4
―臺（ギンダイ） 547-4
―劔（ギンケン） 547-4
―箔（ギンパク） 547-4
―盤（ギンハン） 547-4
―（シロカネ） 569-1
40361 銅 ―（アカガネ） 530-7
40376 銑 ―（セン） 594-3
40382 銕 ―輪（カナワ） 430-1
―鉗（カナバシ） 430-1
―鎚（カナツチ） 430-4
―枴（テツカイ） 523-4
―線花（テツセンクワ） 523-6
―孕粉（テツヨウフン） 523-6
―炮（テツハウ） 524-3
―鉢（テツハツ） 524-3
―鎚（テツツイ） 524-3
―塔（テツタフ） 524-3
―輪（テツリン） 524-3
―杖（テツヂヤウ） 524-3

―器（テツキ） 524-3
―丸（テツグワン） 524-3
―漿（サビ） 539-1
40385 銘 ―（メイ） 555-6
40387 銚 ―子（テウシ） 524-4
40390 銜 ―（フ[ク]ム） 511-5

〔七画〕

40424 銷 ―（ケス） 506-7
40455 鋒 ―（ホコサキ） 385-7
―矢（トカリヤ） 396-7
―（トガル） 401-2
―（サキ） 539-3
40469 錠 ―（ホダシ） 386-1
―（カナホグシ） 431-1
40480 鋤 ―（スキ） 599-5
40491 鋪 ―（シク） 578-3

〔八画〕

40505 鋸 ―（ノコキリ） 477-6
40519′ 録 ―（ロク） 365-2、367-4
―（シルス） 578-2
40531 錍 ―（ツミ） 459-1
40535 錏 ―（ヨロヒ） 440-1
40536 錐 ―（キリ） 548-1
―脱レ嚢（キリフクロヲタツス） 550-4
40537 錑 ―柄（ミチエ） 559-3
―（モヂ） 589-5
40547 錘 ―（ハカリノヲモリ） 374-3
40563 錢 ―（ゼニ） 594-5
40569 錦 ―（ニシキ） 380-5
―繡（キンシユウ） 546-3
―嚢（キンナウ） 546-3
40573 錫 ―（タマフ） 450-4
―杖（シヤクヂヤウ） 568-1
40579 錯 ―（アヤマル） 533-2
―乱（サクラン） 541-6

〔九画〕

40602 鍊 ―（ネル） 462-5
40603 鍋 ―（ナベ） 464-6
40607 鍍 ―（クサリ） 489-5
40617 鍔 ―（ツバ） 459-3
―（ヤイバ） 496-7
40625 鍛 ―（トラカス） 401-3
―冶（カヂ） 425-3
―練（タンレン） 448-5
―（キタフ） 551-2
40642 鍫 ―形（クワガタ） 486-2
40643 鍬 ―（クハ） 486-5
40645 鍮 ―鉐（チウジヤク） 404-7
―泥（チウデイ） 404-7
40667 鍼 ―耳（ハリタケ） 370-6
―金（ハリガネ） 373-7
―（ハリ） 374-1
40672 鍾 ―馗大臣（シヨウキダイジン）

564-4

〔十画〕

40693 鎌
—倉（カマクラ） 422-5
—（カマ） 430-6
40704 鎔
—（トラカス） 401-3
40708′ 鎖
—（カナクサリ） 431-1
—筒（クサリトウ） 485-4
—袴（クサリハカマ） 485-4
—（サス） 542-4
—子（ジヤウ） 568-2
40709 鎗
—頷（ヤリヲトガヒ） 495-6
—（ヤリ） 496-7
40715 鎚
—（ツチ） 459-4
40735 鎧
—（ヨロヒ） 440-1
40744 鎮
—常（トコメヅラシ） 399-5
—（トコシナヘ） 401-3
—西（チンゼイ） 401-5
—守（チンジユ） 401-5

40767 鎺
—（ハバキ） 374-3

〔十一画〕

40768 鎩
—（ソグ） 456-1
40772 鏃
—（ヤジリ㊧ソク） 496-7
40784 鏌
—鋣（バクヤ） 369-2
40799 鏖
—（ミナゴロシ㊧アウ） 560-7
40804 鏚
—柲（ヲノノカラ） 416-4
40810 鏟
—（ナラス） 465-7
—（ヤスリ） 496-6
—（ケヅル） 507-1
—（セン） 594-4
40812 鏡
—（カカミ） 431-1
—臺（キヤウダイ） 547-4
40820 鏤
—盤（ロバン） 366-7
—（チリバム） 409-1
40824 鏨
—（ノミ） 477-7
—（コノミ） 517-3

〔十二画〕

40847 鏵
—（カナクツ） 431-1
40867 鐃
—鈸（ネウハチ） 462-2
40874 鐇
—（タツギ） 446-2
40893 鐔
—（ツバ） 459-3
40902 鐘
—御崎（カネノミサキ） 423-1
—（カネ） 431-1
—樓（シユロウ） 561-5
—木（シユモク） 569-5
40904 鐙
—（アブミ） 530-7

〔十三画〕

40924 鐫
—（ヱル㊧セン） 579-7
40942 鐴
—（ヘラ） 391-4
40945 鐵
—（クロカネ） 486-5
40946 鐶
—鉛（ヒキテ） 584-5
40954 鐺
—（コジリ） 517-3

**〔十四画〕**

40972 鑄 —物師（イモノシ） 356-2
—（ヰル） 476-6
—錢司（スセンシ） 597-5

40981 鑊 —（カナヘ） 431-1

40989 鑒 —（カガミル） 435-3

40998 鑓 —（ヤリ） 496-7

補668 [金盡] —突（ヤリヅキ） 497-2
—前（ヤリサキ） 497-2
—筒（ジンドウ） 569-6

**〔十五画〕**

41009 鑽 —仰（サンキヤウ） 541-5

41010 鑛 —（アラカネ） 530-7

41022 鑣 —（クツハミ） 486-4

**〔十六画〕**

41038 鑪 —鞴（タタラ） 442-5
—鞴（タタラ） 446-2
—子（ヤスリ） 496-6

**〔十七画〕**

41051 鑰 —薇（カギワラビ） 427-4
—（カギ） 430-4
—（エビ） 521-7
—子（ジヤウ） 568-2

**〔十八画〕**

41069 鑷 —（ハナミ） 374-1
—子（ケヌキ） 504-4

**〔十九画〕**

41083 鑾 —蟲（クツハムシ） 484-1
—（スズ㊧ラン） 599-7

**〔二十画〕**

41088 鑿 —（ノミ） 477-7

41092 钁 —（スキ㊧ソワク） 599-5

## 長部

41100 長 —命（イヤメヅラ） 363-5
—谷部（ハセベ） 372-6
—（トコシノヘ） 401-3
—月（チヤウゲツ） 402-4
—老（チヤウラウ） 402-5
—吏（チヤウリ） 402-6
—者（チヤウシヤ） 402-7
—春（チヤウシユン） 403-7
—絹（チヤウケン） 404-4
—生樂（チヤウセイラク） 407-2
—久（チヤウキウ） 407-3
—途（チヤウト） 407-3
—座（チヤウザ） 407-3
—短（チヤウタン） 407-3
—遠（チヤウヲン） 407-3

—命（チヤウメイ）　407-4
—時（チヤウジ）　407-4
—（タケ）　444-3、451-3
—靣（ツレナヒ）　459-7
—月（ナガツキ）　462-7
—柄橋（ナガラノハシ）　463-2
—等山（ナガラヤマ）　463-2
—澤（ナガサハ）　463-2
—谷（ナガタニ）　463-2
—岡（ナガヲカ）　463-2
—押（ナゲシ）　463-4
—井（ナガヰ）　464-4
—櫃（ナガビツ）　464-5
—持（ナガモチ）　464-5
—刀（ナギナタ）　464-5
—（ナガシ）　465-5
—閑（ノド[カ]）　478-2
—女（オサメ）　479-2
—弟（オサオトト）　479-3

—（ヒトトナル）　586-7


## 門部


41208 門
—出（カトテ）　437-6
—送（カトヲクリ）　437-6
—戸（モンコ）　587-7
—跡（モンゼキ）　588-1
—主（モンシユ）　588-3
—徒（モント）　588-3
—派（モンハ）　588-3、589-7
—人（モンジン）　588-3
—守（モンス）　588-3
—葉（モンヨフ）　588-4、589-7
—註所（モンヂウシヨ）　588-4
—流（モンリウ）　589-7
—外（モングワイ）　589-7
—前（モンゼン）　589-7
閉二—戸一（モンコヲトツ）　589-7
—下生（モンカセイ）　589-7
—内（モンナイ）　589-7


〔三画〕


41222 閉
—門（ヘイモン）　392-3
—籠（ヘイロウ）　392-3
—眼（ヘイガン）　392-3
—口（ヘイコウ）　392-3
—戸（ヘイコ）　392-4
—（トヅ）　401-4
—論義（ツメロンギ）　459-6
—問答（ツメモンダウ）　459-6
—（マラ）　498-6


〔四画〕


41233 開
—静（カイジヤウ）　424-4
—山（カイサン）　425-2
—闔（カイカフ）　425-4
—白（カイヒヤク）　432-3

- 悟（カイゴ） 432-3
- 板（カイハン） 432-3
- 基（カイキ） 432-3
- 闢（カイヒヤク） 432-3
- 發（カイホツ） 432-3
- 合（カイガフ） 432-4
- （ツビ） 457-3
- （サク） 542-5
- 戸（ヒラキト） 580-5
- （ヒラク） 587-3

41244 閏
- （ウルフ） 470-3

41247 閑
- 道（カンダウ） 423-3
- 談（カンダン） 432-7
- 話（カンワ） 432-7
- 讀（カントク） 432-7
- 窓（カンサウ） 433-1
- 寂（カンセキ） 433-1
- 然（カンセン） 433-1
- 處（カンシヨ） 433-1
- 居（カンキヨ） 433-1
- 素（カンソ） 433-1
- （ナラフ） 465-7
- 筵（サムシロ） 538-7
- （サビシ） 542-1
- （シヅカ） 578-4

41248 閒
- （ヘダツ） 393-1
- 々（ママ） 501-5
- （アヒダ） 534-2

41249 間
- （ヒマ） 587-6

41251 閔
- 子騫（ビンシケン） 581-2

【五画】

＊閘
- （ヘノコ） 390-3

【六画】

41297 関
- 務（クワンム） 482-5
- 板（セキイタ） 591-6
- 屋（セキヤ） 591-6

41300 閣
- （サシヲク） 542-4

41312 閨
- （ネヤ） 461-6

【七画】

41334 閭
- （サト㊧リヨ） 535-3

41341 閲
- （ミル） 560-4

【八画】

41379 閻
- 浮提（エンブタイ） 520-5
- 浮檀金（エンブダンゴン） 521-6

41380 閼
- 伽水（アカノミヅ） 526-7
- 伽桶（アカヲケ） 530-3

41384 閾
- （トジキミ） 394-2

41405 閧
- （ヒシメク） 587-3

【九画】

41411 闃
- （サビシ） 542-1

41421 闇
- （ヤミ） 495-1

|夜（アンヤ） 526-4
|穴道（アンケツダウ） 526-5
41429 闊 |（ヒロシ） 587-6
41430 闋 |（トムル） 400-5
不レ|（ヲヘザルコト） 417-6
41433 闌 |（タケナハ） 451-3
41434 闍 |維（シヤユイ） 578-7

**［十画］**

41452 闔 |（トビラ） 394-2
41456 闕 |（カクル） 435-6
|所（ケツシヨ） 506-2
|如（ケツジヨ） 506-2
|乏（ケツボウ） 506-2

**［十一画］**

41467 闚 |（ウカカフ） 474-1
41470 關 |東（クワントウ） 481-6
|白（クワンバク） 482-5

---

|睢（ミサゴ㊧クワンシヨ） 558-1
|（セキ） 591-6

**［十二画］**

41489 闡 |提（センダイ） 593-2

**［十三画］**

41500 闢 |（ヒラク） 587-3
41508 闥 |（コカド） 512-7

**［十九画］**

41531 ⿵門䜌 |入（ランジフ） 467-6

## 阜　部

41534 阜 |（ヲカ） 415-2

**［三画］**

41548 阡 |（チマタ） 402-1

---

|陌（センハク） 591-5

**［四画］**

41576 防 |鴨河使（ハウカフガシ㊧ハウガシ） 368-6
|風（バウフウ） 370-5
|已（バウイ） 370-5
|（フセク） 511-4

**［五画］**

41593 阻 |（ヘダツ） 393-1
|（サガシ） 542-2
41599 阿 |孃（ハハ㊧シヤウ） 369-3
|（オモネル） 480-4
|（クマ） 482-4
|武隈川（アフクマガハ） 526-5
|闍梨（アジヤリ） 527-3
|孃（アジヤウ） 527-5
41606 附 |（ツク） 461-2

―贅（フスベ） 508-1

**［六画］**

41617 陌
―（チマタ） 402-1

41620 降
―伏（ガウブク） 432-2
―臨（ガウリン） 432-2
―參（カウサン） 438-2
―（クダル） 488-7
―（フル） 511-4
―緒（サゲヲ） 537-2

41627 限
―（カギリ） 435-2
―（キハ） 551-2

**［七画］**

41654 陛
―下（ヘイカ） 390-1

41658 陞
―（ノホル） 478-2
―座（シンゾ） 576-5

41659 陟
―釐（テキリ） 524-4

41665 院
―家（ヰンゲ） 475-5
―主（ヰンジユ） 475-5
―司（ヰンシ） 475-5
―（ヰン） 476-2
―宣（ヰンゼン） 476-2
―号（ヰンガウ） 476-2

41667 陣
―（ヂン） 402-1
―換（ヂンガヘ） 408-1
―取（ヂンドリ） 408-1
―頭（ヂントウ） 408-1
―中（ヂンチウ） 408-1
―立（ヂンダチ） 408-1

41669 除
―（ハラフ） 378-2
―夜（ヂヨヤ） 402-3
―目（ヂモク） 407-7
―（ヨグル） 441-3
―（ノソク） 478-4

41671 陋
―（イヤシ） 364-1
―（ミニクシ） 560-5

**［八画］**

41680 陪
―（ハンベル） 378-2
―（サブラフ） 542-2

41685 陬
―月（ムツキ） 467-7

41698 陳
―皮（チンヒ） 403-7
―玄（チンゲン） 405-1
―法（チンハフ） 407-7
―状（チンジヤウ） 407-7
―（ノブル） 478-5

41704 陵
―礫（リヨウリヤク） 412-2
―轢（リヨウリヤク） 412-2
―夷（リヨウイ） 412-2
―遅（リヨウチ） 412-2
―（ヲカ） 415-2
―躒（レウリヤク） 452-5
―轢（レウリヤク） 452-5
―夷（レウイ） 452-5
―（ミサヽキ） 556-6

—躒（セタグ） 596-6

41705 陶
—（トクリ） 397-2
—山（スヤマ） 599-7

41707 陷
—虎機（カンコノキ） 438-6

41708 陸
—地（リクヂ） 409-2
—脩静（リクシユセイ） 410-2
—探微（リクタンヒ） 410-3
—沉（リクチン） 411-2
—（クガ） 482-3

［九画］

41725 陽
—月（カミナヅキ） 424-4
—月（ヤウゲツ） 495-1
—復（ヤウフク） 495-2
—（ミナミ） 556-5

41735 陰
—核（ヘノコ） 390-3
—（カゲ） 436-7
—頽（ソビ） 453-6
—陽（ヰンヤウ） 475-1
—氣（ヰンキ） 475-1
—證（ヰンセウ） 476-6
—陽寮（オンヤウレウ） 479-2
—脉（マラサヤ） 498-7
—嚢（フグリ） 508-1
—（キタ） 543-5

41743 隅
—（スミ） 597-3
—田（スダ） 599-7

41746 隆
—準（ハナダカ） 369-6
—（サカンナリ） 542-3

41748 隈
—本橋（ワイモトノハシ） 419-1
—（クマ） 482-4

41755 階
—（ハシ） 368-3
—（ノホル） 478-2
—（キダハシ） 543-5
—戸（シナト） 569-7
—（シナ） 578-5

［十画］

41783 隔
—屋（ヘヤ） 389-2
—（ヘダツ） 393-1
—年（カクネン） 424-6
—日（カクシツ） 424-6
—月（カクケツ） 424-6
—夜（カクヤ） 424-6
—衣（カクイ） 429-2
—別（カクヘチ） 434-2
—生即忘（キヤクシヤウソクマウ） 549-7
—歴（キヤクリヤク） 549-7
—心（キヤクシム） 549-7

41791 隘
—（セバシ㊧アイ） 596-6

［十一画］

41820 際
—（カギリ） 435-2
—限（サイゲン） 541-4
—目（サイメ） 541-4
—（キハ） 551-2

41821 障
—泥（アヲリ） 530-4
—（サハリ） 542-3
—子（シヤウジ） 562-4
—礙（シヤウゲ） 574-6

41836 隠
—密（ヲンミツ） 417-1
—顯（ヲンケン） 417-1
—架（カクレカ） 430-5
—遁（キントン） 476-3
—居（キンキヨ） 476-3
—者（キンシヤ） 476-3

［十三画］

41871 隨
—意（マニマニ） 501-3
—（シタガフ㊧ズイ） 578-1
—身（ズイシン） 597-5
—兵（ズイヒヤウ） 597-5
—風子（ズイフウシ） 599-1
—縁（ズイエン） 600-2
—順（ズイジユン） 600-2
—喜（ズイキ） 600-2
—逐（ズイチク） 600-2
—類（ズイルイ） 600-2
—一（ズイイチ） 600-2
—身（ズイシン） 600-2
—宜（ズイギ） 600-2
—意（ズイイ） 600-2

41874 險
—（ケハシ） 507-1
—（サガシ） 542-2

［十四画］

41891 隱
—（カクス） 436-5
—家（カクレガ） 423-3
—曲（ヒキカガミ） 582-1

## 隹部

［二画］

41941 隻
—（カタカタ） 436-6

41943 隼
—人正（ハイトフノカミ） 368-6
—（ハヤブリ） 371-1

［三画］

41954 雀
—鷂（ツミ） 457-5
—鴪（エツリイ） 521-1
—舌（シヤクゼツ） 567-5
—（スズミ） 598-2
—小弓（スズミゴユミ） 599-6

［四画］

41972 雄
—（ヲトリ） 416-3
—袚（オホシク） 480-4
—豆（クロマメ） 484-5

41973 雅
—意（ガイ） 438-4
—（タタス） 450-2
—樂頭（ウタノカミ） 470-4
—（マサニ） 502-4

—妙（ミヤビカ） 560-2

41974 **集**
—（マツムル） 501-7
—（アツムル） 533-2
—會（シユヱ） 573-7
—（スダク㊧シフ） 601-7

41976 **雇**
—（ヤトフ） 497-6

**［五画］**

41987 **雉**
—目（チホク） 404-5
—尾（チビ） 405-2
—股（キジモモ） 543-6
—（キジ） 545-6
—焼（キジヤキ） 546-6

41998 **雌**
—（メンドリ） 555-2
—黄（シワウ） 568-4

**［六画］**

42026 **雒**
—（ミヤコ） 556-5

**［八画］**

42080 **雕**
—物（ホリモノ） 385-6
—（ヱル） 522-4
—（ヱル㊧テウ） 579-7

**［九画］**

42104 **雖**
—（イヘドモ） 364-6

**［十画］**

42116 **雙**
—（ツガフ） 461-1
—（ナラブ） 466-1
—（サウシ） 538-7
—調（サウデウ） 541-1
—六盤（シゴロクバン㊧スグ） 568-7
—六枰（スグロクバン） 599-6

42121 **雛**
—（ヒナ） 582-5
—遊（ヒナアソビ） 586-5

42122 **雜**
—（マシハル） 501-6
—屋（ザフヤ） 535-2
—地（ザフチ） 535-2
—舎（ザツシヤ） 535-4
—職（ザウシキ） 536-2
—人（ザウニン） 536-2
—兵（ザウヒヤウ） 536-2
—喉（ザコ） 536-5
—煮（ザフニ） 537-3
—羹（ザフカン） 537-3
—賀（サイカ） 538-5
—岸（サイガ） 538-5
—紙（ザツシ） 538-7
—談（ザフタン） 540-1
—行（ザフギヤウ） 540-1
—作（ザフサ） 540-1
—役（ザフヤク） 540-1
—説（ザフセツ） 540-1
—乱（ザフラン） 540-1

42124
雞
—物（ザフモツ） 540-1
—事（ザフジ） 540-2
—用（ザフヨウ） 540-2
—意（ザフイ） 540-2
—務（ザフム） 540-2
—書（ザフシヨ） 540-2
—具（ザフグ） 540-2
—言（ザフゴン） 540-2
—心（ザフシム） 540-2
—訴（ザフソ） 540-2
—掌（ザフシヤウ） 540-2
—（ニハトリ） 380-3
—冠（トツサカ） 395-6
—冠木（カイデノキ） 426-6
—頭花（ケイトウゲ） 503-7
—距（ケイキヨ） 504-4
—頭艸（ミヅブキ） 558-3

〔十一画〕

42140
離
—（ハナルル） 378-1
—別（リベツ） 411-5
—散（リサン） 411-5
—（ワカルル） 422-3
—（ノク） 478-4

42145
難
—（カタシ） 435-5
—面（ツレナヒ） 459-7
—波（ナニハ） 463-1
—行（ナンギヤウ） 464-6
—澀（ナンジフ） 464-6
—破（ナンハ） 464-6
—解（ナンケ） 464-6
—化（ナンケ） 464-6
—題（ナンダイ） 464-6
—所（ナンシヨ） 464-6
—得（ナントク） 464-6
—義（ナンギ） 464-6
—易（ナンイ） 464-6
—産（ナンサン） 464-6
无レ—（ナンナク） 464-6

〔十六画〕

42196
雥
—（ムラトリ） 468-4

雨部

42210
雨
—（ノル） 511-4
—師（アメノカミ㊧ウシ） 526-4
—誇（アマボコリ） 529-6
—皮（アマカハ） 530-6
—打（ユタ） 551-5
—雪（ミゾレ） 556-5

〔三画〕

42216
雪
—（キヨム） 551-1

42216′
雪
—頽（ナダレ） 462-7
—（ユキ） 551-5
—隠（セツヰン） 591-5

―姑（セツコ） 593-4
―坑（セツカウ） 594-2

［四画］

42235 雲
―脂（イロコ） 356-3
―州橘（ウンジウキツ） 470-7
―腴（ウンユ） 472-2
―脚（ウンキヤク） 472-3
―珠（ウス） 472-5
―肱木（クモヒヂギ） 482-2
―（クモ） 482-3
―母坂（キララサカ） 543-4
―雀（ヒバリ） 582-3

［五画］

42242 零
―餘子（ヌカコ） 413-2
―落（レイラク） 452-7
―落（オチフル） 481-2

42245 雷
―公（イカヅチ） 355-1
―（イカヅチ㊧ライ） 355-1
―師（ナルカミ） 462-7
―電（ライデン） 466-3
―火（ライクワ） 466-3
―盆（スリバチ） 599-4

42248 雹
―（アラレ） 526-4

42250 雺
―（キリ） 543-4

42253 電
―（イナビカリ㊧テン） 355-1
―光（デンクワウ） 522-7

［七画］

42300 震
―旦（シンダン） 561-3
―動（シンドウ） 576-4

［八画］

42329 霑
―（ウルホフ） 474-1

42332 霓
―（ニジ） 379-1

42335 霖
―雨（リンウ） 409-7
―（ナガアメ） 463-1

［九画］

42350 霙
―（ミゾレ） 556-5

42363 霜
―臺（サウタイ） 536-1
―毛（サウモウ） 536-3

42365 霞
―（カスミ） 424-2

［十画］

42396 霤
―（アマタレ） 527-1
―（シタダリ） 577-6

［十一画］

42418 霧
―（キリ） 543-4

42430 霪
―（ナガアメ） 463-1

［十二画］

42458 霰
―（アラレ） 526-3

42461 霢
―（コサメ） 512-2

42463 露
―芽（ロケ） 365-6

—顯（ロケ） 367-2
—命（ロメイ） 367-2
—蜂房（ハチノス） 371-3
—（ツユ） 456-4
—艸（ツキクサ） 458-2
—（アラハス） 533-4

［十三画］

42491 霹
—靂（イナビカリ） 355-1

［十四画］

42499 霽
—（ハルル） 378-2

［十六画］

42526 靄
—（タナビク） 450-4

42532 靈
—鷲山（リヤウジユサン） 409-3
—供（リヤウグ） 410-6
—場（レイヂヤウ） 451-4
—地（レイチ） 451-5
—廟（レイベウ） 451-5
—佛（レイフツ） 451-5
—神（レイシン） 451-5
—社（レイシヤ） 451-5
—瑞（レイズイ） 452-3
—魂（レイコン） 452-3
—感（レイカン） 452-3
—驗（レイゲン） 452-3
—夢（レイム） 452-3
—躰（アヤカリ） 527-6

［十七画］

42540 靉
—靆（タナビク㊧アイタイ） 448-7

**青部**

42564 青
—雲（アホグモ） 526-4
—鷺（アホサギ） 528-1
—毛（アホ） 528-2
—柳（アヲヤギ） 528-7
—苔（アヲノリ） 529-3
—淵（アヲヅチ） 529-5
—清（アヲツケ） 529-5
—茹（アヲユデ） 529-5
—幣（アヲニキテ） 529-7
—帛（アヲニキテ） 529-7
—丹吉（アヲニヨシ） 529-7
—貝（アヲガイ） 530-7
—木香（シヤウモクカウ） 566-5
—黄（モエギ） 589-4
—陽（セイヨウ） 591-7
—闈（セイヰ） 592-3
—眼（セイガン） 593-2
—我（セイガ） 593-4
—門（セイモン） 593-6
—州従事（セイジウノジユジ）
594-1
—銅（セイドウ） 594-3

- —鵝（セイガ） 594-3
- —眼（セイガン） 594-3
- —蚨（セイフ） 594-3
- —磁（セイジ） 594-3
- —襖（スアウ） 598-4

［八画］

42585 靜

- —（シヅカ） 578-4
- —謐（セイヒツ） 595-3

## 非部

42585 非

- —（アラズ） 533-5
- —人（ヒニン） 581-6
- —時（ヒジ） 583-7
- —儀（ヒギ） 585-3
- —道（ヒダウ） 585-3
- —例（ヒレイ） 585-3
- —法（ヒハフ） 585-3
- —説（ヒセツ） 585-3
- —據（ヒキヨ） 585-3
- —業（ヒゴフ） 585-3
- —分（ヒブン） 585-3
- —常（ヒジヤウ） 585-3
- —器（ヒキ） 585-3
- —義（ヒギ） 585-3
- —細工（ヒサイク） 585-3

［七画］

42604 靠

- —（ヨリカカル） 441-5

［十一画］

42612 靡

- —（ナビク） 465-5

## 面部

42620 靣

- —皰（ニキビ） 379-6
- —（カホ） 426-3
- —楫（オモカヂ） 480-2
- —影（オモカゲ） 480-5
- —白（オモシロシ） 481-1
- —従（オモネ） 481-3
- —躰（メンテイ） 554-6
- —形（メンギヤウ） 554-6
- —貌（メンメウ） 554-6
- —謁（メンエツ） 555-6
- —談（メンダン） 555-6
- —拜（メンハイ） 555-6
- —話（メンワ） 555-6
- —張（メンチヤウ） 555-6
- —道（メンタウ） 555-6
- —目（メンモク） 555-6
- —會（メンクワイ） 555-6
- —皮（メンヒ） 555-6
- —上（メンジヤウ） 555-7
- —受口決（メンジユクケツ） 555-7

壁（メンヘキ） 555-7
展（メンテン） 555-7
打（メンチヤウ） 555-7
現（ヒタヲモテ） 582-1

〔十四画〕

42698 靨 ―（ヱクボ㊧ヨフ） 579-3

## 革部

42710 革 ―（カハ） 431-1
―（ツクリカハ） 459-3

〔二画〕

42712 靪 ―（ツボヤナグイ） 459-4

〔四画〕

42728 靳 ―（チカラガハ） 405-3

42729 靴 ―沓（クワノクツ） 485-7

〔五画〕

42784 鞅 ―（ムナカヒ） 468-6

42794 鞆 ―繪（トモヱ） 397-4
―（ツノモト） 459-2

〔六画〕

42815 鞍 ―馬（クラマ） 481-6
―蓋（クラオホヒ） 485-5
―替袋（クラガヘフクロ） 485-5
被レ―（クラヲオク） 489-6

〔七画〕

42841 鞓 ―（ハルビ㊧タン） 373-5

42845 鞖 ―（シヲデ） 569-1

42849 鞗 ―（クツハヅラ） 486-4

42850 鞘 ―巻（サヤマキ） 539-2

〔八画〕

42864 鞚 ―（タヅナ） 446-1
―（クツロゴ） 486-4
―（ミヅツキ） 559-3

42892 鞠 ―（マリ） 500-4

〔九画〕

42922 鞦 ―（シリガヒ） 568-7

42934 鞬 ―（ツルマキ） 459-1

42937 鞭 ―（ブチ） 509-6

〔十画〕

42972 鞴 ―靫（ウツボ） 472-6

* [illegible] ―（ウハシキ） 472-5

〔十一画〕

42993 鞹 ―（ツクリカハ） 459-3

〔十二画〕

43028 鞽 ―（クツ） 486-4

43030 鞾 —（フカグツ㊧クワ） 509-7

［十三画］

43047 韁 —（ハナガハ） 373-6
—（タヅナ） 446-1

［十四画］

43068 韄 —（オビトリ） 479-7

［十五画］

43079 韈 —（タビ） 446-2

［十六画］

43086 ⿰革龍 —（オモヅラ） 479-7
—（ミヅツキ） 559-3

［十七画］

43089 韉 —（ハグツケ） 374-2
—（クラシキ） 486-4
—（キリツケ） 547-5
—（シタグラ） 569-6

## 韋部

43108 韋 —（ヲシカハ） 418-2
—囊（フイカフ） 509-4

［五画］

43125 ⿰韋圭 —（カハバカマ） 429-4

43126 韎 —韐（マエダレ） 499-3

［八画］

43159 韓 —幹（カンカン） 425-7
—紅（カラクレナヒ） 429-3
—（ヰツツ） 475-3

［九画］

43175 韘 —（ユガケ） 552-6

［十画］

43189 韜 —（ツツム） 460-7
—（フクロ） 508-5

43190 韝 —（タスキ） 445-2
—（タカタスキ） 446-6

［十一画］

43198 韛 —（フイカフ） 509-4

［十三画］

43217 韣 —（ユミブクロ） 552-6

［十四画］

43221 ⿰韋蒦 —⿰韋睪（メヌキ㊧ソクタク） 555-6

## 韭部

43236 韭 —（ニラ） 380-2

## 音部

43265 音
- ―羽瀧（ヲトハノタキ） 414-5
- ―无瀧（ヲトナシノタキ） 415-2
- ―信（ヲトヅレ） 417-5
- ―呼（ヰンコ） 475-6
- ―問（ヰンモン） 476-3
- ―信（ヰンシン） 476-3
- ―聲（オンシヤウ） 480-7
- ―樂（オンガク） 481-1
- ―頭（オントウ） 481-1
- ―曲（オンギヨク） 481-1
- ―（コエ） 520-4

**［五画］**

43276 韶
- ―陽魚（ゴマメ） 514-2

**［十画］**

43307 韻
- ―律（ヰンリツ） 476-5
- ―外（ヰングワイ） 476-5
- ―（ヒビク） 587-3

**［十三画］**

43325 響
- ―（ヒビク） 587-3

## 頁部

**［二画］**

43335 頂
- ―（イタダキ） 356-3
- ―相（チンサウ） 405-3
- ―戴（チヤウダイ） 408-6

43338 頃
- ―（コノコロ） 520-2

**［三画］**

43343 項
- ―（ヲナシ） 416-2
- ―（ウナジ） 470-6

43349 順
- ―逆（ジユンギヤク） 575-1
- ―縁（ジユンエン） 575-1
- ―道（ジユンダウ） 575-1
- ―路（ジユンロ） 575-1
- ―次（ジユンシ） 575-1
- ―（シタガノ㊧ジユン） 578-1

43352 須
- ―彌四州（シユミノシシウ） 561-1
- ―臾（シユユ） 577-3
- ―（モチウ） 591-1
- ―磨（スマ） 597-1
- ―（スベカラク㊧ベシ） 601-1

**［四画］**

43365 頌
- ―（ホムル） 388-5
- ―偈（ジユゾ） 574-1
- ―文（ジユモン） 574-1

43373 預
- ―（アヅカル） 533-2

43374 頑
- ―（ニブシ） 382-7

―愚（グワング） 488-2
―魯（グワンロ） 488-2

43381 頓
―首（トンジユ） 398-7
―速（トンソク） 398-7
―作（トンサク） 398-7
―寫（トンシヤ） 400-3
―首（ヌカヅク） 413-6
―（ヒタクル） 587-1
―（スミヤカナリ） 601-4

［五画］

43415 頗
―（スコブル㊧ハ） 601-2

43423 領
―家（リヤウケ） 409-4、412-1
―袖（リヤウシウ） 410-6
―掌（リヤウジヤウ） 411-7
―納（リヤウナフ） 411-7
―解（リヤウゲ） 411-7
―狀（リヤウジヤウ） 411-7
―知（リヤウチ） 411-7
―主（リヤウジユ） 411-7
―（クヒ） 485-1
―（コロモノクビ） 515-1
―（アヅカル） 533-2

［六画］

43448 額
―白（ヒタイジロ） 582-4

43452 頡
―（トビアガル） 401-2

［七画］

43490 頭
―（ホトリ） 383-2、388-3
―中將（トウノチウジヤウ） 394-5
―辨（トウノベン） 394-5
―人（トウニン） 395-2
―巾（トキン） 396-4
―（カシラ） 426-3
―頭（ヅツウ） 457-3
―頂（ヅチヤウ） 457-3
―然（ヅネン） 457-3
―熱（ヅネツ） 457-3
―上（ヅジヤウ） 457-3
―風（ヅフウ） 457-3
―目（ヅモク） 457-3
―巾（ヅキン） 458-5
―陀（ヅダ） 459-7

43496 頬
―（ホフ） 384-3
―當（ホフアテ） 385-6
―（ツラ） 457-4

43515 頸
―（クビ） 483-5
―巻（クビマキ） 484-7

43517 頹
―暮（タイボ） 448-6
―堕（クヅヲルル） 487-3
―（クヅル） 488-7

43519 頻
―（シキリ） 577-7
―伽鳥（ビンガテウ） 582-4

43523 頤
―（オトガイ） 481-4

［九画］

43576 **顥**
- —（ホフ） 384-3

43584 **題**
- —目（タイモク） 447-6
- —号（タイガウ） 447-6

43586 **額**
- —（ヌキ） 412-5
- —突（ヌカヅク） 413-6
- —（ガク） 430-6
- —（ヒタイ㊧ガク） 582-2
- —金（ヒタイガネ） 584-2
- —當（ヒタイアテ） 584-2

43591′ **顔**
- —輝（ガンヒ） 425-7
- —色（ガンショク） 426-3
- —（カホ㊧カホハセ） 426-3

43608′ **類**
- —別（ルイベツ） 414-4
- —同（ルイドウ） 414-4
- —火（ルイクワ） 414-4
- —（タグヒ） 450-6
- —（シルベ） 578-4

**［十画］**

43610 **顖**
- —會（アタマ㊧シンエ） 527-6

43623 **願**
- —（ネガフ） 462-5

43624 **顙**
- —（ヒタイ㊧サウ） 582-2

43628 **顛**
- —倒（テンダウ） 524-7
- —沛（テンハイ） 524-7

**［十二画］**

43688 **顑**
- —頷（カシケタリ） 426-2
- —頷（セウスイ㊧ヤスルナリ） 596-1

43689 **顧**
- —（カヘリミル） 435-2
- —渚（コシヨ） 515-1

**［十三画］**

43706 **顫**
- —頭（ウナヅク） 473-6

**［十四画］**

43726 **顯**
- —文紗（ケンモンシヤ） 504-2
- —露（ケンロ） 505-3
- —密（ケンミツ） 505-3
- —宗（ケンシウ） 505-3
- —然（ケンゼン） 505-3
- —（アラハス） 533-4

**［十五画］**

43737 **顰**
- —（シハム㊧ヒン） 577-6
- —（ヒソム㊧ヒン） 587-1

**［十八画］**

43751 **顴**
- —（ホフボネ） 384-3
- —（ツラホネ） 457-4

## 風部

43756 **風**
- —聞（ホノカニキク） 387-7
- —（カゼ） 424-2
- —折（カザオリ） 430-5
- —呂（フロ） 507-3

―氣（フウキ） 508-1
―病（フウヒヤウ） 508-1
―市（フジ） 508-1
―爐（フロ） 509-2
―鈴（フリヤウ） 509-2
―俗（フゾク） 511-3
―躰（フテイ） 511-3
―便（フビン） 511-3
―波（フハ） 511-3
―聞（フブン） 511-3
―流（フリウ） 511-3
―味（フミ） 511-3
―葉（フヨウ） 511-3
―晨月夕（フシンゲツセキ） 511-3

［五画］

43791 颬
―（コカセ） 512-3

43808 颯
――（サツサツ） 541-3

―纚（シナヘリ） 577-4

43812 颰
―（コカラシ） 512-3

［九画］

43909 颺
―（アグル） 533-1
――（ヒラメク） 587-3

［十一画］

43946 飄
―（ヒルガヘル㊧ヘウ） 586-7

［十二画］

43963 飆
―（ツジカゼ） 456-4

## 飛部

44000 飛
―蟻（ハアリ） 371-2
―（トフ） 401-4
―礫（ツブテ） 456-6
―鳥河（アスカガハ） 526-6
―鳥井（アスカヰ） 530-1
―香舎（ヒキヤウシヤ㊧フヂツボ） 580-4
―檐（ヒエン） 580-4
―脚（ヒキヤク） 581-4
―行（ヒギヤウ） 585-2

［十二画］

44009 飜
―（ヒルガエル㊧ホン） 586-7

## 食部

44014 食
―（ハム） 378-3
―（カフ） 436-2
―（クラフ） 489-2
―（ヤシナフ） 497-7
―堂（ジキダウ） 562-3
―籠（ジキロウ） 569-5
―耽（ショクタン） 576-2

物（ショクモツ）576-2
後（ショクゴ）576-2
時（ショクジ）576-2
事（ショクジ）576-2
指（ヒトサシユビ）582-1

［二画］

44023 飢
—（ウユル）474-7
渇（ケカツ）504-7
饉（ケコン）504-7
饉（キキン）550-2

［四画］

44063 飲
—（ノム）478-4

44064 飯
炊（イヒカシク）357-6
尾（イヒノヲ）358-2
櫃（イヒヒツ）358-3
搔（イヒガイ）358-3
—（クラフ）489-2

44064′ 飯
銅（ハントウ）373-6
—（ヲモノ）416-6

［五画］

44080 飴
—（アメ）529-7

44107 飼
—（カフ）436-2

44109 飽
満（バウマン）375-3
食（バウショク）375-3
足（バウソク）375-3
—（アク）534-1

44111 飾
—（カサル）435-1
—（シツラフ㊧ショク）577-7

［六画］

44140 餉
—（カレイヒ）429-1

44144 養
—（ソダツル）456-2
子（ヤウジ）495-5
父（ヤウフ）495-5
母（ヤウホ）495-5
性（ヤウジヤウ）497-1
護（ヤウゴ）497-1
育（ヤウイク）497-1
—（ヤシナフ）497-7

44146 餌
柄（ヱガフ）579-4
袋（ヱブクロ）579-5

［七画］

44163 餧
—（アザレア）534-4

44168 餓
鬼（ガキ）425-2、428-4
死（ガシ）438-5
—（ウユル）474-7

44180 餗
—（コナカケ）515-3

44185 餘
—（ソケ）420-6
日（ヨシツ）439-1
風（ヨフウ）439-1
慶（ヨキヤウ）440-3
流（ヨリウ）440-3
殘（ヨサン）440-3

—殃（ヨアウ） 440-3
—義（ヨキ） 440-3
—念（ヨネン） 440-3
—乗（ヨゼウ） 440-3
—氣（ヨキ） 440-3
—鬱（ヨウツ） 440-3
—命（ヨメイ） 440-3
—薫（ヨクン） 440-3
—分（ヨブン） 440-3
—風（ヨフウ） 440-3
—勢（ヨセイ） 440-3
—寒（ヨカン） 440-3
—黨（ヨタウ） 440-3
—裔（ヨエイ） 440-3
—所（ヨソ） 441-1
—波（ナゴリ） 465-2
—（アマリ） 534-2

［八画］

44202 餛
—飩（ウドン） 472-1

44210 餬
—（モチ㊧コ） 589-3

44214 餞
—別（ハナムケ） 377-5
—（ハナムケ） 378-5

44220 餅
—（モチ） 589-3

44236 餧
—（クラフ） 489-2

44237 館
—（タチ） 442-5
—（ヤド） 498-1

［九画］

44283 餳
—（アメ） 529-7

［十画］

44300 餹
—粽（アメチマキ） 529-6

44308 餻
—（モチ） 485-3

［十一画］

44346 饅
—膾（ヌタナマス） 413-4
—頭（マンチウ） 499-3

［十二画］

44382 饋
—（ヲクル） 417-7
—（ヲクリモノ） 478-5

44386 饌
—（ゼン） 594-2

44396 饐
—（イス㊧スユナリ） 364-7
—（ヰス） 476-7

44400 饒
—州椀（ネウシウワン） 462-2
—熱（ネウネツ） 462-4
—（ユタカ） 554-2

［十三画］

44426 饕
—（ムサボル） 469-4

44431 饗
—（アヂハヒ） 534-1
—應（モテナス㊧キヤウヲウ） 590-2

44433 饘
—（カユ） 428-6

## 首部

44489
首
―（カシラ） 426-3
―途（カトテ） 437-6
―（ツブリ） 457-4
―座（シユソ） 562-6
―尾（シユビ） 565-4、577-2
―途（シユト㊧カドデ） 577-4

［八画］

44507
馘
―（キリミ㊧カク） 551-1

## 香部

44518
香
―暮山（カクレノヤマ） 422-6
―取浦（カトリノウラ） 423-1
―附子（カウブシ） 427-1
―物（カウノモノ） 429-1
―奠（カウテン） 429-5
―合（カウカフ） 429-5
―爐（カウロ） 429-5
―題（カウダイ） 429-5
―盤（カウバン） 429-5
―包（カウツツミ） 429-5
―箸（カウバシ） 429-5
―（カフバシ） 435-5
―匙（キヤウジ） 547-6
―茶（キヤシヤ） 550-3

［七画］

44533
馞
―（フスボル） 511-4

［九画］

44545
馥
―（カヲル） 435-4

## 馬部

44572
馬
―場（ババ） 368-3
―櫪神（バレキシン） 368-5
―遠（バヱン） 369-2
―鱗（バリン） 369-2
―借（バシヤク） 369-4
―藺（バリン） 370-4
―鞭草（バベンサウ） 370-4
―蹄（バテイ） 373-1
―肝（バカン） 373-1
―嫁（バカ） 374-5
―蹄草（ツノネグサ） 458-2
―飼（ムマカヒ） 468-2
―（ムマ） 468-5
―被（ムマギヌ） 468-5
―櫛（ムマクシ） 468-7
―槽（ムマブネ） 468-7

─刷（ムマハダケ） 468－7
─鞭草（クマツヅラ） 484－4
─借（マガシ） 498－5
─刀（マテ） 499－1
─蛤（マテ） 499－1
─淵（マブチ） 499－4
─杷（マグハ） 500－2
─酔木（アセボノキ） 528－7
─道（メダウ） 554－4

**［二画］**

44576 馭
─（ツカヒムマ） 457－7
─（ノル） 478－3

**［三画］**

44593 馳
─向（ハセムカフ） 376－5
─參（ハセサンス） 376－5
─來（ハセキタル） 376－5
─走（チソウ） 408－5

44595 馴
─（ナルル） 465－4

**［四画］**

44612 馽
─（ホグス） 388－3

44633 駄
─（ダ） 444－7
─都（ダト） 445－7
─賃（ダチン） 449－5

**［五画］**

44636 駈
─仕（クシ） 483－2

44660 駐
─（トドム） 401－2

44661 駑
─駘（ニブシ） 382－5
─馬（ドバ） 396－1
─（ヲソムマ） 416－3

44663 駒
─（コマ） 514－1
─月（コマツキ） 516－5
─振（コマサラ） 517－1

44667 駕
─輿丁（カヨチヤウ） 425－3
─（ノリモノ） 477－6

44681 駝
─（ダ） 444－7

**［六画］**

44725 駭
─（オドロク） 480－6

44726 駮
─（ハグル） 377－5
─（マダラ㊧ハク） 498－7
─（ブチ） 508－2

**［七画］**

44775 駿
─（ハヤシ） 378－2
─足（ヰチアシ） 476－5
─馬（シユンメ） 566－1

44779 騂
─（アカシ） 530－5

**［八画］**

44788 騅
─馬（ニゲノムマ） 380－4

44795 駢
─（ナラブ） 466－2

44808 騊
─駼（タウヨ） 444－7

44809 騋
─（ライ） 466－6

44817 騎 —（ノル） 478-3
—馬（キバ） 550-4
44824 騑 —（ソヘムマ） 454-1

［九画］

44853 騙 —（ヨツシロ） 439-6
44867 騢 —（ツゲノムマ） 457-6
44868 騣 —（タテガミ） 444-7
44872 騥 —（アヲグロ） 528-2

［十画］

44912 騮 —（アカクリゲ） 528-2
44935 騷 —動（サウドウ㊧サハグ） 541-2

［十一画］

44965 驂 —（ソヘムマ） 454-1
44966 驃 —馬（シラカゲ） 566-1
44967 驄 —（サメムマ） 536-4
44968 驅 —催（カリモヨホス） 437-6
—集（カリアツムル） 437-6
—寄（カリヨス） 437-6

［十二画］

45008 驕 —（ヲゴル） 417-7
—（アマユル） 534-4
45013′ 驚 —（オドロク） 480-6
—動（キヤウドウ） 549-5
—怖（キヤウフ） 549-5

［十三画］

45024 驗 —佛者（ゲンブツシヤ） 505-5
45025 驘 —（ウサギムマ） 471-4
45030 驛 —路（ヱキロ） 579-2

［十四画］

45048 驟 —雨（ニハカアメ） 379-2

［十六画］

45069 驢 —馬（ロ） 365-5
—騾（ロラ） 365-5
—腸羹（ロチヤウカン） 366-1
—（ウサギムマ） 471-4

［十九画］

45090 驪 —山宮（リサンキウ） 409-4
—龍（リレウ） 410-4
—（アヲグロ） 528-2

## 骨部

45098 骨 —（ホネ） 384-3
—折（ホネオリ） 387-5
—髓（コツズイ） 513-5
—目（コツボク） 513-5
—張（コツチヤウ） 518-6
—法（コツハフ） 518-6
—柄（コツガラ） 518-6

【六画】

45164 骸
- —（ホネ） 384-3
- —（カバネ） 426-4
- —垢（アカヅク） 531-6

【八画】

45205 髀
- —（モモ㊧ヒ） 588-5

【九画】

45236 髃
- —（カタサキ） 426-4

【十三画】

45281 髑
- —髏（シヤリカフベ） 565-3
- —髏（ヒトガシラ） 581-7

45289 髓
- —（ズイ） 598-1

45291 體
- —（タイ） 444-3
- —（ムクロ） 468-4
- —（スガタ、タイ㊧テイ） 598-1

## 高部

45313 高
- —麗（カウライ） 422-5
- —野山（カウヤサン） 422-5
- —座（カウザ） 423-3
- —樓（カウロウ） 424-3
- —然暉（カウネンキ） 425-7
- —名（カウミヤウ） 431-3
- —運（カウウン） 431-3
- —位（カウヰ） 431-3
- —徳（カウトク） 431-3
- —覧（カウラン） 431-3
- —聲（カウシヤウ） 431-3
- —直（カウヂキ） 431-4
- —下（カウゲ） 431-4
- —貴（カウキ） 431-4
- —家（カウカ） 431-4
- —察（カウサツ） 431-4
- —雄（タカヲ） 442-2
- —沙（タカサゴ） 442-2
- —安（タカヤス） 442-2
- —橋（タカハシ） 445-6
- —坏（タカツキ） 446-1
- —（タカシ） 450-2
- —麗笛（コマフエ） 517-1

## 髟部

【四画】

45371 髣
- —髴（ホノカ） 387-7

45375 髯
- —（ヒゲ㊧ゼン） 582-2

【五画】

45399 髭
- —（ヒゲ㊧シ） 582-2
- —籠（ヒゲコ） 584-6

45400 髮
- —（カミ） 426-3

—鋏（カフハサミ）430-3
—搔（カフカイ）430-3

【六画】

45442 髻
—（モトドリ㊧ケ）588-5

【十画】

45535 鬐
—（タテカミ）444-3
—（スズシロ）598-1

45543 鬒
—（クロカミ）483-4

【十二画】

45580 鬚
—（ヒゲ㊧シユ）582-2

【十三画】

45596 鬟
—（カヅラ）426-3
—（ビンヅラ）582-1
—（モトドリ）588-5

45597 鬠
—（モトユヒ）589-5

【十四画】

45607 鬢
—髪（ビンハツ）581-7
—櫛（ビングシ）584-7
—盥（ビンダラヒ）584-7

【十五画】

45613 鬣
—（タテカミ㊧レフ）444-3
—（タテガミ）444-7

## 鬥部

【六画】

45641 鬨
—音（トキノコヱ）399-5

【八画】

45644 鬩
—（セメグ）596-7

【十画】

45649 鬪
—諍（イサカヒ）363-1
—諍（トウジヤウ）397-6
—タタカノ）450-4
—草（クサアハセ）487-6

【十六画】

45659 鬮
—クジ）489-5
—取（クジトリ）489-5

## 鬯部

【十九画】

45671 鬱
—結（ムスボウル）469-3
—金（ウコン）471-1
—念（ウツネン）473-3
—憤（ウツフン）473-3

―訴（ウツソ） 473-3
―蒙（ウツモウ） 473-3


## 鬼部


45758 鬼
―志許草（ヲニノシコクサ） 415-5
―（オニ） 479-3
―海島（キカイガシマ） 543-3
―神大夫（キジンダイフ） 544-7
―畜木石（キチクボクセキ） 550-2

［四画］

45785 魁
―芋（イモガシラ） 356-6
―（サキガケ㊧クワイ） 541-6

45787 魂
―（タマシヒ） 444-3
―緒（タマヲ） 448-6
―魄（コンハク） 513-5

［五画］

45810 魄
―（タマシヒ） 444-3

45811 魅
―（イエノカミ） 357-3

［八画］

45870 魎
―（イシノスタマ） 357-3

［十一画］

45906′ 魔
―王（マワウ） 498-7
―縁（マエン） 498-7
―障（マシヤウ） 501-1
―道（マタウ） 501-1
―界（マカイ） 501-1
―境（マキヤウ） 501-1

［十四画］

45941 魘
―（ヲソハル） 418-1
―（モノニヲソハル㊧エン） 590-7


## 魚部


45956 魚
―丁（イヲノカシラ） 357-3
―（ウヲ） 471-6
―躬（ウヲノミ） 472-3
―梁（ヤナ） 495-3
―筋（マナバシ） 500-2
―龍（ギヨレウ） 546-4
―羹（ギヨカン） 546-7
―食（ギヨショク） 546-7
―類（ギヨルイ） 546-7
―脳（ギヨナウ） 547-6
―鱗鶴翼（ギヨリンカクヨク） 550-4
―條（スバカリ） 598-3

［二画］

45960 魛
―（スヲリ） 598-3

- 45969 魞 —（エリ） 521-7

**［三画］**

- 45972 鮀 —（ハヱ） 371-4

**［四画］**

- 45985 魦 —（イササメ） 357-4
- —（ハヱ） 371-4
- —（ヒヲ） 582-5
- 46000 魪 —（カレイ） 428-4
- 46006 魬 —（ヲサシ） 416-3
- 46010 魮 —⿰魚目（ヒボク） 582-5
- 46013 魯 —（ニブシ） 382-7
- 46020 魳 —（カマス） 428-4
- 46022 魴 —（アブラコ） 528-6

**［五画］**

- 46059 鮇 —（カマツカ） 428-4
- 46070 鮎 —（ナマヅ） 463-6
- 46073 鮐 —（フスベ） 508-3
- —（サメ） 536-5
- 46074 鮑 —（カイアワビ） 428-2
- —（アハビ） 477-4
- —（アワビ） 528-4
- 46075 鮒 —（フナ） 508-2
- 46076 鮓 —（スシ） 598-6
- 46091 鮗 —（コノシロ） 514-3

**［六画］**

- 46105 鮞 —（ハララゴ） 371-4
- 46108 鮟 —鱇（アンカウ） 528-5
- 46112 鮠 —（スバシリ） 598-3
- 46121 鮦 —（ハム） 371-4
- 46122 鮧 —（エソ） 521-2
- 46123 鮨 —（スシ） 598-6
- 46124 鮩 —（アミ） 528-5
- 46126 鮪 —（シビ） 566-2
- 46127 鮫 —（サメ） 536-5
- 46130 鮬 —（セイゴ） 593-5
- 46132 鮭 —（サケ） 536-5
- 46133 鮮 —（アザヤカ） 534-1
- —（スクナシ） 601-4
- 46145 鮲 —干（コチ） 514-2
- 補747 鮴 —（ゴリ） 514-3

**［七画］**

- 46160 鮼 —（ブリ） 508-3
- 46171 鯁 —（イヲノカシラ） 357-3
- 46174 鯃 —（コイチ） 514-3
- 46178 鯇 —（アメ） 528-4
- —（ヒラメ） 582-6
- 46182 鯉 —（コイ） 514-1
- 46200 鯎 —（ウグイ） 471-5
- 46204 鯒 —（コチ） 514-2

**［八画］**

- 46208 鯔 —（ナヨシ） 463-6

46210 鯖 ―（サバ） 536-5
―尾（サバノヲ） 539-1
46225 ⿰魚奈 ―（コノシロ） 514-3
46226 鯛 ―（タイ㊧テウ） 444-7
―醢（タイビシホ） 445-4
46238 鯟 ―鯑（カドノコ） 428-1
46243 鯡 ―（ニシン） 380-3
46245 鯢 ―（クヂラ） 484-2
―（メクヂラ） 555-2
46246 鯣 ―（スルメ） 598-3
46249 鯥 ―（ムツ） 468-5
46257 鯨 ―波（トキノコヱ） 399-5
―（クヂラ） 484-2
46262 鯯 ―（コノシロ） 514-3
46271 鯮 ―（アイ） 528-5
46277 ⿰魚卷 ―（クルクル） 484-2
46287 ⿰魚㐱 ―（ドヂヤウ） 396-2
＊ ⿰魚兩 ―（キギフ） 545-7

［九画］
46290 鯷 ―（シロウヲ） 566-2
―（ヒシコ） 582-6
46304 鯽 ―（フナ） 508-2
46317 鰆 ―（サハラ） 536-5
46322 鰈 ―（カレイ） 428-1
46330 鰌 ―（ドヂヤウ） 396-2
46332 鰎 ―（ニシン） 380-4
46337 鰐 ―（ワニ） 420-1
―口（ワニグチ） 421-1
46340 鰒 ―（イヲノワタ） 357-4
46344 鰓 ―（アギト） 528-4
46346 鰕 ―（エビ） 521-2
46358 鯤 ―（ギギ） 545-7

［十画］
46372 鰠 ―（サヨリ） 536-5
46378 鰣 ―（ハマチ） 371-4

46381 鰤 ―（ブリ） 508-3
46387 䲢 ―魚（ヲコシ） 416-3
46400 鰭 ―板（ハタイタ） 368-4
―袖（ハタソデ） 371-5
―（ヒレ） 582-7
46413 鰯 ―（イワシ） 357-4
＊ ⿰魚追 ―（イシブシ） 357-4
―（フクラギ） 508-3

［十一画］
46437 鰹 ―魚（カツヲ） 427-5
46442 鰺 ―（アヂ） 528-5
46443 鰻 ―鱺（ウナギ） 471-5
46470 鱈 ―（タラ） 445-1

［十二画］
46472 鱉 ―（イヲガメ） 357-4
46488 鱏 ―（エヰ） 521-2
46489 鱐 ―（シヤチホコ） 566-2

| | | | |
|---|---|---|---|
| 46490 | 鱑 | —（シビ） | 566-2 |
| 46492 | 鱒 | —（マス） | 499-2 |
| 46496 | 鱓 | —（ゴマメ） | 514-2 |
| 46501 | 鱖 | —（アサチ） | 528-6 |
| 46502 | 鱗 | —（イロコ） | 357-4 |
| | | —（ウロコ） | 471-6 |
| 46517 | ⿰魚惠 | —（アヲサバ） | 528-6 |

［十三画］

| | | | |
|---|---|---|---|
| 46519 | 鱝 | —（エヰ） | 521-2 |
| 46520 | 鱞 | —（ヤモヲ） | 495-6 |
| 46526 | ⿰魚解 | —（コメ） | 514-3 |
| 46530 | 鱠 | —（ナマス） | 464-2 |
| 46533 | 鱣 | —（ウナギ） | 471-5 |
| 46542 | 鱧 | —（ハム） | 371-4 |
| 46560 | 鱰 | —（シイラ） | 566-2 |
| 46562 | 鱫 | —鱜（アイギヤウ） | 528-5 |

［十四画］

| | | | |
|---|---|---|---|
| 46566 | 鱬 | —（イヲノコ） | 357-4 |
| | | —（シラハヘ） | 566-2 |
| 46572 | 鱯 | —（ナマヅ） | 463-6 |

［十五画］

| | | | |
|---|---|---|---|
| 46592 | 鱶 | —（フカ） | 508-3 |

［十六画］

| | | | |
|---|---|---|---|
| 46597 | 鱷 | —（ワニ） | 420-1 |
| 46600 | 鱸 | —（スズキ） | 598-2 |

## 鳥部

| | | | |
|---|---|---|---|
| 46634 | 鳥 | —羽（トバ） | 393-2 |
| | | —居（トリヰ） | 393-2 |
| | | —養牧（トリカヒマキ） | 393-5 |
| | | —籠（トコノヤマ） | 390-5 |
| | | —（トリ） | 396-1 |
| | | —子（トリノコ） | 396-6 |
| | | —籠（トリコ） | 396-7 |
| | | —鬪（トリアハセ） | 399-6 |
| | | —飛（トバヒ） | 400-4 |
| | | —回（トカヘリ） | 400-4 |
| | | —屋出（トヤダシ） | 400-5 |
| | | —醢（トリビシヲ） | 397-2 |
| | | —目（テウモク） | 524-4 |

［一画］

| | | | |
|---|---|---|---|
| 46635 | 鳦 | —（ツバメ） | 457-5 |

［二画］

| | | | |
|---|---|---|---|
| 46643 | 鳧 | —（カモ） | 428-2 |
| | | —熬（カモイリ） | 428-7 |
| | | —鐘（フセウ） | 510-5 |
| 46648 | 鳩 | —胷（ハトムネ） | 369-7 |
| | | —（ハト） | 371-1 |
| | | —酸皁（カタバミ） | 427-2 |
| | | —（ツチクレバト） | 457-6 |

―尾骨（ムナボネ） 468-3
―（ヤマバト） 495-7

46657 鳯
―城（ホウジヤウ） 383-1
―闕（ホウケツ） 383-3

46658 鳰
―（ニヲ） 380-4

［三画］

46671 鳳
―仙花（ホウセンクワ） 384-4
―凰（ホウワウ） 384-6
―團（ホウダン） 385-4
―味（ホウチウ） 385-5
―詔（ホウゼウ） 386-6

46672 鳴
―呼浦（ヲミノウラ） 415-1
―呼物（ヲコノモノ） 417-5
―渡（ナルト） 463-1
―子（ナルコ） 464-5
―（ナク） 465-6
―箭（ヤツメノカブラ） 496-6

46674 鳶
―（トヒ） 396-1

［四画］

46683 䲭
―吻（シフン） 565-6

46727 鴆
―（チン） 404-3

46734 鴈
―來紅（ガンライコウ） 427-1
―緋（ガンヒ） 427-2
―（カリ） 428-2
―股（カリマタ） 430-2
―書（ガンシヨ） 434-1
―札（ガンサツ） 434-1

46738 鴉
―（カラス） 428-2

＊ ⿰午鳥
―毛（ツキゲ） 457-6
―（タウ） 444-6

［五画］

46763 鴐
―（ムシクヒ） 468-4

46766 鴑
―（ヌカ） 413-1

46795 鴛
―鴦（ヲシ） 416-3
―鴦（エンアウ） 579-3

46799 ⿰只鳥
―（マシコ） 498-7

46805 鴟
―（トヒ） 396-1

46822 鴦
―（メヲシ） 555-2

46823 鴨
―居（カモヰ） 423-4
―（カモ） 428-2
―頭草（ツヰクサ） 458-1
―足藤（キンギサウ） 546-2

46831 鴫
―（シキ） 566-1

［六画］

46849 ⿰鳥戎
―（ツミ） 457-7

46854 鴴
―（チドリ） 404-3

46859 鴷
―（テラツツキ㊧レツ） 523-5
―（アヂムラ㊧レツ） 528-4

46874 鴻
―（カリ） 428-2
―（コウ） 513-7
―（ヒシクヒ㊧コウ） 582-3

46884 鴿
―（イエバト㊧カフ） 357-1
―（ハト） 371-1

46885 鵟 ｜（マクソツカミ） 498-7
46890 鵂 ｜（カイツブリ） 428-3
46892 鵃 ｜（ヤマススメ） 495-7
｜（ミサゴ） 558-1

［七画］

46922 鵇 ｜（シトト） 566-2
｜目（シトトメ） 569-3
46927 鵓 ｜（ヤマバト） 495-7
46948 鵚 ｜（ヒタキ） 582-5
46952 鵜 ｜（ウ） 471-3
46954 鵝 ｜眼（カカン） 429-5
｜目（カモク） 429-5
46961 鵠 ｜（クグイ） 483-6
｜（コウ） 513-7
46980 鵤 ｜（イカルガ） 357-1
46981 鵕 ｜（カシドリ） 428-3

［八画］

46999 鵩 ｜（ミミツク） 558-1
47010 鵯 ｜（ヒヨドリ） 582-5
47012 鵰 ｜（クマタカ） 483-7
47014 鵲 ｜（カササギ） 428-2
｜（ヤマカラス） 495-7
47030 鵺 ｜（ヌエ） 413-1
47032 鵻 ｜鶁（ミソサンザイ㊧サウレウ） 558-1
47035 鵽 ｜（タトリ） 445-1
｜（アマドリ） 528-4
47054 鶇 ｜（カシドリ㊧トウ） 428-4
47057 鶉 ｜（ウヅラ） 471-3
47074 鶍 ｜（キクイダキ） 545-7

［九画］

47101 鶘 ｜鶘（ノセ） 477-3
47105 鶚 ｜（ワシ） 420-1
47142 鶩 ｜（カモ） 428-2
47144 鶪 ｜（モヅ㊧ケキ） 588-6

47160 鶏 ｜（ヌカ） 413-1
47161 鶫 ｜（ツグミ） 457-6

［十画］

47164 鶬 ｜鶊（ヒバリ） 582-3
｜手（ヒバリゲ） 582-4
47169 鶯 ｜（ウグイス） 471-3
47179 鶲 ｜（ヒタキ） 582-5
47185 鶴 ｜（ツル） 457-6
｜觜（ツルノハシ） 459-1
｜翼（クワクヨク） 488-6
47193 鶸 ｜（ヒワ） 582-5
47197 鶺 ｜鴒（イシタタキ） 357-1
｜鴒（ニハタタキ） 380-3
｜鴒（セキレイ） 593-4
47198 鶻 ｜脉（コツミヤク） 514-1
47199 鶼 ｜（ケン） 503-6
47204 鷀 ｜鷺（アヂサギ） 528-2
47207 鷂 ｜（ハイタカ） 371-1

［十一画］

47251 鷓
—（コガラアヘ） 515-3
—鴣（シヤコ） 565-7

47267 鷖
—（カモ） 428-4

47275 鷙
—（コノリ） 513-6
—（サシバ） 536-3

［十二画］

47306 鷂
—（ハイタカ） 371-1
—（ツミ） 457-5
—（サシバ） 536-5

47343 鷰
—（ツバメ） 457-5

47345 鷲
—（ワシ） 420-1

47362 鷺
—（サギ） 536-4

［十三画］

47377 鷹
—爪（ヨウサウ） 440-1
—師（タカジヤウ） 444-1
—（タカ） 444-6
—角（タカツノ） 446-5
—權（タカバカリ） 446-5
—狩（タカカリ） 448-3
—野（タカノ） 448-3

47379 鷽
—（ウソ） 471-3

47411 鸇
—（ハヤブサ） 371-1

［十四画］

47429 鸎
—（ウグイス） 471-3

47439 鸑
—鷟（ガクサク） 427-7

［十六画］

47467 鸕
—鷀（ウ） 471-4

47470 鸖
—駮（ツルブチ） 457-7

［十七画］

47489 鸚
—鵡（ワウム） 420-1
—鵡（アウム） 528-1

47494 〓
—鳥（ホトトギス） 384-7

［十九画］

47508 鸞
—（ラン） 466-5
—鏡（ランケイ） 467-2
—（スズドリ㊧ラン） 598-2

## 鹵部

［五画］

47538 鹵占
—（シホカラシ） 567-7

［九画］

47553 鹹
—（シハハユシ） 567-7

［十三画］

47579 鹽
—石（エンセキ） 520-6

# 鹿部

47586 鹿
—野苑（ロクヤヲン） 365-1
—鳴草（ハギ） 370-3
—伏兎（カンベ） 381-3
—島（カシマ） 423-5
—舌（カノシタ） 427-4
—毛（カゲ） 427-6
—子目結（カノコメユヒ） 429-3
—杖（カセ） 430-4
—垣（シシガキ） 562-4
—（シカ） 566-1
—閒紺（シカマゴウ） 569-5
—子（スガル） 598-2

［二画］

47588 麀
—鹿（メガ㊧イウ） 555-2

47589 麂
—（メガ） 555-2

47591 麁
—相（ソサウ） 455-3
—細（ソサイ） 455-3
—悪（ソアク） 455-3
—抹（ソマツ） 455-3
入レ—入レ細ニ（ソニイリサイニイル） 455-3
—（アラシ） 533-6

［五画］

47612 麋
—（クシカ） 484-1

［八画］

47656 麑
—（カノコ） 428-3

47657 麒
—麟（キリン） 545-5

47658 麓
—（フモト） 507-3

47663 麗
—天（レイテン） 451-4
—（ウルハシ） 474-5

［九画］

47670 麚
—（ヲシカ） 416-3

［十画］

47682 麝
—香（ジヤカウ） 565-6

［十一画］

47688 麞
—（クジカ） 483-6
—牙（シヤウガ） 567-5

［十七画］

47709 麢
—羊（カモシシ） 427-7
—（ヒツジ㊧レイ） 582-6

# 麥部

47717 麥
—秋（バクシウ） 368-1
—門冬（バクモンドウ） 370-3
—（ハク㊧ムギ） 370-7
—飯（バクハン） 372-2

—飯（ムギイヒ） 468-6
—門冬（ヤマスゲ） 496-2

【四画】

47733 麨
—（ムギノコ） 468-6

47739 麩
—羊羹（フヤウカン） 508-6
—（フ） 508-7

47742 麫
—（ムギノコ） 468-6
—類（メンルイ） 555-5
—饘食（メンセンメシ） 555-5
—筋（メンキン） 555-5

【六画】

47774 麰
—（オホムギ） 479-5

【八画】

47808 麳
—（コムギ㊧ライ） 514-6

47818 麴
—（カフジ） 428-6
—塵（キクチン） 546-5

【十五画】

47878 䵃
—（コムギ㊧クワウ） 514-6

## 麻部

47888 麻
—黄（マワウ） 499-6
—（アサ） 529-3

【四画】

47899 麾
—（マネク） 502-2
—（サシマネク） 542-4

## 黄部

47926 黄
—鷹（ワカタカ） 420-1
—連（ワウレン） 420-3
—鸝（ウグイス） 471-3
—牛（アメウシ） 528-3

47926′ 黄
—鴇毛（キツゲ） 545-6
—河原毛（キカハラゲ） 545-6
—檗（キワダ、ワウヘキ） 546-1
—幡（ワウバン） 419-2
—芩（ワウゴン） 420-3
—耆（ワウギ） 420-3
—雑布（ワウザフフ） 420-5
—銅金襴（ワウドンキンラン） 420-5
—鐘（ワウシキ） 421-7
—鷹（カタカヘリ） 427-7
—楊（ツゲ） 458-1
—柳小櫛（ツゲノヲグシ） 459-2
—泉（クワウセン） 481-7
—昏（クワウコン） 482-4
—陰（クワウイン） 482-4
—門（クワウモン） 482-6
—痢（クワウリ） 483-4
—耳（クワウジ） 483-7

## 黍部

47991 黍
—（キビ）　546-3

［三画］

47994 黎
—明（リメイ）　409-6
—首（タミ）　444-1
—民（レイミン）　451-6
—（ツシミグロシ）　461-3
—（モロモロ）　591-2

［十一画］

48027 黐
—（トリモチ）　397-1
—（モチ）　589-5

## 黒部

48038 黑
—子（ハハグロ）　369-6
—齒（カネ）　430-3
—主（クロヌシ）　483-3
—髪（クロカミ）　483-4
—米（クロゴメ）　485-1
—絲威（クロイトヲトシ）　486-3
—（クロシ）　489-4
—牡丹（コクボタン）　513-7
—衣（コクエ）　514-7
—頭公（コクトウコウ）　517-1
—白（コクビヤク）　518-4
—漆（コクシツ）　518-4
—色（コクシキ）　518-4
—闇（コクアン）　518-4

［四画］

48056 黔
—婁（キンロウ）　545-2

48063 默
—難二—止一（モダシガタシ）　590-3
—擯（モクヒン）　590-5

［五画］

48075 黛
—（マユスミ）　500-5

48083 點
—頭（ウナヅク）　473-6
—心（テンジム）　524-2
—檢（テンケン）　524-6
—札（テンリツ）　524-6
—位（テンヰ）　524-6
—定（テンヂヤウ）　524-6

［六画］

48097 黠
—（コザカシ）　519-7

［八画］

48123 黥
—（イレスミ）　356-4
—（ヒタイニスミイル㊧ケイ）　582-3

48131 黧
—黮（ツシミグロシ㊧リタン）　460-1

―（ツシミグロシ） 461-3

48132 黨
- ―（トモカラ） 395-4

［九画］

48156 黫
- ―（ツグロシ） 461-3

## 黽部

［十二画］

48305 鼈
- ―羹（ベツカン） 391-1
- ―（カメ） 428-3
- ―（ウミガメ） 471-6

## 鼎部

48315 鼎
- ―（カナヘ） 431-1

## 鼓部

48330 鼓
- ―（ツヅミ） 459-3
- ―（ヒク） 587-5

［五画］

48341 鼕
- ―々（トウ） 400-1

［八画］

48361 鼙
- ―（フリツヅミ） 509-4

## 鼠部

48390 鼠
- ―鬚（ソシユ） 454-4
- ―尾（ソビ） 454-4
- ―（ネズミ） 461-7
- ―梓（ネズモチ） 462-1
- ―耳（ネズタケ） 462-1
- ―尾草（ミソハギ） 558-2

［五画］

48424 鼫
- ―鼠（ケラ㊧セキソ） 503-6

48427 鼬
- ―（イタチ） 357-4

［七画］

48441 鼯
- ―（ムササビ） 468-4

［八画］

48454 鼱
- ―鼩（ノラネ） 477-4

［十画］

48477 鼷
- ―（アマグチネズミ） 528-2

## 鼻部

48498′ 鼻
- ―高（ハナダカ） 369-6
- ―壅（ハナフサガル） 369-6

突レ―（ハナツク） 376-6
―高（ビカウ） 584-4
―祖（ビソ） 586-1

**［三画］**

48505 鼾―（イビキ） 356-3

**［十画］**

48543 齅―（カグ） 436-4
―（キキ） 551-4

## 齊部

48560 齊非―（トトノホラズ） 399-6
―（ヒトシ） 587-2

**［三画］**

48565 齋―籠（イゴモル） 363-3
―（トキ） 394-4

―藤（サイトウ） 538-4
―戒（サイカイ） 542-7
―日（サイニチ） 542-7
―食（サイジキ） 542-7
―（モノイミ㊧サイ） 591-2

## 齒部

48583 齒―黑（ハグロ） 369-4
―切（ハギリ） 373-5
―黑（ハクロ） 377-2
―（ヨハヒ） 439-4
―朶（シダ） 566-5

**［三画］**

48590 齕―（ハカミス） 370-1

**［四画］**

48600 齗―（アギ） 527-7

48603 齘―（ハガミス） 370-1

**［五画］**

48619 齜―（イガム） 363-2
48622 齝―（ニレカム） 380-4
48623 ⿰齒司―（ニレカム） 380-4
48632 齡―（ヨハヒ） 439-4
―齝（ネリカム） 462-4

**［六画］**

48651 齧―（カム） 436-1
―（ツツジル） 460-4
―（クラフ） 489-2
48653 齩―（クチスフ） 489-2

**［九画］**

48716 齵―齒（ムシツヒバ） 468-3
48725 齶―（アギト） 527-6

## 龍部


48818 龍
—宮（リウキウ） 409-4
—顔（リヨウガン） 410-2
—脳（リウナウ） 410-4
—骨（リウコツ） 410-4
—虎（リヨウコ） 410-4
—神（リウジン） 410-4
—王（リウワウ） 410-4
—膽（リンダウ） 410-5
—焙（リヨウバイ） 410-6
—骨車（リウコツシヤ） 410-7
—頭鷁首（リヨウドウゲキシユ） 411-1
—涎香（リヨウゼンカウ） 411-1
—田（タツタ） 442-2
—（タツ） 444-7
—首（タツガシラ） 446-4
—顔（レウガン） 451-6
—涎香（レウゼンカウ） 452-2
—膽（エヤミグサ） 521-3
—眼木（サカキ） 536-6


**［六画］**


48837 龔
—（ツツシム） 460-6
48839 龕
—（ガン） 430-7


## 龜部


48848 龜
—（カメ） 428-3
—甲（キカフ） 547-3
—足（キソク） 547-6
—毛兎角（キモウトカク） 548-3
—鶴契（キカクノチギリ） 548-5

# あとがき

いわゆる易林本節用集は、古本節用集の中でも語彙数が多く、かつ、他の節用集に見られない語彙を多く含んでいる点、さらに本節用集所収の語の大部分が、江戸享保期の「書言字考節用集」に受け継がれている点など、語彙史的にみても非常に利用価値の高い辞書の一つである。

しかし、今日の国語辞典のような音引きの方式をとっていない古辞書の場合、索引なくしては、その利用もままならない。本節用集についても仮名引きの索引は、昭和五十四年に、国会図書館蔵本を底本としたものが、中田祝夫博士によって出されており、(勉誠社「改訂新版古本節用集六種　研究並びに総合索引」所収)また、それ以前の昭和四十九年に出された亀井孝氏による「五本対照改編節用集」(底本・亀井氏蔵　平井板・勉誠社)がある。だが、漢字語彙のそれについては、現在までのところ出版されていない。

ところが、易林本節用集には、同一漢字について、幾通りもの訓が施されているものが多く、そのそれぞれが、別々の部・門に収められているから、漢字語彙索引によらない限り、それらを比較することもまず不可能である。また、副次的ではあるが、色葉字類抄以降の、「書くための辞書」の一つである節用集が、漢字語彙索引によって、「読むための辞書」としても生かされてくるのである。例えば、魚、鳥に関する語彙が随分出てくるが、こういった語を拾い出すのにも漢字語彙索引は、有効であろう。本書の効用は、こういったあたりにあるのではないかと思っている。

本書は、易林本節用集の語彙研究を試みる私自身の手控え用として作ったものに手を加え、形を整えていったものである。こういった索引の常として、誤りを皆無にすることは非常にむずかしい。本書も手控えの段階で、逆引きをしたはずのものが、ワープロ打ちしたもので、再度逆引きしてみると、誤りが続々出てくるのである。今後もまだまだ誤りの出ることを恐れるが、大方のご教示とご海容とを切にお願いする次第である。

最後に、出版に際してお世話になった和泉書院社長、廣橋研三氏に心から御礼を申し上げたい。

平成十二年七月

今西浩子

## ——索引叢書——

| | | | |
| --- | --- | --- | --- |
| 41 | 雲州往来 享禄本 研究と総索引 索引編 | 三保 忠夫・三保サト子 編著 | 一三〇〇〇円 |
| 42 | 二葉亭四迷『あひゞき』の表記研究と本文・索引 | 太田 紘子 編著 | 一三〇〇〇円 |
| 43 | 五井蘭洲『萬葉集話』本文・索引と研究 | 北谷 幸册 編著 | 一〇〇〇〇円 |
| 44 | 古風土記並びに風土記逸文語句索引 | 橋本 雅之 編 | 六〇〇〇円 |
| 45 | 万治御点 校本と索引 | 上野 洋三 編 | 九五〇〇円 |
| 46 | 公宴続歌 本文編・索引編 | 公宴続歌研究会 編　井上宗雄 監修　三村晃功 代表 | 四〇〇〇〇円 |
| 47 | 近古史談 注釈索引篇 | 菊池 真一 編 | 八〇〇〇円 |
| 48 | 易林本節用集漢字語彙索引 | 今西 浩子 編 | 九五〇〇円 |
| | お伽草子の言語 研究叢書 | 今西 浩子 著 | 一〇〇〇〇円 |

（価格は税別）

## ■編者紹介

今西　浩子（いまにし　ひろこ）
一九三九年　大阪府に生まれる。
一九六六年　京都大学大学院文学研究科国語学国文学専攻修了。
現職　横浜市立大学国際文化学部教授
著書　「研究資料日本文法⑦」（分担執筆・明治書院）
「お伽草子の言語」（和泉書院）
「こゝろわざ日記（梁塵秘抄巻十）総索引」（有精堂）など。

索引叢書 48

易林本節用集漢字語彙索引

二〇〇〇年一月三〇日　初版第一刷発行
（検印省略）

編者　今西浩子
発行者　廣橋研三
印刷所　亜細亜印刷
製本所　渋谷文泉閣
発行所　有限会社 和泉書院
大阪市天王寺区上汐五－三－八
〒五四三－〇〇〇二
電話　〇六－六七七一－一四六七
振替　〇〇九七〇－八－一五〇四三

INBN4-7576-0058-5　C3381

# 部首検索表


### 一画

| | |
|---|---|
| 一 | 1 |
| 丨 | 7 |
| 丶 | 8 |
| 丿 | 9 |
| 乙 | 9 |
| 亅 | 10 |

### 二画

| | |
|---|---|
| 二 | 11 |
| 亠 | 12 |
| 人 | 13 |
| 儿 | 23 |
| 入 | 25 |
| 八 | 26 |
| 冂 | 28 |
| 冖 | 29 |
| 冫 | 29 |
| 几 | 30 |
| 凵 | 30 |
| 刀 | 31 |
| 力 | 34 |
| 勹 | 37 |
| 匕 | 38 |
| 匚 | 38 |
| 匸 | 39 |
| 十 | 39 |
| 卜 | 41 |
| 卩 | 41 |
| 厂 | 42 |
| 厶 | 42 |
| 又 | 43 |

### 三画

| | |
|---|---|
| 口 | 44 |
| 囗 | 53 |
| 土 | 55 |
| 士 | 59 |
| 夂 | 60 |
| 夕 | 60 |
| 大 | 61 |
| 女 | 66 |
| 子 | 69 |
| 宀 | 71 |
| 寸 | 75 |
| 小 | 77 |
| 尢 | 79 |
| 尸 | 79 |
| 屮 | 80 |
| 山 | 81 |
| 巛 | 82 |
| 工 | 83 |
| 己 | 83 |
| 巾 | 84 |
| 干 | 86 |
| 幺 | 87 |
| 广 | 88 |
| 廴 | 90 |
| 廾 | 90 |
| 弋 | 91 |
| 弓 | 91 |
| 彐 | 93 |
| 彡 | 93 |
| 彳 | 94 |

### 四画

| | |
|---|---|
| 心 | 97 |
| 戈 | 105 |
| 戸 | 106 |
| 手 | 107 |
| 支 | 115 |
| 攴 | 115 |
| 文 | 118 |
| 斗 | 119 |
| 斤 | 119 |
| 方 | 120 |
| 无 | 121 |
| 日 | 121 |
| 曰 | 126 |
| 月 | 127 |
| 木 | 129 |
| 欠 | 141 |
| 止 | 142 |
| 歹 | 144 |
| 殳 | 145 |
| 毋 | 145 |
| 比 | 146 |
| 毛 | 146 |
| 氏 | 147 |
| 气 | 147 |
| 水 | 147 |
| 火 | 159 |
| 爪 | 164 |
| 父 | 164 |
| 爻 | 164 |
| 爿 | 165 |
| 片 | 165 |
| 牙 | 165 |
| 牛 | 165 |
| 犬 | 167 |

### 五画

| | |
|---|---|
| 玄 | 169 |
| 玉 | 169 |
| 瓜 | 171 |
| 瓦 | 172 |
| 甘 | 172 |
| 生 | 173 |
| 用 | 174 |
| 田 | 174 |
| 疋 | 177 |
| 疒 | 177 |
| 癶 | 179 |
| 白 | 180 |
| 皮 | 182 |
| 皿 | 182 |
| 目 | 183 |
| 矛 | 187 |
| 矢 | 187 |

石　188
示　190
内　193
禾　193
穴　195
立　196

**六画**

竹　197
米　201
糸　203
缶　210
网　210
羊　211
羽　212
老　213
而　214
耒　214
耳　215
聿　216
肉　216
臣　221
自　221
至　222
臼　222
舌　223
舛　223
舟　223
艮　224
色　224
艸　224
虍　234
虫　235
血　239
行　239
衣　240
襾　243

**七画**

見　244
角　245
言　246
谷　252
豆　252
豕　252
豸　253
貝　253
赤　256
走　256
足　257
身　259
車　260
辛　262
辰　263
辵　263
邑　270
酉　272
釆　273
里　274

**八画**

金　275
長　279
門　280
阜　282
隹　285
雨　287
青　289
非　290

**九画**

面　290
革　291
韋　292
韭　292
音　293
頁　293
風　295
飛　296
食　296
首　299
香　299

**十画**

馬　299
骨　301
高　302
髟　302
鬥　303
鬯　303
鬼　304

**十一画**

魚　304
鳥　307
鹵　310
鹿　311
麥　311
麻　312

**十二画**

黄　312
黍　313
黑　313

**十三画**

黽　314
鼎　314
鼓　314
鼠　314

**十四画**

鼻　314
齊　315

**十五画**

齒　315

**十六画**

龍　316
龜　316

# 総画別検字表


| | | |
|---|---|---|
| **一画** | | |
| 一 | 一 | 1 |
| **二画** | | |
| 一 | 丁 | 3 |
| | 七 | 4 |
| 丿 | 乃 | 9 |
| 乙 | 九 | 9 |
| 亅 | 了 | 10 |
| 二 | 二 | 11 |
| 人 | 人 | 13 |
| 入 | 入 | 25 |
| 八 | 八 | 26 |
| 几 | 几 | 30 |
| 刀 | 刀 | 31 |
| 力 | 力 | 34 |
| 十 | 十 | 39 |
| 卜 | 卜 | 41 |
| 又 | 又 | 43 |
| **三画** | | |
| 一 | 万 | 4 |
| | 丈 | 4 |
| | 三 | 4 |
| | 上 | 5 |
| | 下 | 5 |
| 丶 | 丸 | 8 |
| 丿 | 久 | 9 |
| 乙 | 乞 | 9 |
| | 也 | 10 |
| 亠 | 亡 | 12 |
| 几 | 凡 | 30 |
| 刀 | 刃 | 31 |
| 十 | 千 | 39 |
| 又 | 叉 | 43 |
| 口 | 口 | 44 |
| 土 | 土 | 55 |
| 士 | 士 | 59 |
| 夕 | 夕 | 60 |
| 大 | 大 | 61 |
| 女 | 女 | 66 |
| 子 | 子 | 69 |
| 寸 | 寸 | 75 |
| 小 | 小 | 77 |
| 尸 | 尸 | 79 |
| | 尸 | 79 |
| 山 | 山 | 81 |
| 巛 | 川 | 82 |
| 工 | 工 | 83 |
| 己 | 己 | 83 |
| | 已 | 83 |
| | 巳 | 84 |
| 巾 | 巾 | 84 |
| 干 | 干 | 86 |
| 弋 | 弋 | 91 |
| 弓 | 弓 | 91 |
| 彳 | 彳 | 94 |
| 手 | 才 | 108 |
| **四画** | | |
| 一 | 不 | 6 |
| 丨 | 中 | 7 |
| 丶 | 丹 | 8 |
| 丿 | 之 | 9 |
| 亅 | 予 | 10 |
| 二 | 云 | 11 |
| | 互 | 11 |
| | 五 | 11 |
| | 井 | 12 |
| 人 | 什 | 13 |
| | 仁 | 13 |
| | 仆 | 13 |
| | 仇 | 13 |
| | 今 | 13 |
| | 介 | 14 |
| | 仍 | 14 |
| 儿 | 允 | 23 |
| | 元 | 23 |
| 入 | 内 | 25 |
| 八 | 公 | 27 |
| | 六 | 27 |
| 凵 | 凶 | 30 |
| 刀 | 分 | 31 |
| | 切 | 31 |
| | 刈 | 31 |
| 勹 | 匀 | 37 |
| | 勾 | 37 |
| | 勿 | 37 |
| 匕 | 化 | 38 |
| 匚 | 匹 | 39 |
| 十 | 升 | 39 |
| 卜 | 卞 | 41 |
| 厂 | 厄 | 42 |
| 又 | 及 | 43 |
| | 友 | 43 |
| | 反 | 43 |
| 士 | 壬 | 59 |
| 大 | 天 | 63 |
| | 太 | 64 |
| | 夫 | 64 |
| 子 | 孔 | 69 |
| 小 | 少 | 78 |
| 尢 | 尤 | 79 |
| 尸 | 尺 | 79 |
| 屮 | 屯 | 81 |
| 己 | 巴 | 84 |
| 巾 | 市 | 84 |
| | 帀 | 84 |
| 幺 | 幻 | 87 |
| 廾 | 廿 | 90 |
| 弓 | 弔 | 91 |

| | | |
|---|---|---|
| | 引 | 91 |
| 心 | 心 | 97 |
| 戈 | 戈 | 105 |
| 戸 | 戸 | 106 |
| 手 | 手 | 107 |
| 支 | 支 | 115 |
| 文 | 文 | 118 |
| 斗 | 斗 | 119 |
| 斤 | 斤 | 119 |
| 方 | 方 | 120 |
| 无 | 无 | 121 |
| 日 | 日 | 121 |
| 曰 | 曰 | 126 |
| 月 | 月 | 127 |
| 木 | 木 | 129 |
| 欠 | 欠 | 141 |
| 止 | 止 | 142 |
| 比 | 比 | 146 |
| 毛 | 毛 | 146 |
| 氏 | 氏 | 147 |
| 水 | 水 | 147 |
| 火 | 火 | 159 |
| 爪 | 爪 | 164 |
| 父 | 父 | 164 |
| 片 | 片 | 165 |
| 牙 | 牙 | 165 |
| 牛 | 牛 | 165 |
| 犬 | 犬 | 167 |
| 玉 | 王 | 170 |


**五画**


| | | |
|---|---|---|
| 一 | 且 | 7 |
| | 世 | 7 |
| | 丙 | 7 |
| 丶 | 主 | 8 |
| ノ | 乍 | 9 |
| | 乎 | 9 |
| | 乏 | 9 |
| 人 | 仔 | 14 |
| | 仕 | 14 |
| | 他 | 14 |
| | 付 | 14 |
| | 仙 | 14 |
| | 仟 | 14 |
| | 仡 | 14 |
| | 代 | 14 |
| | 令 | 14 |
| | 以 | 14 |
| 儿 | 兄 | 23 |
| 冫 | 冬 | 29 |
| 凵 | 凹 | 31 |
| | 出 | 31 |
| 力 | 功 | 34 |
| | 加 | 35 |
| 勹 | 包 | 37 |
| 匕 | 北 | 38 |
| 匚 | 匝 | 38 |
| 十 | 半 | 40 |
| 卜 | 占 | 41 |
| 卩 | 卯 | 41 |
| 厶 | 去 | 42 |
| 口 | 古 | 45 |
| | 句 | 45 |
| | 叨 | 45 |
| | 叩 | 45 |
| | 只 | 45 |
| | 叫 | 45 |
| | 召 | 45 |
| | 叮 | 45 |
| | 可 | 45 |
| | 叱 | 45 |
| | 史 | 45 |
| | 右 | 46 |
| | 号 | 46 |
| | 司 | 46 |
| 囗 | 囚 | 53 |
| | 四 | 53 |
| 夕 | 外 | 60 |
| 大 | 失 | 64 |
| 女 | 奴 | 66 |
| 子 | 孕 | 69 |
| 小 | 尒 | 78 |
| 尸 | 尻 | 79 |
| | 尼 | 79 |
| 工 | 左 | 83 |
| | 巧 | 83 |
| | 巨 | 83 |
| 巾 | 布 | 84 |
| 干 | 平 | 86 |
| 幺 | 幼 | 88 |
| 弋 | 式 | 91 |
| 弓 | 弘 | 92 |
| 心 | 必 | 98 |
| 手 | 扐 | 108 |
| | 扒 | 108 |
| | 打 | 108 |
| 日 | 旦 | 122 |
| 木 | 未 | 130 |
| | 末 | 130 |
| | 本 | 130 |
| | 札 | 131 |
| 止 | 正 | 142 |
| 毋 | 母 | 145 |
| 氏 | 民 | 147 |
| 水 | 氷 | 148 |
| | 永 | 148 |
| | 汀 | 148 |
| | 汁 | 148 |
| 犬 | 犯 | 167 |
| 玄 | 玄 | 169 |
| 玉 | 玉 | 169 |
| 瓜 | 瓜 | 171 |
| 瓦 | 瓦 | 172 |
| 甘 | 甘 | 172 |
| 生 | 生 | 173 |
| 用 | 用 | 174 |
| 田 | 田 | 174 |
| | 由 | 174 |
| | 甲 | 174 |
| | 申 | 174 |
| 白 | 白 | 180 |
| 皮 | 皮 | 182 |
| 皿 | 皿 | 182 |
| 目 | 目 | 183 |
| 矛 | 矛 | 187 |
| 矢 | 矢 | 187 |
| 石 | 石 | 188 |
| 示 | 示 | 190 |
| | 礼 | 190 |
| 禾 | 禾 | 193 |
| 穴 | 穴 | 195 |
| 立 | 立 | 196 |


**六画**


| | | |
|---|---|---|
| 一 | 丞 | 7 |
| 二 | 亘 | 12 |
| 亠 | 交 | 12 |
| | 亦 | 12 |
| 人 | 仰 | 15 |
| | 仲 | 15 |

| | | |
|---|---|---|
| | 件 | 15 |
| | 任 | 15 |
| | 企 | 15 |
| | 伇 | 15 |
| | 伉 | 15 |
| | 伊 | 15 |
| | 伍 | 15 |
| | 伎 | 15 |
| | 伏 | 15 |
| | 伐 | 15 |
| | 休 | 15 |
| 儿 | 充 | 24 |
| | 兆 | 24 |
| | 先 | 24 |
| | 光 | 24 |
| 入 | 全 | 26 |
| 八 | 共 | 27 |
| 冂 | 再 | 28 |
| 冫 | 冰 | 29 |
| | 冱 | 29 |
| | 冲 | 29 |
| | 决 | 29 |
| 刀 | 刎 | 32 |
| | 刑 | 32 |
| | 列 | 32 |
| 匚 | 匡 | 38 |
| 十 | 卉 | 40 |
| 卩 | 印 | 41 |
| | 危 | 41 |
| 口 | 吁 | 46 |
| | 吃 | 46 |
| | 各 | 46 |
| | 合 | 46 |
| | 吉 | 46 |
| | 同 | 47 |
| | 名 | 47 |
| | 后 | 48 |
| | 吐 | 48 |
| | 向 | 48 |
| 囗 | 回 | 54 |
| | 因 | 54 |
| 土 | 在 | 55 |
| | 圮 | 56 |
| | 地 | 56 |
| 夕 | 夙 | 60 |
| | 多 | 60 |
| 大 | 夷 | 64 |
| 女 | 好 | 66 |
| | 如 | 66 |
| | 妃 | 66 |
| | 妄 | 66 |
| 子 | 字 | 69 |
| | 存 | 69 |
| 宀 | 宅 | 71 |
| | 宇 | 71 |
| | 守 | 71 |
| | 安 | 71 |
| 寸 | 寺 | 75 |
| 小 | 尖 | 78 |
| 巛 | 州 | 82 |
| 巾 | 帆 | 84 |
| 干 | 年 | 87 |
| 弋 | 式 | 91 |
| 弓 | 弛 | 92 |
| 心 | 忙 | 98 |
| 戈 | 戎 | 105 |
| | 成 | 105 |
| 手 | 扛 | 108 |
| | 扣 | 108 |
| 攴 | 收 | 115 |
| 日 | 旨 | 122 |
| | 早 | 122 |
| | 旭 | 122 |
| 曰 | 曲 | 126 |
| | 曳 | 126 |
| 月 | 有 | 128 |
| 木 | 朱 | 131 |
| | 朳 | 131 |
| | 朶 | 131 |
| | 朸 | 131 |
| | 朽 | 131 |
| 欠 | 次 | 141 |
| 止 | 此 | 143 |
| 歹 | 死 | 144 |
| 水 | 汎 | 148 |
| | 汞 | 148 |
| | 汐 | 148 |
| | 汗 | 148 |
| | 汙 | 148 |
| | 汝 | 148 |
| | 江 | 148 |
| | 池 | 148 |
| 火 | 灰 | 160 |
| 牛 | 牝 | 165 |
| 白 | 百 | 181 |
| 竹 | 竹 | 197 |
| 米 | 米 | 201 |
| 缶 | 缶 | 210 |
| 羊 | 羊 | 211 |
| 羽 | 羽 | 212 |
| 老 | 老 | 213 |
| | 考 | 214 |
| 而 | 而 | 214 |
| 耒 | 耒 | 214 |
| 耳 | 耳 | 215 |
| 聿 | 聿 | 216 |
| 肉 | 肉 | 216 |
| | 肋 | 217 |
| | 肌 | 217 |
| 臣 | 臣 | 221 |
| 自 | 自 | 221 |
| 至 | 至 | 222 |
| 臼 | 臼 | 222 |
| 舌 | 舌 | 223 |
| 舟 | 舟 | 223 |
| 艮 | 艮 | 224 |
| 色 | 色 | 224 |
| 艸 | 艾 | 224 |
| | 芋 | 225 |
| 血 | 血 | 239 |
| 行 | 行 | 239 |
| 衣 | 衣 | 240 |
| 襾 | 西 | 243 |
| 辵 | 辻 | 263 |
| | 込 | 263 |
| 阜 | 阡 | 282 |
| | **七画** | |
| 丨 | 串 | 8 |
| 乙 | 乱 | 10 |
| 人 | 伯 | 16 |
| | 伴 | 16 |
| | 伶 | 16 |
| | 伸 | 16 |
| | 伺 | 16 |
| | 似 | 16 |
| | 伽 | 16 |
| | 佃 | 16 |
| | 但 | 16 |
| | 佇 | 16 |

| | | |
|---|---|---|
| | 位 | 16 |
| | 低 | 16 |
| | 住 | 16 |
| | 佐 | 16 |
| | 佑 | 16 |
| | 何 | 16 |
| | 佗 | 17 |
| | 余 | 17 |
| | 佛 | 17 |
| | 作 | 17 |
| | 佞 | 18 |
| 儿 | 克 | 25 |
| | 免 | 25 |
| 八 | 兵 | 27 |
| 冫 | 况 | 29 |
| | 冶 | 29 |
| | 冷 | 29 |
| 刀 | 初 | 32 |
| | 判 | 32 |
| | 別 | 32 |
| | 利 | 32 |
| 力 | 助 | 35 |
| | 努 | 35 |
| | 劫 | 35 |
| | 劬 | 35 |
| 勹 | 訇 | 37 |
| 匚 | 匣 | 38 |
| 卩 | 即 | 41 |
| | 却 | 41 |
| | 卵 | 41 |
| 口 | 君 | 48 |
| | 吝 | 48 |
| | 呑 | 48 |
| | 吟 | 48 |
| | 吠 | 48 |
| | 否 | 48 |
| | 含 | 48 |
| | 吭 | 48 |
| | 吮 | 48 |
| | 呈 | 48 |
| | 呉 | 48 |
| | 吸 | 48 |
| | 吹 | 48 |
| | 吻 | 48 |
| | 吼 | 48 |
| | 吾 | 48 |
| | 告 | 48 |
| 囗 | 困 | 54 |
| 土 | 坂 | 56 |
| | 均 | 56 |
| | 坊 | 56 |
| | 坌 | 56 |
| | 坐 | 56 |
| | 坑 | 56 |
| | 壯 | 56 |
| 大 | 夾 | 65 |
| 女 | 妍 | 66 |
| | 妖 | 66 |
| | 妙 | 66 |
| | 妝 | 67 |
| | 妨 | 67 |
| 子 | 孚 | 70 |
| | 孝 | 70 |
| 宀 | 完 | 71 |
| | 宏 | 71 |
| 尢 | 尨 | 79 |
| | 尪 | 79 |
| 尸 | 尾 | 79 |
| | 尿 | 79 |
| | 局 | 79 |
| 山 | 岑 | 81 |
| 巛 | 巡 | 82 |
| 工 | 巫 | 83 |
| 己 | 巵 | 84 |
| 巾 | 希 | 84 |
| 广 | 庇 | 88 |
| | 床 | 88 |
| | 序 | 88 |
| 廴 | 延 | 90 |
| | 廷 | 90 |
| 廾 | 弃 | 90 |
| | 弄 | 90 |
| 弓 | 弟 | 92 |
| 彡 | 形 | 93 |
| 彳 | 役 | 94 |
| 心 | 忌 | 98 |
| | 忍 | 98 |
| | 志 | 98 |
| | 忘 | 98 |
| | 忤 | 99 |
| | 忪 | 99 |
| | 快 | 99 |
| 戈 | 我 | 105 |
| | 戒 | 105 |
| 手 | 报 | 108 |
| | 扶 | 108 |
| | 批 | 109 |
| | 扑 | 109 |
| | 抄 | 109 |
| | 抅 | 109 |
| | 扠 | 109 |
| | 把 | 109 |
| | 抑 | 109 |
| | 抓 | 109 |
| | 投 | 109 |
| | 抖 | 109 |
| | 折 | 109 |
| 攴 | 攸 | 115 |
| | 改 | 116 |
| | 攻 | 116 |
| 文 | 孛 | 118 |
| 日 | 旱 | 122 |
| 曰 | 更 | 126 |
| 木 | 杇 | 131 |
| | 杉 | 131 |
| | 杌 | 131 |
| | 李 | 131 |
| | 杏 | 131 |
| | 村 | 131 |
| | 杓 | 131 |
| | 杖 | 131 |
| | 宋 | 131 |
| | 杘 | 131 |
| | 杙 | 131 |
| | 杜 | 131 |
| | 束 | 132 |
| | 杠 | 132 |
| | 杣 | 132 |
| 止 | 步 | 143 |
| 毋 | 毎 | 145 |
| 水 | 求 | 148 |
| | 汞 | 148 |
| | 汨 | 149 |
| | 汰 | 149 |
| | 汲 | 149 |
| | 決 | 149 |
| | 沂 | 149 |
| | 沈 | 149 |
| | 沐 | 149 |
| | 沙 | 149 |

| | | |
|---|---|---|
| | 沛 | 149 |
| | 没 | 149 |
| 火 | 炙 | 160 |
| | 灼 | 160 |
| | 災 | 160 |
| 牛 | 牡 | 165 |
| | 牢 | 165 |
| 犬 | 狃 | 167 |
| | 狂 | 167 |
| | 狄 | 167 |
| 用 | 甫 | 174 |
| 田 | 男 | 175 |
| | 町 | 175 |
| 疒 | 疔 | 177 |
| 白 | 皂 | 181 |
| | 皃 | 181 |
| 示 | 社 | 190 |
| 禾 | 秃 | 193 |
| | 秀 | 193 |
| | 私 | 193 |
| 穴 | 究 | 195 |
| 糸 | 紀 | 203 |
| | 系 | 203 |
| 网 | 罕 | 210 |
| 肉 | 肖 | 217 |
| | 肘 | 217 |
| | 肚 | 217 |
| | 肝 | 217 |
| 艮 | 良 | 224 |
| 艸 | 芍 | 225 |
| | 芝 | 225 |
| | 花 | 225 |
| | 芳 | 225 |
| | 芸 | 225 |
| 見 | 見 | 244 |
| 角 | 角 | 245 |
| 言 | 言 | 246 |
| 谷 | 谷 | 252 |
| 豆 | 豆 | 252 |
| 豕 | 豕 | 252 |
| 貝 | 貝 | 253 |
| 赤 | 赤 | 256 |
| 走 | 走 | 256 |
| 足 | 足 | 257 |
| 身 | 身 | 259 |
| 車 | 車 | 260 |
| 辛 | 辛 | 262 |
| 辰 | 辰 | 263 |
| 辵 | 迂 | 263 |
| | 迄 | 263 |
| | 迅 | 263 |
| 邑 | 邑 | 270 |
| | 那 | 270 |
| | 邦 | 270 |
| | 邪 | 270 |
| 里 | 里 | 274 |
| 阜 | 防 | 282 |


## 八画


| | | |
|---|---|---|
| 一 | 並 | 7 |
| 丿 | 乖 | 9 |
| 乙 | 乳 | 10 |
| 亅 | 事 | 10 |
| 二 | 亞 | 12 |
| 亠 | 享 | 12 |
| | 京 | 12 |
| 人 | 佩 | 18 |
| | 佳 | 18 |
| | 併 | 18 |
| | 佷 | 18 |
| | 使 | 18 |
| | 來 | 18 |
| | 侈 | 18 |
| | 例 | 18 |
| | 侍 | 18 |
| | 侘 | 19 |
| | 供 | 19 |
| | 依 | 19 |
| 儿 | 兒 | 25 |
| | 兔 | 25 |
| 入 | 兩 | 26 |
| 八 | 其 | 28 |
| | 具 | 28 |
| | 典 | 28 |
| 冫 | 冽 | 29 |
| 凵 | 函 | 31 |
| 刀 | 刮 | 33 |
| | 到 | 33 |
| | 刳 | 33 |
| | 制 | 33 |
| | 刷 | 33 |
| | 刹 | 33 |
| | 刺 | 33 |
| | 刻 | 33 |
| 十 | 卑 | 40 |
| | 卒 | 40 |
| | 卓 | 40 |
| 卜 | 卦 | 41 |
| 卩 | 卷 | 42 |
| | 卸 | 42 |
| 又 | 叔 | 43 |
| | 取 | 44 |
| | 受 | 44 |
| 口 | 周 | 48 |
| | 呪 | 48 |
| | 味 | 49 |
| | 呵 | 49 |
| | 呷 | 49 |
| | 呼 | 49 |
| | 命 | 49 |
| | 咀 | 49 |
| | 咄 | 49 |
| | 和 | 49 |
| | 咎 | 49 |
| 囗 | 固 | 54 |
| 土 | 坡 | 56 |
| | 坤 | 56 |
| | 坦 | 56 |
| | 坪 | 56 |
| | 垂 | 56 |
| 夕 | 夜 | 61 |
| 大 | 奇 | 65 |
| | 奈 | 65 |
| | 奉 | 65 |
| 女 | 妬 | 67 |
| | 妯 | 67 |
| | 妹 | 67 |
| | 妻 | 67 |
| | 妎 | 67 |
| | 姊 | 67 |
| | 始 | 67 |
| | 姑 | 67 |
| | 委 | 67 |
| 子 | 孟 | 70 |
| | 季 | 70 |
| | 孤 | 70 |
| 宀 | 宗 | 71 |
| | 官 | 71 |
| | 定 | 72 |
| | 宛 | 72 |

| | | |
|---|---|---|
| | 宜 | 72 |
| 小 | 尚 | 78 |
| 尸 | 居 | 79 |
| | 届 | 80 |
| | 屆 | 80 |
| 山 | 岡 | 81 |
| | 岩 | 81 |
| | 岸 | 81 |
| 巾 | 帔 | 85 |
| | 帘 | 85 |
| | 帚 | 85 |
| 干 | 幷 | 87 |
| | 幸 | 87 |
| 广 | 底 | 88 |
| | 庖 | 88 |
| | 店 | 88 |
| | 庚 | 88 |
| 弓 | 弢 | 92 |
| | 弣 | 92 |
| | 弥 | 92 |
| | 弦 | 92 |
| | 弩 | 92 |
| 彳 | 彼 | 94 |
| | 往 | 94 |
| | 征 | 94 |
| 心 | 忝 | 98 |
| | 忠 | 98 |
| | 忩 | 99 |
| | 念 | 99 |
| | 忽 | 99 |
| | 忿 | 99 |
| | 怖 | 99 |
| | 怡 | 99 |
| | 性 | 100 |
| | 怪 | 100 |
| 戈 | 或 | 105 |
| 戸 | 戽 | 106 |
| | 戾 | 106 |
| | 所 | 106 |
| 手 | 承 | 109 |
| | 披 | 109 |
| | 抱 | 109 |
| | 抹 | 109 |
| | 押 | 109 |
| | 抽 | 110 |
| | 拂 | 110 |
| | 拄 | 110 |
| | 拇 | 110 |
| | 拈 | 110 |
| | 拉 | 110 |
| | 拋 | 110 |
| | 拍 | 110 |
| | 拒 | 110 |
| | 拔 | 110 |
| | 拖 | 110 |
| | 拘 | 110 |
| | 拙 | 110 |
| | 招 | 110 |
| 攴 | 放 | 116 |
| | 政 | 116 |
| 斤 | 斧 | 119 |
| 方 | 於 | 120 |
| 日 | 旻 | 122 |
| | 昆 | 122 |
| | 昇 | 122 |
| | 昊 | 122 |
| | 明 | 122 |
| | 昏 | 123 |
| | 易 | 123 |
| | 昔 | 123 |
| 月 | 朋 | 128 |
| | 服 | 128 |
| 木 | 杪 | 132 |
| | 杯 | 132 |
| | 東 | 132 |
| | 杴 | 132 |
| | 杵 | 132 |
| | 杻 | 132 |
| | 松 | 132 |
| | 板 | 132 |
| | 枅 | 132 |
| | 枇 | 132 |
| | 枉 | 132 |
| | 枌 | 132 |
| | 枕 | 132 |
| | 林 | 133 |
| | 枚 | 133 |
| | 果 | 133 |
| | 枝 | 133 |
| 欠 | 欣 | 141 |
| 止 | 武 | 143 |
| | 歧 | 143 |
| | 歩 | 143 |
| 毋 | 毒 | 146 |
| 毛 | 毟 | 146 |
| 水 | 沫 | 149 |
| | 河 | 149 |
| | 沸 | 149 |
| | 油 | 149 |
| | 治 | 149 |
| | 沼 | 150 |
| | 沽 | 150 |
| | 沾 | 150 |
| | 泄 | 150 |
| | 泊 | 150 |
| | 泌 | 150 |
| | 法 | 150 |
| | 泗 | 150 |
| | 泡 | 150 |
| | 波 | 150 |
| | 泥 | 150 |
| | 注 | 151 |
| | 泮 | 151 |
| | 泯 | 151 |
| 火 | 炊 | 160 |
| | 炎 | 160 |
| | 炙 | 160 |
| 爪 | 爭 | 164 |
| 爿 | 牀 | 165 |
| 牛 | 牧 | 166 |
| | 物 | 166 |
| 犬 | 狀 | 167 |
| | 狎 | 167 |
| | 狐 | 167 |
| | 狖 | 167 |
| | 狗 | 167 |
| | 狛 | 167 |
| 疒 | 疝 | 177 |
| | 疰 | 177 |
| 白 | 的 | 181 |
| 皿 | 盂 | 182 |
| 目 | 盲 | 184 |
| | 直 | 184 |
| 矢 | 知 | 187 |
| 石 | 矼 | 188 |
| 示 | 祀 | 190 |
| | 祈 | 190 |
| 禾 | 秉 | 193 |
| 穴 | 空 | 195 |
| 糸 | 糺 | 203 |

| | | |
|---|---|---|
| | 糾 | 203 |
| 羊 | 羌 | 211 |
| 耳 | 耵 | 215 |
| 肉 | 股 | 217 |
| | 肢 | 217 |
| | 肥 | 217 |
| | 肩 | 217 |
| | 肪 | 217 |
| | 肬 | 217 |
| | 肮 | 217 |
| | 肯 | 217 |
| | 肱 | 217 |
| | 育 | 217 |
| | 肴 | 217 |
| | 肶 | 217 |
| 臣 | 臥 | 221 |
| 舌 | 舍 | 223 |
| 艸 | 芙 | 225 |
| | 芰 | 225 |
| | 芡 | 225 |
| | 芥 | 225 |
| | 芧 | 225 |
| | 芬 | 225 |
| | 芭 | 225 |
| | 芟 | 225 |
| | 芹 | 225 |
| | 芽 | 225 |
| | 艻 | 225 |
| | 苗 | 226 |
| | 若 | 226 |
| | 苦 | 226 |
| | 英 | 227 |
| | 茂 | 227 |
| 虍 | 虎 | 234 |
| 衣 | 表 | 240 |
| | 衫 | 241 |
| 辵 | 迎 | 263 |
| | 近 | 263 |
| | 迒 | 263 |
| | 返 | 264 |
| 邑 | 邸 | 270 |
| 釆 | 采 | 273 |
| 金 | 金 | 275 |
| 長 | 長 | 279 |
| 門 | 門 | 280 |
| 阜 | 阜 | 282 |
| | 阻 | 282 |
| | 阿 | 282 |
| | 附 | 282 |
| 雨 | 雨 | 287 |
| 青 | 青 | 289 |
| 非 | 非 | 290 |
| 面 | 靣 | 290 |


## 九画


| | | |
|---|---|---|
| ノ | 乗 | 9 |
| 亠 | 亭 | 12 |
| | 亮 | 13 |
| 人 | 侵 | 19 |
| | 侶 | 19 |
| | 便 | 19 |
| | 係 | 19 |
| | 促 | 19 |
| | 俄 | 19 |
| | 俊 | 19 |
| | 俎 | 19 |
| | 俗 | 19 |
| | 保 | 19 |
| | 俟 | 19 |
| | 信 | 19 |
| 冂 | 冒 | 29 |
| 冖 | 冠 | 29 |
| 刀 | 剃 | 33 |
| | 則 | 33 |
| | 削 | 33 |
| | 前 | 33 |
| 力 | 勃 | 35 |
| | 勇 | 35 |
| 勹 | 匍 | 37 |
| 十 | 南 | 40 |
| 卩 | 卽 | 42 |
| 厂 | 厚 | 42 |
| 又 | 叛 | 44 |
| 口 | 咡 | 49 |
| | 咨 | 49 |
| | 咫 | 49 |
| | 咲 | 49 |
| | 咳 | 49 |
| | 咸 | 49 |
| | 咽 | 49 |
| | 咿 | 49 |
| | 哀 | 49 |
| | 品 | 50 |
| | 哂 | 50 |
| 土 | 垠 | 57 |
| | 垢 | 57 |
| | 垣 | 57 |
| | 垤 | 57 |
| | 城 | 57 |
| 大 | 奏 | 65 |
| | 契 | 65 |
| | 奔 | 65 |
| 女 | 姝 | 67 |
| | 姣 | 67 |
| | 姦 | 67 |
| | 姧 | 67 |
| | 姨 | 67 |
| | 姪 | 67 |
| | 姬 | 67 |
| | 姮 | 67 |
| | 姸 | 67 |
| | 姻 | 67 |
| | 姿 | 68 |
| | 威 | 68 |
| 子 | 孩 | 70 |
| 宀 | 客 | 72 |
| | 宣 | 72 |
| | 室 | 72 |
| | 宥 | 72 |
| 寸 | 封 | 76 |
| 尸 | 屋 | 80 |
| | 屍 | 80 |
| | 屎 | 80 |
| | 屏 | 80 |
| 山 | 峙 | 81 |
| 己 | 巷 | 84 |
| | 巻 | 84 |
| 巾 | 帝 | 85 |
| | 帥 | 85 |
| 幺 | 幽 | 88 |
| 广 | 庚 | 88 |
| | 度 | 88 |
| 廴 | 建 | 90 |
| 弓 | 弭 | 92 |
| 彡 | 彦 | 93 |
| 彳 | 待 | 94 |
| | 律 | 94 |
| | 後 | 94 |
| 心 | 怒 | 99 |
| | 思 | 99 |

| | | |
|---|---|---|
| | 怠 | 99 |
| | 急 | 99 |
| | 怨 | 100 |
| | 恃 | 100 |
| | 恒 | 100 |
| | 恊 | 100 |
| | 恍 | 100 |
| | 㤥 | 100 |
| | 恤 | 100 |
| | 恨 | 100 |
| | 恰 | 101 |
| 戸 | 扁 | 107 |
| | 扃 | 107 |
| 手 | 拏 | 110 |
| | 拜 | 110 |
| | 括 | 110 |
| | 拭 | 110 |
| | 拯 | 110 |
| | 拱 | 110 |
| | 拵 | 110 |
| | 拷 | 110 |
| | 拾 | 111 |
| | 持 | 111 |
| | 指 | 111 |
| | 按 | 111 |
| | 挑 | 111 |
| 攴 | 故 | 116 |
| 方 | 施 | 120 |
| 日 | 星 | 123 |
| | 映 | 123 |
| | 春 | 123 |
| | 昧 | 123 |
| | 昨 | 123 |
| | 昭 | 123 |
| | 是 | 123 |
| | 昵 | 124 |
| | 昂 | 124 |
| | 旹 | 124 |
| 木 | 枯 | 133 |
| | 枳 | 133 |
| | 枴 | 133 |
| | 架 | 133 |
| | 枷 | 133 |
| | 枸 | 133 |
| | 枹 | 133 |
| | 柹 | 133 |
| | 柄 | 133 |
| | 柊 | 133 |
| | 柏 | 133 |
| | 某 | 133 |
| | 柑 | 133 |
| | 染 | 133 |
| | 柔 | 133 |
| | 柚 | 133 |
| | 柝 | 133 |
| | 柞 | 133 |
| | 柯 | 133 |
| | 柰 | 133 |
| | 柱 | 134 |
| | 柳 | 134 |
| | 柴 | 134 |
| | 柵 | 134 |
| | 杫 | 134 |
| | 柿 | 134 |
| | 栂 | 134 |
| 歹 | 殃 | 144 |
| | 殆 | 144 |
| 殳 | 段 | 145 |
| 比 | 毗 | 146 |
| 水 | 泉 | 150 |
| | 洋 | 151 |
| | 洑 | 151 |
| | 洗 | 151 |
| | 洛 | 151 |
| | 洞 | 151 |
| | 津 | 151 |
| | 洩 | 151 |
| | 洪 | 151 |
| | 洮 | 151 |
| | 活 | 151 |
| | 海 | 151 |
| 火 | 炬 | 160 |
| | 炭 | 160 |
| | 炮 | 160 |
| | 炳 | 160 |
| | 為 | 160 |
| 爪 | 爰 | 164 |
| 牛 | 牲 | 166 |
| 犬 | 狩 | 167 |
| 玉 | 玻 | 170 |
| | 珍 | 170 |
| 瓦 | 瓮 | 172 |
| 甘 | 甚 | 172 |
| 田 | 畋 | 175 |
| | 界 | 175 |
| | 畎 | 175 |
| | 畏 | 175 |
| 疒 | 疣 | 178 |
| | 疥 | 178 |
| | 疫 | 178 |
| 癶 | 癸 | 179 |
| 白 | 皆 | 181 |
| | 皇 | 182 |
| 皿 | 盆 | 182 |
| | 盈 | 182 |
| 目 | 相 | 184 |
| | 省 | 185 |
| | 眄 | 185 |
| | 眇 | 185 |
| | 眉 | 185 |
| | 看 | 185 |
| 矛 | 矜 | 187 |
| 矢 | 矧 | 187 |
| 石 | 砌 | 188 |
| | 研 | 188 |
| 示 | 祇 | 190 |
| | 祖 | 190 |
| | 祝 | 191 |
| | 神 | 191 |
| 禾 | 秋 | 193 |
| | 科 | 193 |
| 穴 | 穿 | 195 |
| | 突 | 195 |
| 竹 | 竿 | 198 |
| | 笆 | 198 |
| 米 | 粠 | 201 |
| 糸 | 紀 | 203 |
| | 約 | 203 |
| | 紅 | 203 |
| | 紆 | 203 |
| | 紈 | 203 |
| 羊 | 美 | 211 |
| 老 | 耇 | 214 |
| 而 | 耐 | 214 |
| 肉 | 背 | 217 |
| | 胎 | 217 |
| | 胗 | 217 |
| | 胛 | 217 |
| | 胞 | 217 |
| | 胡 | 217 |

| | | |
|---|---|---|
| | 胤 | 218 |
| | 脉 | 218 |
| 艸 | 苑 | 226 |
| | 苔 | 226 |
| | 苛 | 226 |
| | 苣 | 226 |
| | 苧 | 226 |
| | 苫 | 227 |
| | 苾 | 227 |
| | 茉 | 227 |
| | 范 | 227 |
| | 茄 | 227 |
| | 茅 | 227 |
| | 茆 | 227 |
| | 茈 | 227 |
| | 茶 | 227 |
| | 草 | 227 |
| | 荒 | 228 |
| 虍 | 虐 | 234 |
| 虫 | 虹 | 235 |
| | 虺 | 235 |
| | 虻 | 235 |
| 衣 | 衲 | 241 |
| | 衽 | 241 |
| | 衿 | 241 |
| | 袂 | 241 |
| 襾 | 要 | 243 |
| 言 | 訃 | 246 |
| | 計 | 246 |
| 貝 | 貞 | 253 |
| | 負 | 253 |
| 走 | 赴 | 256 |
| 車 | 軍 | 260 |
| 辵 | 迢 | 264 |
| | 迦 | 264 |
| | 迹 | 264 |
| | 迫 | 264 |
| | 述 | 264 |
| 邑 | 郁 | 271 |
| 里 | 重 | 274 |
| 阜 | 陌 | 283 |
| | 降 | 283 |
| | 限 | 283 |
| 革 | 革 | 291 |
| 韋 | 韋 | 292 |
| 韭 | 韭 | 292 |
| 音 | 音 | 293 |
| 風 | 風 | 295 |
| 飛 | 飛 | 296 |
| 食 | 食 | 296 |
| 首 | 首 | 299 |
| 香 | 香 | 299 |


## 十画


| | | |
|---|---|---|
| 人 | 修 | 20 |
| | 俯 | 20 |
| | 俱 | 20 |
| | 俳 | 20 |
| | 俸 | 20 |
| | 倉 | 20 |
| | 倍 | 20 |
| | 倒 | 20 |
| | 候 | 20 |
| | 倚 | 20 |
| | 借 | 20 |
| | 倡 | 20 |
| | 値 | 20 |
| | 倦 | 20 |
| | 倩 | 20 |
| | 倫 | 20 |
| | 倭 | 20 |
| | 倮 | 20 |
| 八 | 兼 | 28 |
| 冖 | 冥 | 29 |
| 冫 | 凄 | 30 |
| | 准 | 30 |
| | 凉 | 30 |
| | 凋 | 30 |
| | 凌 | 30 |
| | 凍 | 30 |
| 刀 | 剕 | 34 |
| | 剔 | 34 |
| | 剛 | 34 |
| | 剜 | 34 |
| | 剥 | 34 |
| | 剡 | 34 |
| 力 | 勅 | 35 |
| 厂 | 原 | 42 |
| 又 | 叟 | 44 |
| 口 | 員 | 50 |
| | 哢 | 50 |
| | 哭 | 50 |
| | 哮 | 50 |
| | 哲 | 50 |
| | 哺 | 50 |
| | 哽 | 50 |
| | 唐 | 50 |
| 囗 | 圃 | 54 |
| 土 | 埃 | 57 |
| | 埋 | 57 |
| | 埒 | 57 |
| 夊 | 夏 | 60 |
| 大 | 奚 | 65 |
| 女 | 娑 | 68 |
| | 娘 | 68 |
| | 娯 | 68 |
| | 娣 | 68 |
| 子 | 孫 | 70 |
| 宀 | 宮 | 72 |
| | 宰 | 72 |
| | 害 | 72 |
| | 宴 | 72 |
| | 宵 | 72 |
| | 家 | 72 |
| | 宸 | 73 |
| | 容 | 73 |
| 寸 | 射 | 76 |
| 尸 | 屑 | 80 |
| | 展 | 80 |
| 山 | 峯 | 81 |
| | 島 | 81 |
| 工 | 差 | 83 |
| 巾 | 師 | 85 |
| | 席 | 85 |
| 广 | 座 | 89 |
| | 庫 | 89 |
| | 庭 | 89 |
| 弓 | 弱 | 92 |
| 彳 | 徐 | 95 |
| | 徑 | 95 |
| | 徒 | 95 |
| 心 | 恐 | 100 |
| | 恕 | 100 |
| | 恙 | 100 |
| | 恚 | 100 |
| | 恣 | 100 |
| | 恥 | 100 |
| | 恩 | 100 |
| | 恭 | 100 |
| | 息 | 100 |

| | | | | | | | | | | | |
|---|---|---|---|---|---|---|---|---|---|---|---|
| | 悦 | 101 | 木 | 栓 | 134 | | 消 | 152 | 皿 | 盇 | 182 |
| | 悋 | 101 | | 栗 | 134 | | 涌 | 152 | | 益 | 182 |
| | 悔 | 101 | | 栟 | 134 | | 涏 | 152 | | 盌 | 182 |
| | 悕 | 101 | | 校 | 134 | | 洿 | 152 | | 盍 | 183 |
| | 悖 | 101 | | 株 | 134 | | 涕 | 152 | 目 | 眕 | 185 |
| | 悟 | 101 | | 栫 | 134 | | 流 | 152 | | 眞 | 185 |
| 戸 | 扆 | 107 | | 栭 | 134 | 火 | 烈 | 160 | | 眠 | 186 |
| | 扇 | 107 | | 栴 | 134 | | [illegible] | 160 | | 眩 | 186 |
| 手 | 拳 | 110 | | 栵 | 134 | | 烏 | 160 | 石 | 砥 | 188 |
| | 挨 | 111 | | 核 | 134 | 牛 | 牸 | 166 | | 砭 | 188 |
| | 挫 | 111 | | 根 | 134 | | 特 | 166 | | 破 | 188 |
| | 振 | 111 | | 格 | 134 | 犬 | 猇 | 167 | 示 | 祐 | 190 |
| | 拼 | 111 | | 栽 | 134 | | 狹 | 167 | | 祓 | 190 |
| | 挺 | 111 | | 桁 | 134 | | 狼 | 167 | | 祕 | 190 |
| | 挼 | 111 | | 桂 | 134 | 玄 | 玆 | 169 | | 祠 | 191 |
| | 挽 | 111 | | 桃 | 134 | 玉 | 珠 | 170 | | 祢 | 191 |
| | 挾 | 111 | | 案 | 134 | | [illegible] | 170 | | 祥 | 191 |
| | 挿 | 111 | | 桐 | 135 | | 珪 | 170 | 禾 | 秘 | 193 |
| | 捂 | 111 | | 桑 | 135 | | 班 | 170 | | 租 | 194 |
| | 捃 | 111 | | 桔 | 135 | | 琉 | 170 | | 秣 | 194 |
| | 捍 | 111 | | 梅 | 135 | 田 | 畔 | 175 | | 秦 | 194 |
| | 捏 | 111 | 欠 | 欸 | 141 | | 留 | 175 | | 秬 | 194 |
| | 捐 | 111 | 歹 | 殊 | 144 | | 畜 | 175 | 穴 | 窄 | 196 |
| | 捕 | 111 | 殳 | 殺 | 145 | | 畝 | 175 | | 窈 | 196 |
| | 捄 | 111 | 气 | 氣 | 147 | | 畠 | 175 | 立 | 竛 | 197 |
| 攴 | 效 | 116 | 水 | 泰 | 151 | 疒 | 疱 | 178 | 竹 | 笄 | 198 |
| 斗 | 料 | 119 | | 浚 | 151 | | 疲 | 178 | | 笆 | 198 |
| 方 | 旁 | 120 | | 浦 | 151 | | 疵 | 178 | | 笈 | 198 |
| | 旅 | 120 | | 浩 | 151 | | 疼 | 178 | | 笊 | 198 |
| 日 | 時 | 124 | | 浪 | 151 | | 疽 | 178 | | 笋 | 198 |
| | 晃 | 124 | | 浮 | 151 | | 疾 | 178 | | 笑 | 198 |
| | 晉 | 124 | | 浴 | 152 | | 痂 | 178 | 米 | 粃 | 201 |
| 曰 | 書 | 126 | | 海 | 152 | | 痃 | 178 | | 粉 | 201 |
| 月 | 朔 | 128 | | 浸 | 152 | | 病 | 178 | 糸 | 紋 | 203 |
| | 朕 | 128 | | 涅 | 152 | 白 | 皕 | 182 | | 納 | 203 |

| | | |
|---|---|---|
| | 紐 | 203 |
| | 純 | 203 |
| | 紕 | 203 |
| | 紒 | 203 |
| | 紖 | 203 |
| | 紗 | 204 |
| | 紙 | 204 |
| | 紛 | 204 |
| | 素 | 204 |
| | 紡 | 204 |
| | 索 | 204 |
| 缶 | 缺 | 210 |
| 网 | 罟 | 210 |
| 羊 | 羔 | 212 |
| 羽 | 翁 | 213 |
| | 翅 | 213 |
| 老 | 耄 | 214 |
| | 耆 | 214 |
| 耒 | 耕 | 214 |
| | 耗 | 214 |
| | 耘 | 214 |
| 耳 | 聆 | 215 |
| | 耽 | 215 |
| 肉 | 胯 | 218 |
| | 胳 | 218 |
| | 胴 | 218 |
| | 胥 | 218 |
| | 胼 | 218 |
| | 能 | 218 |
| | 胰 | 218 |
| | 脂 | 218 |
| | 脅 | 218 |
| | 脇 | 218 |
| | 脆 | 218 |
| | 脊 | 218 |
| 自 | 臭 | 221 |
| 至 | 致 | 222 |
| 舌 | 舐 | 223 |
| 舟 | 航 | 223 |
| | 舫 | 223 |
| | 般 | 223 |
| 艸 | 芻 | 225 |
| | 茘 | 227 |
| | 茯 | 227 |
| | 茴 | 227 |
| | 茵 | 227 |
| | 茹 | 227 |
| | 荛 | 227 |
| | 荃 | 227 |
| | 荊 | 227 |
| | 荇 | 227 |
| | 荏 | 228 |
| | 荐 | 228 |
| | 荑 | 228 |
| | 華 | 228 |
| 虫 | 蚊 | 235 |
| | 蚌 | 235 |
| | 蚑 | 235 |
| | 蚔 | 235 |
| | 蚖 | 235 |
| | 蚟 | 235 |
| | 蚤 | 235 |
| 衣 | 衰 | 241 |
| | 衾 | 241 |
| | 袊 | 241 |
| | 袍 | 241 |
| | 袒 | 241 |
| | 袖 | 241 |
| | 袙 | 241 |
| | 袪 | 241 |
| | 被 | 241 |
| 言 | 討 | 246 |
| | 訐 | 246 |
| | 訓 | 246 |
| | 訕 | 246 |
| | 訖 | 246 |
| | 託 | 246 |
| | 記 | 246 |
| 豆 | 豈 | 252 |
| 豸 | 豹 | 253 |
| 貝 | 財 | 253 |
| | 貢 | 253 |
| 走 | 起 | 257 |
| 身 | 躬 | 260 |
| 車 | 軒 | 260 |
| 辰 | 辱 | 263 |
| 辵 | 迴 | 264 |
| | 迷 | 264 |
| | 迹 | 264 |
| | 追 | 264 |
| | 退 | 264 |
| | 送 | 265 |
| | 逃 | 265 |
| | 逆 | 265 |
| 邑 | 郎 | 271 |
| | 郡 | 271 |
| | 郤 | 271 |
| 酉 | 酌 | 272 |
| | 配 | 272 |
| | 酒 | 272 |
| 金 | 釘 | 275 |
| | 釜 | 275 |
| | 針 | 275 |
| 阜 | 陞 | 283 |
| | 陛 | 283 |
| | 陟 | 283 |
| | 院 | 283 |
| | 陣 | 283 |
| | 除 | 283 |
| | 陋 | 283 |
| 隹 | 隻 | 285 |
| | 隼 | 285 |
| 馬 | 馬 | 299 |
| 骨 | 骨 | 301 |
| 高 | 高 | 302 |
| 鬼 | 鬼 | 304 |


## 十一画


| | | |
|---|---|---|
| 乙 | 乾 | 10 |
| 人 | 偃 | 20 |
| | 假 | 21 |
| | 偏 | 21 |
| | 偕 | 21 |
| | 停 | 21 |
| | 健 | 21 |
| | 側 | 21 |
| | 偶 | 21 |
| | 偸 | 21 |
| | 偽 | 21 |
| 冖 | 冨 | 29 |
| 冫 | 減 | 30 |
| 刀 | 剪 | 34 |
| | 副 | 34 |
| | 剰 | 34 |
| 力 | 勒 | 36 |
| | 動 | 36 |
| | 勘 | 36 |
| | 務 | 36 |
| 勹 | 匏 | 37 |
| 匸 | 匿 | 39 |

| | | |
|---|---|---|
| | 區 | 39 |
| 厂 | 厠 | 42 |
| 厶 | 參 | 43 |
| 口 | 唯 | 50 |
| | 啾 | 50 |
| | 唱 | 50 |
| | 唾 | 50 |
| | 啀 | 50 |
| | 啄 | 50 |
| | 啅 | 51 |
| | 商 | 51 |
| | 問 | 51 |
| | 啐 | 51 |
| | 啓 | 51 |
| | 啜 | 51 |
| 囗 | 圍 | 54 |
| | 國 | 54 |
| 土 | 埜 | 57 |
| | 埭 | 57 |
| | 執 | 57 |
| | 培 | 57 |
| | 基 | 57 |
| | 堀 | 57 |
| | 堂 | 57 |
| | 堅 | 57 |
| | 堆 | 57 |
| | 堊 | 57 |
| | 堋 | 57 |
| 士 | 壼 | 59 |
| 女 | 娶 | 68 |
| | 婀 | 68 |
| | 婚 | 68 |
| | 婦 | 68 |
| | 婬 | 68 |
| | 婭 | 68 |
| 子 | 孰 | 70 |
| 宀 | 宿 | 73 |
| | 寂 | 74 |
| | 寃 | 74 |
| | 寄 | 74 |
| | 寅 | 74 |
| | 密 | 74 |
| 寸 | 將 | 76 |
| | 專 | 76 |
| | 尉 | 76 |
| 山 | 崇 | 82 |
| | 崎 | 82 |
| | 崐 | 82 |
| | 崩 | 82 |
| 巛 | 巢 | 83 |
| 巾 | 帳 | 85 |
| | 帶 | 85 |
| | 帷 | 85 |
| | 常 | 85 |
| 广 | 庶 | 89 |
| | 庸 | 89 |
| 弓 | 張 | 92 |
| | 強 | 92 |
| 彐 | 彗 | 93 |
| 彡 | 彩 | 94 |
| | 彫 | 94 |
| 彳 | 得 | 95 |
| | 徘 | 96 |
| | 徙 | 96 |
| | 從 | 96 |
| | 御 | 96 |
| 心 | 悉 | 101 |
| | 悠 | 101 |
| | 患 | 101 |
| | 悴 | 101 |
| | 悵 | 101 |
| | 悸 | 101 |
| | 情 | 101 |
| | 惆 | 101 |
| | 惘 | 101 |
| | 惜 | 101 |
| | 惟 | 101 |
| 戈 | 戚 | 105 |
| | 戛 | 105 |
| 手 | 捥 | 112 |
| | 捧 | 112 |
| | 捨 | 112 |
| | 捫 | 112 |
| | 捲 | 112 |
| | 捴 | 112 |
| | 捷 | 112 |
| | 捺 | 112 |
| | 捻 | 112 |
| | 捼 | 112 |
| | 掃 | 112 |
| | 掃 | 112 |
| | 掇 | 112 |
| | 授 | 112 |
| | 排 | 112 |
| | 掖 | 112 |
| | 掘 | 112 |
| | 掛 | 112 |
| | 掟 | 112 |
| | 掠 | 112 |
| | 採 | 112 |
| | 探 | 112 |
| | 接 | 112 |
| | 控 | 112 |
| | 推 | 113 |
| | 掩 | 113 |
| | 措 | 113 |
| | 掬 | 113 |
| 攴 | 敍 | 116 |
| | 敘 | 116 |
| | 教 | 116 |
| | 敏 | 117 |
| | 救 | 117 |
| | 敗 | 117 |
| 文 | 斎 | 118 |
| 斗 | 斜 | 119 |
| 斤 | 斬 | 119 |
| | 断 | 119 |
| 方 | 旋 | 121 |
| | 旌 | 121 |
| | 族 | 121 |
| 无 | 既 | 121 |
| 日 | 晚 | 124 |
| | 晝 | 124 |
| | 晞 | 124 |
| | 晡 | 124 |
| | 晦 | 124 |
| | 晧 | 124 |
| | 晨 | 124 |
| 曰 | 曹 | 127 |
| 月 | 朗 | 128 |
| | 望 | 128 |
| 木 | 桴 | 135 |
| | 桶 | 135 |
| | 梋 | 135 |
| | 梁 | 135 |
| | 梂 | 135 |
| | 梅 | 135 |
| | 梏 | 135 |
| | 梓 | 135 |
| | 梔 | 135 |

| | | |
|---|---|---|
| | 梛 | 135 |
| | 條 | 135 |
| | 梟 | 135 |
| | 梠 | 135 |
| | 梢 | 135 |
| | 梧 | 135 |
| | 梨 | 135 |
| | 梭 | 135 |
| | 梯 | 135 |
| | 梳 | 135 |
| | 梵 | 135 |
| | 梶 | 135 |
| 欠 | 欲 | 141 |
| 毛 | 毫 | 146 |
| | 毬 | 146 |
| 水 | 涯 | 153 |
| | 液 | 153 |
| | 涳 | 153 |
| | 涵 | 153 |
| | 涷 | 153 |
| | 涼 | 153 |
| | 淀 | 153 |
| | 淅 | 153 |
| | 淋 | 153 |
| | 淒 | 153 |
| | 淘 | 153 |
| | 淚 | 153 |
| | 淡 | 153 |
| | 淤 | 153 |
| | 淨 | 153 |
| | 淪 | 153 |
| | 深 | 153 |
| | 淳 | 154 |
| | 淵 | 154 |
| | 混 | 154 |

| | | |
|---|---|---|
| | 清 | 154 |
| | 淺 | 154 |
| | 添 | 154 |
| 火 | 烹 | 161 |
| | 烽 | 161 |
| | 焉 | 161 |
| 爻 | 爽 | 164 |
| 牛 | 牽 | 166 |
| | 犁 | 166 |
| 犬 | 猕 | 168 |
| | 猛 | 168 |
| | 猜 | 168 |
| 玄 | 率 | 169 |
| 玉 | 現 | 170 |
| | 理 | 171 |
| 甘 | 甜 | 173 |
| 生 | 産 | 173 |
| 田 | 畢 | 175 |
| | 略 | 175 |
| | 畦 | 175 |
| 疒 | 痔 | 178 |
| | 痕 | 178 |
| 白 | 皎 | 182 |
| | 皐 | 182 |
| 皿 | 盡 | 183 |
| | 盛 | 183 |
| 目 | 眴 | 186 |
| | 眵 | 186 |
| | 眶 | 186 |
| | 眷 | 186 |
| | 眸 | 186 |
| | 眺 | 186 |
| | 眼 | 186 |
| 矢 | 矪 | 187 |
| 示 | 祭 | 191 |

| | | |
|---|---|---|
| 内 | 离 | 193 |
| 禾 | 移 | 194 |
| 穴 | 窕 | 196 |
| 立 | 竟 | 197 |
| | 章 | 197 |
| 竹 | 笙 | 198 |
| | 笛 | 198 |
| | 笠 | 198 |
| | 符 | 198 |
| 米 | 粒 | 201 |
| | 粔 | 201 |
| | 粕 | 201 |
| | 粗 | 201 |
| | 粘 | 201 |
| 糸 | 紩 | 204 |
| | 紫 | 204 |
| | 紬 | 204 |
| | 累 | 204 |
| | 細 | 204 |
| | 紲 | 205 |
| | 紳 | 205 |
| | 紺 | 205 |
| | 終 | 205 |
| | 絃 | 205 |
| | 組 | 205 |
| | 絆 | 205 |
| | 絇 | 205 |
| 羊 | 羚 | 212 |
| | 羝 | 212 |
| | 羞 | 212 |
| 羽 | 翌 | 213 |
| | 習 | 213 |
| 耒 | 耜 | 214 |
| 耳 | 聊 | 215 |
| 肉 | 脚 | 218 |

| | | |
|---|---|---|
| | 脛 | 219 |
| | 脣 | 219 |
| | 脩 | 219 |
| | 脫 | 219 |
| | 脯 | 219 |
| | 脰 | 219 |
| 臼 | 舂 | 222 |
| 舟 | 舳 | 223 |
| | 舷 | 223 |
| | 船 | 223 |
| 艸 | 葱 | 228 |
| | 荷 | 228 |
| | 荻 | 228 |
| | 荼 | 228 |
| | 莅 | 228 |
| | 莇 | 228 |
| | 莊 | 228 |
| | 莎 | 228 |
| | 莓 | 228 |
| | 莖 | 228 |
| | 莚 | 228 |
| | 莟 | 228 |
| | 莠 | 228 |
| | 莧 | 228 |
| | 莩 | 228 |
| | 莫 | 228 |
| | 菊 | 228 |
| | 菌 | 229 |
| | 菓 | 229 |
| 虍 | 處 | 235 |
| | 虛 | 235 |
| 虫 | 蚯 | 235 |
| | 蚰 | 235 |
| | 蚿 | 235 |
| | 蛇 | 235 |

| | | |
|---|---|---|
| 行 | 衖 | 239 |
| | 術 | 240 |
| 衣 | 袈 | 241 |
| | 袋 | 241 |
| | 袤 | 241 |
| | 袴 | 241 |
| | 袷 | 241 |
| 見 | 規 | 244 |
| | 覓 | 244 |
| 言 | 訛 | 247 |
| | 訝 | 247 |
| | 訟 | 247 |
| | 訥 | 247 |
| | 訪 | 247 |
| | 設 | 247 |
| | 許 | 247 |
| 豕 | 豚 | 252 |
| 貝 | 貧 | 253 |
| | 貨 | 253 |
| | 販 | 254 |
| | 貪 | 254 |
| | 貫 | 254 |
| | 責 | 254 |
| 赤 | 赦 | 256 |
| 足 | 趺 | 258 |
| | 跈 | 258 |
| | 趾 | 258 |
| 車 | 軛 | 260 |
| 辵 | 逎 | 265 |
| | 透 | 265 |
| | 逐 | 265 |
| | 途 | 265 |
| | 逕 | 265 |
| | 逗 | 265 |
| | 這 | 265 |

| | | |
|---|---|---|
| | 通 | 265 |
| | 逝 | 266 |
| | 逞 | 266 |
| | 速 | 266 |
| | 造 | 266 |
| | 逡 | 266 |
| | 逢 | 266 |
| | 連 | 266 |
| 邑 | 部 | 271 |
| | 郭 | 271 |
| | 都 | 271 |
| 里 | 野 | 274 |
| 金 | 釣 | 275 |
| | 釵 | 275 |
| 門 | 閉 | 280 |
| 阜 | 陪 | 283 |
| | 陬 | 283 |
| | 陳 | 283 |
| | 陵 | 283 |
| | 陶 | 284 |
| | 陷 | 284 |
| | 陸 | 284 |
| 隹 | 雀 | 285 |
| 雨 | 雪 | 287 |
| | 雪 | 287 |
| 革 | 靰 | 291 |
| 頁 | 頂 | 293 |
| | 頃 | 293 |
| 食 | 飢 | 297 |
| 魚 | 魚 | 304 |
| 鳥 | 鳥 | 307 |
| 鹿 | 鹿 | 311 |
| 麥 | 麥 | 311 |
| 麻 | 麻 | 312 |
| 黃 | 黃 | 312 |


## 十二画


| | | |
|---|---|---|
| 人 | 傀 | 21 |
| | 傅 | 21 |
| | 傍 | 21 |
| | 備 | 21 |
| 儿 | 兟 | 25 |
| 几 | 凱 | 30 |
| 刀 | 割 | 34 |
| 力 | 勝 | 36 |
| | 勞 | 36 |
| 十 | 博 | 41 |
| 卩 | 卿 | 42 |
| 口 | 啻 | 51 |
| | 啼 | 51 |
| | 善 | 51 |
| | 喉 | 51 |
| | 喎 | 51 |
| | 喘 | 51 |
| | 喋 | 51 |
| | 喚 | 51 |
| | 喜 | 51 |
| | 喝 | 52 |
| | 喞 | 52 |
| | 喩 | 52 |
| | 喪 | 52 |
| | 喫 | 52 |
| | 單 | 52 |
| 囗 | 圍 | 55 |
| 土 | 堙 | 57 |
| | 堤 | 58 |
| | 堪 | 58 |
| | 堯 | 58 |
| | 堰 | 58 |
| | 報 | 58 |

| | | |
|---|---|---|
| | 場 | 58 |
| 士 | 壹 | 59 |
| 大 | 奠 | 65 |
| | 奢 | 65 |
| 女 | 婿 | 68 |
| | 媒 | 68 |
| | 媚 | 68 |
| 宀 | 富 | 74 |
| | 寐 | 74 |
| | 寒 | 74 |
| | 寔 | 74 |
| 寸 | 尊 | 76 |
| | 尋 | 77 |
| 尢 | 尰 | 79 |
| | 就 | 79 |
| 尸 | 屠 | 80 |
| 山 | 嵐 | 82 |
| 己 | 巽 | 84 |
| 巾 | 帽 | 86 |
| | 幃 | 86 |
| | 幅 | 86 |
| 幺 | 幾 | 88 |
| 广 | 廂 | 89 |
| 弋 | 弑 | 91 |
| 弓 | 弼 | 93 |
| 彳 | 徧 | 97 |
| | 復 | 97 |
| | 循 | 97 |
| 心 | 悲 | 101 |
| | 悶 | 101 |
| | 惑 | 101 |
| | 惠 | 101 |
| | 惡 | 101 |
| | 惰 | 102 |
| | 惱 | 102 |

| | | |
|---|---|---|
| | 愕 | 102 |
| | 愠 | 103 |
| 戈 | 戟 | 106 |
| 戶 | 扉 | 107 |
| 手 | 掌 | 112 |
| | 揃 | 113 |
| | 揉 | 113 |
| | 揎 | 113 |
| | 提 | 113 |
| | 插 | 113 |
| | 揖 | 113 |
| | 揚 | 113 |
| | 握 | 113 |
| | 揭 | 113 |
| | 揮 | 113 |
| | 揻 | 113 |
| | 揲 | 113 |
| | 揵 | 113 |
| | 揺 | 113 |
| 攴 | 敢 | 117 |
| | 散 | 117 |
| | 敦 | 117 |
| | 敧 | 117 |
| | 敬 | 117 |
| 文 | 斑 | 118 |
| 斤 | 斯 | 119 |
| 日 | 普 | 125 |
| | 景 | 125 |
| | 晴 | 125 |
| | 晷 | 125 |
| | 智 | 125 |
| 曰 | 曾 | 127 |
| | 替 | 127 |
| | 最 | 127 |
| 月 | 朝 | 129 |
| | 朞 | 129 |
| | 期 | 129 |
| | 朚 | 129 |
| 木 | 棊 | 135 |
| | 棒 | 136 |
| | 棖 | 136 |
| | 棗 | 136 |
| | 棚 | 136 |
| | 棟 | 136 |
| | 棠 | 136 |
| | 棧 | 136 |
| | 棬 | 136 |
| | 森 | 136 |
| | 棰 | 136 |
| | 棲 | 136 |
| | 棹 | 136 |
| | 棺 | 136 |
| | 椀 | 136 |
| | 椄 | 136 |
| | 植 | 136 |
| | 椎 | 136 |
| | 椒 | 136 |
| | 椔 | 136 |
| 欠 | 欺 | 141 |
| | 欽 | 141 |
| | 款 | 141 |
| 止 | 歸 | 143 |
| 歹 | 殘 | 144 |
| 毛 | 毳 | 147 |
| 水 | 淼 | 154 |
| | 渚 | 154 |
| | 減 | 154 |
| | 渝 | 154 |
| | 渟 | 154 |
| | 渠 | 154 |
| | 渡 | 155 |
| | 渦 | 155 |
| | 渧 | 155 |
| | 温 | 155 |
| | 渴 | 155 |
| | 游 | 155 |
| | 渺 | 155 |
| | 渾 | 155 |
| | 湊 | 155 |
| | 湍 | 155 |
| | 湔 | 155 |
| | 湖 | 155 |
| | 湘 | 155 |
| | 湛 | 155 |
| | 湫 | 155 |
| | 湯 | 155 |
| | 滋 | 155 |
| 火 | 焙 | 161 |
| | 焚 | 161 |
| | 無 | 161 |
| | 焦 | 162 |
| | 焰 | 162 |
| | 然 | 162 |
| 爪 | 爲 | 164 |
| 牛 | 犀 | 166 |
| 犬 | 猒 | 168 |
| | 猥 | 168 |
| | 猨 | 168 |
| | 猩 | 168 |
| | 猪 | 168 |
| | 猫 | 168 |
| | 猯 | 168 |
| | 猴 | 168 |
| | 猶 | 168 |
| 玉 | 琢 | 171 |
| | 琴 | 171 |
| | 琵 | 171 |
| 生 | 甥 | 174 |
| 田 | 番 | 175 |
| | 畫 | 176 |
| | 異 | 176 |
| 疋 | 疎 | 177 |
| 疒 | 痛 | 178 |
| | 痟 | 178 |
| | 痤 | 178 |
| 癶 | 登 | 180 |
| | 發 | 180 |
| 皿 | 盜 | 183 |
| 矢 | 矬 | 187 |
| | 短 | 187 |
| 石 | 硨 | 189 |
| | 硫 | 189 |
| | 硯 | 189 |
| 示 | 禄 | 191 |
| 禾 | 稀 | 194 |
| | 稂 | 194 |
| | 税 | 194 |
| | 程 | 194 |
| | 稍 | 194 |
| 穴 | 窖 | 196 |
| | 窘 | 196 |
| 立 | 童 | 197 |
| 竹 | 筁 | 198 |
| | 筆 | 198 |
| | 筈 | 198 |
| | 等 | 198 |
| | 筋 | 198 |
| | 筏 | 198 |
| | 筐 | 199 |
| | 筒 | 199 |

| | | |
|---|---|---|
| | 答 | 199 |
| | 策 | 199 |
| 米 | 粟 | 201 |
| | 粢 | 201 |
| | 粥 | 202 |
| | 粧 | 202 |
| 糸 | 結 | 205 |
| | 絓 | 205 |
| | 絶 | 205 |
| | 絞 | 205 |
| | 絿 | 205 |
| | 絡 | 205 |
| | 絇 | 205 |
| | 給 | 205 |
| | 絮 | 205 |
| | 絰 | 205 |
| | 統 | 206 |
| | 絲 | 206 |
| 网 | 罦 | 210 |
| 羽 | 翔 | 213 |
| | 翕 | 213 |
| 肉 | 脹 | 219 |
| | 脽 | 219 |
| | 脾 | 219 |
| | 腋 | 219 |
| | 腎 | 219 |
| | 腕 | 219 |
| 舌 | 舒 | 223 |
| 舛 | 舜 | 223 |
| 艸 | 菅 | 228 |
| | 葱 | 229 |
| | 菑 | 229 |
| | 菖 | 229 |
| | 菘 | 229 |
| | 菜 | 229 |
| | 葛 | 229 |
| | 菟 | 229 |
| | 菩 | 229 |
| | 菫 | 229 |
| | 菰 | 229 |
| | 菱 | 229 |
| | 菲 | 229 |
| | 菴 | 229 |
| | 菹 | 229 |
| | 菽 | 229 |
| | 萁 | 229 |
| | 萆 | 229 |
| | 萌 | 229 |
| | 萍 | 229 |
| | 萎 | 229 |
| | 萑 | 229 |
| | 落 | 229 |
| | 葉 | 230 |
| | 葬 | 230 |
| 虫 | 蛙 | 236 |
| | 蛛 | 236 |
| | 蛟 | 236 |
| | 蛣 | 236 |
| | 蛩 | 236 |
| | 蛬 | 236 |
| | 蛭 | 236 |
| 血 | 衆 | 239 |
| 行 | 街 | 240 |
| 衣 | 裁 | 241 |
| | 裂 | 241 |
| | 裙 | 242 |
| | 補 | 242 |
| 襾 | 覃 | 244 |
| 見 | 視 | 244 |
| | 覗 | 244 |
| 角 | 觜 | 245 |
| 言 | 訴 | 247 |
| | 訶 | 247 |
| | 註 | 247 |
| | 詈 | 247 |
| | 詐 | 247 |
| | 詔 | 247 |
| | 評 | 247 |
| | 詞 | 247 |
| | 詠 | 247 |
| 豕 | 象 | 252 |
| 豸 | 貂 | 253 |
| 貝 | 貯 | 254 |
| | 貫 | 254 |
| | 貲 | 254 |
| | 貴 | 254 |
| | 貶 | 254 |
| | 買 | 254 |
| | 費 | 254 |
| | 賀 | 254 |
| 走 | 超 | 257 |
| | 越 | 257 |
| 足 | 跋 | 258 |
| | 跎 | 258 |
| | 跛 | 258 |
| | 距 | 258 |
| 身 | 躰 | 260 |
| 車 | 軨 | 260 |
| | 軫 | 260 |
| | 軸 | 260 |
| | 軺 | 260 |
| 辵 | 迸 | 266 |
| | 逮 | 266 |
| | 進 | 267 |
| | 透 | 267 |
| | 逸 | 267 |
| 邑 | 都 | 271 |
| 酉 | 酢 | 272 |
| | 酣 | 272 |
| | 酤 | 272 |
| 里 | 量 | 274 |
| 金 | 釿 | 275 |
| | 鈇 | 275 |
| | 鈍 | 275 |
| | 鈎 | 276 |
| | 鈒 | 276 |
| | 鈞 | 276 |
| 門 | 開 | 280 |
| | 閏 | 281 |
| | 閑 | 281 |
| | 閒 | 281 |
| | 間 | 281 |
| | 閔 | 281 |
| 阜 | 陽 | 284 |
| | 陰 | 284 |
| | 隅 | 284 |
| | 隆 | 284 |
| | 隈 | 284 |
| | 階 | 284 |
| 隹 | 雄 | 285 |
| | 雅 | 285 |
| | 集 | 286 |
| | 雇 | 286 |
| 雨 | 雲 | 288 |
| 頁 | 項 | 293 |
| | 順 | 293 |
| | 須 | 293 |
| 食 | 飯 | 297 |
| 馬 | 馭 | 300 |
| 鳥 | 鳦 | 307 |

| | | |
|---|---|---|
| 黃 | 黃 | 312 |
| 黍 | 黍 | 313 |
| 黑 | 黑 | 313 |


## 十三画


| | | |
|---|---|---|
| 乙 | 亂 | 10 |
| 人 | 催 | 22 |
| | 傲 | 22 |
| | 傳 | 22 |
| | 傴 | 22 |
| | 傷 | 22 |
| | 傾 | 22 |
| | 僂 | 22 |
| | 僅 | 22 |
| | 僉 | 22 |
| | 僊 | 22 |
| 力 | 募 | 36 |
| | 勠 | 36 |
| | 勢 | 36 |
| | 勤 | 36 |
| 口 | 嗄 | 52 |
| | 嗔 | 52 |
| | 嗚 | 52 |
| | 嗜 | 52 |
| | 嗟 | 52 |
| | 嗣 | 52 |
| 囗 | 園 | 55 |
| | 圓 | 55 |
| 土 | 塊 | 58 |
| | 塒 | 58 |
| | 塔 | 58 |
| | 塗 | 58 |
| | 塘 | 58 |
| | 塚 | 58 |
| | 塞 | 58 |
| | 塩 | 58 |
| 夕 | 夢 | 61 |
| 大 | 奧 | 65 |
| 女 | 媵 | 68 |
| | 嫁 | 68 |
| | 嫂 | 68 |
| | 嫉 | 68 |
| | 嫋 | 68 |
| | 嫌 | 68 |
| | 嫐 | 68 |
| 宀 | 寬 | 74 |
| 小 | 尠 | 79 |
| 山 | 嵩 | 82 |
| | 嵯 | 82 |
| 巾 | 幌 | 86 |
| | 幐 | 86 |
| 干 | 幹 | 87 |
| 广 | 廉 | 89 |
| | 廊 | 89 |
| 弋 | 貳 | 91 |
| 弓 | 彀 | 93 |
| 彳 | 微 | 97 |
| 心 | 想 | 102 |
| | 愁 | 102 |
| | 愈 | 102 |
| | 愍 | 102 |
| | 意 | 102 |
| | 愚 | 102 |
| | 愛 | 102 |
| | 感 | 103 |
| | 慈 | 103 |
| | 愧 | 103 |
| | 愼 | 103 |
| 手 | 損 | 113 |
| | 搐 | 113 |
| | 搔 | 113 |
| | 搖 | 113 |
| | 搗 | 113 |
| | 搜 | 113 |
| | 搦 | 113 |
| | 搶 | 114 |
| | 携 | 114 |
| 文 | 斒 | 118 |
| 斗 | 斟 | 119 |
| 斤 | 新 | 119 |
| 日 | 暇 | 125 |
| | 暈 | 125 |
| | 暉 | 125 |
| | 暑 | 125 |
| | 暖 | 125 |
| | 暗 | 125 |
| 曰 | 會 | 127 |
| 木 | 椰 | 136 |
| | 椶 | 136 |
| | 椽 | 136 |
| | 椿 | 136 |
| | 楂 | 136 |
| | 楉 | 136 |
| | 楊 | 136 |
| | 楓 | 136 |
| | 楔 | 136 |
| | 楚 | 137 |
| | 楞 | 137 |
| | 楠 | 137 |
| | 楡 | 137 |
| | 楢 | 137 |
| | 楩 | 137 |
| | 楪 | 137 |
| | 楫 | 137 |
| | 業 | 137 |
| | 楮 | 137 |
| | 楯 | 137 |
| | 極 | 137 |
| | 楸 | 137 |
| | 楹 | 137 |
| | 楾 | 137 |
| 欠 | 歃 | 141 |
| 止 | 歲 | 144 |
| 殳 | 殿 | 145 |
| | 毀 | 145 |
| 水 | 源 | 155 |
| | 準 | 155 |
| | 溜 | 155 |
| | 溝 | 155 |
| | 溟 | 155 |
| | 溢 | 155 |
| | 溪 | 156 |
| | 溫 | 156 |
| | 溲 | 156 |
| | 溺 | 156 |
| | 滄 | 156 |
| | 滅 | 156 |
| | 滑 | 156 |
| | 滓 | 156 |
| | 滔 | 156 |
| 火 | 煎 | 162 |
| | 煑 | 162 |
| | 煖 | 162 |
| | 煜 | 162 |
| | 煞 | 162 |
| | 煤 | 162 |
| | 照 | 162 |
| | 煨 | 162 |
| | 煩 | 162 |
| 父 | 爺 | 164 |

| | | |
|---|---|---|
| 片 | 牒 | 165 |
| 犬 | 猿 | 168 |
| | 獅 | 168 |
| 玉 | 璹 | 171 |
| | 瑕 | 171 |
| | 瑞 | 171 |
| | 瑟 | 171 |
| 瓦 | 甁 | 172 |
| 田 | 當 | 176 |
| | 暇 | 177 |
| 疒 | 痺 | 178 |
| | 痿 | 178 |
| | 瘀 | 178 |
| 皿 | 盞 | 183 |
| | 盟 | 183 |
| 目 | 睛 | 186 |
| | 睠 | 186 |
| | 睡 | 186 |
| | 睦 | 186 |
| | 睫 | 186 |
| 石 | 硎 | 189 |
| | 碇 | 189 |
| | 碊 | 189 |
| | 碌 | 189 |
| | 碎 | 189 |
| | 碓 | 189 |
| 示 | 禁 | 191 |
| | 禍 | 192 |
| | 福 | 192 |
| 禾 | 穏 | 194 |
| | 稗 | 194 |
| | 稚 | 194 |
| | 稟 | 194 |
| | 稠 | 194 |
| 穴 | 窟 | 196 |
| | 窠 | 196 |
| 立 | 竪 | 197 |
| 竹 | 筝 | 199 |
| | 笱 | 199 |
| | 筥 | 199 |
| | 筧 | 199 |
| | 筬 | 199 |
| | 筭 | 199 |
| | 筳 | 199 |
| 米 | 粮 | 202 |
| | 粳 | 202 |
| 糸 | 絛 | 206 |
| | 絹 | 206 |
| | 絺 | 206 |
| | 綆 | 206 |
| | 綈 | 206 |
| | 綌 | 206 |
| | 經 | 206 |
| | 継 | 206 |
| | 絙 | 206 |
| | 緫 | 206 |
| 网 | 罧 | 210 |
| | 罪 | 210 |
| | 置 | 211 |
| 羊 | 羣 | 212 |
| | 羨 | 212 |
| | 義 | 212 |
| 耳 | 聖 | 215 |
| 聿 | 肆 | 216 |
| 肉 | 腥 | 219 |
| | 腦 | 219 |
| | 腨 | 219 |
| | 腷 | 219 |
| | 腫 | 219 |
| | 腮 | 219 |
| | 腰 | 219 |
| | 胥 | 219 |
| | 腸 | 219 |
| | 腹 | 219 |
| 臼 | 舅 | 222 |
| 舟 | 艀 | 224 |
| 艸 | 萩 | 229 |
| | 萬 | 229 |
| | 萱 | 229 |
| | 菓 | 230 |
| | 葎 | 230 |
| | 葒 | 230 |
| | 著 | 230 |
| | 葛 | 230 |
| | 董 | 230 |
| | 葦 | 230 |
| | 葩 | 230 |
| | 葥 | 230 |
| | 葫 | 230 |
| | 葭 | 230 |
| | 葵 | 230 |
| | 葹 | 230 |
| | 葺 | 230 |
| | 葽 | 230 |
| | 蒸 | 231 |
| 虍 | 虜 | 235 |
| | 虞 | 235 |
| | 號 | 235 |
| 虫 | 蜺 | 236 |
| | 蜱 | 236 |
| | 蛾 | 236 |
| | 蜀 | 236 |
| | 蜂 | 236 |
| | 蜆 | 236 |
| | 蜈 | 236 |
| | 蜉 | 236 |
| | 蜊 | 236 |
| | 蜏 | 236 |
| | 蜑 | 236 |
| 衣 | 裏 | 242 |
| | 裔 | 242 |
| | 裘 | 242 |
| | 裝 | 242 |
| | 裨 | 242 |
| | 襧 | 242 |
| | 裸 | 242 |
| | 裼 | 242 |
| | 裾 | 242 |
| 角 | 解 | 245 |
| 言 | 詢 | 247 |
| | 詣 | 247 |
| | 試 | 247 |
| | 詩 | 247 |
| | 詰 | 247 |
| | 話 | 247 |
| | 詳 | 248 |
| | 詶 | 248 |
| | 誂 | 248 |
| | 誅 | 248 |
| | 誇 | 248 |
| | 誠 | 248 |
| 豕 | 豢 | 252 |
| 豸 | 貉 | 253 |
| 貝 | 賂 | 254 |
| | 賃 | 255 |
| | 賄 | 255 |
| | 資 | 255 |
| | 賈 | 255 |
| | 賊 | 255 |
| 走 | 趁 | 257 |

| | | |
|---|---|---|
| | 趑 | 257 |
| 足 | 跟 | 258 |
| | 跡 | 258 |
| | 跣 | 258 |
| | 跪 | 258 |
| | 跫 | 258 |
| | 路 | 258 |
| | 跳 | 258 |
| 車 | 軾 | 261 |
| | 輈 | 261 |
| | 載 | 261 |
| 辛 | 辞 | 262 |
| | 辟 | 262 |
| 辰 | 農 | 263 |
| 辵 | 逼 | 267 |
| | 遁 | 267 |
| | 遂 | 267 |
| | 遂 | 267 |
| | 遄 | 267 |
| | 遇 | 267 |
| | 遊 | 267 |
| | 運 | 267 |
| | 遍 | 268 |
| | 過 | 268 |
| | 遐 | 268 |
| | 遑 | 268 |
| | 道 | 268 |
| | 達 | 268 |
| | 違 | 268 |
| 邑 | 鄉 | 271 |
| 酉 | 酩 | 272 |
| | 酪 | 272 |
| | 酬 | 272 |
| 金 | 鈴 | 276 |
| | 鈸 | 276 |
| | 鉇 | 276 |
| | 鉛 | 276 |
| | 鉞 | 276 |
| | 鉢 | 276 |
| | 鉤 | 276 |
| | 鉦 | 276 |
| 門 | 閘 | 281 |
| 阜 | 隔 | 284 |
| | 隘 | 284 |
| 隹 | 雉 | 286 |
| | 雌 | 286 |
| 雨 | 零 | 288 |
| | 雷 | 288 |
| | 雹 | 288 |
| | 雺 | 288 |
| | 電 | 288 |
| 革 | 靳 | 291 |
| | 靴 | 291 |
| 頁 | 頌 | 293 |
| | 預 | 293 |
| | 頑 | 293 |
| | 頓 | 294 |
| 食 | 飲 | 297 |
| | 飯 | 297 |
| 馬 | 馳 | 300 |
| | 馴 | 300 |
| 魚 | 魛 | 304 |
| | 魞 | 305 |
| 鳥 | 鳧 | 307 |
| | 鳩 | 307 |
| | 鳳 | 308 |
| | 鳰 | 308 |
| 鹿 | 麀 | 311 |
| | 麂 | 311 |
| | 麁 | 311 |
| 鼎 | 鼎 | 314 |
| 鼓 | 鼓 | 314 |
| 鼠 | 鼠 | 314 |


## 十四画


| | | |
|---|---|---|
| 人 | 像 | 22 |
| | 僕 | 22 |
| | 僚 | 22 |
| | 僞 | 22 |
| | 僧 | 22 |
| | 僮 | 22 |
| | 傘 | 22 |
| 厂 | 厭 | 42 |
| | 厨 | 42 |
| 口 | 嗷 | 52 |
| | 嘆 | 52 |
| | 嘉 | 52 |
| | 嘔 | 52 |
| | 嘗 | 52 |
| | 嘘 | 52 |
| 囗 | 圖 | 55 |
| | 團 | 55 |
| 土 | 塲 | 58 |
| | 塵 | 58 |
| | 墀 | 58 |
| | 墁 | 58 |
| | 境 | 58 |
| | 墉 | 59 |
| | 墓 | 59 |
| 士 | 壽 | 60 |
| 夕 | 夥 | 61 |
| 大 | 奩 | 65 |
| | 奪 | 65 |
| 女 | 嫗 | 68 |
| | 嫠 | 69 |
| | 嫡 | 69 |
| | 嫩 | 69 |
| 宀 | 察 | 74 |
| | 寡 | 74 |
| | 寢 | 74 |
| | 寤 | 75 |
| | 實 | 75 |
| | 寧 | 75 |
| 寸 | 對 | 77 |
| 尸 | 屢 | 80 |
| | 屣 | 80 |
| 巾 | 幔 | 86 |
| | 幕 | 86 |
| 广 | 廐 | 89 |
| 彡 | 彰 | 94 |
| 心 | 慇 | 103 |
| | 態 | 103 |
| | 慚 | 103 |
| | 慟 | 103 |
| | 慢 | 103 |
| | 慥 | 103 |
| | 慳 | 103 |
| | 慵 | 103 |
| | 慷 | 103 |
| | 憀 | 103 |
| 戈 | 截 | 106 |
| 手 | 摑 | 114 |
| | 摘 | 114 |
| | 摛 | 114 |
| | 摠 | 114 |
| | 摧 | 114 |
| | 摺 | 114 |
| 方 | 旗 | 121 |
| 日 | 暢 | 125 |
| 木 | 榎 | 137 |

| | | |
|---|---|---|
| | 榛 | 137 |
| | 標 | 137 |
| | 榧 | 138 |
| | 榮 | 138 |
| | 榰 | 138 |
| | 榼 | 138 |
| | 榾 | 138 |
| | 槁 | 138 |
| | 槇 | 138 |
| | 構 | 138 |
| | 槌 | 138 |
| | 槍 | 138 |
| | 槐 | 138 |
| | 榊 | 138 |
| 欠 | 歌 | 142 |
| 歹 | 殞 | 145 |
| 水 | 滌 | 156 |
| | 滯 | 156 |
| | 滲 | 156 |
| | 滴 | 156 |
| | 滿 | 156 |
| | 漁 | 156 |
| | 漂 | 156 |
| | 漆 | 157 |
| | 漉 | 157 |
| | 漏 | 157 |
| | 漑 | 157 |
| | 演 | 157 |
| | 漕 | 157 |
| | 漙 | 157 |
| | 漚 | 157 |
| | 漢 | 157 |
| | 漣 | 157 |
| | 漩 | 157 |
| | 漫 | 157 |
| | 漬 | 157 |
| | 漱 | 157 |
| | 漲 | 157 |
| | 漸 | 157 |
| | 漾 | 157 |
| 火 | 煻 | 162 |
| | 熊 | 162 |
| | 熏 | 162 |
| 爻 | 爾 | 164 |
| 犬 | 獄 | 168 |
| 玉 | 瑠 | 171 |
| 瓦 | 甃 | 172 |
| 疋 | 疑 | 177 |
| 疒 | 瘖 | 178 |
| 皿 | 盡 | 183 |
| | 監 | 183 |
| 石 | 碶 | 189 |
| | 碞 | 189 |
| | 碧 | 189 |
| | 碩 | 189 |
| | 碁 | 189 |
| | 磁 | 189 |
| 示 | 禊 | 192 |
| 禾 | 稉 | 194 |
| | 種 | 194 |
| | 稱 | 194 |
| 穴 | 窪 | 196 |
| 立 | 竭 | 197 |
| | 端 | 197 |
| 竹 | 箪 | 199 |
| | 箏 | 199 |
| | 箔 | 199 |
| | 箕 | 199 |
| | 箙 | 199 |
| | 箠 | 199 |
| | 管 | 199 |
| 米 | 粹 | 202 |
| | 粽 | 202 |
| | 精 | 202 |
| 糸 | 綜 | 206 |
| | 緑 | 206 |
| | 綣 | 206 |
| | 綫 | 206 |
| | 維 | 206 |
| | 綯 | 206 |
| | 綱 | 206 |
| | 網 | 207 |
| | 綴 | 207 |
| | 綷 | 207 |
| | 綸 | 207 |
| | 綺 | 207 |
| | 綻 | 207 |
| | 綾 | 207 |
| | 綿 | 207 |
| | 緇 | 207 |
| | 緋 | 207 |
| | 総 | 207 |
| 网 | 罰 | 211 |
| 羽 | 翠 | 213 |
| | 翡 | 213 |
| 耳 | 聚 | 215 |
| | 聞 | 215 |
| | 聡 | 216 |
| 聿 | 肇 | 216 |
| 肉 | 腿 | 220 |
| | 膀 | 220 |
| | 膊 | 220 |
| | 膏 | 220 |
| 臣 | 臧 | 221 |
| 至 | 臺 | 222 |
| 臼 | 與 | 222 |
| 舛 | 舞 | 223 |
| 艸 | 蒐 | 230 |
| | 蒔 | 230 |
| | 蒙 | 230 |
| | 蒜 | 231 |
| | 蒟 | 231 |
| | 蒨 | 231 |
| | 蒲 | 231 |
| | 蒹 | 231 |
| | 蒺 | 231 |
| | 蒻 | 231 |
| | 蒼 | 231 |
| | 蒿 | 231 |
| | 蓂 | 231 |
| | 蓋 | 231 |
| | 蓍 | 231 |
| | 蓑 | 231 |
| | 蔦 | 232 |
| 虫 | 蜘 | 236 |
| | 蜚 | 236 |
| | 蜜 | 236 |
| | 蟯 | 236 |
| | 蜥 | 236 |
| | [illegible] | 236 |
| | 蜩 | 236 |
| | 蜷 | 236 |
| | 蛃 | 236 |
| | 蜻 | 236 |
| | 蜾 | 236 |
| | 蜿 | 236 |
| 衣 | 裳 | 242 |
| | 裹 | 242 |
| | 製 | 242 |
| | 編 | 242 |

| | | |
|---|---|---|
| | 褌 | 242 |
| | 褐 | 242 |
| 言 | 誌 | 248 |
| | 認 | 248 |
| | 誑 | 248 |
| | 誓 | 248 |
| | 誕 | 248 |
| | 誘 | 248 |
| | 語 | 248 |
| | 誠 | 248 |
| | 誡 | 248 |
| | 誣 | 248 |
| | 誤 | 248 |
| | 誥 | 248 |
| | 誦 | 248 |
| | 説 | 248 |
| 豕 | 豨 | 252 |
| 豸 | 貌 | 253 |
| 貝 | 賑 | 255 |
| | 賖 | 255 |
| | 賔 | 255 |
| | 賦 | 255 |
| 赤 | 䞓 | 256 |
| 走 | 趙 | 257 |
| 足 | 跼 | 258 |
| | 跽 | 258 |
| | 踉 | 258 |
| | 踊 | 258 |
| 車 | 輒 | 261 |
| | 輔 | 261 |
| | 輕 | 261 |
| 辵 | 遘 | 268 |
| | 遙 | 268 |
| | 遜 | 268 |
| | 遞 | 269 |
| | 遠 | 269 |
| | 遣 | 269 |
| 邑 | 鄙 | 271 |
| 酉 | 酴 | 272 |
| | 酸 | 272 |
| 金 | 鉸 | 276 |
| | 鉼 | 276 |
| | 銀 | 276 |
| | 銅 | 276 |
| | 銑 | 276 |
| | 銕 | 276 |
| | 銘 | 277 |
| | 銚 | 277 |
| | 銜 | 277 |
| 門 | 関 | 281 |
| | 閣 | 281 |
| | 閨 | 281 |
| 阜 | 際 | 284 |
| | 障 | 285 |
| | 隠 | 585 |
| 隹 | 雒 | 286 |
| 革 | 鞅 | 291 |
| | 鞆 | 291 |
| 韋 | ⿰韋圭 | 292 |
| | 韎 | 292 |
| 音 | 韶 | 293 |
| 頁 | 頗 | 294 |
| | 領 | 294 |
| 風 | 颱 | 296 |
| | 颯 | 296 |
| | 颰 | 296 |
| 食 | 飴 | 297 |
| | 飼 | 297 |
| | 飽 | 297 |
| | 飾 | 297 |
| 馬 | 馽 | 300 |
| | 馱 | 300 |
| 髟 | 髣 | 302 |
| | 髥 | 302 |
| 鬼 | 魁 | 304 |
| | 魂 | 304 |
| 魚 | ⿰魚也 | 305 |
| 鳥 | 鳳 | 308 |
| | 鳴 | 308 |
| | 鳶 | 308 |
| 鼻 | 鼻 | 314 |
| 齊 | 齊 | 315 |


## 十五画


| | | |
|---|---|---|
| 人 | 僵 | 23 |
| | 價 | 23 |
| | 僻 | 23 |
| | 儀 | 23 |
| | 儇 | 23 |
| | 儉 | 23 |
| 刀 | 劇 | 34 |
| | 劈 | 34 |
| 力 | 勳 | 37 |
| 匚 | 匳 | 38 |
| 口 | 嘯 | 52 |
| | 嘰 | 52 |
| | 嘲 | 52 |
| | 嘶 | 52 |
| | 噑 | 52 |
| | 嘿 | 52 |
| | 噍 | 52 |
| 土 | 墜 | 59 |
| | 增 | 59 |
| | 墟 | 59 |
| | 墨 | 59 |
| | 墳 | 59 |
| 女 | 嬉 | 69 |
| | 嬋 | 69 |
| | 嬌 | 69 |
| 宀 | 寫 | 75 |
| | 寬 | 75 |
| | 寮 | 75 |
| 尸 | 履 | 80 |
| 山 | 嶝 | 82 |
| 巾 | 幞 | 86 |
| | 幟 | 86 |
| | 幡 | 86 |
| | 幢 | 86 |
| | 幣 | 86 |
| 广 | 廟 | 89 |
| | 廢 | 89 |
| | 廣 | 89 |
| 廾 | 弊 | 90 |
| 弓 | 彈 | 93 |
| 彡 | 影 | 94 |
| 彳 | 徵 | 97 |
| | 德 | 97 |
| | 徹 | 97 |
| 心 | 慕 | 103 |
| | 慙 | 103 |
| | 慮 | 103 |
| | 慰 | 103 |
| | 慶 | 103 |
| | 慹 | 103 |
| | 憑 | 103 |
| | 憂 | 103 |
| | 憃 | 104 |
| | 憍 | 104 |
| | 憎 | 104 |
| | 憐 | 104 |

| | | |
|---|---|---|
| | 憒 | 104 |
| | 憚 | 104 |
| | 慣 | 104 |
| | 憧 | 104 |
| | 憫 | 104 |
| 戈 | 戮 | 106 |
| 手 | 摩 | 114 |
| | 撈 | 114 |
| | 撚 | 114 |
| | 撞 | 114 |
| | 撥 | 114 |
| | 撫 | 114 |
| | 撮 | 114 |
| | 撰 | 114 |
| 攴 | 敵 | 117 |
| | 敷 | 117 |
| | 數 | 117 |
| 日 | 暫 | 125 |
| | 暮 | 125 |
| | 暴 | 125 |
| 木 | 椅 | 138 |
| | 槮 | 138 |
| | 槻 | 138 |
| | 槽 | 138 |
| | 槿 | 138 |
| | 樂 | 138 |
| | 樅 | 138 |
| | 樆 | 138 |
| | 樊 | 138 |
| | 樋 | 138 |
| | 樻 | 138 |
| | 樓 | 138 |
| | 樗 | 138 |
| | 標 | 138 |
| | 樛 | 139 |
| | 樞 | 139 |
| | 樟 | 139 |
| | 模 | 139 |
| | 樣 | 139 |
| | 横 | 139 |
| | 樫 | 139 |
| 欠 | 歎 | 142 |
| | 歐 | 142 |
| 毛 | 氅 | 147 |
| 水 | 漿 | 157 |
| | 潁 | 157 |
| | 潔 | 157 |
| | 潛 | 157 |
| | 潟 | 157 |
| | 澗 | 158 |
| | 潤 | 158 |
| | 潦 | 158 |
| | 潭 | 158 |
| | 潮 | 158 |
| | 潰 | 158 |
| | 濆 | 158 |
| | 潺 | 158 |
| | 潼 | 158 |
| | 澀 | 158 |
| | 澄 | 158 |
| | 澆 | 158 |
| 火 | 熟 | 162 |
| | 熠 | 162 |
| | 熨 | 163 |
| | 熬 | 163 |
| | 熱 | 163 |
| 片 | 牕 | 165 |
| | 牖 | 165 |
| 牛 | 犛 | 166 |
| 玉 | 瑩 | 171 |
| | 璅 | 171 |
| 疒 | 瘡 | 178 |
| | 瘕 | 179 |
| | 瘤 | 179 |
| | 瘦 | 179 |
| | 瘧 | 179 |
| 白 | 皛 | 182 |
| | 皜 | 182 |
| 皮 | 皺 | 182 |
| 皿 | 盤 | 183 |
| 目 | 瞋 | 186 |
| | 瞎 | 186 |
| 石 | 確 | 189 |
| | 碼 | 189 |
| | 磌 | 189 |
| | 磐 | 189 |
| | 磑 | 189 |
| | 磔 | 189 |
| 禾 | 稻 | 194 |
| | 稽 | 194 |
| 穴 | 窮 | 196 |
| | 窰 | 196 |
| | 窳 | 196 |
| 竹 | 箬 | 199 |
| | 箱 | 199 |
| | 箸 | 199 |
| | 節 | 199 |
| | 篇 | 199 |
| 米 | 糂 | 202 |
| | 糄 | 202 |
| | 糈 | 202 |
| | 糊 | 202 |
| 糸 | ⿰糸皇 | 207 |
| | 緒 | 207 |
| | 緗 | 207 |
| | 緘 | 207 |
| | 線 | 207 |
| | 緝 | 207 |
| | 縁 | 207 |
| | 緤 | 208 |
| | 編 | 208 |
| | 緩 | 208 |
| | 緯 | 208 |
| | 練 | 208 |
| | 緼 | 208 |
| 网 | 罵 | 211 |
| | 罶 | 211 |
| | 罷 | 211 |
| 羊 | 羯 | 212 |
| 羽 | 翥 | 213 |
| | 翦 | 213 |
| | 翫 | 213 |
| 耳 | 聤 | 216 |
| 肉 | 膕 | 220 |
| | 膚 | 220 |
| | 膝 | 220 |
| | 膠 | 220 |
| | 膢 | 220 |
| 舟 | 艘 | 224 |
| 艸 | 蓬 | 231 |
| | 蓮 | 231 |
| | 蓱 | 231 |
| | 蕁 | 231 |
| | 蓼 | 231 |
| | 華 | 231 |
| | 蔀 | 232 |
| | ⿱艹陪 | 232 |
| | 蕈 | 232 |
| | 蔆 | 232 |
| | 蔑 | 232 |

| | | |
|---|---|---|
| | 蔓 | 232 |
| | 蔕 | 232 |
| | 蔚 | 232 |
| | 蔡 | 232 |
| | 蔣 | 232 |
| | 蔥 | 232 |
| | 蔫 | 232 |
| | 蔭 | 232 |
| 虫 | 蝍 | 237 |
| | 蝗 | 237 |
| | 蝘 | 237 |
| | 蝙 | 237 |
| | 蝟 | 237 |
| | 蝤 | 237 |
| | 蝦 | 237 |
| | 蝨 | 237 |
| | 蝮 | 237 |
| | 蝶 | 237 |
| | 蝸 | 237 |
| | 蝱 | 237 |
| 行 | 衝 | 240 |
| | 衛 | 240 |
| 衣 | 褒 | 242 |
| | 褥 | 242 |
| | 褫 | 242 |
| 言 | 誰 | 248 |
| | 課 | 248 |
| | 誹 | 248 |
| | 調 | 249 |
| | 諂 | 249 |
| | 談 | 249 |
| | 請 | 249 |
| | 諍 | 249 |
| | 諏 | 249 |
| | 諒 | 249 |
| | 論 | 249 |
| | 諗 | 249 |
| 豆 | 豌 | 252 |
| | 豎 | 252 |
| 貝 | 賙 | 255 |
| | 賜 | 255 |
| | 賞 | 255 |
| | 賢 | 255 |
| | 賣 | 255 |
| | 賤 | 255 |
| | 質 | 255 |
| 走 | 趣 | 257 |
| 足 | 踏 | 258 |
| | 踝 | 258 |
| | 踞 | 258 |
| | 踟 | 258 |
| 身 | 躶 | 260 |
| 車 | 輗 | 261 |
| | 輦 | 261 |
| | 輩 | 261 |
| | 輪 | 261 |
| 辵 | 遨 | 269 |
| | 適 | 269 |
| | 遮 | 269 |
| | 遯 | 269 |
| 邑 | 鄰 | 271 |
| 酉 | 醁 | 272 |
| | 醅 | 272 |
| | 醬 | 272 |
| | 醉 | 272 |
| 金 | 銷 | 277 |
| | 鋒 | 277 |
| | 鋌 | 277 |
| | 鋤 | 277 |
| | 鋪 | 277 |
| 門 | 閭 | 281 |
| | 閱 | 281 |
| 雨 | 震 | 288 |
| 非 | 靠 | 290 |
| 革 | 鞍 | 291 |
| 頁 | 頞 | 294 |
| | 頡 | 294 |
| 食 | 餉 | 297 |
| | 養 | 297 |
| | 餌 | 297 |
| 馬 | 駈 | 300 |
| | 駐 | 300 |
| | 駑 | 300 |
| | 駒 | 300 |
| | 駕 | 300 |
| | 駝 | 300 |
| 髟 | 髭 | 302 |
| | 髮 | 302 |
| 鬼 | 魄 | 304 |
| | 魅 | 304 |
| 魚 | 魦 | 305 |
| | 魪 | 305 |
| | 魬 | 305 |
| | 魮 | 305 |
| | 魯 | 305 |
| | 魳 | 305 |
| | 魴 | 305 |
| 鳥 | 鴟 | 308 |
| | 鴆 | 308 |
| | 鴈 | 308 |
| | 鴉 | 308 |
| | 鴇 | 308 |
| 麥 | 麨 | 312 |
| | 麩 | 312 |
| | 麪 | 312 |
| 麻 | 麾 | 312 |
| 黍 | 黎 | 313 |
| 齒 | 齒 | 315 |


## 十六画


| | | |
|---|---|---|
| 人 | 儒 | 23 |
| | 儘 | 23 |
| 八 | 冀 | 28 |
| 冫 | 凝 | 30 |
| 刀 | 劔 | 34 |
| | 劓 | 34 |
| 又 | 叡 | 44 |
| 口 | 噞 | 52 |
| | 噠 | 52 |
| | 噤 | 52 |
| | 噦 | 52 |
| | 器 | 52 |
| | 噫 | 53 |
| | 噴 | 53 |
| 土 | 墻 | 59 |
| | 壁 | 59 |
| 女 | 嬛 | 69 |
| 子 | 學 | 70 |
| 寸 | 導 | 77 |
| 山 | 嶮 | 82 |
| 广 | 廩 | 90 |
| 廾 | 彝 | 91 |
| 心 | 懃 | 104 |
| | 憩 | 104 |
| | 憲 | 104 |
| | 憶 | 104 |
| | 憺 | 104 |
| | 憾 | 104 |
| | 懈 | 104 |
| | 懌 | 104 |

| | | |
|---|---|---|
| 戈 | 戰 | 106 |
| 手 | 擁 | 114 |
| | 擇 | 114 |
| | 操 | 114 |
| | 擒 | 114 |
| | 據 | 114 |
| 日 | 暨 | 125 |
| | 曆 | 125 |
| | 曇 | 125 |
| | 曉 | 126 |
| 木 | 樵 | 139 |
| | 樹 | 139 |
| | 樺 | 139 |
| | 樽 | 139 |
| | 橇 | 139 |
| | 橈 | 139 |
| | 橋 | 139 |
| | 橕 | 139 |
| | 橘 | 139 |
| | 橙 | 139 |
| | 橛 | 139 |
| | 機 | 139 |
| | 橡 | 139 |
| | 橠 | 139 |
| | 檜 | 139 |
| | 橫 | 139 |
| 止 | 歷 | 144 |
| 歹 | 殫 | 145 |
| 殳 | 毇 | 145 |
| 水 | 澡 | 158 |
| | 澣 | 158 |
| | 澤 | 158 |
| | 澳 | 158 |
| | 濁 | 158 |
| | 濃 | 158 |
| | 濆 | 158 |
| 火 | 熾 | 163 |
| | 燃 | 163 |
| | 燈 | 163 |
| | 燎 | 163 |
| | 燐 | 163 |
| | 燒 | 163 |
| | 燕 | 163 |
| 犬 | 獦 | 168 |
| | 獨 | 168 |
| | 獫 | 169 |
| 瓜 | 瓢 | 171 |
| 瓦 | 甍 | 172 |
| | 甎 | 173 |
| 疒 | 瘭 | 179 |
| | 瘴 | 179 |
| | 瘻 | 179 |
| | 瘼 | 179 |
| 皿 | 盥 | 183 |
| | 盧 | 183 |
| 目 | 瞋 | 186 |
| | 瞠 | 186 |
| 石 | 磨 | 189 |
| | 磬 | 189 |
| 示 | 禦 | 192 |
| 禾 | 穆 | 195 |
| | 穌 | 195 |
| | 穨 | 195 |
| 穴 | 窺 | 196 |
| | 窻 | 196 |
| 竹 | 築 | 199 |
| | 篙 | 200 |
| | 篝 | 200 |
| | 篠 | 200 |
| | 篤 | 200 |
| | 篦 | 200 |
| | 篩 | 200 |
| | 篪 | 200 |
| 米 | 糈 | 202 |
| | 糠 | 202 |
| | 糒 | 202 |
| | 糗 | 202 |
| 糸 | 縈 | 208 |
| | 縉 | 208 |
| | 縊 | 208 |
| | 縋 | 208 |
| | 縑 | 208 |
| | 縛 | 208 |
| | 縞 | 208 |
| | 縟 | 208 |
| | 縣 | 208 |
| | 繁 | 208 |
| | 緶 | 208 |
| 羊 | 羱 | 212 |
| 羽 | 翰 | 213 |
| 耒 | 耨 | 215 |
| 耳 | 聯 | 216 |
| 肉 | 膨 | 220 |
| | 膩 | 220 |
| | 膳 | 220 |
| 臼 | 興 | 222 |
| 艸 | 蔽 | 232 |
| | 蕈 | 232 |
| | 蕍 | 232 |
| | 蕎 | 232 |
| | 蕕 | 232 |
| | 蕗 | 232 |
| | 蕙 | 232 |
| | 蕢 | 232 |
| | 蕤 | 232 |
| | 蕨 | 232 |
| | 蕩 | 232 |
| | 蕪 | 232 |
| | 蕺 | 232 |
| | 蕭 | 232 |
| | 薄 | 232 |
| | 薦 | 233 |
| | 薪 | 233 |
| | 薰 | 233 |
| 虫 | 融 | 237 |
| | 螟 | 237 |
| | 螢 | 237 |
| 行 | 衡 | 240 |
| 衣 | 褱 | 242 |
| | 褰 | 242 |
| 見 | 覩 | 244 |
| | 親 | 244 |
| | 覧 | 245 |
| 角 | 觱 | 245 |
| 言 | 謏 | 249 |
| | 諠 | 249 |
| | 諦 | 250 |
| | 諧 | 250 |
| | 諫 | 250 |
| | 諮 | 250 |
| | 諱 | 250 |
| | 諳 | 250 |
| | 諷 | 250 |
| | 諸 | 250 |
| | 諺 | 250 |
| | 謀 | 250 |
| | 謂 | 250 |
| 豕 | 豫 | 252 |
| | 豬 | 252 |
| | 豭 | 252 |

| | | |
|---|---|---|
| 貝 | 賭 | 255 |
| | 賴 | 255 |
| 赤 | 赭 | 256 |
| 足 | 踰 | 258 |
| | 踵 | 258 |
| | 踹 | 258 |
| | 蹀 | 258 |
| | 蹂 | 258 |
| | 蹄 | 259 |
| 車 | 輭 | 261 |
| | 輶 | 261 |
| | 輸 | 261 |
| | 輻 | 261 |
| 辛 | 辨 | 262 |
| 辵 | 遲 | 269 |
| | 遵 | 269 |
| | 遶 | 269 |
| | 遷 | 269 |
| | 選 | 269 |
| | 遺 | 269 |
| | 遼 | 269 |
| | 還 | 270 |
| 邑 | 鄰 | 271 |
| 酉 | 醍 | 273 |
| | 醑 | 273 |
| | 醒 | 273 |
| 金 | 鋸 | 277 |
| | 録 | 277 |
| | 錍 | 277 |
| | [illegible] | 277 |
| | 錐 | 277 |
| | 錑 | 277 |
| | 錘 | 277 |
| | 錢 | 277 |
| | 錦 | 277 |
| | 錫 | 277 |
| | 錯 | 277 |
| 門 | 閣 | 281 |
| | 閼 | 281 |
| | 閾 | 281 |
| | 閲 | 281 |
| 阜 | 隨 | 285 |
| | 險 | 285 |
| 隹 | 雕 | 286 |
| 雨 | 霑 | 288 |
| | 霓 | 288 |
| | 霖 | 288 |
| 青 | 靜 | 290 |
| 革 | [illegible] | 291 |
| | 鞖 | 291 |
| | 鞗 | 291 |
| | 鞘 | 291 |
| 頁 | 頭 | 294 |
| | 頰 | 294 |
| | 頸 | 294 |
| | 頹 | 294 |
| | 頻 | 294 |
| | 頤 | 294 |
| 食 | 餒 | 297 |
| | 餓 | 297 |
| | 餗 | 297 |
| | 餘 | 297 |
| 香 | 馞 | 299 |
| 馬 | 駭 | 300 |
| | 駮 | 300 |
| 骨 | 骸 | 302 |
| 髟 | 髷 | 303 |
| 鬥 | 鬨 | 303 |
| 魚 | 鮇 | 305 |
| | 鮎 | 305 |
| | 鮐 | 305 |
| | 鮑 | 305 |
| | 鮒 | 305 |
| | 鮓 | 305 |
| | 鮗 | 305 |
| 鳥 | 鴐 | 308 |
| | 鴑 | 308 |
| | 鴛 | 308 |
| | 鳬 | 308 |
| | 鴟 | 308 |
| | 鴦 | 308 |
| | 鴨 | 308 |
| | 鴫 | 308 |
| 鹵 | [illegible] | 310 |
| 鹿 | 麇 | 311 |
| 黑 | 黔 | 313 |
| | 默 | 313 |
| 龍 | 龍 | 316 |


## 十七画


| | | |
|---|---|---|
| 人 | 償 | 23 |
| | 優 | 23 |
| 力 | 勵 | 37 |
| 土 | 壓 | 59 |
| 女 | 嬰 | 69 |
| | 嬲 | 69 |
| 山 | 嶺 | 82 |
| | 嶼 | 82 |
| | 嶽 | 82 |
| 彳 | 徽 | 97 |
| 心 | 懇 | 104 |
| | 應 | 104 |
| | 懦 | 104 |
| 戈 | 戲 | 106 |
| 手 | 擊 | 114 |
| | 擎 | 114 |
| | 擡 | 115 |
| | 擣 | 115 |
| | 擬 | 115 |
| | 擯 | 115 |
| 支 | 斂 | 118 |
| 日 | 曦 | 126 |
| 木 | 檀 | 139 |
| | 檃 | 139 |
| | 檉 | 139 |
| | 檏 | 139 |
| | 檐 | 139 |
| | 檜 | 139 |
| | 檞 | 140 |
| | 櫃 | 140 |
| | 檠 | 140 |
| | 檢 | 140 |
| | 檣 | 140 |
| 殳 | 轂 | 145 |
| 毛 | 氈 | 147 |
| 水 | 濕 | 158 |
| | 濘 | 158 |
| | 濟 | 158 |
| | 濡 | 159 |
| | 濫 | 159 |
| | 濱 | 159 |
| 火 | 營 | 163 |
| | 燥 | 163 |
| | 燭 | 163 |
| 犬 | 獲 | 169 |
| 玉 | 璫 | 171 |
| | 環 | 171 |
| 瓦 | 甑 | 172 |
| 疒 | 療 | 179 |
| | 癃 | 179 |

| | | |
|---|---|---|
| | 癆 | 179 |
| 白 | 皤 | 182 |
| 皿 | 盪 | 183 |
| 目 | 瞬 | 186 |
| | 瞳 | 186 |
| 矢 | 矯 | 188 |
| | 矰 | 188 |
| 石 | 磴 | 189 |
| | 磷 | 189 |
| 示 | 禪 | 192 |
| 禾 | 穗 | 195 |
| 竹 | 簪 | 200 |
| | 篷 | 200 |
| | 簣 | 200 |
| | 簁 | 200 |
| | 簇 | 200 |
| | 篳 | 200 |
| 米 | 糜 | 202 |
| | 糝 | 202 |
| | 糞 | 202 |
| | 糟 | 202 |
| | 糠 | 202 |
| 糸 | 縫 | 208 |
| | 縅 | 208 |
| | 縮 | 208 |
| | 縱 | 208 |
| | 縵 | 208 |
| | 縶 | 208 |
| | 縷 | 208 |
| | 縹 | 208 |
| | 縻 | 208 |
| | 總 | 208 |
| | 績 | 208 |
| | 繁 | 209 |
| | 繈 | 209 |
| 缶 | 罅 | 210 |
| 网 | 罾 | 211 |
| | 罿 | 211 |
| 羽 | 翳 | 213 |
| 耳 | 聱 | 216 |
| | 聲 | 216 |
| | 聳 | 216 |
| | 聽 | 216 |
| 肉 | 膽 | 220 |
| | 膛 | 220 |
| | 膿 | 220 |
| | 臀 | 220 |
| | 臂 | 220 |
| | 臆 | 220 |
| | 臈 | 220 |
| 臣 | 臨 | 221 |
| 舟 | 艜 | 224 |
| 艮 | 艱 | 224 |
| 艸 | 蘧 | 232 |
| | 薇 | 233 |
| | 薊 | 233 |
| | 薏 | 233 |
| | 薔 | 233 |
| | 薙 | 233 |
| | 薛 | 233 |
| | 薜 | 233 |
| | 蕹 | 233 |
| 虫 | 螫 | 237 |
| | 螬 | 237 |
| | 螮 | 237 |
| | 蝗 | 237 |
| | 螵 | 237 |
| | 螺 | 237 |
| | 螻 | 237 |
| | 蟄 | 237 |
| | 蟆 | 237 |
| | 蟇 | 237 |
| | 螇 | 237 |
| 衣 | 褻 | 243 |
| 言 | 謇 | 250 |
| | 謎 | 250 |
| | 謚 | 250 |
| | 謗 | 250 |
| | 謙 | 250 |
| | 諡 | 250 |
| | 講 | 250 |
| | 謠 | 250 |
| 谷 | 谿 | 252 |
| 貝 | 賽 | 255 |
| 走 | 趨 | 257 |
| 足 | 蹇 | 259 |
| | 蹈 | 259 |
| | 蹉 | 259 |
| | 蹊 | 259 |
| | 蹐 | 259 |
| 車 | 輾 | 261 |
| | 輿 | 261 |
| | 轄 | 261 |
| | 轅 | 261 |
| | 輩 | 261 |
| 辵 | 避 | 270 |
| | 邀 | 270 |
| | 邁 | 270 |
| | 邂 | 270 |
| | 還 | 270 |
| 酉 | 醜 | 273 |
| | 醢 | 273 |
| | 醯 | 273 |
| 金 | 鍊 | 277 |
| | 鍋 | 277 |
| | 鍍 | 277 |
| | 鍔 | 277 |
| | 鍛 | 277 |
| | 鍪 | 277 |
| | 鍬 | 277 |
| | 鍮 | 277 |
| | 鍼 | 277 |
| | 鍾 | 277 |
| 門 | 闃 | 281 |
| | 闇 | 281 |
| | 闊 | 282 |
| | 闋 | 282 |
| | 闌 | 282 |
| | 闍 | 282 |
| 阜 | 隱 | 285 |
| 隹 | 雖 | 286 |
| 雨 | 霙 | 288 |
| | 霜 | 288 |
| | 霞 | 288 |
| 革 | 鞚 | 291 |
| | 鞠 | 291 |
| 韋 | 韓 | 292 |
| 食 | 餛 | 298 |
| | 餬 | 298 |
| | 餞 | 298 |
| | 餅 | 298 |
| | 餧 | 298 |
| | 館 | 298 |
| 首 | 馘 | 299 |
| 馬 | 駿 | 300 |
| | 騂 | 300 |
| 魚 | 鮞 | 305 |
| | 鮟 | 305 |
| | 鮠 | 305 |
| | 鮦 | 305 |

| | | |
|---|---|---|
| | 鮧 | 305 |
| | 鮨 | 305 |
| | 鮩 | 305 |
| | 鮪 | 305 |
| | 鮫 | 305 |
| | 鮬 | 305 |
| | 鮭 | 305 |
| | 鮮 | 305 |
| | 鮲 | 305 |
| | 鮴 | 305 |
| 鳥 | 鴧 | 308 |
| | 鴴 | 308 |
| | 鴽 | 308 |
| | 鴻 | 308 |
| | 鴿 | 308 |
| | 鵀 | 309 |
| | 鵂 | 309 |
| | 鵃 | 309 |
| 麥 | 麰 | 312 |
| 黑 | 黛 | 313 |
| | 點 | 313 |
| 鼻 | 鼾 | 315 |
| 齊 | 齋 | 315 |
| 龜 | 龜 | 316 |


## 十八画


| | | |
|---|---|---|
| 人 | 儲 | 23 |
| 又 | 叢 | 44 |
| 口 | 嚘 | 53 |
| 心 | 懲 | 104 |
| 戈 | 戴 | 106 |
| 手 | 擧 | 115 |
| | 擲 | 115 |
| | 擻 | 115 |
| | 擾 | 115 |
| 支 | 斃 | 118 |
| 斤 | 斷 | 120 |
| 日 | 曙 | 126 |
| | 曜 | 126 |
| 月 | 朦 | 129 |
| 木 | 檫 | 140 |
| | 檳 | 140 |
| | 檻 | 140 |
| | 檽 | 140 |
| | 檯 | 140 |
| | 櫂 | 140 |
| | 櫃 | 140 |
| 欠 | 歟 | 142 |
| 止 | 歸 | 144 |
| 水 | 濾 | 159 |
| | 瀉 | 159 |
| | 瀑 | 159 |
| 火 | 燼 | 163 |
| | 燿 | 163 |
| 犬 | 獵 | 169 |
| 玉 | 璧 | 171 |
| 瓦 | 甔 | 172 |
| | 甕 | 172 |
| 疒 | 癰 | 179 |
| | 癖 | 179 |
| 目 | 瞻 | 186 |
| | 瞼 | 186 |
| | 瞽 | 186 |
| | 瞿 | 186 |
| 石 | 礎 | 190 |
| | 礒 | 190 |
| 示 | 禮 | 192 |
| 禾 | 穢 | 195 |
| 竹 | 簞 | 200 |
| | 簟 | 200 |
| | 簡 | 200 |
| | 簣 | 200 |
| | 簧 | 200 |
| | 簪 | 200 |
| | 簫 | 200 |
| | 簬 | 200 |
| 糸 | 繐 | 209 |
| | 繒 | 209 |
| | 織 | 209 |
| | 繕 | 209 |
| | 繖 | 209 |
| | 繚 | 209 |
| | 繞 | 209 |
| | 繡 | 209 |
| | 繧 | 209 |
| 羽 | 翺 | 213 |
| | 翻 | 213 |
| | 翼 | 213 |
| 耳 | 職 | 216 |
| | 聯 | 216 |
| 肉 | 臍 | 220 |
| | 臑 | 220 |
| 臼 | 舊 | 222 |
| 舌 | 䑜 | 223 |
| 艸 | 薯 | 233 |
| | 薰 | 233 |
| | 薺 | 233 |
| | 藁 | 233 |
| | 藔 | 233 |
| | 藉 | 233 |
| | 藍 | 233 |
| | 藏 | 233 |
| 虫 | 蟠 | 238 |
| | 蟣 | 238 |
| | 蟫 | 238 |
| | 蟬 | 238 |
| | 蟭 | 238 |
| | 蟲 | 238 |
| 衣 | 襖 | 243 |
| | 襟 | 243 |
| | 襠 | 243 |
| 襾 | 覆 | 244 |
| 見 | 覲 | 245 |
| 言 | 謦 | 250 |
| | 謬 | 250 |
| | 謹 | 250 |
| | 謾 | 251 |
| 豆 | 豐 | 252 |
| 貝 | 贅 | 255 |
| 足 | 蹟 | 259 |
| | 蹤 | 259 |
| 身 | 軀 | 260 |
| 車 | 轆 | 262 |
| | 轉 | 262 |
| 邑 | 鄺 | 271 |
| 酉 | 醪 | 273 |
| | 醫 | 273 |
| | 醬 | 273 |
| 金 | 鎌 | 278 |
| | 鎔 | 278 |
| | 鎖 | 278 |
| | 鎗 | 278 |
| | 鎚 | 278 |
| | 鎧 | 278 |
| | 鎮 | 278 |
| | 鎦 | 278 |
| 門 | 闔 | 282 |
| | 闕 | 282 |
| 隹 | 雙 | 286 |
| | 雛 | 286 |

| | | |
|---|---|---|
| | 雜 | 286 |
| | 雞 | 287 |
| 雨 | 霤 | 288 |
| 革 | 鞦 | 291 |
| | 鞬 | 291 |
| | 鞭 | 291 |
| 韋 | 韘 | 292 |
| 頁 | 顒 | 295 |
| | 題 | 295 |
| | 額 | 295 |
| | 顏 | 295 |
| | 類 | 295 |
| 風 | 颺 | 296 |
| 食 | 餲 | 298 |
| 香 | 馥 | 299 |
| 馬 | 騅 | 300 |
| | 騈 | 300 |
| | 騊 | 300 |
| | 騋 | 300 |
| | 騎 | 301 |
| | 騑 | 301 |
| 骨 | 髀 | 302 |
| 鬥 | 鬩 | 303 |
| 鬼 | 魎 | 304 |
| 魚 | 鮬 | 305 |
| | 鯁 | 305 |
| | 鯃 | 305 |
| | 鯇 | 305 |
| | 鯉 | 305 |
| | 鯎 | 305 |
| | 鯒 | 305 |
| 鳥 | 鵐 | 309 |
| | 鵓 | 309 |
| | 鵚 | 309 |
| | 鵜 | 309 |
| | 鵝 | 309 |
| | 鵠 | 309 |
| | 鵃 | 309 |
| | 鵥 | 309 |
| 黑 | 黠 | 313 |
| 鼓 | 鼙 | 314 |
| 鼠 | 鼫 | 314 |
| | 鼬 | 314 |
| 齒 | 齕 | 315 |


## 十九画


| | | |
|---|---|---|
| 口 | 嚫 | 53 |
| | 嚬 | 53 |
| 土 | 壚 | 59 |
| | 壞 | 59 |
| 宀 | 寵 | 75 |
| 广 | 廬 | 90 |
| 心 | 懶 | 104 |
| | 懷 | 104 |
| 手 | 攀 | 115 |
| 日 | 曝 | 126 |
| | 曠 | 126 |
| 木 | 櫑 | 140 |
| | 櫓 | 140 |
| | 櫛 | 140 |
| | 櫟 | 140 |
| 欠 | 歠 | 142 |
| 水 | 瀟 | 159 |
| | 瀦 | 159 |
| | 瀧 | 159 |
| | 瀨 | 159 |
| 火 | 爆 | 163 |
| | 爀 | 163 |
| 牛 | 犢 | 166 |
| 犬 | 獸 | 169 |
| | 獺 | 169 |
| 瓜 | 瓣 | 171 |
| 瓦 | 甖 | 172 |
| 田 | 疇 | 177 |
| 疒 | 癡 | 179 |
| 石 | 礙 | 190 |
| 示 | 禱 | 193 |
| 禾 | 穤 | 195 |
| | 穩 | 195 |
| 竹 | 簸 | 200 |
| | 簺 | 200 |
| | 簾 | 200 |
| 米 | 糬 | 202 |
| 糸 | 繩 | 209 |
| | 繪 | 209 |
| | 繫 | 209 |
| | 繰 | 209 |
| | 繳 | 209 |
| | 繴 | 209 |
| 缶 | 罋 | 210 |
| 网 | 羅 | 211 |
| 羊 | 羸 | 212 |
| | 羹 | 212 |
| 肉 | 臘 | 220 |
| 舟 | 艤 | 224 |
| 色 | 艷 | 224 |
| 艸 | 藜 | 233 |
| | 藝 | 233 |
| | 藤 | 233 |
| | 藥 | 233 |
| | 藩 | 234 |
| | 藪 | 234 |
| 虫 | 蟷 | 238 |
| | 蟹 | 238 |
| | 蟻 | 238 |
| | 蟾 | 238 |
| | 蠅 | 238 |
| 衣 | 襞 | 243 |
| 言 | 證 | 251 |
| | 譏 | 251 |
| | 識 | 251 |
| | 譜 | 251 |
| 貝 | 贈 | 256 |
| 足 | 蹬 | 259 |
| | 蹯 | 259 |
| | 蹲 | 259 |
| | 蹴 | 259 |
| | 蹶 | 259 |
| 車 | 轍 | 262 |
| | 轔 | 262 |
| 辛 | 辭 | 262 |
| 辵 | 邊 | 270 |
| 酉 | 醭 | 273 |
| 金 | 鏺 | 278 |
| | 鏃 | 278 |
| | 鏌 | 278 |
| | 鏖 | 278 |
| | 鏚 | 278 |
| | 鏟 | 278 |
| | 鏡 | 278 |
| | 鏤 | 278 |
| | 鏨 | 278 |
| 門 | 闞 | 282 |
| | 關 | 282 |
| 隹 | 離 | 287 |
| | 難 | 287 |
| 雨 | 霧 | 288 |
| | 霪 | 288 |
| 非 | 靡 | 290 |
| 革 | 鞴 | 291 |

| | | |
|---|---|---|
| | 䩲 | 291 |
| 韋 | 韜 | 292 |
| | 韝 | 292 |
| 音 | 韻 | 293 |
| 頁 | 顗 | 295 |
| | 願 | 295 |
| | 類 | 295 |
| | 顛 | 295 |
| 食 | 餹 | 298 |
| | 餻 | 298 |
| 馬 | 騙 | 301 |
| | 騢 | 301 |
| | 騤 | 301 |
| | 騥 | 301 |
| 骨 | 髃 | 302 |
| 魚 | 鰡 | 305 |
| | 鯖 | 306 |
| | [illegible] | 306 |
| | 鯛 | 306 |
| | 鰊 | 306 |
| | 鯡 | 306 |
| | 鯢 | 306 |
| | 鯣 | 306 |
| | 鯥 | 306 |
| | 鯨 | 306 |
| | 鯯 | 306 |
| | 鯮 | 306 |
| | [illegible] | 306 |
| | 鯵 | 306 |
| | 鯒 | 306 |
| 鳥 | 鵬 | 309 |
| | 鵯 | 309 |
| | 鵰 | 309 |
| | 鵲 | 309 |
| | 鵺 | 309 |
| | 鵻 | 309 |
| | 鶏 | 309 |
| | 鶇 | 309 |
| | 鶉 | 309 |
| | 鵗 | 309 |
| 鹿 | 麑 | 311 |
| | 麒 | 311 |
| | 麓 | 311 |
| | 麗 | 311 |
| 麥 | 麳 | 312 |
| | 麴 | 312 |
| 齒 | 齗 | 315 |
| | 齘 | 315 |


## 二十画


| | | |
|---|---|---|
| 力 | 勸 | 37 |
| 口 | 嚴 | 53 |
| 女 | 孀 | 69 |
| 宀 | 寶 | 75 |
| 心 | 懸 | 105 |
| | 懺 | 105 |
| 月 | 朧 | 129 |
| 木 | 櫨 | 140 |
| | 櫪 | 140 |
| | 櫳 | 140 |
| | 欄 | 140 |
| 水 | 瀾 | 159 |
| 火 | 爐 | 164 |
| 牛 | 犧 | 166 |
| 犬 | 獻 | 169 |
| 疒 | 癤 | 179 |
| | 癢 | 179 |
| | 癥 | 179 |
| 石 | 礪 | 190 |
| 禾 | 穬 | 195 |
| | [illegible] | 195 |
| 立 | 競 | 197 |
| 竹 | 籃 | 200 |
| | 籌 | 200 |
| | 籍 | 201 |
| 糸 | 繻 | 209 |
| | 繼 | 209 |
| | 纂 | 209 |
| 缶 | 罌 | 210 |
| 肉 | 臙 | 220 |
| 舟 | 艨 | 224 |
| 艸 | 藺 | 234 |
| | 藻 | 234 |
| | 藿 | 234 |
| | 蘂 | 234 |
| | 蘆 | 234 |
| | 蘇 | 234 |
| | 蘋 | 234 |
| 虫 | 蠐 | 238 |
| | 蠒 | 238 |
| | 蠓 | 238 |
| 衣 | [illegible] | 243 |
| | 襪 | 243 |
| | 襮 | 243 |
| 見 | 覺 | 245 |
| 角 | 觸 | 246 |
| 言 | 譍 | 251 |
| | 譟 | 251 |
| | 警 | 251 |
| | 譫 | 251 |
| | 譬 | 251 |
| | 議 | 251 |
| 貝 | 贍 | 256 |
| | 賺 | 256 |
| 足 | 躄 | 259 |
| 車 | 轘 | 262 |
| 酉 | 醢 | 273 |
| | 醴 | 273 |
| | 醶 | 273 |
| 釆 | 釋 | 273 |
| 金 | 鏵 | 278 |
| | 鐃 | 278 |
| | 鐇 | 278 |
| | 鐔 | 278 |
| | 鐘 | 278 |
| | 鐙 | 278 |
| 門 | 闡 | 282 |
| 雨 | 霰 | 288 |
| | [illegible] | 288 |
| | 露 | 288 |
| 革 | 鞹 | 291 |
| 韋 | 韛 | 292 |
| 風 | 飄 | 296 |
| 食 | 饅 | 298 |
| 馬 | 騮 | 301 |
| | 騷 | 301 |
| 髟 | 鬐 | 303 |
| | 鬒 | 303 |
| 鬥 | 鬪 | 303 |
| 魚 | 鯷 | 306 |
| | 鯽 | 306 |
| | 鰆 | 306 |
| | 鰈 | 306 |
| | 鰌 | 306 |
| | 鰎 | 306 |
| | 鰐 | 306 |
| | 鰒 | 306 |
| | 鰓 | 306 |
| | 鰕 | 306 |
| | 鯤 | 306 |

鳥 鶙 309
鶚 309
鶩 309
鶪 309
鶏 309
鶤 309
鹵 鹹 310
鹿 麚 311
黑 黥 313
黧 313
黨 314
鼠 鼯 314
齒 齜 315
齝 315
齣 315
齡 315

## 二十一画

口 嚼 53
囀 53
囂 53
囃 53
尸 屬 80
手 攝 115
木 櫻 140
欄 140
水 灌 159
火 爛 164
玉 瓔 171
瓦 甗 172
疒 癯 179
穴 竈 196
糸 纊 209
續 209
纏 209
纐 209
耒 耰 215
艸 蘗 234
蘘 234
蘤 234
蘩 234
蘭 234
虫 蠟 238
蠢 238
蠣 238
衣 襯 243
言 譴 251
護 251
譽 251
貝 贓 256
贔 256
足 躍 259
車 轝 262
轟 262
辛 辯 262
酉 醻 273
金 鐫 278
鐴 278
鐵 278
鐶 278
鐺 278
門 闢 282
闥 282
雨 霹 289
革 鞽 291
韡 292
頁 顦 295
顧 295
風 飆 296
飛 飜 296
食 饋 298
饌 298
饐 298
饒 298
馬 驂 301
驃 301
驄 301
驅 301
鬼 魔 304
魚 鰠 306
鰣 306
鰤 306
鰧 306
鰭 306
鰯 306
[illegible] 306
鳥 鶬 309
鶯 309
鶵 309
鶴 309
鶸 309
鶺 309
鶻 309
鶖 309
鷀 309
鷂 309
鹿 麝 311
黑 黯 314
鼓 鼙 314
鼠 鼱 314
齒 齧 315
齩 315

## 二十二画

人 儻 23
口 囉 53
囊 53
山 巒 82
巔 82
弓 彎 93
木 權 140
欋 141
欠 歡 142
水 灑 159
灘 159
田 疉 177
疊 177
疒 癬 179
癭 179
穴 竊 196
竹 籜 201
籠 201
米 糴 203
糸 纜 210
网 羇 211
耳 聽 216
聾 216
舟 艫 224
艸 蘴 234
虫 蠱 238
衣 襲 243
見 覿 245
言 讀 251
讃 251
變 251
足 躑 259
躓 259
車 轡 262
邑 酈 271
金 鑄 279

鑊 279
鑒 279
鑓 279
鑪 279
雨 霽 289
革 韁 292
韋 韣 292
音 響 293
頁 顫 295
食 饕 298
饗 298
饘 298
馬 驕 301
驚 301
髟 鬚 303
魚 鰹 306
鰺 306
鰻 306
鱈 306
鳥 鷓 310
鷖 310
鷙 310
鹿 麞 311
龍 龔 316
龕 316

## 二十三画

山 巖 82
心 戀 105
手 攣 115
攫 115
疒 癯 179
癰 179
竹 籤 201
糸 纓 210
纔 210
纖 210
艸 蘸 234
蘿 234
虫 蠰 238
蠲 238
角 觿 246
言 讎 251
足 躙 259
金 鑚 279
鑛 279
鑣 279
面 靨 291
革 韄 292
韋 韄 292
頁 顯 295
馬 驗 301
驘 301
驛 301
骨 髑 302
髓 302
體 302
髟 鬟 303
鬠 303
魚 鱉 306
鱏 306
鱐 306
鱑 307
鱒 307
鱓 307
鱖 307
鱗 307
[illegible] 307
鳥 鷣 310
[illegible] 310
鷲 310
鷺 310
黍 黐 313
鼠 鼷 314

## 二十四画

口 囑 53
手 攬 115
疒 癲 179
缶 罐 210
网 羈 211
色 艷 224
虫 蠶 238
蠹 238
行 衢 240
衣 襻 243
言 讒 251
讓 252
酉 釀 273
金 鑪 279
隹 [illegible] 287
雨 靄 289
靈 289
革 韆 292
頁 顰 295
馬 驟 301
髟 鬢 303
鬼 魘 304
魚 鱝 307
鱞 307
[illegible] 307
鱠 307
鱣 307
鱧 307
鱨 307
鱫 307
鳥 鷹 310
鷽 310
鸇 310
鹵 鹽 310
鼻 齅 315
齒 齲 315
齶 315

## 二十五画

广 廳 90
木 欞 141
竹 籮 201
糸 纚 210
肉 臠 220
虫 蠻 238
見 觀 245
金 鑰 279
雨 靉 289
革 [illegible] 292
髟 鬣 303
魚 鱬 307
鱯 307
鳥 鸎 310
鸑 310
黽 鼈 314

## 二十六画

毛 氎 147
竹 籰 201
酉 釃 273
金 鑷 279
革 韉 292
馬 驢 301
鬥 鬮 303

| | | |
|---|---|---|
| 魚 | 鱶 | 307 |
| 麥 | 麷 | 312 |

**二十七画**

| | | |
|---|---|---|
| 金 | 鑾 | 279 |
| 門 | 闟 | 282 |
| 頁 | 顴 | 295 |
| 魚 | 鱷 | 307 |
| | 鱸 | 307 |
| 鳥 | 鸕 | 310 |
| | 鸛 | 310 |

**二十八画**

| | | |
|---|---|---|
| 金 | 鑿 | 279 |
| | 钁 | 279 |
| 鳥 | 鸚 | 310 |
| | 鸘 | 310 |
| 鹿 | 麢 | 311 |

**二十九画**

| | | |
|---|---|---|
| 火 | 爨 | 164 |
| 馬 | 驪 | 301 |
| 鬯 | 鬱 | 303 |

**三十画**

| | | |
|---|---|---|
| 羊 | 羼 | 212 |
| 鳥 | 鸞 | 310 |